教育部人文社会科学百所重点研究基地（政治学）科研成果

《地方政府与地方治理译丛》
编辑委员会名单

学术顾问
（按姓氏拼音排序）

罗豪才	Brian Dollery	Hellmut Wollmann
王邦佐	Gerald E. Frug	Kalchheim Chaim
谢庆奎	Gery Stoker	Robert Bish
赵宝煦	Harold Baldersheim	Vincent Ostrom

主　编
万鹏飞　林维峰

编委会
（按姓氏拼音排序）

白智立	包万超	常志霄	陈　伟	储松燕
汉　斯	江大树	李永军	李玉君	林　卡
林　震	陆　军	乔耀章	孙柏英	谭　融
汤大华	魏明康	亚永平	杨尚宝	余　斌
余逊达	张　波	朱天飚	左　然	

地方政府与地方治理译丛
Local Government and Local Governance Series

日本地方政府法选编

Selection of Japanese
Local Government Law

万鹏飞 白智立 主编

图书在版编目(CIP)数据

日本地方政府法选编/万鹏飞,白智立主编. —北京:北京大学出版社,2009.1

(地方政府与地方治理译丛)

ISBN 978-7-301-14792-4

Ⅰ.日… Ⅱ.①万… ②白… Ⅲ.地方政府-法规-汇编-日本 Ⅳ.D931.309

中国版本图书馆 CIP 数据核字(2008)第 197048 号

书　　　名：日本地方政府法选编
著作责任者：万鹏飞　白智立　主编
责 任 编 辑：李燕芬
标 准 书 号：ISBN 978-7-301-14792-4/D·2224
出 版 发 行：北京大学出版社
地　　　址：北京市海淀区成府路 205 号　100871
网　　　址：http://www.pup.cn
电　　　话：邮购部 62752015　发行部 62750672　编辑部 62752027
　　　　　　出版部 62754962
电 子 邮 箱：law@pup.pku.edu.cn
印　刷　者：三河市新世纪印务有限公司
经　销　者：新华书店
　　　　　　650 毫米×980 毫米　16 开本　30.5 印张　400 千字
　　　　　　2009 年 1 月第 1 版　2009 年 1 月第 1 次印刷
定　　　价：54.00 元

未经许可,不得以任何方式复制或抄袭本书之部分或全部内容。
版权所有,侵权必究
举报电话：010-62752024　电子邮箱：fd@pup.pku.edu.cn

的方式将原来由政府承担的职能直接交由私人来承担;(2)基于购买和生产、掌舵与划桨的区分,地方政府将所要提供的公共产品和服务通过公开竞争或委托的方式承包出去;(3)将一部分地方政府职能交由准自治的非政府组织去承担;(4)设立最基层的、自治性的邻里或社区机构,将地方政府的部分服务职能下放给它们去行使。第二,各国还很重视地方政府绩效的评价。从初期对效率和节约的强调转向同时关注公平、对公民愿望和要求的反映和回应程度。第三,一些国家尤其是英联邦成员国家如英国、加拿大、澳大利亚和新西兰,都将合并地方行政区划作为地方政府改革的一项重要内容。第四,除英国外,几乎所有国家的政府间关系呈现一种分权趋势,目标是扩大地方政府的自主决策权。北欧国家的"自由市镇试验"、法国和日本地方分权法的颁布和实施,都体现了加强地方政府权威的制度性安排。美国和德国的政府间关系相对来讲比较稳定,但是,州向地方分权也有目共睹。第五,加强地方民主政治建设。在过去二十多年的地方政府改革中,几乎所有的发达国家都把加强地方民主作为一项重要目标。在英国保守党执政的20年间,地方民主曾一度被削弱。1997年布莱尔领导的工党政府上台后,地方民主重新得到加强。地方政府的权力有了实质性的扩大。地方政府重新具有了征税的权力,法律也为地方自主权的行使提供了更积极的空间,地方政府行为中的问责制再次得到重视。地方政府还可以就政治管理和服务供应进行试验。2000年春天,伦敦市长首次由选民直接选举产生。在北欧四国,除了扩大地方政府的权力外,它们还采取多种措施,加强地方民主政治建设:建立多种公民表达和退出机制,除传统的选举外,民意调查、消费者圆桌会议、消费者委员会、服务电话、城市规划论坛、互动电子

译丛总序

万鹏飞

地方政府是一个国家政治制度的重要组成部分，不了[解前]者，就不能了解后者。每一个国家只有一个中央政府，却有[许多]地方政府。地方政府与民众的日常生活更为息息相关，与[地方]性的地理和社会生态环境的联系更为密切。

在欧美，地方政府被视为民主政治训练的场所、公民道[德]意识培养的基地、切合公民需要的公共产品和服务的提供者[、中]央政府集权倾向的制衡者之一。第二次世界大战结束以来[，地]方政府在现代发达国家中的地位越来越重要，其承担的公[共事]务职能随着福利国家的出现而越来越多，公共开支不断增[加，]地方政府与中央政府的关系更加紧密和相互依赖。这种情[况使]地方政府成为公众关注的焦点，成为各种潜在矛盾的对象。[到]20世纪70年代中后期，地方政府管理体制中的问题由于全[球]的经济危机而变得越来越明显。地方政府开支紧缩，而公[共]服务需求仍在增加，地方政府要求改变对中央政府的依赖[，减]轻其负担，公共服务传送中存在的协调困难和目标偏离问[题越]来越突出，公民中弥漫着对地方政府与政治的冷漠情绪。[在这]种背景下，一股从英国开始的地方政府改革浪潮席卷全球[，持]续至今。

地方政府改革体现在以下几个方面：第一，地方政府职[能的]转变是许多国家地方政府改革首先必须面对的问题。综合[各国]的情况看，地方政府职能转变的途径有以下几种：(1) 通[过]

· 1 ·

译丛总序

媒介、邻里委员会、消费者选择机制成为地方民主建设的重要内容;制定市民宪章,强化政府服务意识,提高服务质量;通过非完全的公民创制权和复决权让市民直接参与到地方公共事务的决策中。

在德国,地方民主的发展主要表现在以下几个方面:地方公民复决权不断扩大,从原来的一个州扩展到全国所有州;市长和县长由选民直接选举产生;有3个州(萨克森、勃兰登堡和石勒苏益格—荷尔斯泰因)的市长可由地方市民通过公民创制权加以撤换。

在美国,地方民主的发展和德国相似,只是公民复决权和创制权的应用更为广泛,市长直接选举也更为普遍。目前,美国有一半州的选民在行使复决权和创制权这两项民主权利。加利福尼亚州现在更是规定,所有地方政府的岁入筹措行动(征税、收费)都必须由2/3或更多的选民投票通过。在人口10万以上的城市中有90%以上的市实行市长直选。

透视这场全球性的地方政府改革,有以下几个特点值得注意:

(1)改革的发起者在单一制国家和联邦制国家中各不相同。在前者,地方政府改革大多由中央政府发起;在后者,地方政府改革通常是由州政府或地方政府自身发起。

(2)改革的进度以渐进改革战略为主,少数国家的改革则较为激进,如英国和新西兰。

(3)改革的视角从地方政府转向地方治理。人们越来越意识到,地方公共事务的有效治理决不能仅仅依赖于地方政府,需要将视野扩展到地方政府与其他横向和纵向的政府之间、地方政府与私人部门、志愿部门和市民之间的关系。传统的由政府主导和影响的地方公共舞台成为多重组织和个人与政府共同表演的场所。政府更多的是助推者和协调者而不是指挥者和控制者,是掌舵者而不是划桨者,是服务的供应者而不必是生产者。因此,传统的地方政府全能角色必须进行分解和重构。总之,从地方政府到地方治理意味着人们治道思维方式的转变,这种转变表现在:从国家角度转到国家和市民社会两个方面;从公共部门角度转到公共部门、私人部门和志愿(第三)部门共同参与角度;从静态的制度转向动态的过程;从组织结构角度转到政策和结果角度;从"划桨"、直接提供服务到"掌舵"和让其他部门或个人来提供服务;从命令、控制和指挥转向领导、推动、合作和讨价还价;从等级和权威关系转向网络和伙伴关系。

(4)从私营(商业)部门的经营之道中寻求公共部门问题解决的灵感和办法。所谓的新公共管理学就是这样一种努力的结果。传统公共行政强调公共部门与私营部门的区别,特别强调程序规则,以此来限制官僚和政客的斟酌处理权。新公共管理学则要淡化、模糊甚至消除两者之间的界限,要求把注意力从程序规则转向结果,认为私营部门的组织管理原则可以运用于政府部门。在这种背景下,城市行政首脑把自身定位为某种形式的CEO,行政辖区内的市民不把自己看成公民而把自己当成服务的消费者,公共部门改革特别强调公共服务的消费者/顾客导向(consumer/customer orientation);地方治理则强调目标管理。公共产品与服务应尽可能地引进竞争机制,使消费者受益更多,公共部门最关心的事情应是服务的质量。

(5)重视地方政府立法,推进地方政府改革。纵览各国的地方政府改革,有三点令人印象至深:一是制定或修改地方政府法,推进地方政府改革,如英国、澳大利亚、新西兰、加拿大、法

译丛总序

国、日本。二是通过立法将地方政府改革的成果制度化,如北欧四国。三是各国地方政府法具体、规范、详实,如加拿不列颠哥伦比亚省地方政府法分30个大部分,1040个条款。瑞典地方政府法分10章,258个条款。内容涉及地方政府的界定、层次划分、市民资格的认定、地方政府的成立和解散、地方政府的组织和权力、地方议会的组成、议员的选举与任期、地方行政机构的构成与职责、地方议会和行政机构的工作程序、地方公共经济的管理、地方税收和财政、审计、行政行为的合法性评估。

近二十多年,全球性的地方政府改革既有成功的经验,也有失败的教训,这些经验和教训可以概括为以下几点:

(1) 政府职能的转变应放在地方治理的广阔背景下去思考。地方治理的概念告诉人们,地方政府职能的转变决不仅仅是地方政府自身的事情,它取决于政府间的横向和纵向关系,取决于政府和各种非营利性组织、私人、企业的关系。只有把地方政府放到与其自身相关的复杂关系网中,政府职能的转变才会有广阔的视野和多样性的选择,才能最终得到实现。

(2) 地方政府需要在代议/政治角色和管理/服务角色之间寻求一种平衡。在一些国家的地方政府改革中,曾经出现过专注后者而忽视前者的倾向,片面强调商业运行思维,强调民营化,强调效率和标准化,地方政府的政治角色和责任被置于一边。现在,越来越多的学者已经意识到,政府不是商业组织,需要代表公共利益、承担公共责任。而且,有关民营化好处的论证往往是理论多于实证,甚至成为一种"政治秀"的安排。解决地方政府角色平衡问题的一条有效途径是区分供应(provision)概念和生产(production)概念。地方政府首先应被看作是供应单位,一个承担着公共选择任务的单位,它们的主要职能是:第一,建立多种机制,表达和汇集地方居民的愿望和要求,做他们利益的代表者;第二,在此基础上,决定应该提供哪些服务、服务数量和质量标准的类型;第三,根据财政公平原则决定政府的公共收支;第四,制定规则用以约束公共产品和服务消费中的个人行为;第五,选择公共产品和服务的生产类型和对生产者加以监督;第六,建立监督机制使政府官员能够在公共事务的处理中向其委托人——地方居民利益共同体负责。很明显,衡量政府作为供应单位绩效的标准是回应程度、公平和向地方居民负责。不管公共产品和服务是由政府内部组织生产还是由政府以外的其他组织去生产,都不能忘记地方政府所承担的政治和公共职能。公共产品和服务的生产强调的是效率,绩效标准自然和供应不同。

(3) 合并地方政府和扩大其规模并不是解决公共事务问题的最佳办法。首先,公共产品和服务的类型多种多样,劳动密集型的不同于资本密集型的,它们所需要的组织规模大小也不一致,要想建立一个单一的适应所有服务的组织模式(one for all)不但不切实际,而且有违规模效益原则。其次,对于劳动密集型的公共服务来说,组织规模的扩大会减低官员的回应速度。事实上,上述改革运动在美国遇到了强大的阻力,合并运动未能真正实行。近来,越来越多的人对合并地方政府和扩大其规模的做法持批评性的反思态度,认为这种改革行动经常以牺牲参与性的民主为代价,而且,也没有证据表明合并的确导致了地方政府公共开支的减少。总体而言,合并改革在各国并不能算很成功,留下后遗症不少。因此,地方政府的合并应慎重行事,不能抽象地从一种概念出发,组织越大越好。地方政府规模大小应是对多种因素如公共产品和服务的类型、历史和地理环境、组织交易成本、地方民主参与等进行考量的结果。

（4）地方政府改革应采取自上而下与自下而上相结合的战略。大多数国家的地方政府改革或是由中央政府发起或是由州政府发起，采取的是一种自上而下(top-down)战略，但是这种战略经常忽视地方社区的利益和偏好，对地方自然、社会和历史环境的多样性视而不见，将整齐划一的组织模式推广到全国或全省，英国和加拿大就存在着这样的问题。相反，在北欧四国，地方政府改革采取的是一种自上而下和自下而上(bottom-up)相结合的战略，中央政府的改革是对地方政府所反映问题的一种回应，改革的立法充分考虑到了地方意见和要求，地方政府的斟酌处理权由于中央的立法支持而进一步扩大，而且，在中央政府设定的框架下，地方政府被允许进行一些大胆的试验，试验的方案和计划由中央政府和地方政府共同制定而成。得益于上述改革战略，北欧四国的改革显得平稳有序。

（5）地方政府改革不应过多地寄希望于组织结构的变革。组织结构变革是地方政府改革的重要内容，但地方政府改革是否达到预期目标却取决于多种因素。一般而言，改变正式的组织结构比较容易，改变与其组织结构相应的人们的观念、行为却比较难。另外，地方政府改革是在既定体制下的变革，而地方政府体制是过去几个世纪演变而成的，承载着传统的文化心理和民间习惯法。如何继承和发扬传统体制中的合理因素，革除其存在的弊端，成为各国改革者必须面对的问题。用抽象的原则自上而下地重塑地方政府的组织结构很容易忽略地方政府结构所赖以存在和运行的习惯、社会心理，以为只要变更正式的组织结构就能解决原有体制下的所有问题，这样的改革不仅动摇了原有地方政府的根基，而且使新建立的地方政府组织结构难以按预期目标运行,甚至会产生相反的结果。地方政府的有效运转并不仅仅取决于组织的正式结构,更主要地决定于地方政府所处的一系列正式和非正式的制度背景,包括地方政府与其他各级政府和公共组织之间的关系,地方政府与非政府组织和个人之间的关系,在上述关系中所发展起来的信任、合作和互助等社会资本形式。

(6) 在地方政府改革中应特别注意区分相似问题(similar problems)和共同问题(common problems)。相似问题有着相似的过程和影响,而共同问题则同时对一个社区的所有人都有影响。前者如无家可归者问题、残疾人问题、老龄化问题、失业问题等,后者如空气污染问题。相似的问题更需要通过具体的、适合地区的、个案的方式加以处理,而共同问题的解决则需要运用宏观的、统一的办法加以处理。如果把这两类问题混为一谈,就会将地区性问题当成为全国性甚至全球性的问题,忽视具体时空背景的具体分析,企图用整齐划一的组织模式来解决个案性较强的相似问题。对问题诊断的失误必然会导致对策的失败。

很明显,国外地方政府改革的经验和教训与中国地方政府改革具有很大的相关性。改革开放以来,我国的地方政府也经历了重组与改革的历程,时至今日,改革仍没有停步。从时间上看,中国地方政府改革倒也与全球性的地方政府改革浪潮相吻合。当然,国外的地方政府改革与中国的地方政府改革无论是在背景上、改革的理论基础上,还是在改革的具体措施上,都有很大的不同。但这并不妨碍两者在学术上的相互参较、实践上的相互学习。在今日中国迈向更完善的社会主义市场经济体制的进程中,了解那些有着成熟市场经济体制国家的地方政府及其改革,也是关心中国行政改革的学者和官员的一种必然诉求。

译丛总序

如果我们的这套丛书能够为学术界提供一些基础性的信息和最新的学术动态,能够为我们广大的地方政府官员进行制度改革和创新建设提供一些思路上的启发,我们将会感到由衷的欣慰。

这套"地方政府与地方治理译丛"大致分为四个部分:一是国外地方政府导论,为读者提供各国地方政府的全景式介绍。所选图书多系名家名作、多次再版的专著或教材。一时没有这方面的合适图书,我们就请相应国家地方政府研究的权威给我们"量身定做"。二是地方政府法,内容涉及各国地方政府法的历史和现状、各国地方政府法的法律条文和判例。三是地方政府改革,旨在介绍各国地方政府改革的最新理论和实践动态。四是地方政府专题,按照地方政府所承担的重要职能进行分类介绍,如地方政府的经济管理、地方政府人力资源管理、地方民主、地方财政、城市规划等。

本套译丛由北京大学地方政府与地方治理研究中心组织,编委会成员以北京大学政府管理学院的青年教师为主,同时邀请了香港大学、台湾暨南大学、清华大学、中国人民大学、浙江大学、苏州大学、南开大学、国家行政学院的一些志同道合的朋友参与其中。组织地方政府与地方治理的译丛在国内尚属首次,涉及国家多,工作量大。好在我们得到了北京大学政府管理学院领导王浦劬教授、傅军教授以及北京大学政府管理和发展研究所所长谢庆奎教授、北京大学首都发展研究院常务副院长杨开忠教授的大力支持。同时,许多国外从事地方政府与地方治理研究的著名学者在书目推荐、版权问题等方面对本套丛书也给予了关键性的支持。他们是:美国印第安纳大学政治理论和政策分析中心主任奥斯特罗姆教授(Vincent Ostrom)、哈佛大学法学院弗鲁克教授(Gerald E. Frug)、德国洪堡大学社会科学学院沃尔曼教授(Hellmut Wollmann)、英国伯明翰大学地方政府研究所盖姆教授(Chris Game)、英国曼彻斯特大学政治学系斯托克教授(Gery Stoker)、挪威奥斯陆大学政治学系巴德塞姆教授(Harold Baldersheim)、加拿大维多利亚大学地方政府研究所所长比什教授(Robert Bish)、麦吉尔大学政治学系萨贝蒂教授(Filippo Sabetti)、澳大利亚新英格兰大学地方政府研究所所长多利教授(Brian Dollery)、以色列巴尔-伊兰大学地方政府研究所所长哈伊姆教授(Kalchheim Chaim)。北京大学出版社的杨立范先生、金娟萍女士、耿协峰先生在本套丛书的策划方面也给予了充分的支持和鼓励。没有他们的帮助,组织这套丛书根本没有可能。在此,谨向他们表示深深的敬意和衷心的感谢。

目 录

导言：日本的地方制度、地方分权改革与地方自治法律 …… （1）

地方自治法 …………………………………………………… （22）
  第一编　总则 …………………………………………… （22）
  第二编　普通地方公共团体 …………………………… （26）
    第一章　通则 ………………………………………… （26）
    第二章　居民 ………………………………………… （30）
    第三章　条例及规则 ………………………………… （31）
    第四章　选举 ………………………………………… （32）
    第五章　直接请求 …………………………………… （33）
      第一节　条例的制定及监查的请求 …………… （33）
      第二节　解散及解职的请求 …………………… （37）
    第六章　议会 ………………………………………… （40）
      第一节　组织 …………………………………… （40）
      第二节　权限 …………………………………… （43）
      第三节　召集及会期 …………………………… （47）
      第四节　议长及副议长 ………………………… （47）
      第五节　委员会 ………………………………… （48）
      第六节　会议 …………………………………… （49）
      第七节　请愿 …………………………………… （52）
      第八节　议员辞职及资格认定 ………………… （52）
      第九节　纪律 …………………………………… （53）
      第十节　惩罚 …………………………………… （54）

日本地方政府法选编

第十一节 议会的事务局及事务局长、书记长、
　　　　 书记及其他公务员 …………………………（54）
第七章　执行机关 ……………………………………（55）
　第一节　通则 ………………………………………（55）
　第二节　普通地方公共团体的行政首长 …………（56）
　第三节　委员会及委员 ……………………………（68）
第八章　工资及其他给付 ……………………………（77）
第九章　财务 …………………………………………（80）
　第一节　会计年度及会计的区分 …………………（80）
　第二节　预算 ………………………………………（80）
　第三节　收入 ………………………………………（83）
　第四节　支出 ………………………………………（86）
　第五节　决算 ………………………………………（88）
　第六节　合同 ………………………………………（88）
　第七节　现金及有价证券 …………………………（90）
　第八节　时效 ………………………………………（91）
　第九节　财产 ………………………………………（92）
　第十节　居民的监查请求及诉讼 …………………（98）
　第十一节　杂则 ……………………………………（101）
第十章　公共设施 ……………………………………（103）
第十一章　国家与普通地方公共团体间的关系以及
　　　　　普通地方公共团体相互间的关系 ………（105）
　第一节　国家或都道府县对于普通地方公共
　　　　　团体的干预 ………………………………（105）
　第二节　国家与普通地方公共团体间和普通
　　　　　地方公共团体相互间以及普通地方公共
　　　　　团体机关相互间的纷争处理 ……………（115）
　第三节　普通地方公共团体相互间合作 …………（126）
　第四节　依据条例处理事务的特例 ………………（133）

第五节　杂则 …………………………………………（134）
　　第十二章　有关大城市等的特例 ……………………（137）
　　　第一节　有关大城市的特例 ………………………（137）
　　　第二节　有关核心市的特例 ………………………（139）
　　　第三节　有关特例市的特例 ………………………（140）
　　第十三章　基于外部监查契约的监查 ………………（141）
　　　第一节　通则 ………………………………………（141）
　　　第二节　基于总括外部监查契约的监查 …………（146）
　　　第三节　基于个别外部监查契约的监查 …………（149）
　　　第四节　杂则 ………………………………………（155）
　　第十四章　补则 ………………………………………（156）
第三编　特别地方公共团体 ………………………………（162）
　　第一章　删除 …………………………………………（162）
　　第二章　特别区 ………………………………………（162）
　　第三章　地方公共团体的合作组织 …………………（166）
　　　第一节　总则 ………………………………………（166）
　　　第二节　部分事务合作组织 ………………………（168）
　　　第三节　广域联合 …………………………………（170）
　　　第四节　全部事务合作组织 ………………………（177）
　　　第五节　机关事务合作组织 ………………………（177）
　　　第六节　杂则 ………………………………………（178）
　　第四章　财产区 ………………………………………（179）
　　第五章　地方开发事业团 ……………………………（182）
　　　第一节　总则 ………………………………………（182）
　　　第二节　组织等 ……………………………………（184）
　　　第三节　财务 ………………………………………（185）
　　　第四节　杂则 ………………………………………（187）
第四编　补则 ………………………………………………（188）
附则（省略）………………………………………………（190）

日本地方政府法选编

公职选举法 ·· (194)
 第一章 总则 ··· (194)
 第二章 选举权及被选举权 ····················· (198)
 第三章 关于选举的区域 ························· (200)
 第四章 选民名册 ·································· (203)
 第五章 选举日期 ·································· (213)
 第六章 投票 ······································· (220)
 第七章 开票 ······································· (232)
 第八章 选举会及选举分会 ····················· (239)
 第九章 公职候选人 ······························ (244)
 第十章 当选人 ···································· (264)
 第十一章 特别选举 ·································· (277)
 第十二章 同时举行选举的特例 ····················· (284)
 第十三章 选举活动 ·································· (286)
 第十四章 选举活动的收支及捐赠 ·················· (324)
 第十四章之二 参议院议员(选区选出)的选举
       特例 ································ (336)
 第十四章之三 政党及其政治团体等在选举时的
       政治活动 ·························· (337)
 第十五章 争讼 ······································ (347)
 第十六章 罚则 ······································ (356)
 第十七章 补则 ······································ (383)

地方公务员法 ·· (417)
 第一章 总则 ··· (417)
 第二章 人事机关 ···································· (418)
 第三章 公务员适用基准 ··························· (423)
  第一节 通则 ······································ (423)
  第二节 任用 ······································ (423)

目录

　　第三节　职位分类制………………………………（426）
　　第四节　工资、工作时间及其他工作条件…………（427）
　　第五节　身份管理与惩戒处分………………………（428）
　　第六节　义务…………………………………………（432）
　　第七节　培训与工作成绩评定………………………（435）
　　第八节　福利与利益保护……………………………（435）
　　第九节　公务员团体…………………………………（438）
　第四章　补则……………………………………………（443）
　第五章　罚则……………………………………………（445）

地方财政法……………………………………………（446）

导言：日本的地方制度、地方分权改革与地方自治法律

白智立　万鹏飞

一

20世纪90年代的日本，由于国际上的冷战结束以及国内的政治动荡、经济衰退、人口减少和老龄化速度加快、社会道德下滑等环境因素的变动，使得1945年以来形成的长期维系战后日本强劲发展的各项制度难以驾驭新的环境条件，日本患上了被称为"制度疲劳"的战后日本政治行政体制的"不适应症"和"日本病"。虽然日本国内将这个时期哀叹为衰退的"失去的十年"，但是这十年也是日本不断摸索和改革的十年，而且时至今日很多关于政治行政体制的改革仍在继续，很多改革成果还以法律的形式表现和保存下来。特别是1999年7月8日，日本通过修订包括规定日本地方自治制度的《地方自治法》在内的475项法律（《地方分权一揽子法》，2000年4月1日施行），开始推行了旨在扩大地方自治权的"新的地方自治制度"①，可以说地方分权改革是20世纪90年代日本政治行政体制跨世纪改革产出的最为重要的一项成果。

战后，日本虽然在美国军政部门的强烈干预下通过制定新的宪法（《日本国宪法》，1947年施行）推行了积极的战后政治行政

---

① 参见西尾胜著：《行政学》（新版），日本有斐阁2001年版，第377—378页。

领域的民主化改革,并在宪法中确立了旨在破除战前专制集权统治的"地方自治"的基本原则(第 92 条),但是强大的中央政府集权仍然是战后日本政治行政体制的主要特征。[①] 日本在战后成为世界上具有举足轻重地位的经济大国,人民的生活水平有了很大改善,公众驾驭政治、行政的能力和水平也得到较大提高,政治参与、特别是公众参与地方治理的主体意识明显增强。这为 20 世纪 90 年代的分权化、自治化的制度变革提供了良好的条件,旨在弱化中央政府对地方公共事务的监护管理、强化地方自治的地方分权改革,已经成为当今日本社会的共识。

此次日本地方分权改革,主要是围绕中央地方的职责、二者间公共行政活动范围的重新划分以及建立新型中央地方关系而展开的。日本 20 世纪 90 年代末进行地方分权改革的现实动机和基本逻辑主要包含以下内容:

这首先是由于 20 世纪末日本社会明显察觉到战后日本的中央政府集权体制已经成为阻碍日本进一步发展的深层次的制度性和结构性原因,而日本要保持持续发展就需要对此进行制度变革和地方治理模式的转型。[②] 但这里需要注意的是:日本的分权化、自治化的改革,并非是对日本现代宪政结构的修正,而是试图回归到战后初期确立的"地方自治"这一宪法初衷、宪政理念上,换言之,是要通过改革纠正"制度"与"现实"的脱节。

除此之外,推动日本在 20 世纪末积极进行地方分权改革的因

[①] 我国学者韩铁英指出:"中央集权程度较高,这是日本行政体制的重要特点之一,也可以说是日本行政体制的'优点'之一。因为日本恰恰是在这种中央集权程度较高的体制之下使经济取得了举世瞩目的高速增长。"参见韩铁英:《日本行政体制变革的动因与前景——以地方分权改革为中心》,载戴晓芙、胡令远编:《日本式经济、政治、社会体系——21 世纪的课题与展望》,上海财经大学出版社 2002 年版,第 371 页。

[②] 20 世纪 90 年代日本开始认识到:地方自治薄弱、"中央地方融合"的日本战后政治行政结构,是政党政治家、中央政府部门以及企业三方利益共同体形成的根源,而"明治以来的集权国家体系及其核心的中央政府官僚制"已经成为阻碍今天日本政治以及经济、社会发展而需要"破除"的"巨大的结构性壁垒"。参见西尾胜著:《行政学》(新版),日本有斐阁 2001 年版,第 376—377 页。

导言:日本的地方制度、地方分权改革与地方自治法律

素还包括:第一,中央政府和地方政府深刻的财政危机——特别是中央政府的财政困境弱化了中央政府资源配置的能力,从而弱化了中央政府的决策对地方管理的政策导向功能,这也促使人们思考地方政府的责任和主体性问题;第二,日本政府在经济发展成功后积极推行的福利国家政策,使中央政府大举介入公共服务的生产和提供领域,因而难以有效应对冷战后生成的新的公共政策课题,需要从国内公共事务中部分退出,这为地方政府作用的发挥留出了空间、提供了契机;第三,虽然20世纪80年代初期以来的世界规模的公共管理改革提出了"反"福利国家政策的时代要求,但由于历史和现实的惯性的推动,并没有使政府的公共服务主体地位发生实质性和根本性变化,而由于公共服务所具有的特殊性,相反巩固和提升了地方政府在这一领域的作用和地位,这一点日本也不例外(《地方自治法》第1条之2)。

二

19世纪中后期之前江户时代"地方分权"程度较高的封建统治制度在西方列强的"外压"之下不得不开始新的制度选择,日本开始了现代化进程的"第一次革命"——明治维新。进入明治时期之后,日本的中央政府集权化趋势加大,特别是在战时体制下,中央地方高度融合和中央政府优越的特征更加鲜明,日本成为中央集权型国家。虽然现代地方自治制度的雏形在明治时期就已经出现,但在中央政府优越的背景下,所谓的地方自治不过是"形式",甚至没有体现在当时的宪法(《大日本帝国宪法》)中。[①] 而"地方自治"原则在现代日本政治行政结构中开始占据重要位置,则出现在日本现代化进程的"第二次革命"——1945年战败后的

---

① 参见阿部齐、新藤宗幸著:《概说 日本の地方自治》,日本东京大学出版会1997年版,第 i 页。

民主化改革当中。如新宪法专门开设第八章为"地方自治",使其成为现代日本宪政结构的重要支柱。

战后日本地方自治概念所包含的宪法意义上的内涵主要有三方面内容:首先是新宪法确立的地方政府的组织和运营要依照地方自治宗旨的地方自治基本原则(第92条),这一宪法原则实际上成为今天日本推进地方分权改革的基本依据和目标;其次是新宪法规定地方政府的行政首长和地方议会议员要通过当地居民的"直接选举"产生(第93条),从而在地方治理层面确立了地方的公共权力要由选民直接选举的代表行使的间接民主制——现代民主政治原则;最后是在前两项内容的基础上赋予地方政府财产管理权、事务处理权、行政权以及制定地方性法规——"条例"的地方立法权(第94条),即地方政府自主管理地方事务的具体自治权能。以上的新宪法规定构成了日本现代地方自治制度的基本要件。由此在宪政上,日本确立了地方公共事务的管理要由地方居民直接选举的地方行政首长和地方议会行使的法定自治权。

但是,虽然日本在战后通过制定新宪法明确提出了"地方自治"的宗旨、基本原则,同战败前相比也发生了巨大变化,不过在地方自治制度实行后的具体的制度安排和现实的实践中"地方自治"原则并未能够得到充分实现,相反日本在战后推行赶超发达国家的现代化国策过程中,出现了一些回归传统"地方制度"的"地方自治"形式化的现象。因此,如何真正回归到新宪法规定的地方自治的本来形态就成为战后日本社会的政治变革运动和政府改革需要认真对待和克服的一项课题和任务。而地方分权改革真正成为政治行政体制改革的主题、被提到日本结构性改革的议事日程则是在20世纪90年代之后,这次改革在日本被称为是继明治维新、战后民主化改革之后的"第三次革命",人们对此寄予了很大期待和热情。

不过,在这里需要注意的是:日本政府并没有将有关地方制度或地方自治制度以及地方分权的改革列入现实政治体制改革的具

导言:日本的地方制度、地方分权改革与地方自治法律

体程序和内容之中,而是作为"行政改革"的一个组成部分被提出和推进的。① 因此我们可以说:虽然地方自治制度在宪法和法律上被规定为日本宪政结构的一块基石,但它在现实政治运作中的地位和作用仍然没有充分显现出来,而且战后长期以来也是被矮化为仅与国家——中央政府的机构改革等行政改革相关联或联动的附带问题。② 这可能才是长期以来的日本政府对地方分权改革的实际定位或基本认识逻辑。

现代日本行政改革的外延较为宽泛,大致可以分三个阶段加以简单概括:第一阶段是战后日本经济起飞和经济高速增长时期的行政机构和人员编制方面的改革;第二阶段是20世纪80年代初期进行的国有企业的私有化改革;第三阶段是我们在这里探讨的20世纪90年代以来的地方分权等改革。虽然日本的地方政府或地方自治制度在整个现实的国内政治行政体制及实际国家政治生活中处于从属和被动的地位,但我们可以肯定地说:围绕如何进行地方分权和强化地方自治长期以来也是整个日本社会关注和讨论的一个核心问题和政治焦点,并在具体的政治实践和社会运动中日本社会也为此付出了巨大的努力,而且倡导地方自治的宪法精神在战后并没有因为中央政府集权的存在和优越而受到质疑和损伤,公众还是给予地方自治制度较高的认可和期待,而作为日本战后民主政治的象征已经得到了广泛的认同和接受,成为社会和政治生活中的重要内容。因此,此次地方分权改革之所以能够取

---

① 不过日本学者本田雅俊更强调20世纪90年代地方分权改革实际具有的"政治改革"特征。他认为,这次地方分权改革是在选举制度、政党资金制度、议会制度等"一系列的政治改革讨论"的促动之下形成的,其目的是要从根本上打破政党政治家出于当选等政治利益的考虑,只专注于如何将中央政府掌握的资源截流到自己选区的"地方"的"利益诱导"政治机制。参见本田雅俊著:《现代日本の政治と行政》,日本北树出版2001年版,第184—185页。

② 日本行政法学家认为:"地方自治行政从来都是被定位为国家行政的一个分支",而且传统的日本行政法学也"没有意识地提出地方自治行政的特殊性"。参见原田尚彦著:《行政法要论》(全订第四版增补版),日本学阳书房2000年版,第59页。

得明显的阶段性成果,在很大程度上可以说是在日本战后长期的政治民主化过程中,包括地方政府在内的众多政治主体的积极促动下实现的。

在这里,我们对日本的地方分权改革的过程做一下简单的回顾:

1947年,在新宪法施行的同一年,具体规定日本地方自治制度的《地方自治法》也正式施行,与此同时制定的还有《内阁法》和《国家公务员法》。所以,对当时的决策者来说,要打破传统的专制统治结构和集权国家机器,非常需要建立地方自治制度,地方自治和地方分权的改革在当时具有很大的紧迫性和必要性,因此当时地方自治制度是被定位在国家整体的政治行政结构之中的。而进入20世纪50年代之后,日本开始对包括地方自治制度在内的美国军政当局主导下建立的政治行政制度进行调整和修正,如在中央地方关系上通过多次修改《地方自治法》,建立起了中央集权与地方自治相结合的政治行政机制。这虽然对日本经济社会的稳定发展、现代化的成功起到了一定的促进作用,但也在很大程度上弱化了地方政府的自治性、自主性和主体性,这也成为今天日本为地方自治的良性发展而需要进一步超越的长期而艰巨的课题。①

进入20世纪60年代之后,日本已经处于经济高速增长时期。在这个时期的行政改革中,为了应对快速的经济增长所引发的众多社会问题,也就如何解决行政事务向中央政府部门过度集中的问题进行了探讨。这就是第一次临时行政调查会推行的行政改革。这次行政改革虽然首次扩宽了日本行政改革的范围,提出了包括调整中央地方关系在内的众多相关问题,但并没有付诸实施。进入20世纪80年代,在倡导"小政府"的世界规模的自由主义改革浪潮推动下,为克服"政府的失败"日本也探讨了如何调整中央

---

① 参见时和兴、白智立:《日本行政改革》,载周志忍编:《当代国外行政改革比较研究》,国家行政学院出版社1999年版,第269页。

导言:日本的地方制度、地方分权改革与地方自治法律

地方关系、如何重新划分中央地方职能分工以及如何完善地方财政等地方分权改革问题。这就是第二次临时行政调查会推行的行政改革,但在这个时期除了国有企业私有化改革取得明显成绩之外,其他领域的改革成效甚微,并没有产生深刻的政治和社会影响。而到了20世纪90年代,地方分权改革才真正成为日本行政改革的主要课题,提出要减少中央政府的干预和建立分权型政治行政体系,尽量将处理公共事务的权力下放给地方政府和社会。

我们虽然在本导言第一部分中总结出多种有关此次地方分权改革进入"快车道"的国际、国内以及政治、经济、社会原因,但这次"革命"的直接动因还是由于当时日本政局出现的巨大变动。1993年战后一党执政长达近半个世纪的日本自民党倒台,处于传统政治、经济利益共同体边缘的新的政治势力走上政治舞台,开始对战后形成的政治行政结构进行修正,而他们的改革口号就是要消除传统利益结构形成要因的"中央集权主义",推行地方分权的改革。[①] 并且这项改革后来又被重返执政地位的自民党继承下来,更得到了各政党和舆论界以及社会公众的广泛支持[②],并一直持续到2000年之后的21世纪,而促进了《地方分权一揽子法》的制定和施行,实现了跨世纪的变革。

以下为20世纪90年代地方分权改革的基本推进过程[③]:

1993年6月,日本众参两院通过了《关于推进地方分权改革

[①] 参见东田亲司著:《现代行政と行政改革——改革の要点と运用の实际》,日本芦书房2002年版,第205页。

[②] 根据我国学者韩铁英的观察,在1993年和1996年的众议院选举以及1995年的参议院选举中,"几乎所有参选政党都把'地方分权'作为自己的竞选口号和政策纲领"。他还指出:发动这次地方分权改革的主要决策"完成于一直主张地方分权的社会党的党首村山富市担任联合内阁首相期间,从政治力学的角度来看,这应该不是一个可以忽视的因素"。参见韩铁英:《日本行政体制变革的动因与前景——以地方分权改革为中心》,载戴晓芙、胡令远编:《日本式经济、政治、社会体系——21世纪的课题与展望》,上海财经大学出版社2002年版,第374—375页。

[③] 参见时和兴、白智立:《日本行政改革》,载周志忍编:《当代国外行政改革比较研究》,国家行政学院出版社1999年版,第306—309页。

的决议》,这在日本宪政史上还是第一次;同年10月,第三次临时行政改革推进审议会向非自民党的联合政权(细川内阁)建议制定推进地方分权的大纲和相关法律,并明确提出限定中央政府的作用;1994年1月日本内阁设立了行政改革推进本部,同年5月在行政改革推进本部之下设立地方分权部会,明确提出废除象征中央集权的中央政府指派地方处理的"机关委任事务";同年9月日本地方行政首长的联合会"地方六团体",也提出了废除机关委任事务的建议;同年12月日本政府(村山内阁)通过了《关于推进地方分权的大纲方针》的内阁决议,决定制定地方分权推进计划、建立地方分权推进委员会以及制定《地方分权推进法》等;1995年5月日本通过《地方分权推进法》,使地方分权改革进一步具体化、程序化;同年7月日本建立地方分权推进委员会,众多支持地方分权改革的专家学者成为委员,在之后的几年里该委员会多次向日本政府提出地方分权的具体改革建议;1998年5月日本政府(桥本内阁)制定《地方分权推进计划》;1999年3月日本政府(小渊内阁)制定《第二次地方分权推进计划》;1999年7月日本通过《地方分权一揽子法》,2000年4月1日正式实施。

从以上概述中我们不难发现日本地方分权改革推进程序上的一些特点:

首先,虽然日本一般将地方分权改革看作一项"行政改革",但正像本导言阐述过的那样,在改革进程中得到了日本的议会、政府部门以及地方行政首长、专家学者等的广泛参与,并得到选民和媒体的积极呼应,使得多个利益主体和不同政治角色博弈于新的地方自治制度设计的决策过程之中,而且改革的终极目标还带有强烈的政治性,被定位为破除日本传统的政治、行政、社会融合的利益结构,同政治改革有着紧密的互动关系,因而可以说这次在日本政治大变动中出现的地方分权改革的实质是一场"政治改革";另一个显著特点是,这次地方分权的改革,可以说是始于法律而终于法律:即关于改革的启动、改革程序和相关机构设置,以及如何

导言:日本的地方制度、地方分权改革与地方自治法律

保障改革成果等,日本都是在制定相关法律的前提下进行的,"依法推进地方分权改革"可能是日本独有的"行政改革"特征,是日本为提高改革的实效性而采取或者说是惯用的一种技术或手法。

三

在日本的法律和人们的一般认知上,日本中央政府被称为"国"即国家,而对应于这一"国家"的、《地方自治法》第1、2条规定的47个都道府县和3087个市町村两个层级的地方政府①,时至今日长期被称为"地方公共团体"或"地方自治体",简称"自治体"。在西方国家和我国一般习惯使用的"地方政府"一词,在日本并不常用,而地方政府基于地方自治的宪法原则所进行的地方事务的管理,也被看做是具有法人资格的"地方公共团体"实行的"团体自治"②。这同我们在上一部分关于日本行政改革概念的内涵和外延的分析一样,虽然在20世纪末的地方分权改革中,改革论者提出中央地方政府间应该建立"对等"、"协作"、"并存"的关系,而且就此也取得了较多的法律成果,不过地方政府部分承担"国家"公共行政的日本政治行政结构的基本架构好像依旧存在。

虽然这可能是日本长期以来的政治传统、行政法律习惯以及"国家"——中央政府上位观念或者是现实宪政结构等因素所致,但是战后日本的地方政府的确已经成为完全的自治单位,同战败前相比其政治地位发生了巨大变化。这不仅是由于在新修订的《地方自治法》中首先限定了中央政府的行政职能范围(第1条之

---

① 另外,基层政府还包括被称为"特别区"的东京都下设的23个区政府。日本地方分权改革之后,为了强化基层地方政府的财政能力,推行了大规模的市町村合并,今后市町村的数量还会进一步减少。参见行政管理研究中心编:《データ・ブック 日本の行政 2005》,行政管理研究中心2005年版,第177、181页。

② 关于"团体自治"概念,我国学者韩铁英有专门研究。请参阅韩铁英:《团体自治的虚像和实像——日本中央与地方的关系浅析》,载 http://www.ijs.cn/files/geren/hantieying/lw3.htm。

2),强调在限定中央政府权力的前提下实行地方分权,还在于日本战后初期就实行了地方行政首长的直接选举制度。在战后民主化改革之前旧的传统政治行政结构之下,特别是省级政府"县"的行政首长是由中央政府负责国内事务的内务部选派的官员担任的,中央政府又通过省级政府对基层政权进行严格监管和控制,而中央政府各部门又通过各级地方政府贯彻和实施中央的政策和公共事务,战时条件下还出现了基层政府行政首长的选任需要上级政府认可等现象。因而在这个时期,地方政府本质上是中央政府的下级机关或派出机构,而对中央政府的专制集权统治不具有任何制衡或监督的能力和作用。

或许是出于对这段历史的反思,新宪法特别将地方政府行政首长和地方议会议员的直选制度作为地方自治制度的首要要件被提出,而且区别于首相由议会间接选举产生的国家政治层面的议会内阁制度,其中用心可谓良苦。另外,日本的省级政府都道府县,其职能被限定为在广域行政方面如何对市町村进行协调以及处理"不适合一般市町村处理的事务"(《地方自治法》第2条)上,因此一些日本学者认为:日本省级政府与基层政府间的关系、日本地方的政府间关系已经在法律上成为"非上下、主从"的平等协作关系。① 可见,日本的地方政府已经确立了法理上的自治地位和自主性。

另外在日本地方自治法律中,"居民自治"同地方政府的"团体自治"一道构成日本地方自治制度的基本架构,为日本地方自治的巩固和实现提供了"合法性"基础。这首先是我们探讨过的地方居民被赋予了选举地方政府行政首长和地议会议员的权利以及被选举的权利,地方居民通过选举直接参与地方政治生活被严格规定在《宪法》、《地方自治法》、《公职选举法》之中。除此之外还有很多地方居民直接参与地方政治、地方公共事务的与"居

---

① 参见原田尚彦著:《地方自治の法としくみ》,日本学阳书房2001年版,第40页。

导言：日本的地方制度、地方分权改革与地方自治法律

民自治"相关的法律规定，主要表现为地方居民所拥有的众多的参与地方治理的政治参与权利。如要求制定、修改或废止地方性法规——"条例"的权利、要求审计和监察地方政府事务和财务等的权利、要求解散议会和罢免地方官员的权利以及居民诉讼的权利等[1]，这些主要被详细规定在《地方自治法》中。

可以说战后新的宪法结构下所进行的建立和强化"居民自治"的制度改革的成果对战后日本地方自治制度的确立和发展产生了决定性影响。这主要表现为：地方政府成为地方利益的代表者和表达者，而且经常性地被置于地方公众的正式的制度监督之下，因而地方政府的行为模式不可能再单纯地表现为对中央政府政策的简单、机械、被动的实施或执行；虽然战后日本中央与地方的关系仍然保留着浓厚的中央政府部门优越和中央与地方高度融合的中央集权色彩，同时日本战后福利国家政策背景下的"新中央集权化"倾向也使得地方政府在事权和财权上更多地受制于中央政府行政机关的政策诱导和行政指导，但是地方政府的行为还要在很大程度上受制于地方政治和利益的影响，这也是区别于战后民主化改革之前的传统地方治理模式的核心要素。因此我们可以说，日本战后确立的地方自治制度，使日本的地方政府在一定程度上实现了由被传统政治行政结构纯化为执行和实施中央政府公共政策的"行政实体"，向以新的民主宪政结构为基础的和以地方利益政治为特征的"自治实体"的基本转型。

当然，与此同时在这里我们不能忽视的是：战后日本地方政府的自治虽然在制度上受到宪法的保障、实现了向"自治实体"的转型，但这不是根本和彻底的转型，而是"自治实体"与"行政实体"的制度和特征的并存。日本地方自治所具有的这一双重性问题在

---

[1] 关于日本居民自治制度及实践，我国学者韩铁英有深入的研究。请参阅韩铁英：《居民自治的生理与病理——日本地方政府与居民的关系浅析》，载 http://www.ijs.cn/files/geren/hantieying/lw1.htm。

战后半个多世纪中一直存在。独立于中央政府的制度上为完全自治单位的地方政府却承担了许多中央政府各部门的事务,并接受来自中央政府的大量财政支持。这从而使得地方政府在处理公共事务时出现了中央政府对地方政府行政事务干预过多和决策缺位、过度依赖中央政府等问题,也最终导致日本地方自治的程度低下和不成熟。

战后的现代宪政结构确立后,除了在地方治理层面引进了地方行政首长直接选举制度外,地方政府的自治权也有所扩大,特别是在教育和治安管理领域以及在中央地方实行分税制上表现得尤为突出。但是在之后的日本经济发展过程中,特别是在日本实行福利国家政策的过程中,由于地方经济社会发展的不均衡性等原因,为中央政府向国内公共服务领域的不断扩张和中央政府不断加大对地方政府的干预提供了契机和空间。其政策功效首先是在很大程度上保证了国内条件不同的所有地方政府的稳定运转以及全国范围的公共服务的均衡和均质供给,但同时也导致了地方政府的自治权出现萎缩,使得中央政府利用政策设计能力和财政能力上的优势不断扩大和细化对地方政府的干预,最终强化了中央对地方管理的政策导向作用。

在一定时期里,这种日本中央集权体制的制度功效还是有其合理性和积极意义的。但随着时代的变迁和日本经济社会环境的巨变,在公众需求和公共管理主体日趋多样化的形势下,传统的中央政府主导下的平均、整齐划一的公共服务供给体系已经很难适应新形势的挑战。日本在20世纪末推行地方分权和加大地方自治的跨世纪改革,实际上是在宣告"依赖中央政府的决策和行政管理来满足人们生活需要和维系地方发展"的一个时代的结束,而地方分权改革就是要通过提高和扩大地方政府的决策和实施的权能和范围,以及修正中央地方关系来为日本向新的时代过渡创

导言：日本的地方制度、地方分权改革与地方自治法律

造更为有利的条件。① 因此，20世纪末的日本地方分权改革主要是围绕与地方自治权的实现相关的中央政府与地方政府的行政资源的分配，特别是行政权力资源（事权）划分、税收等财政资源（财权）分配以及规范中央政府干预等问题而展开的。

如何保证、巩固和扩大地方政府自治权的问题是日本战后半个多世纪以来未能很好解决的问题。日本学者经常将日本的地方自治制度自嘲为"三分自治"。这主要是指作为地方公共事务主体的日本地方政府自主独立处理的公共事务以及地方政府公共财政支出的自主财政收入，在规模上远远小于它所承担的中央政府委托处理的事务量和中央政府的财政支持量。具体而言，关于前者的地方政府事权过小问题，根据日本学者的研究：在地方分权改革之前，中央政府委托地方政府处理的机关委任事务，占省级政府都道府县事务总量的70%到80%，占基层政府市町村事务总量的四成，地方政府除自主处理一定的地方事务之外，还要承担巨大的地方政府事权范围外的中央政府事务。

而关于后者的财政资源分配失衡问题则表现为，由于地方政府承担着包括中央政府事务在内的大量公共事务，因而地方财政支出规模较大，地方税收占中央地方总税收的比例为2/3，但地方税收所占中央地方总税收的比例仅为1/3②，所以支撑规模巨大的地方财政支出的财政收入来源不是来自于地方政府自身的收入，而是中央政府的转移支付和财政补贴等。可见这里所说的"三分自治"是从事权和财权两方面对日本地方的公共事务量、财政支出量与地方事权、财权之间的严重脱节和不均衡以及中央地

---

① 参见辻山幸宣："地方自治改革的出发点——分权改革を地方自治に活かすために—"，载今村都南雄编：《自治・分权システムの可能性》，日本敬文堂2000年版，第18页。

② 参见原田尚彦著：《行政法要论》（全订第四版增补版），日本学阳书房2000年版，第70—71页；上林得郎："地方财政における分权改革"，载今村都南雄编：《自治・分权システムの可能性》，日本敬文堂2000年版，第281页。

方关系的不对等所作出的概括。日本的地方分权改革,实际上也可以说就是要修正和拉近这二者间的脱节和分离。

仅对机关委任事务的规模进行分析,我们就可以毫不夸张地说:日本省级政府的都道府县实际上就是中央政府的派出机构或下级机关。而且这种机关委任事务管理方式,是将地方居民直接选举产生的地方政府的行政首长视为处理中央政府部门委托的公共事务的执行"机关",有关机关委任事务的处理有义务接受"上级"——中央政府相关部门的领导、监督和指挥、命令。[①] 因此,机关委任事务中的"机关"实际上是把地方政府等同为中央政府的行政机关,而机关委任事务实际上成了集权融合型日本中央地方关系的象征。日本的中央政府在处理本来属于自身事权范围内的公共事务时,并不是像具有分权分离型中央地方关系的国家那样,通过中央政府设在各个地方的派出机构实施中央政府部门的政策,而是采取了委任或委托地方政府进行处理的方式。地方政府负责承担的公共事务中大部分为中央政府事权范围内的事务,并在中央政府"细致入微"的指导监督下,地方政府的行政首长充当着代理、执行的角色,没有发挥地方政府的主动性、能动性和自主决断的空间,日本国内的公共事务实际上多是在强大的中央政府机构的主导下推行的。

在这种条件下,日本宪法的地方自治原则内含的中央地方二者间应当建立的"对等"、"合作"的关系,很容易被"不对等"或"命令与服从"的关系置换,而自治理所当然地要面临"官治"的威胁。[②] 因此在20世纪末的地方分权改革中,分权改革的推进者们

---

① 其法律依据是旧《地方自治法》第150条:"普通地方公共团体的行政首长在作为国家的机关处理行政事务时,普通地方公共团体的行政首长,都道府县要接受主管大臣的、市町村要接受都道府县及主管大臣的指挥和监督"。

② "官治",即"官治行政",对应于"自治行政",具体含义为中央政府实行的公共行政,指明治时期以来形成的由中央政府的"官吏"(战后改称为"国家公务员")对地方行政的管理。参见阿部齐、内田满编:《现代政治学小词典》,日本有斐阁1978年版,第38—39页。

导言:日本的地方制度、地方分权改革与地方自治法律

首先将向地方政府下放事权和减少、废止中央政府干预作为此次分权改革的"战略"①,并在机关委任事务改革上取得了显著进展。这具体表现在以下三个方面:

第一,全面废除机关委任事务。

机关委任事务不仅在量和规模上存在问题,更为重要的是:由于大量机关委任事务的委任并没有伴随着"事权"的转移,而使得中央政府部门全面干预地方政府的事务、中央地方的关系变得不对等,从而发生了对地方自治权的侵害。20世纪末的地方分权改革中,日本通过大幅度修改《地方自治法》,全面废除了中央地方间的机关委任事务(省级政府与基层政府间类似的事务处理方式也被废除)——很多原来的机关委任事务,作为"自治事务",通过事权转移的方式下放给了地方政府;部分机关委任事务改为由中央政府直接实施;中央政府仍需要地方政府继续实施的部分机关委任事务,依据法律法规的规定,以"法定受托事务"的方式委托给地方政府,而不是委任给作为"国家机关"的地方政府行政首长来处理。② 也就是说,"法定受托事务"的含义则是地方政府根据法律规定接受中央政府委托所处理的地方事务,而不是作为中央政府的"下级机关"的地方政府对中央政府指定的公共事务的执行。因此,日本的行政学家认为此改革举措使地方行政首长由"国家的机关"向"自治体的行政机关"发生了转变,从而使日本的中央地方关系建立在"具有现代法意义的法律结构"基础之上,改革具有划时代意义。③

---

① 地方分权推进委员会中的核心人物、原东京大学教授西尾胜认为,这次改革的重点和战略主要还是放在减少和废止中央政府的干预上。转引自上林得郎:《地方财政における分权改革》,第281页。
② 参见原田尚彦著:《地方自治の法としくみ》,日本学阳书房2001年版,第62页。
③ 参见辻山幸宣:"地方自治改革の出发点—分权改革を地方自治に活かすために—",第26页。

第二，中央政府干预的法定化。

新修订的《地方自治法》对如何规范中央政府对地方政府（或省级政府对基层政府）的干预规定得较多、较为详细，成为此次地方分权改革的中心内容。如"法定受托事务"虽然是机关委任事务的延续，但在处理方式上得到了较好的规范。首先，有关"法定受托事务"的概念和范围被严格地规定在新修订的《地方自治法》（第2条第9、10项）中；其次，自治事务以及"法定受托事务"只能根据法律、法规的规定具体实施，从而使中央政府对地方处理的行政事务的干预被限定在法律法规之中，否定了以往中央政府通过向地方政府下达通知、通告进行行政干预的传统方式，强化了地方政府的自治行政权和执行权[①]，确立了"干预法定主义"原则（第245条之2）；最后，所有事关地方政府的法律法规的制定、解释和适用，《地方自治法》要求必须依据地方自治的宪法原则，充分考虑地方的特点、中央地方的职能分工（第2条第10至13项），而且对中央政府的干预还确立了"必要最小限度"和尊重地方政府"自主性、自立性"的原则（第245条之3）。而且这一规范中央政府干预的"干预法定主义"原则，也同样普及到省级政府都道府县与基层政府市町村的关系之中。

第三，建立中央地方关系调节机制。

此次地方分权改革中，就如何调节中央地方关系中出现的矛盾，规定建立针对中央政府干预的独立的"国家地方纷争处理委员会"，来协调中央地方关系（《地方自治法》第250条之7）。当地方政府对中央政府作出的行政处分或干预决定不服时，可以向该委员会提出审查请求。另外，当地方政府对该委员会作出的调停裁决不服时，还可以将中央政府的相关部门作为被告，向高等法院提出诉讼，请求裁决（《地方自治法》第251条之5）。

不仅在事权的划分上，而且在财政来源等财税制度上，日本地

---

① 参见原田尚彦著：《行政法要论》（全订第四版增补版），第70—71页。

导言：日本的地方制度、地方分权改革与地方自治法律

方政府的自主性和自立程度也较低，所谓"三分自治"的描述当然也适用于"财权"划分。但由于地方分权改革的推进者对改革采取了分阶段的渐进式改革策略，将此次改革的重点放在了机关委任事务的废除和规范中央政府干预的问题上，因此对财政资源重新配置的改革并没有取得实质性进展。2003年开始，在小泉内阁领导之下启动了旨在强化地方财政基础的扩充地方财政来源的改革，即"三位一体改革"。主要内容包括：向地方政府下放征税权的"税源转移"改革、缩减和废止"国库辅助负担金"的财政补贴制度改革以及调整"地方交付税"计算方法的财政转移支付制度改革。这些改革仍在"如火如荼"地进行着，已经成为中央政府、地方政府以及社会舆论热烈关注的焦点。可以预见财税制度的改革还会经历一段艰难的历程。

从20世纪90年代末的改革结论上看，有关事权的重新划分，以全面废除"机关委任事务"的形式，减少和规范了中央政府委托给地方政府处理的行政事务，促进了中央政府干预的法定化，在一定程度上扩大了地方政府的事权范围，有了很大进展；而关于财权的重新划分，时至今日仍然没有定论，还是日本政府需要继续深化的改革课题。另外，有关"居民自治"并没有成为此次改革的焦点，同时地方政府、其他公共管理主体以及地方公众能否在新的制度框架下摸索出新的治理模式而去充分实现地方自治的理念，中央政府主导中央地方关系的惯性是否还像以往那样发挥威力等，都有待于日本各方政治主体今后的进一步具体实践和大胆的制度设计。

因此我们可以说，20世纪末进行的日本地方分权改革取得了一定的阶段性成果，而且以法律的形式被表现和保持下来。这些成果的取得是日本向新宪法倡导的地方自治理念努力回归的结果，日本为此也用去了半个多世纪的时间，而且这仅仅是一个开端，今后可能还有漫长的改革探索之路要走。

四

一般而言,我们了解和研究国外政治行政制度及改革成果的具体途径主要有三种:一是通过了解国内学者的专门研究,间接了解国外政治和公共行政制度的架构和实践;二是去国外访谈调研,实地了解国外制度的具体变化情况;三是通过阅读政治、行政法律等第一手资料,直观把握国外制度的情况。这三种途径对我们全面理解国外制度的架构和实际都非常重要,可以说相辅相成、缺一不可。

但特别对公共管理者而言,我们更想强调第三种途径的必要性。这是由于:第一种途径虽然可以帮助我们超越语言上的障碍,很快了解国外制度的基本特点和存在的问题,但是由于研究者个人的研究方法、关注问题等的不同,因而有些内容不一定是公共管理者的兴趣所在而不能满足多样化的需求;第二种途径可以根据公共管理者个人的需要,有选择地通过调查获得自己所需要的信息,但是由于受到时间和空间的限制,并不是所有人都随时可以做到的;而第三种途径可以补充前两个途径所具有的不足。这是因为,每个国家的政治、行政法律都是一个国家的公共政策的基本表现形式,其中包含一个国家的政治和行政等的基本理念和目标,还有很多实现这一理念和目标的程序、方法和技术,特别是对于公共管理者而言,具有很强的可操作性和可借鉴性,而且可以根据公共管理者个人的具体需要作出具体取舍,这对公共管理者的政策设计具有直接的参考作用。因此,对国外政治、行政法律的学习,实际上是有关政策设计、政策实施、政策执行的方法或技术的交流和转移。

日本被称为先进国家中行政法律体系最为完善和健全的国家,政治和行政领域的立法非常活跃,关于地方自治的行政法律和行政法规等也非常丰富。我们在本书的编译过程中主要选择翻译

导言:日本的地方制度、地方分权改革与地方自治法律

了四部相关法律介绍给读者,即日本的《地方自治法》、《公职选举法》、《地方公务员法》和《地方财政法》。选择这四部法律的原因在于:这些法律构筑了日本地方政治、地方公共行政和公共财政的基本框架,是决定日本地方政府运转和地方治理发展的基本内容,从中我们可以看到现代日本地方自治制度的基本架构,以及现今分权化、自治化改革的最新成果,能为我们从整体上了解日本政府治理和公共管理以及推进中国今后的政治行政体制改革和地方治理变革提供一定的参考。

这四部法律关联性较强:《地方自治法》是规定日本地方自治制度的基本法,涉及中央地方政府间和地方政府间的关系、"团体自治"、"居民自治"以及地方政府的组织、运营、事务、财务等各项内容,虽然是"基本法",但各项规定非常细致、可操作性强;其他三部法律是在《地方自治法》的基础上,对地方政治治理、公务员和财政管理的技术和手法作出的一些明确规定。这些法律虽然是关于日本地方制度或地方自治制度的基本法律,但仍然很难说由此就可以描绘出日本地方自治的全貌。

这首先是由于除了这四部法律之外,还有很多日本地方自治制度方面的相关法律也在规定着日本的地方自治制度,如《关于解散地方公共团体议会的特例法》、《地方税法》、《地方公营企业法》、《促进地方财政重建的特别措施法》、《地方交付税法》(财政转移支付)、《关于市町村合并的特例的法律》、《促进过疏地区自立的特别措施法》、《居民基本台账法》(居民登记)、《地方行政联络会议法》等;其次,日本中央政府的行政法规以及中央政府负责地方自治事务的总务部(2000 年之前为自治部)对日本地方自治制度的运行具有很大的约束和规范作用;最后是日本还有大量的地方政府制定的地方性法规——"条例"。

这些法律、法规、"条例"等构成了日本地方自治制度的全貌,而且对我们理解日本现代地方自治制度非常重要。特别是《地方税法》和《地方交付税法》等规范地方财政税收的法律,很有日本

特点,但由于所占篇幅巨大,很难全部收入本书中,故未能翻译介绍。另外,为了方便读者对照法律原文,本书的翻译未对日本法律的表述形式作出太大修正。

译者的具体分工如下:
《地方自治法》   杨 剑等(青岛大学外语系讲师)
《公职选举法》   张亲培(吉林大学行政学院教授)
《地方公务员法》 郭立仕(北京大学法学院博士)
《地方财政法》   李 佳(北京大学法学院硕士)
校 对   白智立(北京大学政府管理学院副教授)

本书的法律选编由我们两个主编共同确定。各位译者付出了艰苦努力,历时一年多得以完成,特此向他们表示感谢。北京大学政府管理学院的杨沛龙和赵莹及中国人民大学外语学院的相关同志也为本书的出版做出了贡献。另外,本书的导言,是在韩铁英等日本地方政府研究方面的专家的研究成果的启发下完成的,在此向相关人士诚恳致谢。最后,还要特别感谢北大出版社的李燕芬女士,她一丝不苟、精益求精的工作精神让我们深受感动。

编译日本地方政府法对我们来说还是第一次,我们深深感到编译国外法律的重要和艰辛。疏漏和不足可能难免,我们竭诚欢迎读者批评指正。

2008 年 3 月 23 日于北大

参 考 文 献

[中文参考文献]

周志忍编:《当代国外行政改革比较研究》,国家行政学院出版社 1999 年版。
李寒梅、余昺雕、任清玉、白智立著:《21 世纪日本的国家战略》,社会科学文献出版社 2000 年版。
戴晓芙、胡令远编:《日本式经济·政治·社会体系——21 世纪的课题与展

导言：日本的地方制度、地方分权改革与地方自治法律

望》，上海财经大学出版社 2002 年版。

宋志勇、王振锁主编：《全球化与东亚政治、行政改革》，天津人民出版社 2003 年版。

[日文参考文献]

中村哲等编：《政治学事典》，平凡社 1954 年版。

阿部齐、内田满编：《现代政治学小词典》，有斐阁 1978 年版。

大森弥、佐藤诚三郎编：《日本の地方政府》，东京大学出版会 1986 年版。

芦部信喜等编：《岩波 コンパクト六法 昭和 63 年版》，岩波书店 1987 年版。

村松岐夫著：《地方自治》，东京大学出版会 1988 年版。

阿部齐、新藤宗幸著：《概说 日本の地方自治》，东京大学出版会 1997 年版。

今村都南雄编：《自治·分权システムの可能性》，敬文堂 2000 年版。

原田尚彦著：《行政法要论（全订第四版增补版）》，学阳书房 2000 年版。

白智立著：《日本の行政监察·监查》（日文），法政大学出版局 2001 年版。

原田尚彦著：《地方自治の法としくみ》，学阳书房 2001 年版。

西尾胜著：《行政学[新版]》，有斐阁 2001 年版。

本田雅俊著：《现代日本の政治と行政》，北树出版 2001 年版。

东田亲司著：《现代行政と行政改革——改革の要点と运用の实际》，芦书房 2002 年版。

行政管理研究中心编：《データ·ブック 日本の行政 2005》，行政管理研究中心 2005 年版。

地方自治法＊

（1947年4月17日法律第67号颁布，
2003年10月16日法律第145号修正）

第一编 总 则

第1条

本法律的目的在于根据地方自治的宗旨，制定有关地方公共团体的划分和地方公共团体的组织及运作事项大纲，并通过确立国家与地方公共团体之间的基本关系，在确保地方公共团体在民主的基础上有效行政的同时，保障地方公共团体的健康发展。

第1条之2

1. 地方公共团体的根本任务在于谋求增进居民的福祉，而广泛承担自主地、综合性地实施地方行政事务的职责。

2. 为了达到前款规定的目的，国家主要承担在国际社会中有关国家存立的事务、制定全国统一的国民各项活动或有关地方自治的基本准则、在全国范围内或从全国性观点出发而必须采取的措施和进行的事业以及其他国家本来应尽的职责等事务。尽量把与居民切身相关的行政事务委托给地方公共团体管理，恰当地与地方公共团体分担任务，在策划、制定有关地方公共团体的制度及实施政策时，必须能够充分发挥地方公共团体的自主性及独立性。

＊ 本法由杨剑翻译。

地方自治法

第1条之3

1. 地方公共团体是指普通地方公共团体与特别地方公共团体。

2. 普通地方公共团体是指都道府县及市町村。

3. 特别地方公共团体是指特别区、地方公共团体的合作组织、财产区以及"地方开发事业团"。

第2条

1. 地方公共团体为法人。

2. 普通地方公共团体在处理地区事务及其他事务方面,要依照法律或基于法律的政令。

3. 市町村作为基层地方公共团体,除第5款所规定的由都道府县处理的事项之外,一般应处理前款规定的事务。但是,在第5款规定的事务中有关在其规模或性质方面,被认为一般的市町村不适合处理的事宜,可以根据该市町村的规模及能力处理事务。

4. 市町村在处理事务时,经议会议决,制定出地区内综合而有计划的行政运作的基本构想,并必须照此执行。

5. 都道府县作为包含市町村的广域地方公共团体,在第2款事务方面,处理涉及广域公共事务的与市町村相关的联络协调事务。可以处理在规模或性质方面,不适合一般市町村处理的事务。

6. 都道府县及市町村在处理事务时,相互间不得出现重复竞争。

7. 特别地方公共团体,根据本法律的规定处理自身的事务。

8. 本法所说的"自治事务",是指地方公共团体处理的事务之中,法定受托事务之外的事务。

9. 本法中的"法定受托事务",是指以下所列事务:

(1) 法律和基于法律制定的政令规定的都道府县、市町村还有特别区处理的事务中,作为国家本应发挥作用、特别需要国家确保其妥善处理的事务,根据法律和基于法律制定的政令特别规定的事务(以下称为"第1项法定受托事务");

（2）法律和基于法律制定的政令规定的市町村还有特别区处理的事务中,作为都道府县本应发挥作用、特别需要都道府县确保其妥善处理的事务,根据法律和基于法律制定的政令特别规定的事务(以下称为"第2项法定受托事务")。

10. 根据本法律和基于本法律制定的政令规定之外,法律规定的法定受托事务,关于第1项法定受托事务分别列于与附表一左格所列法律相关的该表右格中;关于第2项法定受托事务分别列于与附表二左格所列法律相关的该表右格中;政令规定的法定受托事务,列于基于本法律制定的政令中。

11. 有关地方公共团体的法令的规定,须根据地方自治的宗旨,且要考虑到国家和地方公共团体适当分工。

12. 有关地方公共团体的法令规定的解释和适用,须根据地方自治的宗旨,且要考虑到国家和地方公共团体适当分工。在这种情况下,有关特别地方公共团体的法令规定的解释和适用,须比照本法律规定的特别地方公共团体的地点。

13. 法律和基于该法律制定的政令规定的地方公共团体处理的事务,如果是自治事务时,国家须特别考虑地方公共团体对该事务的处理如何能符合地区的特点。

14. 地方公共团体在处理其事务时,须在努力增进居民福利的同时,应以最低成本获得最大效益。

15. 地方公共团体,须在努力经常性地推进机构及运营合理化的同时,寻求其他地方公共团体的合作而保持适当规模。

16. 地方公共团体,处理事务时不得违反法令。另外,市町村及特别区,处理事务时不得违反所在都道府县的条例。

17. 违反前款规定的地方公共团体的行为,为无效。

第3条

1. 地方公共团体的名称遵循历来的名称。
2. 要变更都道府县的名称时,应通过法律来规定。
3. 要变更都道府县以外的地方公共团体的名称时,除本法律特别规定的事项以外,应以条例来规定。

4. 地方公共团体的行政首长根据前款规定,在要变更该地方公共团体的名称时,应事先与都道府县的知事协商而定。

5. 地方公共团体根据第 3 款的规定,在制定或废除条例时,必须立即向都道府县知事汇报该地方公共团体变更后的名称及变更日期。

6. 都道府县知事接到依照前款规定的报告后,必须立即将其内容通知给总务大臣。

7. 总务大臣在接到依照前款规定的通知后,在立即公布其内容的同时,必须通知国家相关的行政机关长官。

第 4 条

1. 地方公共团体在决定其事务所的位置或变更其位置时,必须依照条例规定。

2. 在前款中决定事务所的位置或变更之际,为了最大限度地方便居民的利用,必须适当考虑交通情况以及与其他政府部门的关系。

3. 在制定或废除第 1 款条例时,必须征得出席该地方公共团体议会的 2/3 以上议员的同意。

第 4 条之 2

1. 地方公共团体的休息日通过条例来规定。

2. 前款地方公共团体的休息日,应根据以下所示内容加以规定:

(1) 星期日及星期六。

(2) 在有关国民节日的法律(1948 年法律第 178 号)中所规定的休息日。

(3) 年末或新年伊始,依照条例来规定。

3. 除前款各项所示各休息日之外,还应包括在该地方公共团体中具有特别历史性的、社会意义的、所有居民都纪念而固定下来的日子。广泛得到国民理解的该地方公共团体的休息日,可以规定为第 1 款的地方公共团体的休息日。在这种情况下,该地方公共团体的行政首长必须事先同总务大臣协商而定。

第二编　普通地方公共团体

第一章　通　则

第 5 条

1. 普通地方公共团体的区域根据历来的区域来规定。
2. 都道府县包含市町村。

第 6 条

1. 当废置分合都道府县或者变更地界时,要根据法律来决定。
2. 当市町村地界的变更涉及都道府县的地界时,都道府县的地界也要自动变更。以前不属于地方公共团体区域的地域编入市町村的区域时也一样。
3. 当前二款中出现需要处理财产的情况时,由相关地方公共团体协商后决定。但是,在法律有特别规定的情况下,将不受此限制。
4. 关于前款中的协商,必须经过相关地方公共团体议会的议决。

第 7 条

1. 市町村的废置分合或地界的变更,要根据相关市町村的申请,经过该都道府县议会的议决而定,都道府县知事必须立即将此报送总务大臣。
2. 根据前款的规定,当要废置分合市时,都道府县知事必须事先同总务大臣协商,征得其同意。
3. 涉及都道府县的市町村地界的变更,要根据相关普通地方公共团体的申请,由总务大臣来决定。

地方自治法

4. 在第 1 款及前款中需要处理财产时,由相关市町村协商决定。

5. 有关第 1 款、第 3 款及前款中的申请或协商,必须经过相关普通地方公共团体议会的议决才能通过。

6. 根据第 1 款规定受理申报时,或根据第 3 款规定进行处理时,总务大臣要立即将此公布,同时还应通知国家相关行政机关长官。

7. 根据第 1 款或第 3 款规定所进行的处理,应根据前款规定公布后,方可生效。

第 7 条之 2

1. 除法律特别规定之外,以前不属于地方公共团体区域的地域,在认为有必要编入都道府县或者市町村时,应由内阁来决定。在这种情况下,若存在被认为有利害关系的都道府县或市町村时,需事先听取其意见。

2. 有关前款的意见,必须经过相关普通地方公共团体议会的议决。

3. 对于根据第 1 款规定进行的处理,总务大臣必须马上将其公布。前条第 7 款规定适用于此。

第 8 条

1. 成为市的普通地方公共团体必须具备以下条件:

(1) 有 5 万以上人口。

(2) 该普通地方公共团体中心市街区的住户数应占全体住户数的 6 成以上。

(3) 从事工商业和其他城市行业的人及其家人的数量占全体人口的 6 成以上。

(4) 除上述规定之外,还应具有该都道府县的条例中规定的城市设施以及其他作为城市所具备的必要条件。

2. 成为町的普通地方公共团体必须具备该都道府县条例中规定的作为町的必要条件。

第8条之2

1. 为了协助市町村根据第2条第15款的规定适当地规划其发展规模,都道府县知事可以制定市町村废置分合或市町村的地界变更计划,并劝告相关市町村按此执行。

2. 在制定前款中的计划或者改变此计划时,都道府县知事必须听取相关市町村、该都道府县议会、该都道府县区域内的市町村议会或者行政首长的联合组织以及其他相关机关和有学识经验者的意见。

3. 有关前款中市町村的意见,必须经过该市町村议会的议决。

4. 都道府县知事根据第1款中的规定进行劝告时,必须立即将其公布,同时应向总务大臣汇报。

5. 总务大臣接到前款规定中的报告时,应立即将其内容通知国家相关行政机关的长官。

6. 有关根据第1款中的劝告进行的市町村的废置分合或市町村地界变更,国家相关行政机关为促进此事,必须采取必要的措施。

第9条

1. 市町村在有关地界问题上发生争议时,都道府县知事可以根据相关市町村的申请依据第251条之2的规定进行调停。

2. 根据前款规定,在依照所有相关市町村的申请上进行的调停仍不能确定地界时,或者对市町村的地界有争论时,在所有相关市町村提出请求裁定时,都道府县知事可以对相关市町村的地界进行裁定。

3. 根据前款规定所作的裁定,必须以公文形式并附理由提交相关市町村。

4. 有关第1款或第2款中的申请,必须经过相关市町村的议会决议。

5. 根据第1款规定进行的调停或者依照第2款规定所作的

裁定,在确定了市町村的地界时,都道府县知事必须立即将其报送总务大臣。

6. 受理根据前款规定所作的呈报时,或者根据第10条规定发通知时,总务大臣在将其公布的同时,必须通知国家相关行政机关长官。

7. 在依照前款规定发布公告时,有关市町村地界的问题,可看作是根据第7条第1款或者第3款及第6款的规定进行的处理,这些处理通过有关公告方可生效。

第9条之2

1. 在市町村的地界不明确而对此又没有发生争议时,都道府县知事可以在听取相关市町村意见后决定地界。

2. 根据前款规定所作的决定,必须以公文形式并附理由交于相关的市町村。

3. 关于第1款中的意见,必须经过相关市町村的议会议决。

4. 根据第1款的规定,对都道府县知事所作的决定,如有不服,相关市町村可在收到决定书之日起30天以内向法院提起诉讼。

5. 根据第1款规定的决定确立时,都道府县知事必须立即将其报送总务大臣。

6. 前条第6款及第7款的规定适用于依照前款规定申报的市町村的地界决定。

第9条之3

1. 市町村地界的变更只涉及公有水面时,与第7条第1款的规定无关的,在征得相关市町村同意后,都道府县知事可以经过相关都道府县议会决议来决定,并应立即将其内容报送总务大臣。

2. 因公有水面的市町村地界的变更而涉及都道府县地界变更时,与第7条第3项规定无关,经过相关普通地方公共团体同意后可由总务大臣决定。

3. 对只涉及公有水面的市町村的地界有争议时,不管第9条

日本地方政府法选编

第 1 款及第 2 款的规定如何,都道府县知事可根据职权依照第 251 条之 2 的规定进行调停;即使通过调停也不能确定市町村的地界,在所有的市町村都同意裁定的情况下,都道府县知事可对此进行裁定。

4. 第 1 款或第 2 款规定中只涉及公有水面的市町村的地界变更或前款规定中只涉及公有水面的市町村的地界裁定,在进行填埋该公有水面(包括填海造田,下同。)时,不拘泥于前三款规定,可依据有关公有水面填埋法令,在填埋竣工的认可或通知下达之前可以进行。

5. 关于第 1 款到第 3 款中的同意,必须经过相关普通地方公共团体的议会决议才能通过。

第 9 条之 4

在公有水面填埋时,如有必要对该填埋形成的土地属于哪个市町村进行确定时,总务大臣或都道府县知事必须尽快地采取依照前二条规定的措施。

第 9 条之 5

1. 在市町村区域内产生新的土地时,市町村的行政首长必须经过该市町村议会决议加以确认,并报送都道府县知事。

2. 受理依照前项规定的呈报时,都道府县知事必须立即将其公布。

第二章 居 民

第 10 条

1. 凡在市町村区域内拥有住所的人,可作为该市町村及该市町村所在的都道府县的居民。

2. 居民依法平等享有其所在普通地方公共团体提供服务的权利,同时也负有承担责任的义务。

第 11 条

作为日本国民的普通地方公共团体的居民,依法享有参加其所在普通地方公共团体选举的权利。

第 12 条

1. 作为日本国民的普通地方公共团体的居民,依法享有请求制定或废除其所在普通地方公共团体的条例(除有关征收地方税和分担金、使用费及手续费的条例外)的权利。

2. 作为日本国民的普通地方公共团体的居民,依法享有请求监查其所在普通地方公共团体事务的权利。

第 13 条

1. 作为日本国民的普通地方公共团体的居民,依法享有请求解散其所在普通地方公共团体议会的权利。

2. 作为日本国民的普通地方公共团体的居民,依法享有请求解除其所在普通地方公共团体议会的议员、行政首长、副知事或助理、出纳长或会计员、选举管理委员会或监查委员或公安委员会委员职务的权利。

3. 作为日本国民的普通地方公共团体的居民,依法享有请求解除其所在普通地方公共团体教育委员会委员职务的权利。

第 13 条之 2

市町村必须依法经常备齐有关居民以及居民地位的正确记录。

第三章 条例及规则

第 14 条

1. 普通地方公共团体可在不违反法令的情况下,制定关于第 2 条第 2 款事务的条例。

2. 普通地方公共团体在履行义务或限制权利时,除法律特别规定之外,必须依照条例进行。

3. 除法律特别规定之外,普通地方公共团体在制定条例时可规定:对违反条例者处以 2 年以下徒刑或监禁、100 万日元以下的罚金、拘留、没收或处以 5 万日元以下的罚金。

第15条

1. 普通地方公共团体的行政首长在不违反法令规定的情况下,可制定与其权限内事务有关的规则。

2. 除法律特别规定之外,普通地方公共团体的行政首长可在普通地方公共团体规则中规定对违反规则者处以5万日元以下的罚金。

第16条

1. 普通地方公共团体议会的议长在制定或修改、废除条例的决议时,必须在当日起3日之内提交给该普通地方公共团体的行政首长。

2. 普通地方公共团体的行政首长在收到前款规定中的条例时,如认为没有再议或采取其他措施的必要,必须在当日起20日以内公布于众。

3. 除条例特别规定之外,条例在公布之日起10日后实施。

4. 相关普通地方公共团体行政首长的签署、施行日期的特例及与条例公布有关的必要事项,必须在条例中规定。

5. 前二款的规定适用于普通地方公共团体的规则和其机关规定的规则及其他规章所要求公布的事项。但是,法令或条例有特别规定时不限于此。

第四章 选 举

第17条

依照法律规定,普通地方公共团体议会的议员及行政首长由选举人投票选举产生。

第18条

年满20岁以上的日本国民并在市町村区域内拥有住所连续3个月以上者,依法享有选举其所属普通地方公共团体议会议员及行政首长的权利。

第19条

1. 有权选举普通地方公共团体议会议员并年满25岁以上者,依法享有被选为普通地方公共团体议会议员的权利。

2. 年满30岁以上的日本国民依法享有被选为都道府县知事的权利。

3. 年满25岁以上的日本国民依法享有被选为市町村长的权利。

第20条至第73条　删除

第五章　直接请求

第一节　条例的制定及监查的请求

第74条

1. 有权选举普通地方公共团体议会议员及行政首长者(以下本编称为"有选举权者"),依照政令,以其总数1/50以上的人联名的形式,由其代表可对普通地方公共团体的行政首长提出制定或修改、废除条例(除有关征收地方税及分担金、使用费和手续费的条例外)的请求。

2. 出现前款中的请求时,该普通地方公共团体的行政首长必须立即公布此请求的要点。

3. 普通地方公共团体的行政首长必须在受理第1款请求之日起22日以内召集议会,附上意见提交议会讨论,把结果通知其代表者的同时公布此事。

4. 关于前款规定中的提交议会讨论,议会在审议时,依据政令,必须给第1款中的代表者申述意见的机会。

5. 所谓的第1款中的有选举权者,即指依照公职选举法(1950年法律第100号)第22条规定被登记在选举人名单上的人。相关普通地方公共团体的选举管理委员会必须在登记之日后,立即公布其总数的1/50的人数。

6. 在第1款的情况下,在该地方公共团体区域内选举众议院议员、参议院议员或地方公共团体议会议员、行政首长时,在政令规定期间,在该选举区域内举行选举时,不得征集以请求为目的的签名。

7. 有选举权者因身体问题或文盲而不能在请求制定或修改、废除条例的签名簿上签名时,可委任其所属市町村有选举权者(除请求制定或修改、废除条例者的代表者或受该代表者委托在该市町村请求有选举权者签名的人外)将自己的姓名(以下称为"请求者的姓名")签在该签名簿上。这种情况下,受委托者所签的该请求者的签名将被看作第1款规定中的请求者签名。

8. 依前项规定受委托者(以下称为姓名代笔者)把请求者的姓名签在要求制定或修改、废除条例者的签名簿上时,姓名代笔者必须在该签名簿上签上代笔者的姓名。

第74条之2

1. 请求制定或修改、废除条例者的代表者要将请求制定或修改、废除条例的签名簿交给选举管理委员会,要求证明在签名簿上签名盖章的人就是登记在选举人名单中的人。在这种情况下,该市町村的选举管理委员会必须在当日起20日之内进行审查,确定签名的有效性,证明其意向。

2. 市町村的选举管理委员会在证明前款规定中的签名簿上的签名结束后,必须从当日起7天以内,在指定地点让相关人员自由浏览签名簿。

3. 关于前款签名簿的浏览时间及地点,市町村的选举管理委员会必须事前公布并在公众容易看到的地方展示其内容。

4. 对签名簿的签名有异议时,相关人员可在第2款规定的浏览期内向该市町村的选举管理委员会申报。

5. 市町村的选举管理委员会在受理前款规定中的异议时,必须在受理之日起14天以内作出决定。在这种情况下,确定其申报为正当行为时应立即修正第1款规定中的证明并通知申报人及相关人员,同时公布其相关内容。确定其申报为不正当行为时,必须马上通知申报人。

6. 根据第2款的规定,在浏览期内相关人员没有提出异议或根据前项规定所有的异议得到了解决,市町村的选举管理委员会要公布其内容及有效签名的总数,同时必须将签名簿返还于要求制定或修改、废除条例者的代表。

7. 关于请求制定或修改、废除都道府县条例签名簿的签名,对于依据第5款规定所作的决定不服者,可在此决定作出之日起10日以内呈报都道府县选举管理委员会进行审查。

8. 关于请求制定或修改、废除都道府县条例签名簿的签名,对于依据第5款规定所作的决定不服者,可在此决定作出之日起14日以内向地方法院提起诉讼。对判决不服者虽不能上诉但可向最高法院申诉。

第74条之3

1. 如下所示请求制定或修改、废除条例者签名的将视为无效。

(1) 没有依据法令所规定手续的签名。

(2) 难以确认为何人的签名。

2. 依据前条第4款的规定,在出现伪诈或通过强迫而提出异议的签名时,经市町村的选举管理委员会判定为正当后,将被视为无效。

3. 市町村的选举管理委员会在确定签名是否有效时,可在必要时传讯相关人并作证。

4. 第100条的第2款、第3款、第7款及第8款规定适用于前项规定中相关人的传讯及作证。

第74条之4

1. 关于要求制定或修改、废除条例者的签名,有如下行为者处以4年以下徒刑或监禁或处以100万日元以下罚金。

(1) 对有签名权者或签名运动者施以暴行、威胁或诱骗的。

(2) 妨碍交通或集会之便或妨碍演说,以及以奸计骗术等不正当手段妨害签名自由的。

（3）利用有签名权者或签名运动者与之相关的神社、寺院、学校、公司、工会、市町村的用水、佃耕、债权、捐赠及其他特殊利害关系，威胁有签名权者或签名运动者的。

2. 伪造请求制定或修改、废除条例者的签名或增减其数量或扣留、毁坏、夺取制定或修改、废除条例所需的有关文件，处以3年以下徒刑或监禁或50万日元以下罚金。

3. 关于请求制定或修改、废除条例者的签名，未经有选举权者委托或并非因有选举权者身体不便或文盲而不能在请求制定或修改、废除条例者的签名簿上签名之故，却作为姓名代笔在请求制定或修改、废除条例者的签名簿上签名者，将处以3年以下徒刑或监禁或50万日元以下罚金。

第75条

1. 有选举权者（关于道路方面的公安委员会，该公安委员会管理本部所辖区内有选举权者）依照政令，以其总数1/50以上人的联合署名，其代表可对普通地方公共团体的监查委员请求监查该普通地方公共团体执行的事务。

2. 出现前款要求时，监查委员必须立即公布其所要求的内容。

3. 监查委员监查涉及第1款请求的事项，决定有关监查结果的报告并送交同款代表者，而且在公布的同时，必须提交给该普通地方公共团体议会和行政首长及相关教育委员会、选举管理委员会、人事委员会或公平委员会、公安委员会、地方劳动委员会、农业委员会及其他基于法律的委员会或委员。

4. 有关依照前款规定的监查结果报告，必须经过监查委员协商而定。

5. 第74条第5款的规定适用于第1款有选举权者及其总数的1/50的签名；第74条第6款到第8款及第74条之2到前条的规定适用于第1款规定中的有关请求者的签名。

第二节 解散及解职的请求

第 76 条

1. 有选举权者依照政令,以其总人数 1/3(总人数超过 40 万时,在超过的人数上乘以 1/6 后再加上 40 万乘以 1/3 所得的和)以上的联合署名,可由其代表对普通地方公共团体的选举管理委员会提出解散该普通地方公共团体议会的要求。

2. 出现前款请求时,委员会必须立即公布请求的要点。

3. 出现第 1 款请求时,委员会必须立即由选举人投票选举。

4. 第 74 条第 5 款的规定适用于第 1 款有选举权者及其总数的 1/3(总人数超过 40 万时,在超过的人数上乘以 1/6 后再加上 40 万乘以 1/3 所得的和)人数的情况,从第 74 条第 6 款到第 8 款及从第 74 条之 2 到第 74 条之 4 的规定适用于第 1 款规定中的有关请求者的签名的情况。

第 77 条

验证解散投票的结果之后,选举管理委员会应立即通知前条第 1 款中的代表者及相关普通地方公共团体的议会议长,并在公布此结果的同时,属于都道府县的,要向都道府县的知事汇报;属于市町村的,要向市町村的行政首长汇报。其投票结果确定后,也必须同样履行以上程序。

第 78 条

依照第 76 条第 3 款的规定投票解散普通地方公共团体议会时,只要过半数同意就可执行解散。

第 79 条

依照第 76 条第 1 款规定,解散普通地方公共团体议会的请求,在议会议员正常选举之日起 1 年内以及同条第 3 款规定的解散议会的投票之日起 1 年内,不可以进行。

第 80 条

1. 有选举权者依照政令,以其所属选举区的其总人数 1/3(总人数超过 40 万时,在超过的人数上乘以 1/6 后再加上 40 万乘以1/3所得的和)以上的联合署名,由其代表可对普通地方公共团体的选举管理委员会提出对该选区所属普通地方公共团体议会议员解职的请求。无选举区时,以其总人数1/3(总人数超过40万时,在超过的人数上乘以1/6后再加上40万乘以1/3所得的和)以上的联合署名可要求解除议员的职务。

2. 出现前款规定中的请求时,委员会必须立即在相关区域内公布请求的要点。

3. 出现第1款的请求时,委员会应就此进行该选举区的选举人投票。这种情况下,无选举区的,应进行所有选举人的投票。

4. 第74条第5款的规定,关于第1款有选举权者及其总数1/3的人数(总人数超过40万时,在超过的人数上乘以1/6后再加上40万乘以1/3所得的和),第74条第6款到第8款以及第74条之2到第74条之4的规定,适用于第1款规定的请求者的署名。

第81条

1. 有选举权者依照政令,以其总人数1/3(总人数超过40万时,在超过的人数上乘以1/6后再加上40万乘以1/3所得的和)以上的联合署名,由其代表可对普通地方公共团体的选举管理委员会提出对该选区所属普通地方公共团体行政首长解职的请求。

2. 第74条第5款的规定适用于前款中关于有选举权者及其总数的1/3(总人数超过40万时,在超过的人数上乘以1/6后再加上40万乘以1/3所得的和)的数量,从第74条第6款到第8款及第74条之2到第74条之4中的规定适用于前款规定中的有关请求者的签名。第76条第2款及第3款的规定适用于前款规定中的请求。

第82条

1. 在验证了依照第80条第3款规定进行的投票解职结果后,普通地方公共团体选举管理委员会必须立即通知同条第1款中的代表者和该普通地方公共团体的相关议员及议长,在公布此结果的同时,属于都道府县的,要向都道府县的知事汇报;属于市町村的,要向市町村的行政首长汇报。其投票结果确定后,也必须同样履行以上程序。

2. 在验证了依照前条第 2 款规定进行的投票解职结果后,委员会必须立即通知同条第 1 款中的代表者及该普通地方公共团体的行政首长及议会议长,并公布此结果。其投票结果确定后,也必须同样履行以上程序。

第 83 条

依照第 80 条第 3 款或第 81 条第 2 款规定的解职投票中,普通地方公共团体议会议员或行政首长,当过半数的人同意时,就会失去其职位。

第 84 条

根据第 80 条第 3 款或第 81 条第 2 款的规定,对普通地方公共团体议会议员或行政首长解职的请求不可在其任职之日起 1 年内及第 80 条第 3 款或第 81 条第 2 款规定中的解职投票之日起 1 年内进行。但是,对依照《公职选举法》第 100 条第 6 款的规定当选为普通地方公共团体议会议员或行政首长的解职请求,可在其就职之日起 1 年以内进行。

第 85 条

除政令特别规定之外,公职选举法中普通地方公共团体选举的有关规定适用于第 76 条第 3 款规定中的解散投票和第 80 条第 2 款及第 81 条第 2 款规定中的解职投票。

第 86 条

1. 有选举权者(关于道路方面的公安委员会委员,该公安委员会管理本部所辖区内有选举权者)依照政令,以其总人数的 1/3 (总人数超过 40 万时,在超过的人数上乘以 1/6 后再加上 40 万乘以 1/3 所得的和)以上联合署名后,由其代表可向普通地方公共团体的行政首长提出对副知事或助理、出纳长或会计长、选举管理委员或监查委员或公安委员会委员的解职请求。

2. 出现前款请求时,该普通地方公共团体的行政首长必须立即公布请求的要点。

3. 出现第1款请求时,该普通地方公共团体的行政首长必须提交议会讨论,将其结果通知同款代表者及相关人员并公布于众。

4. 第74条第5款的规定适用于第1款中关于有选举权者及其总人数的1/3(总人数超过40万时,在超过的人数上乘以1/6后再加上40万乘以1/3所得的和)的数量,从第74条第6款到第8款及第74条之2到4中的规定适用于第1款规定中的有关请求者的签名。

第87条

1. 前条第1款中的在职者,在同条第3款的情况下,该普通地方公共团体议会议员2/3以上出席,得到其3/4以上的人同意时就会失去其职务。

2. 第118条第5款的规定适用于前条第3款规定中的议决。

第88条

1. 依照第86条第1款的规定,对副知事或助理、出纳长或会计长的解职请求不可在其任职之日起1年内及同条第3款规定中议会决议之日起1年内进行。

2. 依照第86条第1款的规定,对选举管理委员会或监查委员或公安委员会委员的解职请求不可在其任职之日起6个月内及同条第3款规定中议会决议之日起6个月内进行。

第六章 议　　会

第一节 组　　织

第89条

在普通地方公共团体设置议会。

第90条

1. 都道府县议会议员的定员依条例而定。

2. 都道府县议会议员的定员按以下都道府县的划分,在不得超过以下各项规定人数(东京都是特别区的人口数除以100万人与以下各项规定人数相加后所得的数,超过130人时按130人计算)的范围内进行。

(1) 人口未满75万的都道府县为40人。

(2) 人口在75万以上未满100万的都道府县,超过70万的,每多5万人就增加1人,然后与40相加所得的数。

(3) 人口在100万以上的都道府县,超过93万的,每多7万人增加1人,然后与45相加所得的数(超过120人时按120人计算)。

3. 按第1款的条例所规定的定员数,因人口减少而超过前款规定人数的都道府县,在超员前已公布了选举日期,通过普通选举而产生的议员还在任期时,把依照该条例而定的人数作为定员。

4. 非普通选举的情况下,不可对第1款规定中的议员定员进行更改。

第91条

1. 市町村议会议员的定员依条例而定。

2. 市町村议会议员的定员按以下市町村划分,不得超出以下各项规定人数的范围。

(1) 人口未满2000的町村为12人。

(2) 人口2000以上未满5000的町村为14人。

(3) 人口5000以上未满1万的町村为18人。

(4) 人口1万以上未满2万的町村为22人。

(5) 人口未满5万的市及人口2万以上的町村为26人。

(6) 人口5万以上未满10万的市为30人。

(7) 人口10以上未满20万的市为34人。

(8) 人口20万以上未满30万的市为38人。

(9) 人口30万以上未满50万的市为46人。

(10) 人口50万以上未满90万的市为56人。

(11) 人口90万以上的市人口超过50万,每多40万增加8

人然后与56人相加所得的数(超过96人时以96人计算)。

3. 按第1款的条例规定,定员数因人口减少而超过前款规定人数的市町村,在超员前已公布了选举日期,通过普通选举而产生的议员还在任期时,把依照该条例而定的人数作为定员。

4. 非普通选举时,不可对第1款规定中的议员定员进行更改。

5. 根据第7条第1款或第3款的规定,对人口增减剧烈的市町村,不管前2款的规定如何,即使议员在任期中也可增减议员定员。

6. 依照前款规定,议员在任期中定员减少的情况下,该市町村议会议员在职者超过减少的定员时,该议员在任期中也以其人数为定员。但是在议员人数出现短缺时,其定员应相应地减少到该人数为止。

7. 依照第7条第1款规定,伴随着市町村的设置,在要废置分合市町村的情况下,其区域的全部或一部分成为新设置的市町村区域的全部或一部分的市町村(以下本条称为"设置相关市町村")。设置相关市町村有两个以上时,通过设置相关市町村的协议来决定;在设置相关市町村有一个时,必须经过该设置相关市町村的议会决议,事先确定新设置的市町村议会议员的定员数。

8. 依照前款规定,确定新设置的市町村议会议员定员数时,设置相关市町村必须立即公布该定员数。

第92条

1. 普通地方公共团体议会议员不能兼任众议院或参议院议员。

2. 普通地方公共团体的议会议员不能兼为地方公共团体议会议员、全职公务员和地方公务员法(昭和25年法律第261条)第28条之5第1款规定的短时间工作的公务员(以下称为"再任用短期工作公务员")。

第 92 条之 2

普通地方公共团体议会议员不能担任承包该地方公共团体的承包人及其经理或主要与此行为相同的法人的无限责任公务员、董事、执行者或监事或与此相当的职务、董事长及清算人等职务。

第 93 条

1. 普通地方公共团体议会议员任期为 4 年。
2. 由前款任期算起,候补议员的任期及议员定员发生变动时,关于重新选举的议员任期依据《公职选举法》第 258 条及第 260 条而定。

第 94 条

虽然有第 89 条的规定,但町村可以制定条例,可不设议会而设立有选举权者的总会。

第 95 条

关于前条规定中的町村总会适用于町村议会有关的规定。

第二节 权 限

第 96 条

1. 普通地方公共团体议会必须对以下事宜进行决议。

（1）制定或修改、废除条例。

（2）决定预算。

（3）承认决算。

（4）除法律或基于法律的政令规定之外,征收地方税或有关征收分担金、使用费、加入金或手续费的事宜。

（5）关于其种类及金额,要以政令的规定为基准,根据条例来签订契约。

（6）除条例规定外,交换财产、以出资为目的或作为支付手段使用或无适当价格的转让或出租。

（7）信托财产。

（8）除前两项规定外,关于其种类及金额,以政令的规定为基准,根据条例规定获得或处理财产。

(9) 接受有条件的捐项或赠送。

(10) 除法律或基于法律的政令或条例有特别规定的情况之外,放弃权利。

(11) 有关条例中规定的重要公共设施,依照条例必须使其长期且独占使用的。

(12) 普通地方公共团体涉及对当事人的审查请求及其不服诉求、申诉的提出、和解、斡旋、调停及仲裁之事宜。

(13) 确定属于法律方面赔偿损失义务的金额。

(14) 有关普通地方公共团体区域内公共团体活动的综合协调之事宜。

(15) 依照法律或基于法律的政令(含基于此的条例)属于议会权限的事项。

2. 除前款规定外,普通地方公共团体依照条例就有关普通地方公共团体事宜(除与法定受托事务有关的事件外),能够决定在议会中应进行议决的事项。

第97条

1. 普通地方公共团体的议会依照法律或基于法律的政令,必须进行属于其权限内的选举。

2. 议会可以否决预算的增加,但是不得侵犯普通地方公共团体行政首长提出预算的权限。

第98条

1. 普通地方公共团体议会可对与该普通地方公共团体事务(在自治事务方面,除政令规定的属于地方劳动委员会以及征用委员会权限的事务;在法定受托事务方面,除政令规定的有可能危害国家安全的事宜及因其他事由不宜成为议会审查对象的事宜)有关的文件及统计资料进行检查审阅,要求该普通地方公共团体行政首长、教育委员会、选举管理委员会、人事委员会或公平委员会、公安委员会、地方劳动委员会、农业委员会或监查委员以及其他基于法律的委员会或委员向其汇报情况,可以检查该事务的管理、决议的执行及出纳事项。

2. 议会对监查委员,可要求其监查该普通地方公共团体的事务(在自治事务方面,除政令规定的属于地方劳动委员会以及征用委员会权限的事务;在法定受托事务方面,除政令规定的有可能危害国家安全的事宜及因其他事由不宜成为议会审查对象的事宜),可要求其汇报监查结果。在这种情况下实施的监查适用于第199条第2款后段(关于实施监查的政令委任)中的规定。

第99条

普通地方公共团体的议会就与该普通地方公共团体公益相关的事件,可向国会或相关行政部门提交意见书。

第100条

1. 普通地方公共团体议会可调查该普通地方公共团体的事务(在自治事务方面,除政令规定的属于地方劳动委员会以及征用委员会权限的事务;在法定受委托事务方面,除政令规定的有可能危害国家安全的事宜及因其他事由不宜作为议会审查对象的事宜。下款同),可要求选举人及其他相关人员出面、作证并提交记录。

2. 在民事诉讼有关法令的规定中,关于证人讯问的规定除法律特别规定之外,适用于依照前项规定议会为了调查该普通地方公共团体的事务要求选举人及相关人员作证的情况。但是,有关补偿金、罚金、拘留或传讯的规定不限于此。

3. 依据第1款规定被要求出面或提交记录的选举人及其他相关人员,在无正当理由情况下不出面或不提交记录或拒绝作证时,将处以6个月以下监禁或10万日元以下的罚金。

4. 议会在得到选举人及其相关人员作为公务员所知道的事实为职务上保密事项的申报时,没有该官公署的批准不得要求做与该事实有关的证言或提交记录。在这种情况下,该官公署必须说明拒绝批准的理由。

5. 当议会认定基于前款规定的处理理由不充分时,可以要求该官公署作出该证言或记录的提交会损害公共利益的声明。

6. 如果该官公署根据前款规定在接到要求的20日内未作出声明,选举人及其相关人员必须提交证言或者记录。

7. 当根据第二款适用的民事诉讼相关法令规定宣誓的选举人及其相关人员作出虚假的陈述时,可处以3个月以上5年以下的监禁。

8. 当犯下前款罪行者在议会调查结束、就此议决作出之前坦白时,可以减轻或者免除刑罚。

9. 当议会认定选举人及其相关人员犯有第3款或者第7款之罪行,必须给予告发。但是如果作出虚假陈述的选举人及其相关人员,在议会调查结束、就此议决作出之前坦白者,可不给予告发。

10. 议会为进行第1款规定的调查而向该普通地方公共团体区域内的团体等提出照会要求送交记录时,该团体等对此必须做出回应。

11. 议会进行第1款规定的调查时,必须事先在预算定额的范围内,设定该调查所需经费的额度。当认定超出该额度经费支出的必要时,必须再次对此进行议决。

12. 议会的审查或者对该普通地方公共团体的事务进行调查以及其他议会认为有必要的情况下,议会可以根据会议规则的规定派遣议员前往。

13. 普通地方公共团体,根据条例的规定可向其议会的会派或者议员支付作为用于议会议员调查研究的部分必要经费,即政务调查费。在这种情况下,关于该政务调查费的支付对象、额度、支付方法,必须以条例规定之。

14. 接受前款之政务调查费的会派或者议员,要根据条例的规定,向议长提交与该项政务调查费相关的收支报告。

15. 中央政府必须向都道府县的议会发送中央政府的公报及发行物,还必须向市町村的议会发送公报以及与市町村特别有关的中央政府的发行物。

16. 都道府县必须向该都道府县区域内的市町村议会以及其他都道府县的议会发送公报以及适当的发行物。

17. 议会为了支持议员开展调查研究,必须建立图书室,将前2款规定的所接受的公报、官报、发行物等放入图书室内保管。

18. 前款所规定的图书馆,可对社会开放。

第三节 召集及会期

第101条

1. 普通地方公共团体议会由普通地方公共团体行政首长召集。议会定员数的1/4以上者表示有应该提交议会讨论的事项、要求召开临时会议时,该普通地方公共团体的行政首长必须召开议会。

2. 召集开会日前,都道府县必须在7天之前,町村必须在3天之前公布。但需紧急召开的情况不限于此。

第102条

1. 普通地方公共团体议会包括定期例会和临时会。

2. 定期例会必须按照条例规定的次数每年召开4次以下。

3. 临时会在必要时只限某一事件而召开。

4. 应提交临时会讨论的事项,必须由普通地方公共团体的行政首长事先公布。

5. 在临时会召开过程中,有需紧急讨论的事项时,不受前二款规定的约束可以立即提交议会讨论。

6. 议会决定有关普通地方公共团体议会的会期以及延长和开会、闭会事项。

第四节 议长及副议长

第103条

1. 普通地方公共团体议会必须从议员中选出议长及副议长各1人。

2. 议长及副议长的任期根据议员的任期而定。

第 104 条

普通地方公共团体议会议长必须保证会场的秩序、统理议事、管理议会事务、代表议会。

第 105 条

普通地方公共团体议会议长可以出席委员会并发言。

第 106 条

1. 普通地方公共团体议会议长发生事故或缺席时,由副议长代理议长履行职责。

2. 在议长和副议长都发生事故的情况下,选举临时议长,代理议长履行职责。

3. 议会可委任议长选任临时议长。

第 107 条

依据第 103 条第 1 款及前条第 2 款规定进行选举时,在无人履行议长的职责时,由年长的议员临时履行议长的职责。

第 108 条

普通地方公共团体议会议长及副议长可经过议会的许可后辞职。但是,副议长在议会开会期间,可在议长的许可下辞职。

第五节 委 员 会

第 109 条

1. 普通地方公共团体议会可依照条例设置常任委员会。

2. 议员分别作为一名常任委员,常任委员在会议开始时由议会选任,除条例特别规定之外在议员任期内任职。

3. 常任委员会调查与其相关的该普通地方公共团体的事务,审查议案、陈情等事宜。

4. 常任委员会可就有关预算、其他重要议案、陈情等事宜召开听证会,听取真正有利害关系或有学识经验的人的意见。

5. 常任委员会为了调查或审查该普通地方公共团体有关的事务,在认为有必要的情况下可要求证人出面听取其意见。

6. 常任委员会在闭会期间也可对提交议会讨论的特定事宜

进行审查。

第 109 条之 2

普通地方公共团体议会可依照条例设置议会运营委员会。

第 110 条

1. 普通地方公共团体议会可依照条例设置特别委员会。

2. 特别委员由议会选任,委员会附议的事宜在议会讨论期间任职。

3. 特别委员会只限于会期内审查议会议决讨论的事宜。但是,即使在会议结束期间也可以就有关由议会决议提交讨论的事件进行审查。

4. 第 109 条第 4 款及第 5 款的规定适用于特别委员会。

第 111 条

除前三条规定外,与委员会有关的事项依据条例决定。

第六节 会 议

第 112 条

1. 普通地方公共团体议会议员可就议会应决议的事宜向议会提出议案。但预算不限于此。

2. 在依据前项规定提出议案时,必须有议员定员的 1/12 以上者同意。

3. 在依据第 1 款规定提出议案时,必须采用文书形式。

第 113 条

普通地方公共团体议会如果没有议员定员的半数以上议员出席,就不能召开议会。但是,依据第 117 条规定,因遭到反对而未达到半数,或者就同一事宜再召集仍不能达到半数,或者响应召集但到会议员没有达到定员数,或者议长催促后仍没有达到半数,或者起初达到了半数后来又不够半数时,将不受此限。

第 114 条

1. 普通地方公共团体议会定员半数以上的议员提出开会请求时,议长必须按照议员的请求召开会议。在这种情况下,如果议长不召开会议,可依据第106条第1款或第2款的规定来决定。

2. 根据前款规定召开会议,或者议员中有异议时,如果议长不依照会议的决议行事,就不能取消或终止当日的会议。

第115条

1. 普通地方公共团体议会召开会议要公开。但是,在议长或3个以上议员提议、出席议员2/3以上的多数表决的前提下,可召开秘密会议。

2. 对前款后段中的议长或议员的提议,可以不经讨论就能表决。

第115条之2

普通地方公共团体议会把有关修正议案的动议作为议题时,必须经过议员定员的1/12的提议。

第116条

1. 除法律特别规定之外,普通地方公共团体议会的议事由出席议员的过半数来决定,赞成数与反对数相同时由议长决定。

2. 在出现前款的情况下,议长作为议员无参加议决的权利。

第117条

普通地方公共团体议会的议员与议长在此种情况下不能参加议事:与自己或父母、祖父母、配偶、子孙或兄弟姐妹亲属有关的事宜,与自己或上述人所从事的工作有直接利害关系的事件。但是,经过议会同意后可出席会议并发言。

第118条

1. 关于依据法律或基于法律的政令而进行的普通地方公共团体的议会选举适用于《公职选举法》第46条第1款和第4款、第47条、第48条、第68条第1款及与普通地方公共团体的议会议员选举有关的第95条的规定。对投票效力有异议时将由议会决定。

2. 在议员中没有出现异议时,议会就前项选举可用提名推选的方法。

3. 在采用提名推选方法时,是否应把被提名人定为当选人要经过议会讨论,把全体议员一致同意的人作为当选人。

4. 一次选举在选举2人以上时,不可区分被提名人适用前款规定。

5. 对依照第1款规定所作的决定不服者可在决定作出之日起21天内报请审查。属于都道府县的,报送给总务大臣;属于市町村的,报送给都道府县知事。对其裁决不服者可在裁决之日起21天内向法院提出诉讼。

6. 依据第1款规定所作的决定,必须以文书形式附理由交于本人。

第119条

会议期间没作出决议的事件会后将不继续。

第120条

普通地方公共团体的议会必须制定会议规则。

第121条

普通地方公共团体行政首长、教育委员会委员长、选举管理委员会委员长、人事委员会委员长或公平委员会委员长、公安委员会委员长、地方劳动委员会委员、农业委员会会长及监查委员以及其他基于法律的委员会代表或委员和受其委任或嘱托的人,在议长要求其出席进行说明时,必须到会场作出说明。

第122条

普通地方公共团体的行政首长必须向议会提交第211条第2款规定的与预算有关的说明书以及其他与普通地方公共团体的事务有关的说明书。

第123条

1. 议长必须让事务局长或书记长(没设书记长的町村由书记)承制会议记录、记录会议过程及出席议员的姓名。

2. 会议记录必须由议长及议会规定的2个以上的议员签名。

3. 议长必须将会议结果报告给普通地方公共团体行政首长,

并需附会议记录副本。

第七节 请　　愿

第 124 条

欲向普通地方公共团体议会请愿的人员，必须通过议会介绍并提交请愿书。

第 125 条

普通地方公共团体议会通过的请愿，认为该普通地方公共团体行政首长、教育委员会、选举管理委员会、人事委员会或公平委员会、公安委员会、地方劳动委员会、农业委员会或监查委员及基于其他法律的委员会或委员适合采取措施，就将请愿送达这些机构，而且可以要求其汇报请愿处理的经过及结果。

第八节　议员辞职及资格认定

第 126 条

普通地方公共团体议会的议员，在取得议会的许可后可以辞职。但在闭会期间只需得到议长的许可便可辞职。

第 127 条

1. 普通地方公共团体议会的议员在不拥有被选举权或符合第 92 条之 2 的规定时将失去其职务。其被选举权的有无或是否符合该条（第 92 条之 2）的规定，除议员因符合《公职选举法》第 11 条、第 11 条之 2 或第 252 条或《政治资金规正法》(1948 年法律第 194 号) 第 28 条的规定而不拥有被选举权的情况外，由议会决定。在这种情况下，必须由出席议会议员的 2/3 以上的多数同意方可决定。

2. 都道府县的议会议员即使因搬离其住所而失去被选举权，如果其搬离的住所处于同一都道府县区域内，就不会因此而失去其职务。

3. 在第 1 款的情况下，即使有第 117 条的规定，议员仍有权出席会议对自己的资格进行辩解，但无权参与决定。

4. 第 118 条第 5 款及第 6 款的规定适用于本条第 1 款。

第 128 条

普通地方公共团体议会议员,在依据《公职选举法》第 202 条第 1 款或第 206 条第 1 款的规定提出异议、依据同法第 202 条第 2 款或第 206 条第 2 款的规定请求审查、该法第 203 条第 1 款、第 207 条第 1 款、第 210 条或第 211 条提出诉讼的决定、裁决、判决没有作出期间(在依据该法第 210 条第 1 款的规定可以提出诉讼的情况下,该诉讼未被提出,确定审理驳回该诉讼有关的申诉或诉状或该诉讼被撤回时,分别到同款所规定的提出诉讼期限结束、该审判确定或到被撤回的期间)将不失去其职务。

第九节 纪　　律

第 129 条

1. 在普通地方公共团体议会会议中,出现违反本法律或会议规则及其他扰乱会场秩序的议员时,议长有权制止其行为或取消其发言,如不听从命令可以禁止其在当日会议中的发言,或责令其离开会场。

2. 在议长认为难以平息会场的骚乱时,可以休会或中止会议进行。

第 130 条

1. 若有旁听者有公然表明赞成与反对的意见或引起骚动等妨碍议会的行为时,普通地方公共团体议会议长有权制止其行为,如不听从命令可责令其退场,必要时交予警方处理。

2. 旁听席上出现喧闹时,议长有权责令所有旁听者退场。

3. 除前 2 款规定之外,议长还必须制定有关管理旁听者的必要规则。

第 131 条

当有人扰乱会场秩序或妨碍会议时,议员有权提醒议长注意。

第 132 条

在普通地方公共团体议会会议或委员会上,议员不得使用无礼的言语或发表涉及他人私生活的言论。

第 133 条

在普通地方公共团体议会会议或委员会上,受到侮辱的议员有权就此向议会提出申诉并要求作出处理。

第十节 惩 罚

第 134 条

普通地方公共团体议会可以根据议会决议对违反本法律和会议规则及委员会有关条例的议员施以惩罚。

第 135 条

1. 惩罚如下:

(1) 在会场上公开告诫。

(2) 让其在会场上公开致歉。

(3) 一定时期内停止其出席。

(4) 除名。

2. 在把惩罚动议作为议题时,必须经过议员定员的 1/8 以上的提议。

3. 关于第 1 款第 4 项的除名惩罚,必须在该普通地方公共团体议会议员的 2/3 以上出席会议的情况下,征得其中的 3/4 以上议员的同意时方可实行。

第 136 条

普通地方公共团体议会不得拒绝被除名后再次当选的议员。

第 137 条

普通地方公共团体议会议员无正当理由拒绝出席或无正当理由缺席会议,特别是在议长发出招集通知后,仍无故缺席者,议长经过议会议决可对其施以惩罚。

第十一节 议会的事务局及事务局长、书记长、书记及其他公务员

第 138 条

1. 在都道府县的议会设置事务局。

2. 市町村的议会可以根据有关条例的规定设置事务局。

3. 事务局设事务局长、书记及其他公务员。

4. 在不设置事务局的市町村议会要设书记长、书记及其他人员。但是町村可以不设书记长。

5. 事务局长、书记长、书记及其他人员由议长任免。

6. 事务局长、书记长、书记及其他专职人员的法定人数由条例规定。但是临时职务不限于此。

7. 事务局长及书记长受议长委托负责掌管议会的总务。

8. 书记及其他人员接受上级的领导,从事议会的总务工作。

第七章 执行机关

第一节 通则

第138条之2

普通地方公共团体的执行机关在自己的职责范围内,依照该普通地方公共团体的条例、预算、其他议会决议、法令、规则及其他章程,负有认真管理、执行该普通地方公共团体事务的义务。

第138条之3

1. 普通地方公共团体执行机关的组织,必须在普通地方公共团体行政首长的管辖之下,由各自具有明确范围的事务和权限的执行机关构成。

2. 普通地方公共团体的执行机关必须在普通地方公共团体行政首长的管辖之下,谋求执行机关的相互联系,使其一体化以发挥其行政职能。

3. 普通地方公共团体行政首长,当该普通地方公共团体执行机关间就有关权限而产生疑义时,应当努力协调。

第138条之4

1. 在普通地方公共团体中,作为其执行机关除普通地方公共团体行政首长外,按照有关法律规定设置委员会或委员。

2. 普通地方公共团体的委员会只要不违反法令和普通地方公共团体的条例或规则,就可以按照有关法律规定,对在其权限范围内的事务制定相关规则及其他章程。

3. 普通地方公共团体可以依照有关法律规定,设置作为其附属机关的自治纷争处理委员、审查会、审议会、调查会及其他为调停、审查、咨询或调查而设的机关,但政令规定的执行机关不限于此。

第二节 普通地方公共团体的行政首长
一、地 位

第 139 条

1. 在都道府县设知事。
2. 在市町村设市町村长。

第 140 条

1. 普通地方公共团体行政首长的任期为 4 年。
2. 关于前款任期的起算,依照《公职选举法》第 259 条及第 259 条之 2 的规定。

第 141 条

1. 普通地方公共团体行政首长不得兼任众议院议员或参议院议员。
2. 普通地方公共团体行政首长不得兼任地方公共团体议会的议员和专职公务员及再任用短期工作公务员。

第 142 条

普通地方公共团体行政首长不得作为该普通地方公共团体的承包人及其经理,或具有同一行为的法人(该普通地方公共团体出资并有政令规定的法人除外)的无限责任员工、董事、执行人员、监事或与此基本相同的人员、经理及财产清理人。

第 143 条

1. 普通地方公共团体行政首长在不拥有被选举权时或符合前条规定时将失去其职务。其被选举权的有无或是否符合同条的规定,普通地方公共团体的行政首长除了因符合《公职选举法》第 11 条、第 11 条之 2 或第 252 条或《政治资金规正法》第 28 条的规定而不拥有被选举权外,必须由该普通地方公共团体的选举管理委员会决定。

2. 根据前款规定所作的决定,必须以书面的形式附上理由后,交于本人。

第144条

普通地方公共团体行政首长,在依据《公职选举法》第202条第1款或第206条第1款的规定提出异议,依据该法第202条第2款或第206条第2款的规定请求审查,根据该法第203条第1款、第207条第1款、第210条或第211条提出诉讼的决定、裁决、判决未确定期间(在依据该法第210条1款的规定可以提出诉讼的情况下,该诉讼未被提出,确定审理驳回该诉讼有关的申诉或诉状或该诉讼被撤回时,分别到同款所规定的提出诉讼期限结束、该审判确定或到被撤回的期间),将不失去其职务。

第145条

普通地方公共团体行政首长欲退职时,都道府县知事需在其退职前30天,市町村长需在其退职前20天,向该普通地方公共团体议会的议长提出申请。但在征得议会的同意下,可以在以上所述日期前退职。

第146条 删除

二、权　　限

第147条

普通地方公共团体行政首长统辖并代表该普通地方公共团体。

第148条

普通地方公共团体行政首长管理并执行该普通地方公共团体的事务。

第149条

普通地方公共团体的行政首长一般负责下列事务:

(1) 对于应该经普通地方公共团体议会决议的事项提出其

议案。

（2）编制并执行预算。

（3）征收地方税、分担金、使用费、加入金或手续费及违章罚金。

（4）将决算提交普通地方公共团体议会议定。

（5）会计管理。

（6）获取、管理并处置财产。

（7）建设、管理及废止公共设施。

（8）保管证书及公文。

（9）除以上各项规定外，还负责执行该普通地方公共团体的事务。

第150条及第151条　删除

第152条

1．普通地方公共团体行政首长发生事故或行政首长暂时空缺时，由副知事或助理代理其职务。在这种情况下，副知事或助理有2人以上时，应按照该普通地方公共团体的行政首长预先决定的顺序，如果没有预先确定顺序时应按座次的上下，座次上下不明确时按年龄的大小，年龄大小相同时通过抽签决定的顺序来代理其职务。

2．副知事或助理也发生事故或暂时空缺，或在不设置副知事或助理的普通地方公共团体，当该普通地方公共团体的行政首长发生事故或暂时空缺时，由该普通地方公共团体行政首长指定的官员代理其职务。

3．在前款的情况下，当没有该款规定的代理普通地方公共团体行政首长职务的人员时，由该普通地方公共团体规则规定的首席事务官代理其职务。

第153条

1．普通地方公共团体行政首长可以把属于其权限范围内的一部分事务委任该普通地方公共团体的事务官临时代理其职。

地方自治法

2. 普通地方公共团体行政首长可以把属于其权限范围内的一部分事务委任于属其管理的行政部门。

第154条

普通地方公共团体行政首长指挥监督作为其辅助机关的公务员。

第154条之2

普通地方公共团体行政首长认为属其管理的行政部门的处分违反法令、条例或规定时,有权取消或停止其处分。

第155条

1. 普通地方公共团体行政首长为了分管属于其权限范围内的事务,依照条例可以在必要的地方,都道府县设置支厅(北海道包括支厅办事处,下同)及地方事务所,市町村设置支所或办事处。

2. 支厅、地方事务所、支所或办事处的位置、名称及所管辖区域必须通过条例来规定。

3. 第4条第2款的规定适用于前款的支厅、地方事务所、支所或办事处的位置及所管辖的区域。

第156条

1. 除前条第1款的规定外,普通地方公共团体行政首长可以根据有关法律或条例的规定设置保健所、警察署及其他行政机关。

2. 前款的行政机关的位置、名称及所管辖的区域通过条例来规定。

3. 第4条第2款的规定适用于第1款的行政机关的位置及所管辖的区域。

4. 没有经过国会的许可不得设立国家的地方行政机关(包括派驻机关,下同),设置和运营国家的地方行政机关所需的经费由国家来负担。

5. 前款规定不适用于司法行政及惩戒机关、地方入境管理局分局及办事处、分局办事处、警察机关、检疫机关、防卫厅机关、海关办事处及监视所、海关分署及其办事处、监视署、税务署及其分署、国税复议审判所的支部、地方航空局事务所及其他的航空现场作业官署、综合通信局办事处、电波观测所、文教设施、国立医院及疗养设施、气象官署、海上警备救难机关、航路标识及水路官署、森林管理署及专门由国家完全出资的工程建设实施机关。

第 157 条

1. 普通地方公共团体行政首长为谋求该普通地方公共团体区域内的公共团体等的活动综合协调,有权对其进行指挥、监督。

2. 在前款的情况下,普通地方公共团体行政首长在必要时,有权让该普通地方公共团体区域内的公共团体等汇报其工作,提交书面材料及账簿以及对实地进行视察工作。

第 158 条

1. 普通地方公共团体行政首长为分担其权限范围内的工作,有权设置必要的内部机构。在这种情况下,该普通地方公共团体行政首长的直接下级内部机构的设置及其分管事务由条例来规定。

2. 普通地方公共团体行政首长在前款内部机构编制之际,为使该普通地方公共团体的事务及事务的运营能够精简而有效地进行,必须给予充分的考虑。

3. 普通地方公共团体行政首长在制定或修订、废除了第 1 款条例后,应立即把其要旨及由其他总务省指示所规定的事项报送以下人员:属于都道府县范围的事项,呈报于总务大臣;属于市町村范围的事项,呈报于都道府县知事。

第 159 条

1. 有关普通地方公共团体行政首长交接工作之事宜由政令来规定。

2. 在前项政令里,可以对无正当理由拒绝交接工作的人员制定处以 10 万日元以下罚金的规定。

第160条 删除

三、辅助机关

第161条

1. 都道府县设 1 名副知事。但根据条例规定也可不设。

2. 市町村设 1 名助理。但根据条例规定也可不设。

3. 副知事及助理的法定人数,根据条例规定可以增加。

第162条

副知事及助理由普通地方公共团体行政首长在得到议会同意后选拔任命。

第163条

副知事及助理的任期为 4 年。但是即使在任期中,普通地方公共团体行政首长也有权解除其职务。

第164条

1. 符合《公职选举法》第 11 条第 1 款或第 11 条之 2 规定的人员,不能成为副知事或助理。

2. 副知事或助理符合《公职选举法》第 11 条第 1 款的规定时,将失去其职务。

第165条

1. 代理普通地方公共团体行政首长职务的副知事或助理欲退职时,需要在其退职前 20 天以内,向该普通地方公共团体议会议长提出申请。但是,在得到议会批准的情况下,可在该日期前退职。

2. 除前款规定外,副知事或助理在其退职前 20 天,需向该普通地方公共团体行政首长提出申请。但在得到该普通地方公共团体行政首长批准的情况下,可在该日期前退职。

第166条

1. 副知事或助理不得兼任检察官、警察官或税务官以及普通地方公共团体的公安委员会委员。

2. 第 141 条、第 142 条及第 159 条的规定适用于副知事和助理。

3. 当副知事或助理符合第142条的规定时,普通地方公共团体行政首长必须解除其职务。

第167条

副知事或助理辅助普通地方公共团体行政首长,监督其辅助机关公务员的工作,按照另行规定代理普通地方公共团体行政首长的职务。

第168条

1. 在都道府县设出纳长。

2. 市町村设会计长1名。但町村根据条例规定可以不设置或让助理兼管该事务。

3. 都道府县可以根据条例设副出纳长,市町村可以根据条例设副会计长。

4. 副出纳长及副会计长的法定人数由条例规定。

5. 副出纳长及副会计长由普通地方公共团体行政首长从事务官中任命。

6. 出纳长及会计长不得兼任检察官、警察官、税务官或普通地方公共团的公安委员会委员。

7. 第141条、第142条、第159条、第162条、第163条正文及第164条的规定适用于出纳长及会计长。

第169条

1. 与普通地方公共团行政首长、副知事、助理或监查委员为父母和子女、夫妻或兄弟姐妹关系的人员,不得担任出纳长、副出纳长、会计长或副会计长的职务。

2. 出纳长或副出纳长,会计长或副会计长在出现前款所述关系时,将失去其职务。

3. 与出纳长、会计长为父母和子女、夫妻或兄弟姐妹关系的人员,不得担任副出纳长或副会计长的职务。

4. 副出纳长或副会计长出现前款所述关系时,将失去其职务。

第 170 条

1. 除法律或基于法律政令有特别规定外,出纳长以及会计长掌管该普通地方公共团的会计事务。

2. 例举前款的会计事务,大概有以下几种:

(1) 现金(包括代替现金交纳的证券以及属于基金的现金)出纳及其保管。

(2) 开支票。

(3) 有价证券(包括属于公有财产或基金的证券)的出纳及其保管。

(4) 物品(包括属于基金的动产)的出纳及其保管(使用中的物品保管除外)。

(5) 现金及其财产的登记管理。

(6) 有关支出、负担行为的确认。

(7) 编制结算并提交普通地方公共团体行政首长。

3. 副出纳长或副会计长辅助出纳长或会计长的工作。在出纳长或会计员发生事故或空缺时,代理其职务。在副出纳长或副会计员有 2 人以上的情况下,按照普通地方公共团体预先规定的顺序;没有规定的情况下,按照座次的上下;座次上下不明确的情况下,按年龄的大小;年龄相同时,根据抽签决定的顺序来代理其职务。

4. 普通地方公共团体行政首长有权让出纳长或会计长将其工作的一部分委托给副出纳长或副会计长,在这种情况下,普通地方公共团体行政首长必须立即将此公布。

5. 在不设副出纳长或副会计长的普通地方公共团体,当出纳长或会计长发生事故,或出纳长或会计长暂时空缺时,普通地方公共团体行政首长必须指定代理其职务的官员。

6. 出纳长或会计长发生事故或暂时空缺时,副出纳长或副会计长(包括前款规定的代理出纳长或会计长职务的官员,下同)也发生事故或暂时空缺时,由该普通地方公共团体规则规定的首席出纳员代理其职务。

第171条

1. 为了辅助出纳长或会计长的工作,设置出纳员及其他会计职务,町村可以不设出纳员。

2. 出纳员从官员中选出,会计员从官员及其他公务员中选出,由普通地方公共团体行政首长任命。

3. 出纳员受出纳长或副出纳长、会计长或副会计长之命,负责掌管现金出纳(包括开支票)或保管、物品出纳或保管的事务,其他会计人员接受上司之命负责掌管该普通地方公共团体的会计事务。

4. 普通地方公共团体行政首长有权让出纳长或会计长把其工作的一部分委托给出纳员,或让该出纳员把委托其工作的一部分委托给出纳员以外的会计人员。

5. 前条第4款后段的规定适用于前款。

6. 为让出纳长或会计长更好地处理其权限范围内的工作,普通地方公共团体行政首长有权按规则设立所需机构。

第172条

1. 除前十一条规定的人员外,可以在普通地方公共团体设官员及其他公务员。

2. 前款所述公务员由普通地方公共团体行政首长任免。

3. 第1款公务员的法定人数由条例规定。但临时或非专职的职位不限于此。

4. 关于第1款公务员的任用、职位分类、薪酬、工作时间及其他工作条件、离职退休及惩戒、服务、培训及工作成绩考核、福利及利益保护及其他身份保障,除本法规定之外,要依据地方公务员法的规定。

第173条

1. 前条第1款所述政府公务员为事务类公务员及技术类公

务员。

2. 事务类公务员接受上司的指示,负责一般事务。

3. 技术类公务员接受上司的指示,负责技术。

第174条

1. 普通地方公共团体可以设正式或临时性专门委员。

2. 专门委员从具有专门学识经验的人员中选出,由普通地方公共团体行政首长任命。

3. 专门委员受普通地方公共团体行政首长的委托,调查有关属其权限范围内的必要事项。

4. 专门委员为非专职。

第175条

1. 都道府县的支厅或地方事务所或市町村支所长由事务类公务员充当。

2. 前款规定的机关的长官,根据普通地方公共团体行政首长的规定,接受上司的指示,掌管其主管事务,指挥、监督其下级官员及其他公务员。

四、与议会的关系

第176条

1. 在有关普通地方公共团体议会的条例制定或修订、废除及预算决议出现异议时,除法律有特别的规定外,该普通地方公共团体行政首长有权在收到异议10天内公布其事由,并提交再审议。

2. 前款规定的议会决议与再审议的决议相同时,此决议将被通过。

3. 关于前款规定的决议,必须经过出席议会的2/3以上议员的同意才可通过。

4. 普通地方公共团体议会的决议或选举,如果被认为超过其权限或违反法令或议会规则时,该普通地方公共团体行政首长必须公布其事由,并提交重新再审议或再选举。

5. 当前款规定的议会决议或选举被认为仍超过其权限或违

反法令或议会规定时,在该决议或选举日的21天以内,都道府县知事有权向总务大臣,市町村长有权向都道府县知事申请审查。

第177条

1. 普通地方公共团体议会的决议在有关于收入或支出的问题方面,经商议后认为无法执行时,该普通地方公共团体行政首长必须公布其事由并请求再次审议。

2. 议会决定废除或减少下列经费时,即关于该经费及其收入的规定也与前款相同。

(1) 法令规定负担的经费、依照法律规定的由该行政厅职权下达的经费以及属于其他普通地方公共团体义务的经费。

(2) 应付紧急自然灾害或修复设施所要的经费或预防传染病所要的经费。

3. 在前款第1项的情况下,在议会决议仍要废除或减少该项所列经费时,该普通地方公共团体的行政首长有权把其经费及收入列入预算,支出其经费。

4. 在第2款第2项的情况下,议会决议仍要废除或减少该项所列经费时,该普通地方公共团体的行政首长有权将此决议当作不信任决议。

第178条

1. 普通地方公共团体的议会对该普通地方公共团体的行政首长作出不信任决议时,必须立即由议长将决议内容通知该普通地方公共团体行政首长。在这种情况下,该普通地方公共团体行政首长在收到通知10日内有权解散议会。

2. 议会对该普通地方公共团体行政首长作出不信任案的决议时,在前款规定的期间内没有解散议会的,或在解散后首次召开的议会上再次出现不信任决议的,当议长已向该普通地方公共团体行政首长发出有关决议内容的通知时,普通地方公共团体行政首长在前款规定期间过后的当日,或收到议长通知的当日将失去其职务。

3. 关于前 2 款规定的不信任案决议,必须由议员的 2/3 以上出席;在情况属于第 1 款所列的情形下,必须由议员的 3/4 以上同意;前款的情形下,必须经过半数以上议员的同意。

第 179 条

1. 普通地方公共团体未成立议会,或依照第 113 条规定仍不能召开会议时,及普通地方公共团体行政首长无暇召开会议,或应该由会议议决的事件尚未形成决议的情况下,该普通地方公共团体行政首长有权处理该事件。

2. 关于应该由会议决定的事件,参照前款事例。

3. 关于依据前 2 款规定的处理,普通地方公共团体行政首长必须在下次会议上向议会报告,并征得其同意。

第 180 条

1. 对属于普通地方公共团体议会权限范围内的、由决议特别规定的简单事项,普通地方公共团体行政首长有权对其全权处理。

2. 根据前款规定,普通地方公共团体行政首长全权处理事项后,必须把其结果向议会报告。

五、与其他执行机关的关系

第 180 条之 2

普通地方公共团体行政首长在同该普通地方公共团体委员会或委员协商之后,有权把属其权限范围内的一部分工作委托给普通地方公共团体委员会、委员会委员长、委员或辅助这些执行机关工作的公务员,或这些执行机关下属机关的公务员,或让辅助这些执行机关工作的公务员,或让这些执行机关下属机关的公务员协助执行。但是有关政令规定的普通地方公共团体委员会或委员将不在此列。

第 180 条之 3

普通地方公共团体行政首长在同该普通地方公共团体委员会或委员协商之后,有权让其政府公务员及其他公务员兼任辅助该执行机关工作的公务员及这些执行机关下属机关的公务员,或者让其担任辅助该执行机关工作的公务员及这些执行机关下属机关的公务员,或者让其从事该执行机关的工作。

第180条之4

1. 通过各执行机关,为谋求组织及运营的合理化,保持相互间权衡,普通地方公共团体行政首长在认为有必要的情况下,有权劝告委员会或委员对该普通地方公共团体委员会或委员事务局、委员会或掌管属于委员管理的机关(以下称为"事务局等")之组织、属于事务局等公务员的法定人数以及有关这些公务员的身份待遇采取必要的措施。

2. 普通地方公共团体委员会或委员因事务局等的机构、事务局等公务员的法定人数以及这些公务员的身份待遇等问题,就有关属于该委员会或委员权限范围内并由政令规定的事项,必须制定相应的规则、规定,在需有变更的情况下,需预先同该普通地方公共团体行政首长协商。

第三节 委员会及委员
一、通 则

第180条之5

1. 按照有关法律规定,作为执行机关,普通地方公共团体必须设置的委员会及委员如下:

(1) 教育委员会。

(2) 选举管理委员会。

(3) 不设人事委员会或人事委员的普通地方公共团体,需设立公平委员会。

(4) 监查委员。

2. 除前款所列事项外,作为执行机关依法在都道府县必须设置的委员会如下:

(1) 公安委员会;

(2) 地方劳动委员会;

(3) 征用委员会;

(4) 海区渔业协调委员会;

(5) 内水面渔场管理委员会。

第 180 条之 6

普通地方公共团体委员会或委员不拥有下列权限,但法律有特别规定的事项将不在此列:

(1) 编制、执行普通地方公共团体的预算。

(2) 对应该经过普通地方公共团体议会决议的事件,提出其议案。

(3) 征收地方税、分担金、加入金或罚金。

(4) 把普通地方公共团体的决算提交议会认定。

第 180 条之 7

普通地方公共团体的委员会或委员,在同该普通地方公共团体行政首长协商后,有权把属其权限范围内的一部分工作,委托给作为普通地方公共团体行政首长辅助机关的公务员,或其下属的支厅或地方事务所,支所或办事处,第 252 条之 19 第 1 款规定的指定城市的区级事务所,或其办事处、保健所及其他行政机关的长官,或让作为普通地方公共团体行政首长辅助机关的公务员或其下属行政机关公务员协助执行。但是有关政令规定的事务不限于此。

二、教育委员会

第 180 条之 8

依据另行法律规定,教育委员会管理学校及其他教育机构,负责有关学校的机构编制、教育课程、教科书及其他教材的办理、解决教公务员身份待遇等事务,并且管理、执行有关社会教育和其他教育、学术及文化事务。

三、公安委员会

第 180 条之 9

1. 公安委员会依据另行法律规定,管理都道府县的警察。

2. 依据另行法律规定,在都道府县警察内部设地方警务官、地方警务官以外的警察官、政府事务类公务员、技术类公务员及其他人员。

四、选举管理委员会

第 181 条

1. 在普通地方公共团体内设选举管理委员会。
2. 选举管理委员会由 4 位选举管理委员组成。

第 182 条

1. 选举管理委员必须在普通地方公共团体议会上,从拥有选举权、品格高尚、对政治及选举持有公正意见的人员中选举产生。

2. 议会根据前款规定举行选举的同时,必须从前款规定的人员中选出与委员人数相等的候补委员。当没有候补委员时,再按照同样方法产生。

3. 委员中有空缺时,由选举管理委员会委员长从候补委员中进行填补,其顺序为:当选举时间不同时,按选举时间的前后;当选举时间相同时,按得票数的多少;得票数相同时,由抽签来决定。

4. 在依法举行的选举、投票或国民审查中,曾犯罪并被处以刑罚者不能担任委员或候补委员。

5. 委员或候补委员中的任何 2 人不得同时为属于同一政党或其他政治团体的成员。

6. 根据第 1 款或第 2 款规定,在选举中属于同一政党及其他政治团体的成员超过前款的限定而又被选出;以及依据第 3 款的规定填补委员空缺时,属于同一政党和其他政治团体的委员数超过前款规定等情况,这些有关必要事项,将通过政令来规定。

7. 委员不得兼任地方公共团体议会议员及议长。

8. 当有必要选举委员或候补委员时,选举管理委员会委员长应立即把该旨意通知该普通地方公共团体议会及议长。

第 183 条

1. 选举管理委员的任期为 4 年。但是可再任到后任者就任时为止。

2. 候补委员的任期为前任委员剩余的任期。

3. 候补人员的任期根据委员的任期而定。

4. 委员及候补人员根据第118条第5款的规定,在有关选举的判决或裁决确定之前,将不失去其职务。

第184条

1. 选举管理委员在失去选举权时,符合第180条之5第6款的规定时,或符合第182条第4款的规定时,将失去其职务。其选举权的有无,或是否符合第180条之5第6款的规定,除选举管理委员因符合《公职选举法》第11条或同法第252条或《政治资金规正法》第28条的规定而不具有选举权外,将由选举管理委员会决定。

2. 前款的规定适用于从第143条第2款到第4款的规定。

第184条之2

1. 普通地方公共团体议会在认为选举管理委员因身心健康原因而不堪履行其职责时,或者认为在选举管理委员中有职务上违反义务及出现其他不良行为时,有权经过议会将其罢免。在这种情况下,必须在议会的常任委员会或特别委员会上举行听证会。

2. 除前款规定的情况外,不得出现违反委员意愿而罢免委员的情况。

第185条

1. 选举管理委员会委员长欲退职时,必须得到该选举管理委员会许可。

2. 委员欲退职时,必须得到委员长的许可。

第185条之2

选举管理委员不得泄露其工作中得知的秘密,其退职后也一样。

第186条

选举管理委员会根据法律或依照法律制定的政令规定,管理有关该普通地方公共团体处理的选举事务及与其相关的事务。

第187条

1. 选举管理委员会必须从委员中选举委员长。

2. 委员长代表委员会处理有关委员会的事务。

3. 在委员长发生事故或空缺的情况下,由委员长指定的委员代理其职务。

第188条

选举管理委员会由委员长召集。当委员要求召开委员会时,委员长必须召集。

第189条

1. 选举管理委员会必须有3位以上的委员出席才能召开会议。

2. 委员长及委员不得参与下列事件的议事:与自己或父母、祖父母、配偶、子孙、兄弟姐妹个人有关的事件。或与以上人员所从事的工作有直接利害关系的事件。但是在征得委员会同意的情况下,可以列席会议并发言。

3. 依照前款的规定,委员人数减少而达不到第1款规定的人数时,委员长必须按照第182条第3款规定的顺序,临时让候补委员中与本次事件无关的人员担任,在委员因事故而无法达到第1款规定的人数时,也做同样处理。

第190条

选举委员会的议事由出席委员的过半数来决定,在赞成与否定数相同时,由委员长决定。

第191条

1. 都道府县及市的选举管理委员会设书记长、书记及其他公务员。町村的选举管理委员会设书记及其他公务员。

2. 书记长、书记及其他专职公务员的法定人数由条例规定,但临时职位不受此限。

第192条 删除

第 193 条

第 127 条第 2 款、第 141 条第 1 款、第 166 条第 1 款的规定适用于选举管理委员,第 153 条第 1 款、第 154 条及第 159 条的规定适用于选举管理委员会委员长,第 172 条第 2 款及第 4 款的规定适用于选举管理委员会的书记长、书记及其他公务员。

第 194 条

除本法及依照本法制定的政令规定外,有关选举管理委员会的必要事项由委员会决定。

五、监查委员

第 195 条

1. 普通地方公共团体设监查委员。

2. 监查委员的法定人数,都道府县及政令规定的市为 4 人,其他市按条例规定为 3 人或 2 人,町村为 2 人。

第 196 条

1. 监查委员由普通地方公共团体行政首长在征得议会的同意下,从品格高尚,对普通地方公共团体的财务管理、事业经营管理及其他行政管理有见识的人员(以下本项中称为"有见识人员")及议员中选举产生。在这种情况下,从议员中选出的监查委员的人数为:当监查委员的法定人数是 4 人时为 2 人或 1 人,法定人数为 3 人以内时为 1 人。

2. 从有见识人员中选出的监查委员的人数 3 人的普通地方公共团体至少有 2 人以上,2 人的普通地方公共团体至少有 1 人以上必须不是政令所规定的该普通地方公共团体的公务员。

3. 监查委员不得兼任地方公共团体的专职公务员及再任用短期工作人员。

4. 从有见识人员中选出的监查委员可以作为全职委员。

5. 在都道府县及政令规定的市,从有见识人员中选出的监查委员中至少必须有 1 人为全职委员。

第 197 条

从有见识人员中选出的监查委员任期为 4 年,从议员中选出的监查委员任期根据议员的任期而定。但是直到后任者被选出期间,不得妨碍其行使职责。

第 197 条之 2

1. 监查委员因身心健康原因无法履行其职责,或者在工作中有违反职务上的义务及其他不符合监查委员身份的不良行为时,普通地方公共团体行政首长有权在征得议会的同意下,罢免其职务。在这种情况下,必须在议会的常任委员会或特别委员会上召开听证会。

2. 除前款规定的情况外,不得违反本人意愿而罢免监查委员。

第 198 条

监查委员欲退职时,必须得到普通地方公共团体行政首长的许可。

第 198 条之 2

1. 与普通地方公共团体行政首长、副知事或助理有父母子女、夫妻、兄弟姐妹关系的人员,不能成为监查委员。

2. 当监查委员发生前款规定的情形时,将失去其职务。

第 198 条之 3

1. 监查委员在履行其职责时,必须持公正的态度。

2. 监查委员不得泄露其工作中得知的秘密,退职后也一样。

第 199 条

1. 监查委员审计有关普通地方公共团体财务执行的事务以及与经营有关的事业管理。

2. 除前款规定外,监查委员在必要时,有权监查普通地方公共团体事务(有关自治事务,政令规定的属地方劳动委员会及征用委员会权限范围内的事务除外;有关法定受托事务,政令规定的对国家安全有威胁,并根据其他事由不适合成为监查委员监查对象的事务除外)的执行。在这种情况下,有关实施该监查的必要事项由政令规定。

3. 监查委员根据第1款或前款规定实施审计监查时,必须特别留意该普通地方公共团体的财务执行事务及事业经营管理及同款规定事务的执行是否遵循第2条第14款及第15款规定的宗旨。

4. 监查委员在每个会计年度规定的日期,按第1款的规定至少审计1次以上。

第199条之2

监查委员不得审计下列事件:与自己或父母、祖父母、配偶、子孙、兄弟姐妹个人有关的事件。或者与以上人员所从事的工作有直接利害关系的事件。

第199条之3

1. 监查委员的法定人数为4人或3人时,必须将从见识人员中选出的1名监查委员作为代表监查委员;法定人数为2人的情况下,将从有见识人员中选出的监查委员作为代表监查委员。

2. 代表监查委员负责处理有关监查委员的总务及第242条之3第5款所规定的诉讼事务。

3. 如果代表监查委员发生事故或空缺,监查委员的法定人数为4人或3人时,由代表监查委员指定的监查委员代理其职务;法定人数为2人时,由其他监查委员代理其职务。

第200条

1. 在都道府县的监查委员会设事务局。

2. 按照有关条例规定,市町村的监查委员可以设置事务局。

3. 在事务局设事务局长、书记及其他人员。

4. 为辅助不设事务局的市町村监查委员的工作,需设书记及其他人员。

5. 事务局长、书记及其他人员由代表监查委员任免。

6. 事务局长、书记及其他专职公务员的法定人数由条例来规定。但临时职位不受此限。

7. 事务局长接受监查委员的指示,书记及其他公务员或第180条之3规定的公务员接受上司的指挥,分别从事与监查委员有关的工作。

第201条

第141条第1款、第154条、第159条、第164条及第166条第1款的规定适用于监查委员。第153条第1款的规定适用于代表监查委员。第172条第4款的规定适用于监查委员的事务局长、书记及其他人员。

第202条

除本法及基于本法的政令的规定外,有关监查委员的必要事项由条例来规定。

六、人事委员会、公平委员会、地方劳动委员会、农业委员会及其他委员会

第202条之2

1. 人事委员会根据有关另行法律规定,负责人事行政的调查、研究、规划、立案、建议等,实施公务员竞争考试及其选拔,审查有关公务员工作条件的措施要求和对公务员的不利处分以及对此采取相应的必要措施。

2. 公平委员会根据有关另行法律规定,审查有关公务员工作条件的措施要求和对公务员的不利处理以及对此采取相应的必要措施。

3. 地方劳动委员会根据有关另行法律规定,接受和办理劳动工会的资格证明。并且调查、审问不当劳动行为及对此发出命令。斡旋、调停及仲裁劳动争议,执行其他劳动关系的事务。

4. 农业委员会根据有关另行法律规定,负责自耕农的创业及维持,调整耕地等的利用关系,执行耕地的交换分合及有关其他耕地的事务。

5. 征用委员会根据有关另行法律规定,执行有关土地征用的裁决及其他事务。海区渔业协调委员会或内水面渔场管理委员会根据有关另行法律的规定，为调整渔业，作出必要的指示及执行其他事务。固定资产评估审查委员会根据有关另行法律规定，对登记在固定资产课税总账上的价格作出复议审查决定及执行其他事务。

七、附属机关

第202条之3

1. 普通地方公共团体执行机关的附属机关是根据法律或依照基于法律的政令或条例的规定，就其所负责的事项，进行调停、审查、审议或调查的机关。

2. 组成附属机关的委员及其他成员为非专职成员。

3. 附属机关的总务，除法律或依照法律的政令有特别规定外，由其所属的执行机关掌管。

第八章 工资及其他给付

第203条

1. 普通地方公共团体必须向以下人员支付报酬：其议会议员、委员会委员、非全职监查委员及其他委员、自治纷争处理委员、审查会、审议会，以及调查会等委员及其他组成人员、专门委员、投票负责人、唱票负责人、选举长、投票监票人、唱票监票人，以及选举监督人及其他普通地方公共团体的非全职职员（除去再任用短时间工作人员）。

2. 在前款所列的人员中，对议会议员以外人员的报酬按照其工作天数支付。但对条例中有特别规定的情况按照特别规定执行。

3. 第1款所列的人员以履行职务为由的花销可以报销。

4. 普通地方公共团体可以依照条例向其议会议员支付年终奖金。

5. 条例中必须规定报酬、费用报销以及年终奖金的金额及支付方法。

第 204 条

1. 普通地方公共团体必须向以下人员支付工资及差旅费：普通地方公共团体的行政首长及其辅助机关的全职公务员、委员会的全职委员、全职监查委员、议会事务局长或者书记长、书记及其他全职公务员、委员会事务局长或书记长、委员的事务局长或者辅助委员会或委员事务的书记及其他全勤公务员和普通地方公共团体的全职公务员和再任用短时间勤务公务员。

2. 普通地方公共团体可以根据条例向前款中所列的公务员支付以下津贴：抚养津贴、调整津贴、住房津贴、初任工资调整津贴、通勤津贴、只身外地工作津贴、特殊勤务津贴、特殊地区勤务津贴(包括与之相当的津贴)、偏远地区津贴(包括与之相当的津贴)、加班津贴、值宿津贴、管理类公务员特别工作津贴、夜班津贴、节假日津贴、管理类公务员津贴、年终奖金、勤奋津贴、年终特别津贴、寒冷地区津贴、特定任期公务员业绩津贴、聘任制研究员业绩津贴、义务教育等教员特别津贴、定时制函授教育津贴、产业教育津贴、农林渔业改良普及津贴、救灾派遣津贴和退休津贴。

3. 条例中必须规定工资、津贴以及差旅费的金额及支付方法。

第 204 条之 2

禁止普通地方公共团体违反法律及基于法律制定的条例向第 203 条第 1 款规定的公务员以及前条第 1 款中所列职员支付任何工资及其他给付。

第 205 条

第 204 条第 1 款中所列公务员可以接受退休年金或一次性退休金。

第 206 条

1. 对于普通地方公共团体的行政首长根据第 203 条、第 204 条或前条所作出的有关工资及其他给付的处分不服者，除非法律有特别规定,对于都道府县知事所作的处分可以向总务大臣提出审查请求,对于市町村长所作的处分可以向都道府县知事提出审查请求。在这种情况下也可以提出复议申请。

2. 对于第 138 条之 4 第 1 款中规定的机关作出的前款中有关工资及其他给付的处分不服者,除非法律有特别规定,可以向该普通地方公共团体的行政首长提出审查请求。

3. 对于普通地方公共团体的行政首长及前款中规定的机关以外的机关所作的有关第 1 款的工资及其他给付处分的审查请求,除非法律有特别规定,即使普通地方公共团体的行政首长不是处分厅的直接上级行政厅,也可以看做是向该普通地方公共团体行政首长提出的。

4. 如果普通地方公共团体的行政首长收到对于有关第 1 款的工资及其他给付处分的复议或审查的请求(同款中规定的审查请求除外),则必须向议会进行咨询之后再作出决定。

5. 从发生前款中规定的咨询开始,议会必须于 20 日之内陈述意见。

6. 对于第 1 款中有关工资及其他给付处分的审查请求(同一项中规定的审查请求除外)的裁决不服者,对都道府县知事所作的裁决可以向总务大臣提出复查请求,对市町村长所作的裁决可以向都道府县知事提出复查请求。

第 207 条

普通地方公共团体必须依照条例的规定为以下人员报销实际所需的费用:根据第 74 条之 3 第 3 款及第 100 条第 1 款规定要求出面的选举人及其他有关人员;第 109 条第 5 款、第 109 条之 2 第 4 款及第 110 条第 4 款规定要求出面的证人;第 199 条第 8 款规定要求出面的相关人;第 251 条之 2 第 9 款规定要求出面的当事人以及有关人;第 109 条第 4 款、第 109 条之 2 第 4 款及第 110 条第 4 款规定的参加听证会的人员。

第九章 财　务

第一节　会计年度及会计的区分

第 208 条　会计年度及其独立的原则

1. 普通地方公共团体的会计年度从每年 4 月 1 日开始,到第二年 3 月 31 日结束。

2. 各会计年度中的财政支出必须以该年度的财政收入填充。

第 209 条　会计的区分

1. 普通地方公共团体的会计分为一般会计和特别会计。

2. 当普通地方公共团体进行特定的公共事业时,以及要用特定的财政收入填充特定的财政支出并需要与一般收支区别管理时,可以制定条例设置特别会计。

第二节　预　算

第 210 条　总计预算主义原则

一个会计年度中的一切收入及支出必须全部编制进预算中。

第 211 条　预算的编制及议决

1. 普通地方公共团体的行政首长编制每会计年度预算,在年度开始之前必须通过议会的议决。在这种情况下,普通地方公共团体的行政首长最晚要在年度开始前,都道府县及第 252 条之 19 第 1 款中规定的指定城市为 30 日,其他市及町村为 20 日之前必须向议会提交该预算。

2. 普通地方公共团体的行政首长在向议会提交预算时,必须连同政令规定要求的有关预算的说明书一并提交。

第 212 条　连续经费

1. 对于需要经过几年时间来完成的普通地方公共团体经费支付的项目,可以根据预算的规定,规定出其经费的总额及每年花费的金额,逐年支出。

2. 可以根据前款的规定支出的经费叫做连续经费。

第 213 条　转入明许经费

1. 年度支出预算的经费中,由于其性质上或者预算成立之后情况变动的原因在该年度内没有支出完结时,可以根据预算的规定,转入来年继续使用。

2. 根据前款的规定可以转入来年继续使用的经费叫做转入经费。

第 214 条　债务负担行为

除去年度支出预算的金额、连续经费的总额及转入明许经费的金额之外,普通地方公共团体负担债务的行为必须在预算中作为债务负担行为予以规定。

第 215 条　预算的内容

预算由有关下列各项的规定组成:

(1) 年度收入支出预算;

(2) 连续经费;

(3) 转入经费;

(4) 债务负担行为;

(5) 地方债;

(6) 一次性借入金;

(7) 年度支出预算的各项经费金额流用。

第 216 条　年度收入支出预算的区分

年度收入支出预算中的年度收入必须根据其性质第一步分为款,各款中又分为项;年度支出必须根据其目的区分款项。

第 217 条　预备经费

1. 为了填充预算外的支出或超出预算的支出,年度收入支出预算中必须计算出预备经费。但特别会计可以不计算预备经费。

2. 预备经费不得用来填补议会否决的花费。

第 218 条　补充预算、暂定预算等

1. 普通地方公共团体的行政首长由于在编制预算之后发生了情况而必须对既定预算予以追加或进行变更时,可以编织补充预算并将其提交议会。

2. 普通地方公共团体的行政首长可以根据需要编制一个会计年度中一定期间的暂定预算并将其提交议会。

3. 前款的暂定预算在该会计年度的预算成立之时起失去效力。当存在以暂定预算为依据的支出或者债务负担时,其支出或者债务负担算作基于该会计年度的预算的支出或债务负担。

4. 对于在条例中规定特别会计的项目经费由经营该项目的收入填补一事,当由于业务量的增加而导致项目的直接必需经费不足时,普通地方公共团体的行政首长可以根据该业务量的增加向其发放相当于增加的收入金额的经费(政令中规定的经费除外)。在这种情况下,普通地方公共团体的行政首长在下次会议时必须将此事的意旨向议会报告。

第 219 条 预算的送达、报告及公布

1. 普通地方公共团体的议会议长必须在预算决议通过当天的 3 日内将其送至该普通地方公共团体的行政首长。

2. 普通地方公共团体的行政首长在接到送达的前款规定的预算时,如果确认没有进行再次审议或采取其他措施的必要,都道府县必须立即将其向总务大臣报告,市町村必须立即将其向都道府县知事报告,并将其要旨向居民公布。

第 220 条 预算的执行及事故处理

1. 普通地方公共团体的行政首长必须按照政令中规定的基准决定有关执行预算的程序,再依照此程序执行预算。

2. 年度支出预算的经费金额不得在各款之间以及各项之间相互流用。但年度支出预算的各项经费金额在执行预算时必需的情况下,可以根据预算的规定流用。

3. 除去转入经费的金额,每会计年度的年度支出预算经费金额不得在第二年中使用。但在年度支出预算经费金额中,本年度内发生支出负担行为并由于出现难以避免的事故而在年度内未完成支出时(包括为完成与该支出行为相关的工程及其他公共事业所必需的相关需要支出的经费和租赁的金额),可以将其转入第二年使用。

第 221 条　有关预算执行的行政首长的调查权等

1. 为了有效地执行预算,普通地方公共团体的行政首长可以向拥有管理权限的委员会或委员或者他们的下属机关征收有关收入及支出的实绩或预算的相关报告,可以对预算的执行情况进行实地调查,并可以根据调查结果要求其采取必要的措施。

2. 普通地方公共团体的行政首长为了有效执行预算,可以对以下人员进行情况调查或征收报告:工程的承包合同人;物品的缴纳人;补助金、交付金、贷付金等的接受交付或贷付的人员(包括补助金、交付金、贷付金等的最终接受者)及委托进行调查、试验、研究等的人员。

3. 前 2 款的规定对普通地方公共团体出资的法人且政令中有规定的、普通地方公共团体担保借项的本金或利息或者当财务损失需要赔偿时负担其债务的法人且政令中有规定的,以及普通地方公共团体拥有受益权的信托且政令中有规定的事务的受托人同样适用。

第 222 条　对制定涉及预算的条例、规则等的限制

1. 普通地方公共团体的行政首长,当所要制定的条例及其他需要议会决议的案件发生新的预算时,在确实得出可以采取的必要预算措施之前不得将其提交议会。

2. 普通地方公共团体的行政首长、委员会或委员或者他们的下属机关,当其权限范围内的相关事务规则及其他规程的制定或改正将伴随新的预算发生时,在确实得出可以采取的必要预算措施之前不得对其进行制定或改正。

第三节　收　　入

第 223 条　地方税

普通地方公共团体可以根据法律的规定征收地方税。

第 224 条　分担金

除去政令中规定的情况,有关对数个人或者对普通地方公共团体的一部分有利的事务,为了填补其必需的费用,普通地方公共团体可以向该事务的特别受益者在其受益的限度内征收分担金。

第 225 条　使用费

普通地方公共团体可以对根据第 238 条之 4 第 4 款的规定获得许可的行政财产的使用以及公共设施的利用征收使用费。

第 226 条　旧惯例的公共财产使用的使用费及加入金

市町村可以对第 238 条之 6 规定的公有财产的使用征收使用费,除此之外,还可以对根据同条第 2 款的规定获得使用许可的人员征收加入金。

第 227 条　手续费

普通地方公共团体可以对在该普通地方公共团体的事务中为特定的人员所做的工作征收手续费。

第 228 条　有关分担金等的规制及处罚规则

1. 有关分担金、使用费、加入金及手续费的事项必须在条例中明确规定。在这种情况下,对于被一致认为特别需要全国统一规定手续费的政令中规定的事务(以下本款中叫做"标准事务")征收手续费时,必须对有关该标准事务当中政令中规定的事务以征收政令中规定金额的手续费为标准制定条例。

2. 关于分担金、使用费、加入金及手续费的征收,除去下款中的规定,可以制定条例规定 5 万日元以下的罚金。

3. 对于使用欺诈及其他不正当行为逃避征收分担金、使用费、加入金或手续费的人员,可以制定条例规定相当于逃避应征收金额 5 倍以下(该相当于 5 倍的金额未超过 5 万日元时按 5 万日元计算)的金额作为罚金。

第 229 条　对于有关征收分担金等处理的不服申诉

1. 对第 138 条之 4 第 1 款中规定的机关所作的有关征收使用费及手续费的处分不服者可以向该普通地方公共团体的行政首

长提出审查请求。

2. 对前款中规定的机关之外的机关所作出的有关征收使用费及手续费的处理提出的审查请求,即使普通地方公共团体的行政首长不是作出处分机关的直接上级行政机关,该普通地方公共团体的行政首长也应负责。

3. 有关对征收分担金、使用费、加入金及手续费的处分的审查请求及不服申诉的行政复议法第14条第1款正文或第45条所规定的期限是指受到该处分第二天起30日之内。

4. 普通地方公共团体的行政首长收到有关前款处分的审查请求或不服申诉时,必须向议会进行咨询方可作出决定。

5. 议会必须在接到前项规定的咨询之日起20日之内陈述意见。

6. 在第4款规定的审查请求或不服申诉的裁决或决定作出之前,就第3项规定的处分不得向法院提起诉讼。

第230条 地方债

1. 普通地方公共团体在法律规定的情况下,依据预算的规定可起地方债。

2. 在前款的情况下,预算中必须规定地方债起债的目的、起债限额、起债的方式、利率以及偿还方式。

第231条 财政收入的收入方法

普通地方公共团体在收入财政收入时,必须根据政令的规定予以调整并通知有义务缴纳人缴纳。

第231条之2 凭印花获得收入的方法等

1. 普通地方公共团体对于使用费或手续费的征收,根据条例的规定可以采用凭印花获得收入的方法。

2. 在采用凭印花获得收入的方法时,将印花的销售金额也算作年度收入。

3. 除去采用凭印花获得收入的方法以外,普通地方公共团体的年度收入可以按照第235条的规定,在金融机关指定的情况下,根据政令的规定通过户头转账的方法或通过证券进行交付。

4. 按照前款规定交付的证券要在支付的期限内或有效期限内出示,如果在提出支付的请求时发生拒绝支付的情况,则该年度收入按从未缴纳处理。这种情况下在政令中制定有关处理这类证券的必要事项。

5. 除去采用凭印花获得收入的方法之外,关于普通地方公共团体的年度收入,在第235条的规定中未指定金融机关的市町村可以根据政令的规定接收义务缴纳人上交的证券,并可以接受证券征收以及证券征收后的纳付款项的委托。

第231条之3 督促、滞纳处理等

1. 当有人超过分担金、使用费、加入金、手续费、罚金及其他普通地方公共团体的年度收入缴纳期限而未缴纳费用时,普通地方公共团体的行政首长必须指定期限督促其缴费。

2. 普通地方公共团体的行政首长对于前款的年度收入根据同款的规定进行督促时,可以根据条例的规定征收手续费及滞纳金。

3. 根据有关分担金、加入金、罚金以及法律中规定的使用费及其他普通地方公共团体的年度收入的第1款规定受到督促的人员,若在同款规定中指定的期限内仍未交齐应该缴纳的金额,对于该年度收入及有关该年度收入的前款的手续费和滞纳金,普通地方公共团体的行政首长可以按照地方税滞纳处分的方法进行处分。在这种情况下,这些征收费的征收权限行使的顺序排在国税及地方税之后。

4. 有关第1款的年度收入及第2款的手续费和滞纳金的偿还以及这些征收费用的征收或偿还的文件送达及公示方式的送达,参照地方税的例子。

第四节 支 出

第232条 经费的办理

1. 普通地方公共团体为了处理该普通地方公共团体的事务

而需要的经费根据其他法律或以此为基础的政令支付属于该普通地方公共团体承担的经费。

2. 根据法律或以此为基础的政令,对于普通地方公共团体处理的事务是其义务时,国家必须为其需要的经费来源采取必要的措施。

第232条之2　捐项或补助

普通地方公共团体在需要进行公益活动的情况下可以进行捐项或给予补助。

第232条之3　支出负担行为

应该成为普通地方公共团体的支出理由的合同及其他行为(将此称为"支出负担行为")必须依照法律或预算的规定支出。

第232条之4　支出的方法

1. 出纳长或收入长在没有得到普通地方公共团体的行政首长的命令时不得支出费用。

2. 出纳长或收入长即使得到了前款所述的命令,在没有确认该支出负担行为是符合法律或预算的,以及在没有确认有关该支出负担行为的债务确定性的情况下也不得支出费用。

第232条之5

1. 普通地方公共团体如果不是债权人的原因则无权支出。

2. 普通地方公共团体根据相关政令规定,可以以事先支付资金、支付概算付预付项、转用支付、异地支付和银行账户转账的方式进行支出。

第232条之6　开支票及交付公项转账书

1. 据第235条的规定,指定金融机关的普通地方公共团体的支出,根据相关政令规定,代替现金的支出,由该指定的金融机关作为支付人开出支票,并将公项转账书交给该金融机构办理。但是,在应该开支票的情况下,债权人提出申请时,出纳长或者收入长可以用小额现金支付,也可以让该指定的金融机关支付现金。

2. 前款的金融机关接受出纳长或者收入长出示的支票的情

况下,如果这一票据从开出日期算起虽然超过了 10 天但还没有超过 1 年的话,就必须进行支付。

第五节 决　算

第 233 条　决算

1. 出纳长或者会计长在每一会计年度里,根据相关政令规定,编制决算,在封闭出纳业务后的 3 个月内,必须将证书类及其他政令规定的文件一并交给普通地方公共团体的行政首长。

2. 普通地方公共团体的行政首长必须将决算及前款规定的文件交给监查委员审查。

3. 普通地方公共团体的行政首长必须在审议下一年度预算的议会会议召开前,把根据前款规定提交给监查委员审查的决算及监查委员的意见一并交给议会认定。

4. 前款规定的意见由监查委员协商决定。

5. 普通地方公共团体的行政首长根据第 3 款规定向议会提交决算进行认定时,必须将对该决算所处的会计年度中实施的主要政策的成果进行说明的文件及其他的政令规定的文件一并提交。

6. 普通地方公共团体的行政首长,都道府县必须向总务大臣、市町村必须向都道府县知事报告决算、与决算认定相关的议会决议及第 3 款规定的监查委员的意见,并且必须向居民公告其主要内容。

第 233 条之 2　年度余项的处理

在各会计年度里决算上有富余时,必须将余项编入下一年的年度收入中。但是,根据条例规定,并且根据普通地方公共团体的议会决议,也可以不把余项的全部或者一部分转入下一年度而是将其编入基金中。

第六节 合　同

第 234 条　合同的签订

1. 买卖、借贷、承包等合同,可以按照一般性竞争投标、指名竞争投标、随意签约或拍卖的方法签订合同。

2. 前款的指名竞争投标、随意签约或拍卖,只能在政令规定的情况下使用。

3. 普通地方公共团体在处理一般性竞争投标或指名竞争投标(以下条项统称"竞争投标")时,应根据相关政令规定,根据合同的目的,将以预定价格限制范围内的最高价或最低价的申请投标者列为签约对象。但是,如果合同的签订由于普通地方公共团体支出的原因,根据相关政令规定,普通地方公共团体可以选择以预定价格限制范围内的价格申请投标者中最低价格申请投标者以外的投标者为签约对象。

4. 普通地方公共团体在处理竞争投标时让竞争投标者缴付了投标保证金的,当中标者不签订合同时,其所缴付的投标保证金(根据相关政令规定包含代替缴付金的被提供的担保)将归该普通地方公共团体所有。

5. 普通地方公共团体签约时在制作完成合同书或记录合同内容的电磁形式记录(是指以电子方式、磁力方式及其他他人无法凭知觉认识的方式所作的记录,是提供给电子计算机进行信息处理用的记录。以下与本款解释一致)的情况下,该普通地方公共团体的行政首长或被委托者应和签约对象一起在合同书上签字盖章,或者为了表明记录合同内容的电磁形式记录确实由该普通地方公共团体的行政首长或被委托者与签约对象制作完成,必须按照总务省令采取措施确保该电磁形式记录不被改变,否则该合同将不被确定。

6. 关于参加竞争投标者必须具备的资格、竞争投标公告或指名的方法、随意签约及拍卖的手续等其他签约方法的必要事项由政令规定。

第234条之2　确保合同的履行

1. 普通地方公共团体在签订施工、制造等承包合同或者购入物件等合同时,该普通地方公共团体的公务员,根据相关政令规定,为了确保合同的适当履行和确认支付完毕(包括在支付完毕前需事先支付部分成本的情况下,对施工或制造的已完成部分或物件的已交部分的确认),必须进行必要的监督和检查。

2. 普通地方公共团体让签约对象缴付了合同保证金的,在签约对象不履行合同义务的情况下,其缴付的合同保证金(根据相关政令规定包含代替缴付金的被提供的担保)将归该普通地方公共团体所有。但是,关于损害赔偿或违约金,如果在合同书里有特别规定的话,按照合同上的规定处理。

第234条之3 长期续约

普通地方公共团体,不论第214条的规定如何,到第二年度以后,可以签订接受水电、天然气供给或电气通讯业务服务的合同或签订租借房屋合同。此种情况下,这些费用必须在各年度规定的经费预算范围内进行支付。

第七节 现金及有价证券

第235条 金融机关的指定

1. 根据相关政令规定,都道府县必须指定金融机关办理都道府县的公项收纳及支出事务。

2. 根据相关政令规定,市町村可以指定金融机关办理市町村的公项收纳及支出事务。

第235条之2 现金出纳的检查及公项收纳等的审计

1. 普通地方公共团体的现金出纳,必须每月确定一个固定日期由监查委员进行检查。

2. 监查委员如果认为有必要,或者普通地方公共团体的行政首长有要求的话,可以对前款规定的指定金融机关办理的该普通地方公共团体的公项收纳及支付事务进行审计。

3. 监查委员必须向普通地方公共团体的议会及普通地方公共团体的行政首长提交第1款规定的检查结果相关报告及前款规

定的审计结果相关报告。

第 235 条之 3　暂时借项

1. 普通地方公共团体的长官如果是进行年支出预算内的支出,可以暂时借项。

2. 前款规定的暂时借项的最高借入金额必须在预算中加以规定。

3. 第 1 款规定的暂时借项必须用该会计年度的年收入进行偿还。

第 235 条之 4　现金及有价证券的保管

1. 属于普通地方公共团体的年收入、年支出的现金(以下称之为"年计现金"),根据相关政令规定,必须用最确实有利的方法对其进行保管。

2. 除了作为债权的担保征收之物外,不归普通地方公共团体所有的现金及有价证券,除非法律或政令有规定,不得对其进行保管。

3. 除了法令或合同有特别规定的,普通地方公共团体保管的前款现金(以下称之为"年收入年支出外现金")不计利息。

第 235 条之 5　出纳的封闭

普通地方公共团体的出纳,在下一年度的 5 月 31 日封闭。

第八节　时　　效

第 236 条　货币债权时效的消灭

1. 以货币的支付为目的的普通地方公共团体的权利,在时效方面,除了其他法律有规定的之外,超过 5 年不行使的话,根据时效自动消灭。对于普通地方公共团体的权利,以货币的支付为目的的,同上所述。

2. 关于以货币的支付为目的的普通地方公共团体的权利依时效消灭的问题,除了法律有特别规定的之外,不要引用时效,另外,不能放弃该利益。对于普通地方公共团体的权利,以货币的支付为目的的,同上所述。

3. 关于以货币的支付为目的的普通地方公共团体的权利,在消灭时效的中断、停止等其他事项(前款规定的事项除外)方面,如果无规定适用的法律,则适用《民法》(1896 年法律第 89 号)的规定。对于普通地方公共团体的权利,以货币的支付为目的,同上所述。

4. 根据法令规定,普通地方公共团体发出的缴纳通知及督促,不论《民法》第 153 条(包括前项的适用情况)如何规定,具有时效中断的效力。

第九节 财 产

第 237 条 财产的管理及处理

1. 本法律所说的"财产",是指公有财产、物品、债权和基金。

2. 除了适用第 238 条之 4 第 1 款规定的情况之外,普通地方公共团体的财产,除非条例或议会决议通过的,不得将其作为交换、出资的目的或支付手段使用,也不得在无适当的对等价格条件下将其转让或出借。

3. 普通地方公共团体的财产,适用第 238 条之 5 第 2 款规定的情况下,除非有议会决议要求,不得将其信托处理。

一、公 有 财 产

第 238 条 公有财产的范围及分类

1. 本法律所说的"公有财产",是指属于普通地方公共团体所有的财产中以下所列的内容(不包括属于基金的部分):

(1) 不动产;

(2) 船舶、浮标、浮囊码头、浮囊船坞和飞机;

(3) 前 2 项所列的不动产及动产的附属物;

(4) 地上权、地役权、矿业权等其他适用的权利;

(5) 专利权、著作权、商标权、实用新型专利权等其他准用的权利;

(6) 股份、公司债(包括根据特别法成立的法人发行的债券所表示的权利,不包括短期公司债等)、地方债及国债等其他准用

的权利;

(7)因出资具有的权利;

(8)不动产的信托受益权。

2. 前款第6项的"短期公司债等"指的是下面所列的内容:

(1)《公司债等的转账相关法律》(2001年法律第75号)第66条第1款规定的短期公司债;

(2)《商工组合中央金库法》(1936年法律第14号)第33条之2规定的短期工商债券;

(3)《信用金库法》(1951年法律第238号)第54条之3之2第1款规定的短期债券;

(4)《保险业法》(1995年法律第105号)第61条之2第1款规定的短期公司债;

(5)《资产流动化法律》(1998年法律第105号)第2条第8款规定的特定短期公司债(根据对特定目的公司的特定资产流动化法律等的一部分进行修改的法律[2000年法律第97号]附则第2条第1款的规定,并根据拥有其效力的同法第1条的规定,包括修改前的特定目的公司的特定资产流动化法律[1998年法律第105号]第2条第6款规定的特定短期公司债);

(6)《农林中央金库法》(平成2001年法律第93号)第62条之2第1款规定的短期林债券。

3. 公有财产可以分为行政财产和普通财产两类。

4. 行政财产是指普通地方公共团体中正被用于公共事业的和决定被用于公共事业的那部分财产;普通财产是指行政财产以外的一切公有财产。

第238条之2　关于公有财产长官的综合调整权

1. 为了有效运用公有财产,普通地方公共团体的行政首长在必要时可以就公有财产的取得和管理向委员会、委员或者在管理公有财产机关中拥有权限的人员提出要求,使其提交报告,对其进行实地调查,或者针对调查结果要求其采取必要的措施。

2. 普通地方公共团体的委员会、委员或者在管理公有财产机关中拥有权限的人员,应事先与该普通地方公共团体的行政首长协商才能做出以下行为:取得公有财产、变更行政财产的用途、按照第238条之4第2款的规定出借作为行政财产的土地或确定其地上权、根据同条第4款的规定允许行政财产的使用。

3. 普通地方公共团体的委员会、委员或者在管理公有财产机关中拥有权限的人员,在废除属于其管理范围的行政财产的用途时,必须立即将该行政财产交由该普通地方公共团体的行政首长管理。

第238条之3 公务员行为的限制

1. 从事与公有财产相关事务的公务员,不得接受转让所处理的相关公有财产,也不得将其与自己的所有物相交换。

2. 违反前款规定的行为将被视为无效。

第238条之4 行政财产的管理及处理

1. 行政财产除了下款有明确规定的之外,不得将其出借、交换、出卖、转让、作为出资目的、信托或设置私有权。

2. 作为行政财产的土地,在不妨碍其用途和目的的前提下,对于国家、其他地方公共团体等政令有明确规定的,为了用于政令规定的用途,根据政令相关规定可以将其出借或设置其地上权。这种情况下适用下条第3款及第4款的规定。

3. 违反第1款规定的行为将被视为无效。

4. 在不妨碍行政财产的用途和目的的前提下,可允许其被使用。

5. 前款规定的允许被使用的行政财产的使用不适用于《借地借家法》(1991年法律第90号)的规定。

第238条之5 普通财产的管理及处理

1. 普通财产,可以将其出借、交换、出卖、转让、作为出资目的的,或设置私有权。

2. 该普通地方公共团体的受益者可以根据政令确定的信托

目的将作为普通财产的土地(包括该土地上的固定物)当作信托财产处理。

3. 出借普通财产的情况下,在出借期间如果国家、地方公共团体、其他公共团体需要将出借之物用于公务或公用时,普通地方公共团体的行政首长可以解除出借合同。

4. 根据前项规定解除合同的情况下,借入人对由此而产生的损失可以要求得到补偿。

5. 普通地方公共团体的行政首长在出借普通财产时规定了一定的用途并指定其用于该用途的日期及时间段的情况下,借入人在超过规定日期之后还未将其用于该用途或在将其用于该用途之后在规定时间段内停止了该用途时,该普通地方公共团体的行政首长有权解除合同。

6. 第3款及第4款的规定适用于用出借以外的方法使之使用普通财产的情况,前款的规定适用于出卖或转让普通财产的情况。

7. 第3款到第5款的规定适用于将作为普通财产的土地(包括该土地上的固定物)当作信托财产处理的情况。

8. 除了第6款规定的之外,与普通财产出卖相关的必要事项及普通财产交换相关的必要事项由政令加以规定。

第238条之6 按旧惯例使用公有财产

1. 按照旧有惯例,市町村的居民中当有人有权使用公有财产时将按惯例来操作。如要变更惯例或废除惯例的话,必须经由议会决议通过。

2. 当有人想重新使用前款规定的公有财产时,市町村长经过议会讨论通过可以给予批准。

第238条之7 对行政财产使用权相关处理不服的申诉

1. 根据第238条之4的规定,对普通地方公共团体行政首长作出的行政财产使用权相关处理如有不服,就都道府县知事作出的处理可以向总务大臣请求审查,就市町村长作出的处理可以向都道府县知事请求审查。这种情况下,也可以提出异议申诉。

2. 根据第 238 条之 4 的规定,对普通地方公共团体委员会作出的行政财产使用权的相关处理如有不服,可以向该普通地方公共团体的行政首长请求审查。

3. 根据第 238 条之 4 的规定,对普通地方公共团体行政首长及委员会以外的机关作出的行政财产使用权相关处理请求审查的,即使普通地方公共团体行政首长不是作出该处理机关的直接上级行政机关,也应向该普通地方公共团体行政首长提出审查请求。

4. 普通地方公共团体行政首长,当出现对行政财产使用权利的相关处理有异议或审查请求(第 1 款规定的审查请求除外)时,必须向议会咨询后再做决定。

5. 议会必须在前款规定的咨询之日起 20 日内陈述意见。

6. 对行政财产使用权相关处理的审查请求(第 1 款规定的审查请求除外)的裁决如有不服,就都道府县知事作出的裁决可以向总务大臣请求复查,就市町村长作出的裁决可以向都道府县知事请求复查。

二、物　　品

第 239 条　物品

1. 本法律所说的"物品",是指属于普通地方公共团体所有的动产中扣除以下各项所列之物以及普通地方公共团体为使用而保管的动产(政令中明确规定的动产除外)。

(1) 现金(包括代替现金缴付的证券);

(2) 属于公有财产的;

(3) 属于基金的。

2. 从事与物品相关事务的公务员,不得从普通地方公共团体接受转让所处理的相关物品(政令中明确规定的物品除外)。

3. 违反前款规定的行为将被视为无效。

4. 除了前二款规定的之外,与物品管理及处理相关的必要事项将由政令加以规定。

三、债　　权

第 240 条　债权

1. 这一章所说的"债权",是指以货币的支付为目的的普通地方公共团体的权利。

2. 普通地方公共团体的行政首长,根据政令相关规定,在债权方面,可以采取督促、强制执行等必要措施来保全债权及征收债务。

3. 普通地方公共团体的行政首长,根据政令相关规定,在债权方面,有权决定停止征收、延长履行期限或免除与该债权相关的债务。

4. 以下所列关于债权的各项不适用前二款的规定：

（1）基于《地方税法》(1950 年法律第 226 号)规定的与征收金相关的债权；

（2）与犯罪处罚金相关的债权；

（3）根据转化为证券的债权（根据包括公司债等登录法［1942 年法律第 11 号］和国债相关法律［1906 年法律第 34 号］的规定登录的债权及根据公司债等的转账相关法律的规定在转账户头簿有记载的债权和其他有记录的债权）；

（4）与存项相关的债权；

（5）以应成为年收入年支出外现金的货币的支付为目的的债权；

（6）与捐项相关的债权；

（7）属于基金的债权。

四、基　　金

第 241 条　基金

1. 普通地方公共团体,根据条例相关规定,为了特定的目的,可以设立基金,以维持财产、积累资金或运用定额资金。

2. 必须适应前款条例规定的特定目的,确实且有效地运用基金。

3. 根据第1款的规定,为了特定的目的设立基金以取得财产、积累资金的情况下,如不是因为该目的则无权处理该基金。

4. 基金运用中产生的收益以及基金管理所需经费,应分别计算在每会计年度预算中。

5. 根据第1款规定,当为了特定目的而设置以运用定额资金为目的的基金时,普通地方公共团体行政首长应在每个会计年度写一份运用状况文件,将其交付监查委员审查,应追加其意见,与第233条第5款的文件一同向议会提交。

6. 前款规定的意见,应由监查委员相互商议后决定。

7. 有关基金管理,应根据所属基金财产的种类,依照进行收入或支出手续、年度现金的出纳或保管、公有财产或者物品的管理或处理再或债权的管理方法执行。

第十节 居民的监查请求及诉讼
第242条 居民监查请求

1. 有关普通地方公共团体的行政首长、委员会或委员以及该普通地方公共团体公务员,当普通地方公共团体的居民认定其具有违法或不正当的公项挪用、财产的获得、管理或处置、契约的缔结或履行或债务及其他义务的责任时(包括预测该行为发生具有相当的确凿性的情况),或者认定存在违法或有不正当公项赋课及征收或者有财产管理方面玩忽职守的事实(以下称作"玩忽职守事实")时,可以附上证明以上事实的书面报告,向监查委员提出以下监查请求:防止或改正该行为,或者纠正该玩忽职守事实,以及请求采取必要措施来弥补因该行为或玩忽职守事实导致的带给该普通地方公共团体的损害。

2. 前款规定中的请求,在该行为发生之日或者结束之日起经过1年以上不得提出。但是,当存在正当理由时可不限。

3. 在按照第1款规定提出请求的情况下,当认定该行为为违法具有相当充足的理由,并且认为有紧急必要防止由于该行为使该普通地方公共团体产生难以恢复的损害时,以及认定停止该行为可以防止人的生命及身体遭受重大危害以及其他公共福利免遭严重影响时,监查委员可以向该普通地方公共团体行政首长以及其他执行机关或公务员,附上理由劝告其直到下款规定的手续结束为止停止该行为。该情况下,监查委员将该劝告内容通知第1款规定中的请求人(以下本条中称作"请求人"),并且应予以公示。

4. 在有第1款规定中的请求的情况下,监查委员进行监查,在认定请求没有理由时,附上理由将其意旨通过书面通知请求人的同时予以公示,当认定请求有其理由时,向该普通地方公共团体议会、行政首长及其他执行机关或公务员发出劝告:要求其在一定期限内采取必要措施的同时,应将该劝告内容通知请求人,并且必须予以公示。

5. 前款规定的监查委员的监查及劝告,必须在第1款规定之请求之日起60日以内进行。

6. 监查委员进行第4款规定的监查时,应给予请求人提出证据和陈述的机会。

7. 监查委员在进行前款规定的听取陈述或者说听取相关该普通地方公共团体行政首长及其他执行机关或公务员陈述时,必要时可请相关该普通地方公共团体的行政首长、其他执行机关或公务员或请求人在场。

8. 第3款规定的劝告及第4款规定的关于监查及劝告的决定,应由监查委员合议决定。

9. 第4款规定的监查委员劝告发生时,收到劝告的议会行政首长及其他执行机关或公务员应在该劝告所示时间或内采取必要措施,并将其报告给监查委员。此种情况下,监查委员须将此通知给请求人,并公示。

第242条之2 居民诉讼

1. 普通地方公共团体的居民,在按照前条第1款之规定进行请求的情况下,当对于同条第4款规定监查委员的监查结果或劝告或者同条第9款规定的普通地方公共团体议会、行政首长以及其他执行机关或职员的处理措施不服时,或者监查委员按照同条第4款规定进行监查或劝告未在同条第5款规定期限内进行时,或者议会、行政首长及其他执行机关或职员未按照同条第9款之规定采取措施时,可以向法院提出关于第1款相关违法行为及玩忽职守事实的诉讼。居民诉讼可按以下所列事项提出请求。

(1)关于该执行机关或公务员的该行为的全部或一部分中止的请求;

(2)关于行政处分的该行为的取消或无效确认的请求;

(3)关于该执行机关或公务员该玩忽职守事实的违法确认的请求;

(4)关于向该普通地方公共团体执行机关或公务员提出对该公务员或该行为或玩忽职守事实造成的对相关方损害的赔偿或者不正当利益返还的请求。但是,该公务员或者与该行为或玩忽职守事实相关方为第243条之2的第3款规定的赔偿命令的对象者时,为要求该赔偿命令的请求。

2. 根据前款规定的诉讼,须在下面各项所列期限内提起:

(1)当对监查委员的监查结果或者劝告不服的情况下,须在该监查结果或该劝告内容通知发布之日起30日以内;

(2)当对接受监查委员劝告的议会、行政首长及其他执行机关或公务员采取的措施不服时,须在有关该措施的监查委员通知发布之日起30日以内;

(3)当监查委员在请求提出之日起经过60日仍未予以监查或施行劝告的情况下,须在该第60日起30日以内;

(4)当收到监查委员劝告的议会、行政首长及其他执行机关或公务员不采取措施的情况下,须在超过劝告时间起30日以内。

3. 前款的期限为不变期限。

第242条之3 诉讼的提起

1. 有关前条第1款第4项内容规定的诉讼,认定损害赔偿或不正当利益返还请求的判决已确定情况下,普通地方公共团体行政首长须以判决确定之日起60日以内为期限,对该请求相关的损失赔偿金或不当利益返还金的支付提出请求。

2. 在前款规定的情况下,当该判决确定之日起60日以内有关该请求的损失赔偿金或不正当利益的返还金未被支付时,该普通地方公共团体必须提起以该损失赔偿或不正当利益返还请求为目的的诉讼。

3. 有关前款诉讼的提起,不限于第96条第1款第12项规定,不需要该普通地方公共团体议会的决议。

4. 当前条第1款第4项内容规定之诉讼判决对于同条第7款收到诉讼通知者仍具有其效力时,该诉讼的判决在该普通地方公共团体和收到该诉讼通告者之间同样有效。

5. 有关前条第1款第4项内容规定之诉讼,当命令普通地方公共团体的执行机关或公务员进行损害赔偿或不正当利益返还的请求判决确定的情况下,当该普通地方公共团体对其行政首长提起以该损害赔偿或不正当利益返还的请求为目的的诉讼时,在该诉讼上,代表监查委员代表该普通地方公共团体。

第十一节 杂 则

第243条 私人处理公项的限制

普通地方公共团体,除法律或者依据法律的政令有特别规定的情况外,公项的征收或收缴或支出的权限不得委任予私人,或以私人形式进行。

第243条之2 公务员的赔偿责任

1. 出纳长或收入长或者辅助出纳长或收入长事务的公务员、接受预付资金的公务员、保管占有动产的公务员或使用物品的公务员由于其故意或重大过失(在现金方面故意或过失)而导致其保管相关现金、有价证券、物品(包括属于基金的动产)或者占有

日本地方政府法选编

动产或使用涉及物品遗失或者损伤时,必须赔偿因此而产生的损害。具有以下各项所列行为权限的公务员或者直接辅助属于该权限事务的公务员、且为普通地方公共团体规则的指定者,因其故意或重大过失而违反法令规定,因该行为或玩忽职守而给普通地方公共团体带来损害时同样如此。

(1) 支出负担行为;

(2) 第232条之4第1款命令或者同条第2款的确认;

(3) 支出或者支付;

(4) 第234条之2第1款监督或检查。

2. 在前款的情况下,该损害为2人以上公务员行为所造成的,该公务员应根据各自职务,并且根据该行为成为该损害发生原因的程度承担赔偿责任。

3. 普通地方公共团体行政首长,当认定第1款的公务员因同款规定行为而给该普通地方公共团体带来损害时,应请求监查委员对其事实有无进行监查,决定赔偿责任之有无以及赔偿金额,根据该决定,须定立期限命其赔偿。

4. 有关第242条之2第1款第4项"但是"句规定的诉讼,在命令其赔偿的判决确定的情况下,普通地方公共团体行政首长须以该判决确定之日起60日以内为期限,命其赔偿。在此情况下,不需要请求前款规定的监查委员的监查及决定。

第243条之3 财政状况的公布等

1. 根据条例规定,普通地方公共团体行政首长须每年2次以上将岁入岁出预算的执行状况以及财产、地方债务和暂时借入金额的现有金额以及其他财政相关事项向居民公示。

2. 有关第221条第3款规定的法人,普通地方公共团体行政首长须在每事业年度写出政令规定的要求说明经营状况的文件,并在下次议会上提交。

3. 有关第221条第3款规定的信托,普通地方公共团体行政首长须在每个信托合同定立的计算时期,写出政令规定的要求说明有关该信托事务的处理状况的文件,并在下次议会上提交。

第243条之4　普通地方公共团体的财政运营相关事项等

有关普通地方公共团体的财政运营以及普通地方公共团体财政与国家财政之间关系等方面的基本原则,除在本法律中规定外,其他法律中另有规定。

第243条之5　对政令的委任

岁入及岁出的会计年度所属分类、预算及决算的编制方式、跨年度收入及支出以及下一年度岁入的提前使用及与其他财务相关必要事项,除在本法律中规定外,其他由政令规定。

第十章　公共设施

第244条　公共设施

1. 普通地方公共团体应以增进居民福利为目的,设置供其利用的设施(将此称为公共设施)。

2. 普通地方公共团体(包括下条第3款规定的制定管理者。在下款中相同。)只要没有正当理由,不得拒绝居民利用公共设施。

3. 普通地方公共团体对于居民利用公共设施,不得进行不正当的歧视性对待。

第244条之2　公共设施的设置、管理及废止

1. 除法律或根据其订立的政令有特别规定的情况外,普通地方公共团体须通过条例规定公共设施设置及其管理相关事项。

2. 有关条例规定的重要的公共设施中条例规定特别重要的设施,当将其废止,或条例中规定的长期且独占方式的利用时,普通地方公共团体须在议会上征得2/3以上到会议员的同意。

3. 当认定为有有效达到公共设施设置的目的的必要时,普通地方公共团体可以根据条例规定款项,令法人其他团体且为该普通地方公共团体指定者(以下本条以及第244条之4中称作"指定管理者")管理该公共设施。

4. 前款条例中应规定指定管理者的指定手续、指定管理者实行管理的基准及业务范围以及其他必要事项。

5. 指定管理者的指定应规定期限进行指定。

第 244 条之 3　公共设施的区域外设置及其他团体的公共设施利用

1. 普通地方公共团体即使在其区域外,可以通过与相关普通地方公共团体商议,设置公共设施。

2. 普通地方公共团体通过与其他普通地方公共团体商议,可以将该其他普通地方公共团体的公共设施提供给自己的居民使用。

3. 有关前面第 2 款的协商,须经过相关普通地方公共团体议会的表决。

第 244 条之 4　对利用公共设施权利相关处理不服的申述

1. 对于普通地方公共团体行政首长对利用公共设施权利的相关处理有不服者,可以就都道府县知事的处理向总务大臣、就市町村长的处理向都道府县知事提出审查请求。在此情况下,也可以进行异议的申诉。

2. 第 138 条之 4 第 1 款规定的机关对利用公共设施权利相关处理有不服者,可以向该普通地方公共团体行政首长请求审查。

3. 有关普通地方公共团体行政首长以及前项规定的机关以外的机关(包括指定管理者)进行的利用公共设施权利相关处理的审查请求,即使普通地方公共团体行政首长不是处分机关的直接上级行政机关,也应对该普通地方公共团体行政首长提出审查请求。

4. 当对于利用公共设施权利有关处理存在异议申诉或审查请求时,普通地方公共团体行政首长须向议会咨询后对其进行决定。

5. 议会须在前款规定的咨询之日起 20 日以内陈述意见。

6. 对于关于利用公共设施权利有关处理的审查请求的裁决有不服者,可以就都道府县知事进行的处理向总务大臣、就市町村长进行的处理向都道府县知事提出复审请求。

第十一章　国家与普通地方公共团体间的关系以及普通地方公共团体相互间的关系

第一节　国家或都道府县对于普通地方公共团体的干预

一、国家或都道府县对于普通地方公共团体的干预

第 245 条　干预的意义

本章中所谓"国家或都道府县对于普通地方公共团体的干预",指的是对于普通地方公共团体的事务处理,国家行政机关(指掌管《内阁府设置法》[1999 年法律第 89 号]第 4 条第 3 款规定的事务的内阁府、宫内厅、同法第 49 条第 1 款或第 2 款规定的机关、《国家行政组织法》[1948 年法律第 120 号]第 3 条第 2 款规定的机关、根据法律规定内阁管辖范围内设置的机关或其下属的机关(以下本章情况相同),或都道府县机关进行的以下所列行为(普通地方公共团体在其固有资格方面限于成为该行为的收件人,国家或都道府县对普通地方公共团体交付支出款项以及返还相关情况除外)。

(1) 对于普通地方公共团体的以下所列行为:

1) 建议或劝告;

2) 资料提出的要求;

3) 改正的要求(指当普通地方公共团体的事务处理违反法律法规规定时或者明显缺乏恰当性且明显危害公共利益时,要求该普通地方公共团体为更正该违反或改善应采取措施,接受该要求的普通地方公共团体须采取必要措施以更正或改善该违反行为);

4) 同意;

5) 许可、认可或承认;

6) 指示;

7) 代替执行(指当普通地方公共团体的事务处理违反法律法

规的规定时,或者该普通地方公共团体对其事务处理怠慢时,应代替该普通地方公共团体施行更正措施)。

(2) 与普通地方公共团体的协商。

(3) 除前两项所列举行为以外,为实现一定行政目标对于普通地方公共团体施行具体且个别的相关行为(除有相反利害者之间的利害调整为目的进行的裁定及其他行为[限于双方作为该行为的收件人]以及审查请求、异议申诉以及其他对不服申诉的裁决、决定及其他行为)。

第 245 条之 2　干预法定主义

普通地方公共团体关于其事务处理,若没有法律或法律制订的政令为依据,则不需要接受或被要求国家或都道府县对普通地方公共团体的干预。

第 245 条之 3　干预的基本原则

1. 当普通地方公共团体关于其事务处理,接受国家或都道府县对于普通地方公共团体的干预或要求的情况下,国家须采取为达成其目的进行最小限度的干预,与此同时须考虑普通地方公共团体的自主性及自立性。

2. 普通地方公共团体在关于自治事务的处理方面,国家或都道府县对普通地方公共团体的干预中第 245 条第 1 项第 7 目以及第 3 项规定的行为,以及在关于法定受托事务处理上国家或都道府县对普通地方团体的干预中同项规定的行为,国家须尽量避免受理或需要以上行为发生的情况。

3. 除有必要保持国家或都道府县计划与普通地方公共团体计划的协调的情况以及国家或都道府县的措施与普通地方公共团体的措施之间需要调整的情况之外,国家不要让普通地方公共团体在有关普通地方公共团体的事务处理方面要求国家或都道府县对普通地方公共团体的干预中第 245 条第 2 项规定的行为出现。

4. 国家对普通地方公共团体制定的计划采取财政上和税制上的特例措施,除基于法令如不保证国家或都道府县措施与普通地方公共团体措施的整合性而会明显影响这些措施的实施之外,关于自治事务的处理,国家不得出现普通地方公共团体要求国家或都道府县对于普通地方公共团体干预中第245条第1项第4目规定的行为的出现。

第245条之4　技术性建议以及劝告和资料提交的要求

1. 各大臣(指《内阁府设置法》第4条第3款规定的分管事务的大臣即内阁总理大臣以及《国家行政组织法》第5条第1款规定的各省大臣。以下在本章、下章以及第14章中相同)或者都道府县知事及其他都道府县的执行机关,关于其担当的事务,可以向普通地方公共团体对普通地方公共团体事务的运营及其他事项进行确切的技术性指导或劝告,并且因进行该指导或劝告或为了给有关普通地方公共团体事务提供正确的处理方面的信息,可以向普通地方公共团体要求提供必要的资料。

2. 各大臣关于其担当事务,对于都道府县知事及其他都道府县的执行机关,关于前款规定的对市町村的指导或劝告以及资料提出的要求,可以进行必要的指示。

3. 普通地方公共团体行政首长及其他执行机关,在其担当的事务的管理及执行方面可以请求各大臣以及都道府县知事及其他都道府县的执行机关对其进行技术性指导或劝告以及提供必要的信息。

第245条之5　改正的要求

1. 各大臣当认定在其担当的事务方面都道府县的自治事务处理违反法令规定时,或者明显缺乏合理性且明显危害公众利益时,可以要求该都道府县为纠正或改善该自治事务处理方面的违反行为采取必要措施。

2. 大臣在其担当的事务方面,当认定市町村以下各项所列事务的处理违反法令规定时,或者明显缺乏合理性且明显危害公众利益时,可以指示该各项规定的都道府县的执行机关在该事务处理方面要求该市町村应为更正或改善违反行为而采取必要的措施。

(1) 市町村长及其他市町村的执行机关(教育委员会及选举管理委员会除外)担当的事务(第1项法定受托事务除外。下项以及第3项中同样)　都道府县知事

(2) 市町村教育委员会担当的事务　都道府县教育委员会

(3) 市町村选举管理委员会担当的事务　都道府县选举管理委员会

第245条之6　改正的劝告

以下各项所列举的都道府县的执行机关,当认定市町村对于该各项规定的自治事务的处理违反法令规定时,或者认定明显缺乏合理性且明显危害公众利益时,可以劝告该市町村在该自治事务处理方面应为改正或改善其违反行为而采取必要的措施。

(1) 都道府县知事　市町村长及其他市町村执行机关(教育委员会及选举管理委员会除外)担任的自治事务

(2) 都道府县教育委员会　市町村教育委员会担任的自治事务

(3) 都道府县选举管理委员会　市町村选举管理委员会担任的自治事务

第245条之7　改正的指示

1. 各大臣当认定其所管范围内与法律或根据法律设立的政令相关的都道府县法定受托事务的处理违反法令规定时,或者认定其明显缺乏合理性且明显危害公众利益时,可以在该法定受托事务处理上为改正或改善违反行为而采取措施方面,对该都道府县进行必要的指示。

2. 下列各项所列举的都道府县的执行机关,当认定市町村该各项规定的法定受托事务的处理违反法令规定时,或者认定明显缺乏合理性且明显危害公众利益时,可以在该法定受托事务处理上为改正或改善违反行为而采取措施方面,对该市町村进行必要的指示。

(1) 都道府县知事　市町村长以及其他的市町村的执行机关

（不含教育委员会及选举管理委员会）担当的法定受托事务

（2）都道府县教育委员会　市町村教育委员会担任的法定受托事务

（3）都道府县选举管理委员会　市町村选举管理委员会担任的法定受托事务

3. 关于各大臣管理范围之内的与法律以及在此基础上的政令相关的市町村对第1项法定受托事务的处理，对于前款各项所示都道府县的执行机关，有关同款规定的对于市町村的指示，各大臣有权作出必要的指示。

4. 各大臣在基于前款规定的同时，如果出现在自己管理范围之内的法律以及在此基础上的政令相关的市町村有关第1项法定受托事务的处理违反了规定的情况，或者十分不恰当的情况，以及明显侵犯了公共利益的情况，在确定了确实需要紧急处理之后，各大臣对于该市町村，关于对该第1项法定受委托事务处理的违反行为进行纠正和改善应该采取措施，有权作出必要的指示。

第245条之8　代执行等

1. 在各大臣管理范围之内的法律或者在此基础上的政令相关的都道府县知事的法定受托事务的处理或执行违反了法令的规定或该大臣的处分的情况下，以及有人拖延该法定受托事务的管理或者执行的情况下，如果基于从本款开始到第8款规定的措施以外的方法来进行改正遇到困难的话，以及，如置之不管将会明显地侵犯公共利益的话，各大臣有权以文件形式向该都道府县的知事指出问题所在、限定期限、指出该违反项，以及对拖延该法定受委托事务的管理和执行的行为进行劝告。

2. 对于都道府县知事未在前款规定的期限内执行依据同款规定作出劝告的事项这一情况，各大臣有权以文件形式，对该都道府县的知事限定期限并作出应当执行该事项的指示。

3. 对于都道府县知事未在前款规定的期限内执行该事项的情况，各大臣有权向高等法院作出诉讼，请求高等法院作出命令执行该事项的判决。

4. 各大臣根据前款规定向高等法院提起诉讼时,立即以文件形式,将该旨意通告该都道府县知事,同时,对于执行该通告的时间、地点以及方法也必须向高等法院告知。

5. 如根据第3款的规定高等法院被提起诉讼的话,必须立即定下口头辩论日期并传唤当事人。日期必须在同款诉讼提起之日起15日以内。

6. 当高等法院认定大臣的请求理由充分时,须判定该都道府县的知事在限定的时间内执行该项事项。

7. 第三款规定的诉讼,由管辖该都道府县地区的高等法院专属管辖。

8. 如都道府县知事未能在本条第6款判定结果规定的期限内执行该事项,大臣可以代替都道府县知事执行该事项。在这种情况下,大臣须事先将代行该事项的时间、地点及方法通知都道府县知事。

9. 与本条第3款诉讼相关的高等法院判决之上诉期限为一周。

10. 前款之上诉,不具有停止执行之效力。

11. 当判定大臣请求的理由不充分时,而且基于本条第8款的规定已经执行了与本条第2款规定的指示的相关事项,都道府县知事可以在该判决确定后的三个月内取消该处分,或者采取恢复原状及其他必要措施。

12. 在市町村长管理或执行的法定受托事务违反了法令的规定或者大臣、都道府县知事的处分决定的情况下,或者法定受托事务的管理和执行出现懈怠的情况下,而且除了本款规定的措施之外很难改善,同时如果放任下去将会明显损害公共利益的情况下,适用本条前述各款之规定。在此,本条前述各款中的"大臣"可以置换为"都道府县知事","都道府县知事"可以置换为"市町村长","都道府县地区"置换为"市町村地区"。

13. 大臣关于与其管辖的法律或者基于此的政令相关的市町村长的第一项法定受托事务,就其管理或执行,可以向都道府县知事作出适用前款的与本条第1款至第八款规定的措施相关的必要指示。

14. 关于本条第3项(含适用第12项的情况,下款同)规定的诉讼,即便有行政诉讼法第43条第3款,不适用该法第41条第2款之规定。

15. 除了以上各款规定外,关于第三款的诉讼,由最高法院规则规定与其相关的理由、证据的提出时限及其他对促进审理有利的必要事项。

第245条之9 处理的基准

1. 关于各大臣管理范围内的法律及在此之上制定的政令相关的都道府县的法定受托事务的处理事宜,都道府县有权针对该法定受委托事务的处理制定基准。

2. 以下各项所提到的都道府县的执行机关,对于市町村该项所规定的法定受托事务的处理,市町村有权制定关于该法定受托事务处理的基准。在这种情况下,都道府县的执行机关制定的基准不得与各大臣根据以下各款制定的基准相抵触。

(1) 都道府县知事　市町村长以及其他市町村的执行机关(不含教育委员会以及选举委员会)所担任的法定受托事务

(2) 都道府县教育委员会　市町村教育委员会担任的法定受托事务

(3) 都道府县选举管理委员会　市町村选举委员会所担任的法定受委托事务

3. 各大臣在被认为有必要的情况下,对于其管理范围内的法律以及在在此基础上的政令相关的市町村的第1项法定受托事务的处理,市町村可就第1项法定受托事务的处理有权制定相应的标准。

4. 各大臣有关其管理范围内的法律以及在此法律基础上的

政令相关的市町村的第1项法定受托事务的处理,对于第2款各项所指都道府县的执行机关,关于根据同款规定制定的基准,有权进行必要的指示。

5. 根据第1款到第3款的规定制定的基准,必须是为了达到其目的最小限度的基准。

二、对于普通地方公共团体的国家以及都道府县的干预等的程序

第246条 对于普通地方公共团体的国家以及都道府县的干预程序的适用

从下条到第250条的规定适用于针对普通地方公共团体的国家以及都道府县的干预。但是,如果其他的法律有特别规定,则不受此限。

第247条 建议的方式

1. 国家的行政机关以及都道府县机关向普通地方公共团体提出建议、劝告以及与此类似的行为(以下本款以及第252款之17之3第2款称为"建议"),在不以书面的形式进行的情况下,如果普通地方公共团体要求交付该建议的主旨及其内容的书面形式的话,必须予以交付。

2. 前款的规定对于以下几种建议的提起,不适用:

(1) 要求普通地方公共团体当场完成某项工作;

(2) 与已经以书面形式通知于该普通地方公共团体的内容相统一。

3. 如果普通地方公共团体不听从国家行政机关以及都道府县机关提出的建议,国家以及都道府县的公务员不能以此为由而作出有损利益的处理。

第248条 资料提出的要求方式

国家的行政机关以及都道府县的机关,向普通地方公共团体提出资料的要求以及与此类似的行为(以下本条及第252条之17之3第2款称为"资料提出的要求"),在不以书面的形式进行的

情况下,如果该普通地方公共团体要求交付该资料提出的要求的主旨及其内容的书面形式的话,必须予以交付。

第249条 改正的要求方式

1. 国家行政机关以及都道府县的机关,向普通地方公共团体提出改正的要求、指示以及与此类似的行为(以下本条以及第252条之17之3第2款称为"改正的要求等")的时候,同时,该改正要求等的内容以及理由必须以书面形式交付。但是,虽然没有书面形式,而具有提出该改正要求的紧迫性的话,可不在此限。

2. 前款"但是"句的情况下,国家行政机关以及都道府县机关在提出改正要求的之后的相当的期限内,必须交付同款规定的书面材料。

第250条 协商的方式

1. 普通地方公共团体向国家行政机关或都道府县提出协商的要求的情况下,国家行政机关以及都道府县的机关及普通地方公共团体必须诚实地进行协商,并为保证该协议在一定期间内能够顺利进行而必须做出努力。

2. 国家行政机关以及都道府县机关就基于普通地方公共团体要求的协商陈述意见时,如该普通地方公共团体请求提供关于该协商的意见的主旨以及内容的书面材料的话,必须交付其书面材料。

第250条之2 许认可的基准

1. 国家行政机关以及都道府县的机关在普通地方公共团体根据法令提出了申请或协商请求(以下本款、第250条之13第2款、第251条第3款以及第252条之17第3款称为"申请等")的情况下,对于是否许可、认可、承认、同意或者其他类似的行为(以下本款以及第252条之17第3款称为"许认可等"),必须根据法令的规定来判断,并且要制定必要的基准,同时要排除行政上的特别障碍,并将其公布。

2. 国家行政机关以及都道府县机关,对于是否取消普通地方公共团体的许认可或者其他类似的行为(以下本条以及第250条之4称为"许认可的取消等")必须根据法令的规定来判断,并制定必要的基准,并将其公布。

3. 国家行政机关以及都道府县机关,在制定第1款以及前款规定的基准时,应根据该许认可或者许认可取消的内容的性质,要尽量做到具体。

第250条之3　许认可等的标准处理期限

1. 国家行政机关以及都道府县的机关,自申请到达该国家行政机关以及都道府县机关事务所之后,到关于该申请的许认可等裁决之前,应规定一定的标准期限(根据法令,当提出申请的对象不是该国家行政机关或都道府县机关时,在该申请到达作为该申请的提出对象的机关事务所之后,至到达该国家行政机关以及都道府县机关事务所为止通常所需要的时间),并将该申请公布。

2. 国家行政机关以及都道府县机关,在申请书到达该申请中提到的申请对象的机关事务所时,必须立即开始与该申请相关的许认可等工作。

第250条之4　许认可的取消方式

国家行政机关以及都道府县的机关,在对于普通地方公共团体提出的申请进行许认可的否决处分或者许认可的取消时,该许认可的否决处分或取消的内容及理由,必须以书面形式交付。

第250条之5　申报

当普通地方公共团体向国家行政机关以及都道府县机关提出的申报书记录事项完备、申报书也附带了必要的文件,以及符合法定申报书的形式时,当该申报书到达申报对象的机关事务所时,可看作为该申报已经履行了程序上的义务。

第250条之6　当国家行政机关将与自治事务相同的事务作为自己权限内的事务处理时的方式

1. 国家行政机关,当把普通地方公共团体处理的事务当作自己权限内的事务处理的时候,应当预先将该事务的处理内容和理由以书面形式通知该普通地方公共团体。但是,当没有通知对方,而该事务的处理十分紧迫的情况下,可不在此限。

2. 前款"但是"句的情况下,国家行政机关在自行处理该事务之后的相当期间内,应发出同款规定的通知。

第二节 国家与普通地方公共团体间和普通地方公共团体相互间以及普通地方公共团体机关相互间的纷争处理

一、国家、地方纷争处理委员会

第250条之7 设置及权限

1. 在总务省设立地方纷争处理委员会(以下本节中称为"委员会")。

2. 委员会依据本法律规定,就对普通地方公共团体的国家和都道府县的干预中有关国家行政机关干预的审查申请,处理属于其权限之内的事情。

第250条之8 组织

1. 委员会由5名委员组成。

2. 委员为兼职。但是,其中2人以内可为全职。

第250条之9 委员

1. 委员由总务大臣从优秀且有见识的人当中选拔,在得到众参两院的同意后任命。

2. 关于委员的任命,其中不得有3人以上属于同一政党或政治团体。

3. 当委员任期期满,或者是出现空缺的情况下,由于国会的闭会或者是众议院的解散而无法获得两院的同意时,总务大臣有权不限于第1款规定,从同款规定的有资格的人当中选拔任命委员。

4. 关于前款情况下的任命,在任命后最初的国会上必须得到众参两院的事后承认。在这种情况下,如果得不到众参两院的承认,总务大臣必须立即罢免该委员。

5. 委员的任期为3年。但是候补委员的任期应为前任委员的剩余任期。

6. 委员可以再任。

7. 当委员的任期满了以后,该委员在后任者被任命之前应继续该职务的工作。

8. 在委员被宣告破产,或者被判拘留以上徒刑时,必须罢免该委员。

9. 总务大臣在取得众参两院同意的情况下,罢免以下所列委员。

（1）如果委员中谁都不属于一个政党或者政治团体,而当3人以上的委员后来所属于该政党或者政治团体时,这些人当中超过2名人数的委员。

（2）如果委员中有一人已经属于一个政党或者政治团体,而后来又有2人以上的委员属于该政党或政治团体时,这些人中超过1名人数的委员。

第250条之10　委员长

1. 在委员会中,设置委员长职务,由委员之间互选产生。

2. 委员长总理会务,并代表委员会。

3. 如果委员长出意外,预先指名的委员来代理其职务。

第250条之11　会议

1. 委员会由委员长来召集。

2. 委员会中,如委员长和2人以上的委员没有出席,会议的召开和决议等将无法进行。

3. 委员会议事,以出席者的过半数通过表决,如果可否票数相同,由委员长来裁决。

4. 关于适用委员长发生意外时的第2款规定的适用,前条第3款规定的委员被视为委员长。

第250条之12　对政令的委任

除本法律规定的以外,有关委员会的其他必要事项根据政令来规定。

二、国家地方纷争处理委员会的审查程序

第250条之13 对国家干预的审查请求

1. 普通地方公共团体的行政首长以及执行机关,在其担当的有国家干预的事务中,对属于要求纠正、拒绝许可以及其他处分和属于公共权力行使的事项(以下所列事项除外)表示不服时,可向委员会,将进行国家干预的该国家行政厅作为对象,以书面形式提出审查请求。

(1) 第245条之8第2款以及第13款所提到的指示。

(2) 依据第245条之8第8款的规定,代替都道府县知事行使同条第2款规定的与指示相关的事项。

(3) 根据第252条之17之4的第2款的规定替换适用的第245条之8第12款准用于同条第2款规定的指示。

(4) 根据第252条之17之4的第2款的规定替换适用的第245条之8第12款准用于同条第8款的规定,可代替市町村长行使前项规定的与指示相关的事项。

2. 普通地方公共团体行政首长以及执行机关,如对与其担任事务相关的国家不作为(指国家行政厅对于申请的事宜,本应在规定期限内进行一些国家干预的许可或处分或公共权力的行使,却没有行使的情况,以下本节同)有不服,应以与该国家不作为现象相关的国家行政厅为对象,向委员会以书面形式提出审查的申请。

3. 普通地方公共团体的行政首长以及执行机关,如与其所担任的事务相关的该普通地方公共团体的基于法令将协商的申请向国家行政厅提出时,即使承认该协议相关的该普通地方公共团体履行了义务,如果该协议没有达成,应以该协议的对象的国家行政厅为对象,向委员会以书面形式提出审查的申请。

第250条之14 审查及劝告

1. 委员会在关于与自治事务有关的国家干预方面,如有根据前条第1款的规定提出的审查的申请,应予以审查,并且当审查对

象的国家行政厅履行的国家干预没有违法、且从尊重普通地方公共团体的自主性以及自立性的角度来看没有不当之处,应附带理由,将旨意通知于提出该审查申请的普通地方公共团体行政首长以及执行机关和该国家行政厅,同时,将其公布。如该国家行政厅行使的国家干预有违法,并且从尊重普通地方公共团体的自主性以及自立性的角度来看有不当之处时,应向该国家行政厅交付理由,并规定期限,令其在规定期限内进行改正,同时,必须将该劝告的内容通知该普通地方公共团体行政首长或执行机关,且将其公布。

2. 委员会关于与法定受托事务相关的国家干预,如有根据前条第1款规定提出的审查申请,应予以审查,如审查对象的国家行政厅行使的国家参与没有违法,应将理由附带,将该旨意通知提出该审查的普通地方公共团体行政首长或执行机关以及该国家行政厅,同时将其公布。如该国家行政厅行使的国家干预有违法之处,应附带理由,通知该国家行政厅,并规定期限,作出改正的劝告。同时,应将该劝告的内容通知该普通地方公共团体行政首长或执行机关,且将其公布。

3. 如果有根据前条第2款规定提出的审查申请,委员会应予以审查,如果认为该审查没有理由,应附带理由将该旨意通知提出审查请求的普通地方公共团体行政首长或执行机关,同时将其公布。如果认为该审查的申请有充足理由,应附带理由,规定期限,向该国家行政厅提出采取必要措施进行改正的劝告,同时应将该劝告的内容通知该普通地方公共团体行政首长或执行机关且将其公布。

第250条之15 相关行政机关的参与

1. 如委员会认为有必要让相关行政机关参与到审查程序中,可根据提出与国家干预有关的审查的普通地方公共团体行政首长或执行机关的要求以及作为审查对象的国家行政厅或该相关行政机关的要求,或者可根据职权,使该相关行政机关参与到审查程序中。

2. 当委员会根据前款规定允许相关行政机关参与审查程序时，应预先听取提出与该国家干预相关的审查申请的普通地方公共团体行政首长或执行机关，以及作为审查对象的国家行政厅和该相关行政机关的意见。

第 250 条之 16　取证

1. 当委员会认为有必要进行审查时，根据提出与该国家干预相关审查请求的普通地方公共团体行政首长或执行机关、作为审查对象的国家行政厅或前条第 1 款规定的该参与该审查程序的相关行政机关（以下本条称为"参与行政机关"）的请求，或根据职权，可按以下规定调查取证。

（1）让被认为适当的人选，作为参考人陈述其知道的事实，或要求鉴定。

（2）对文件及相关物件持有人，要求其提交该文件，或者保存该文件。

（3）对必要的场所进行验证。

（4）对提交与国家干预相关审查申请的普通地方公共团体行政首长及其执行机关、作为审查对象的国家行政厅或参与行政机关，或者对其公务员进行审查询问。

2. 委员会在进行审查的过程中，必须给予提交与国家干预相关的审查申请的普通地方公共团体及执行机关、作为审查对象的国家行政厅及参与行政机关出示证据及陈述的机会。

第 250 条之 17　撤回审查国家干预的申请

1. 提出有关国家干预审查申请的普通地方公共团体行政首长及其执行机关，在第 250 条之 14 第 1 款至第 4 款规定的审查结果通知或劝告未下达前，或第 250 条之 19 第 2 款规定的调停未果之前，任何时候都可以撤回该申请。

2. 必须以正式的书面文件形式提出撤销国家干预的审查申请。

第250条之18 国家行政厅的措施等

1. 当委员会根据第250条之14第1款至第5款的规定作出劝告时,接到该劝告的国家行政厅在该劝告的有效期内,必须就该劝告采取相应的措施,并将其主要内容报与委员会。此时,委员会必须将该劝告相关事宜通知给提出审查申请的普通地方公共团体的行政首长及其执行机关,且将此公布。

2. 委员会有权要求上述接到劝告的国家行政厅对其采取的积极措施做详细说明。

第250条之19 调停

1. 当委员会裁定该国家干预审查申请合理时,则依职权作出调停方案,并将其通知给提出该审查申请的普通地方公共团体的行政首长及其执行机关,以及作为审查对象的国家行政厅,并在劝告其接受调停的同时,附加理由说明公布其主要内容。

2. 有关前款规定的调停,当该调停方案涉及的普通地方公共团体的行政首长及其执行机关以及国家的行政厅向委员会提交接受调停的正式文件时,该调停方可成立。此时,委员会须立即将此调停主要内容公布,并同时向该普通地方公共团体的行政首长及其执行机关及国家行政厅分别通知其主要内容。

第250条之20 对政令的委任

除本法律规定事项外,与委员会的审查、劝告及调停相关的必要事项均制定政令规定之。

三、自治纷争处理委员

第251条 自治纷争处理委员

1. 根据本法律规定,自治纷争处理委员有权对普通地方公共团体间及普通地方公共团体机关间的纷争作出调停。且有权处理国家及都道府县对普通地方公共团体干预中都道府县的干预(本节以下通称为"都道府县干预")的审查以及本法律规定的审查请求、再审请求、审查申诉及裁决申请等相关的审理事项。

2. 总务大臣或都道府县的知事根据不同事件分别选择并任

命三位对事件有正确判断能力、有远见的优秀人才为自治纷争处理委员。在这种情况下,总务大臣或都道府县的知事应事先同担任与该事件相关事务的大臣或都道府县的委员会或委员进行协商。

3. 自治纷争处理委员,凡符合以下各项中任何一项规定,即失去其职务:

(1) 当事人根据下条第2款的规定撤回调停申请时。

(2) 自治纷争委员依下条第6款规定,将调停中止并通告当事人。

(3) 总务大臣或都道府县的知事依下条第7款或第251条之3第13款的规定通知当事人调停案成功。

(4) 市町村及其执行机关根据第251条之3第5款至第7款准用第250条之17的规定,已经撤回委托自治纷争处理委员进行审查的申请。

(5) 自治纷争处理委员根据第251条之3第5款准用第250条之14第1款及第2款规定的,或是根据第251条之2第6款准用第250条之14第3款规定的审查结果的通知或劝告及劝告内容的通知,或是第251条之3第7款准用第250条之14第4款规定的审查结果的通知,由自治纷争委员通知且公布时。

(6) 第255条之5规定的与审理相关的审查要求、再审请求、审查申诉或裁定申请的申请人,取消该审查要求、再审请求、审查申诉或裁定申请时。

(7) 经过第255条之5规定的审理过程,总务大臣及都道府县对该审查要求或再审要求作出裁决或对审查申诉作出裁决或裁定或审查决定时。

4. 当自治纷争委员与该事件有直接利害关系时,总务大臣或都道府县知事应罢免该自治纷争处理委员。

5. 第250条之9第2款、第8款、第9款(除第2项外)及第10款至第14款的规定,准用于自治纷争处理委员。同条第2款中的"3人以上"改为"2人以上",同条第8款中"总务大臣"改为"总务大臣或都道府县知事",同条第9款中"总务大臣在征得两院议会同意的基础上"改为"总务大臣及都道府县知事","2人"改为"1人",同条第11款中"总务大臣"改为"总务大臣及都道府县知事","征得两院议会同意基础上,将其委员",改为"将该自治纷争处理委员",同条第12款中"第4款后段及第8款到前项"改为"第8款、第9款(除第2项外)、第10款、前款及第251条第4款"。

四、自治纷争处理委员调停及审查的程序

第251条之2 调停

1. 普通地方公共团体间及其机关相互间产生纷争时,除法律有特别的规定之外,一般情况下,如果是都道府县及其执行机关成为当事人时由总务大臣(其他情况下则由都道府县知事),根据当事人的书面申请或依其职权,为解决纷争,依前条第2款规定,任命自治纷争处理委员,委托其进行调停。

2. 基于当事人的申请而展开的调停,当事人可以在征得总务大臣或都道府县知事的同意下,撤销该申请。

3. 自治纷争处理委员,在调停方案作成后,向当事人出示该方案,在劝告其接受的同时,取其主要内容并附理由公布。

4. 自治纷争处理委员依前款规定,向当事人出示其调停方案,劝告其接受时,应立刻将调停方案复本及其主要内容及调停过程报告给总务大臣或都道府县知事。

5. 自治纷争处理委员在确认该案件无法由调停来解决时,征得总务大臣或都道府县知事的同意后,可中止该调停,并可将其事件要点及调停过程公布。

第251条之3 审查及劝告

1. 当市町村长及其执行机关,关于都道府县对其负责事项的干预中,就都道府县作出的要求改正、拒绝认可及其他处分,或都是政府权力的行使(除以下所示事项外)有异议时,提交委托自治

纷争处理委员进行审查的书面申请,此时,总务大臣必须立刻根据第 251 条第 2 款规定任命自治纷争委员并委托其受理与该申请相关的事项。

（1）依照第 245 条之 8 第 12 款准用同条第 2 款规定的指示。

（2）根据第 245 条之 8 第 12 款准用同条第 8 款规定的代替市町村长进行与前项规定的指示相关的事项。

2. 当市町村长及其执行机关,对其担任事务相关的都道府县的不作为(是指都道府县行政厅在受理该申请过程中,一定期间内,都道府县干预中应当给予认可或其他处分或应当行使政府权力而没有执行的情况。本节以下相同)不服时,提交委托自治纷争处理委员进行审查的书面申请后,总务大臣必须即时根据第 251 条第 2 款任命自治纷争处理委员并委托其受理与该申请相关的事宜。

3. 市町村及其执行机关,提交与其担任事务相关、该市町村的基于法令的针对都道府县行政厅的协商申请时,尽管协商规定的该市町村的义务已经履行,但该协商仍未达成。针对此事提交委托自治纷争处理委员进行审查的书面申请后,总务大臣应即时根据第 251 条第 2 款规定任命自治纷争处理委员并委托其受理与该申请相关的事宜。

4. 根据前 3 款规定提出请求时,必须将下面所示机构作为审查对象：

（1）符合第 1 款规定的申请,与该申请相关的有都道府县干预行为的都道府县行政厅。

（2）符合第 2 款规定的申请,与该申请相关的有都道府县不作为行为的都道府县行政厅。

（3）符合前款规定的申请,与该申请相关的作为协商双方的一方的都道府县行政厅。

5. 第 250 条之 13 第 4 款至第 7 款,第 250 条之 14 第 1 款、第 2 款及第 5 款,以及第 250 条之 15 到第 250 条之 17 的

规定,为第1款规定的申请的基准。此时,这些规定中,将"普通地方公共团体及其执行机关"改为"市町村及其执行机关",将"国家行政厅"改为"都道府县行政厅",将"委员会"改为"自治纷争处理委员",第250条之13第4款及第250条之14第1款及第2款中的"国家干预"改为"都道府县干预",第250条之17第1款中的"第250条之19第2款"改为"第251条之3第13款"。

6. 第250条之13第7款,第250条之14第3款及第5款,以及第250条之15到第250条之17的规定,为第2款规定的申请的基准。此时,这些规定中,将"普通地方公共团体及其执行机关"改为"市町村及其执行机关",将"国家行政厅"改为"都道府县行政厅",将"委员会"改为"自治纷争处理委员",第250条之17第1款中的"第250条之19第2款"改为"第251条之3第13款"。

第251条之4 对政令的委任

除本法律规定外,自治纷争处理委员的调停及审查或劝告相关的事项均由政令规定之。

五、关于国家或都道府县干预普通地方公共团体的申诉

第251条之5 关于国家干预的诉讼的提起

1. 根据第250条之13第1款和第2款的规定提出审查申请的普通地方公共团体行政首长及其执行机关,凡符合以下规定中的任一项,即可要求将该审查申请的对象国家行政厅作为向高等法院提出诉讼的被告,要求取消与该审查申请相关的违法的国家干预,或者要求与该审查申请相关的国家不作为的违法行为的确认。

(1) 依据第250条之14第1款至第3款规定,对委员会的审查结果及劝告不服的情况下。

(2) 依据第250条之18第1款规定,对国家行政厅所采取之

措施不服的情况下。

（3）该审查申请从提出后90天内,委员会未按第250条之14第1款至第3款的规定采取相应措施的情况下。

2. 前款所提诉讼,必须在以下所示期限内提起：

（1）诉讼为前款第1项,则根据第250条之14第1款至第3款的规定,委员会的审查结果及劝告内容通知必须在诉讼提出起30日内。

（2）诉讼为前款第2项,则根据第250条之18第1款的规定,委员会通知下达之日起30日内。

（3）诉讼为前款第3项,该审查申请提交起第90天到第120天内。

（4）诉讼为前款第4项,则根据第250条之14第1款至第3款的规定,委员会出示其劝告期限后,30日内。

第252条　关于都道府县干预的诉讼的提起

1. 根据第251条之3第1款及第2款的规定提交申请的市町村及其执行机关,凡符合下列规定中的任一项,将该申请对象的都道府县行政厅作为被告,可向高等法院提出诉讼,要求取消该申请相关的都道府县的违法干预,或者要求对与该申请相关的都道府县的不作为行为的违法行为的确认。

（1）根据第251条之3第5款准用第250条之14第1款或第2款,以及第251条之3第6款准用第250条之14第3款的规定,对自治纷争处理委员的审查结果或劝告不服的情况下。

（2）根据第251条之3第9款的规定对都道府县行政厅所采取的措施不服的情况下。

（3）当该申请自提出之日起90天后,自治纷争处理委员没有根据第251条之3第5款准用第250条之14第1款及第2款,以及第251条之3第6款准用第250条之14第3款的规定采取相应的审查及劝告的情况下。

（4）都道府县行政厅未根据第251条之3第9款的规定采取

相应措施的情况下。

2. 前款所示诉讼,必须在以下期限内提出:

(1) 诉讼为前款第2项,根据第251条之3第5款准用第250条之14第1款及第2款,以及第251条3第6款准用第250条之14第3款的规定,自治纷争处理委员的审查结果或劝告内容的通知下达日起30天内。

(2) 诉讼为前款第2项,根据第251条之3第9款的规定,总务大臣的通知下达日起30天内。

(3) 诉讼为前款第3项,提交该申请日起第90天至第120天之内。

(4) 诉讼为前款第4项,根据第251条之3第5款准用第250条之14第1款及第2款,以及第251条之3第6款准用第250条之14第3款的规定,自治纷争处理委员劝告下达期限过后30天内。

3. 前条第3款至第7款的规定适用于第1款的诉讼。在此情况下,同条第3款中"该普通地方公共团体区域"改为"该市町村区域",同条第7款中"国家干预"改为"都道府县干预"。

4. 在第1款的诉讼中,在申请取消违法的都道府县干预时,除《行政事件诉讼法》第43条第1款的规定外,不能准用同法第8条第2款、第31条,第32条及第34条相关规定。

第三节 普通地方公共团体相互间合作

一、协 议 会

第252条之2 协议会的设置

1. 普通地方公共团体为了共同管理和执行一部分普通地方公共团体事务,或者是为普通公共团体事务的管理执行进行联系协调,以及为了共同制定广域的综合性计划,可以通过协议制定规约,设立普通地方公共团体的协议会。

2. 普通地方公共团体在协议会设立时,将其主要职责及规约公布,同时,有都道府县加入的情况下必须通知总务大臣,其他情况下必须通知都道府县的知事。

3. 关于第1款之协议,必须得到相关普通地方公共团体议会的议决。但是,在对普通地方公共团体的事务管理及执行上为联络协调而设置的普通地方公共团体协议会则不受此限制。

4. 公益上有必要的情况下,有都道府县加入时由总务大臣,其他情况下则由都道府县知事,建议相关普通地方公共团体应设立普通地方公共团体协议会。

5. 普通地方公共团体协议会制定出广域综合性计划后,相关普通地方公共团体须按该计划处理相关事务。

第252条之3 协议会的组织

1. 普通地方公共团体协议会由会长及委员构成。

2. 根据规约规定,从相关普通地方公共团体的公务员中选任普通地方公共团体协议会长及委员,为兼职或全职人员。

3. 普通地方公共团体协议会长掌管普通地方公共团体协议会事务,并代表整个协议会。

第252条之4 协议会的规约

1. 普通地方公共团体协议会规约设有如下事项:

(1) 协议会的名称。

(2) 设置协议会的普通地方公共团体。

(3) 协议会的管理及执行,或者是协议会以保持联络协调为目的的相关普通地方公共团体的事务及协议会制定的计划项目。

(4) 协议会的组织及会长和委员的选任办法。

(5) 协议会经费支付办法。

2. 在设立共同管理及执行普通地方公共团体一部分事务的普通地方公共团体协议会时,协议会的规约中,除上述事项外,还必须设定如下相关事项:

(1) 由协议会管理并执行的相关普通地方公共团体事务(以下称"协议会负责事务")的管理及执行方法。

(2) 协议会负责事务的管理及执行场所。

(3) 从事协议会负责事务的相关地方公共团体公务员身份的

办理。

(4) 协议会所负责事务的相关普通地方公共团体的财产取得、管理及处分,或者是公共设施的设置管理及废止办法。

(5) 除上述事项外,协议会与设置该协议会的相关普通地方公共团体的关系,以及与其他协议会相关的必要事项。

第 252 条之 5　协议会事务的管理及执行效力

普通地方公共团体协议会以相关普通地方公共团体或者是相关普通地方公共团体的执行机关的名义对其事务的管理执行,视为相关普通地方公共团体及其执行机关的管理执行,具有相同的效力。

第 252 条之 6　协议会的组织变更及废止

普通地方公共团体,在对设立普通地方公共团体协议会的普通地方公共团体数量的增减,或者是变更协议会规约,废止协议会时,必须遵照第 252 条之 2 第 1 款至第 3 款进行。

二、机构等的共同设置

第 252 条之 7　机构等的共同设置

1. 普通地方公共团体,遵照协议制定规约,可共同设立第 138 条之 4 第 1 款所规定的委员会及委员,同条第 3 款所规定附属机构,以及协助普通地方公共团体行政首长、委员会或者委员事务的吏员、书记及其他公务员,以及第 173 条第 1 款中规定的专门委员。但是,由政令设置的委员会不受此限。

2. 由前款规定共同设置的执行机构、附属机构或公务员的普通地方公共团体数量的增减,以及共同设置这些执行机构、附属机构及职员的相关规约的变更及废止时,相关普通地方公共团体必须依照同款示例,经协商后再执行。

3. 第 252 条之 2 第 2 款及第 3 款中正文的规定是前 2 款时,同条第 4 款规定适用于第 1 款。

第 252 条之 8　机构共同设置相关规约

遵照前条规定共同设立的普通地方公共团体委员会及委员,

或者附属机构(以下本条统称为"共同设置机构")的共同设立相关的规约中,必须有如下规定:

(1) 共同设置机构的名称。

(2) 设立共同设置机构的普通地方公共团体。

(3) 共同设置机构的办公地点。

(4) 组织共同设置机构的委员名单及委员的选任办法,以及其身份的办理。

(5) 上述事项外,共同设置机构与相关普通地方公共团体,其他共同设置机构的关系相关事项的说明。

第252条之9　共同设置机构委员等的选任及身份确认

1. 普通地方公共团体在共同设置委员会委员时,应由普通地方公共团体议会选举任命,在规约中可规定如下任一选任办法:

(1) 由规约中设定的普通地方公共团体议会选举。

(2) 就相关普通地方公共团体的行政首长协商设定的共同的候选人,由所有的相关普通地方公共团体议会进行选举。

2. 普通地方公共团体在共同设置委员会及其成员,以及附属机构的委员会及成员时,需要普通地方公共团体的行政首长在征得该普通地方公共团体议会的同意后的选任,要制定规约,规定以下各项任一方法:

(1) 规约中所定普通地方公共团体的行政首长在征得该普通地方公共团体议会的同意后选任。

(2) 相关普通地方公共团体行政首长协议设定的共同的候选人,相关普通地方公共团体行政首长分别在征得各自议会的同意的基础上,由规约指定普通地方公共团体行政首长进行选任。

3. 属于普通地方公共团体共同设置的委员会及委员,以及附属机构的委员或者其他成员的,应该由普通地方公共团体的行政首长、委员会及委员选任的,在规约中就相关选任事项选择以下各项任一方法规定之。

(1) 规约指定由普通地方公共团体行政首长、委员会及委员选任。

（2）相关普通地方公共团体行政首长,委员会及委员协议所定人员,由规约指定的普通地方公共团体,委员会及委员进行选任。

4. 普通地方公共团体共同设置的委员会的委员或附属机关委员及其他成员,关于由第1款以及第2款规定选举的身份处理问题,如果是规约规定由普通地方公共团体议会选举或者规约规定由普通地方公共团体行政首长选任时,看作为该普通地方公共团体的公务员,如果是所有相关普通地方公共团体的议会选举时,看做是规约规定的普通地方公共团体公务员。

5. 关于普通地方公共团体共同设置的委员会的委员或附属机关委员及其他成员,关于由第3款规定选出者的身份对待问题,可看作是选任这些委员等的普通地方公共团体的行政首长,委员会或者是委员所属的普通地方公共团体的公务员。

第252条之10 共同设置机关的委员等的解职请求

关于普通地方公共团体共同设置委员会的委员或附属机关的委员及其他成员,基于法律规定享有选举权者的请求,根据普通地方公共团体议会议决能够解职的,拥有在相关普通地方公共团体选举权者,依据政令规定,向其所属的普通地方公共团体行政首长,提出解职请求;2个普通地方公共团体共同设置的情况下,在所有相关的普通地方公共团体的议会上,都同意解职时,认为该解职成立;在3个以上的普通地方公共团体设置的情况下,在超过半数的相关普通公共团体的议会上,都同意解职时,认为该解职成立。

第252条之11 共同设置机关的辅助人员等

1. 协助普通地方公共团体共同设置的委员会或委员工作的人员,根据第252条之9第4款或第5款规定由共同设置委员会的委员以及委员所属的普通地方公共团体的吏员的其他人员来充当,普通地方公共团体设置的附属机关的庶务由规约中规定的普通地方公共团体的执行机关掌管。

2. 普通地方公共团体共同设置的委员会或委员或附属机关所需经费，由相关的普通地方公共团体承担，规约规定把此算入普通地方公共团体的预算收入支出。

3. 普通地方公共团体共同设置的委员会征收的手续费以及其他的收入，规约规定作为普通地方公共团体的收入。

4. 普通地方公共团体共同设置的委员会执行关于相关普通地方公共团体的财务以及关于相关普通地方公共团体的经营事业管理的经常性监查审计，规约规定普通地方公共团体的监查人员至少每年一次规定日期进行监查审计。这种情况下，规约规定普通地方公共团体的监查委员必须把有关监查结果的报告提交给相关的普通地方公共团体行政首长。

第 252 条之 12　对共同设置机关法律的适用

关于普通地方公共团体共同设置的委员会或者委员或附属机关，关于本法律，以及其他有关这些机关权限事务的管理及执行的法令、条例、规则及其他规程的适用，除法律特别规定外，各相关普通地方公共团体的委员会或委员都看做是附属机关。

第 252 条之 13　关于共同设置吏员等的准用规定

前 5 条的规定中，根据政令规定，第 252 条之 7 规定的协助普通地方公共团体行政首长、委员会或委员工作的吏员、其他人员或专门委员的共同设置，都准用此。

三、事务的委托

第 252 条之 14　事务的委托

1. 普通地方公共团体根据协议制定规约，把普通地方公共团体事务的一部分委托给其他普通地方公共团体，可让该普通地方公共团体行政首长以及同类委员会或委员进行管理并执行。

2. 根据前款规定如需变更委托事务或废止委托事务时，相关的普通地方公共团体必须依据同款示例，签订协议实行之。

3. 第 252 条之 2 第 2 款以及第 3 款正文的规定，在依据前 2

款的规定如要委托普通地方公共团体的事务或要变更或废止所要委托的事务的时候,同条第4款的规定也适用于第1款的情况。

第252条之15 事务的委托规约

依据前条规定,有关委托的普通地方公共团体的事务(以下称为委托事务)的委托规约中,关于以下所列事项必须设有规定:

(1)被委托的普通地方公共团体以及接受委托的普通地方公共团体。

(2)委托事务的范围,委托事务的管理,执行方法。

(3)委托事务所需经费的支付方法。

(4)除前面所列之外,有关委托事务的其他必要事项。

第252条之16 事务委托的效果

普通地方公共团体的事务委托给其他普通地方公共团体,让该普通地方公共团体行政首长或同类委员会或委员管理并执行的时候,有关该事务的管理和执行的法令中,适用委托的普通地方公共团体及执行机关的规定,在该被委托事务的范围内,也适用于接受委托事务的普通地方公共团体和执行机关。除规约另有规定外,关于接受事务委托的普通地方公共团体对该事务的管理、执行的条例、规定以及其他机关所定的规程都将作为委托的普通地方公共团体的条例、规则及其他机关所定的规程生效。

四、人员的派遣

第252条之17 人员的派遣

1. 除法律特别规定以外,普通地方公共团体行政首长、委员会或委员,如有为该普通地方公共团体的事务处理而有特殊要求时,能够要求其他的普通地方公共团体行政首长、委员会或委员,提出派遣该普通地方公共团体的人员。

2. 如果普通地方公共团体的委员会或委员依据前款规定要求人员派遣,或答应请求欲要派遣人员时,必须首先和该普通地方公共团体行政首长协商。

3. 依据第1款的规定接受请求被派遣的人员,具有接受派遣的普通地方公共团体的人员身份,其工资、补贴(退休补贴除外)以及旅费由接受该人员派遣的普通地方公共团体负担,退休补贴以及退休年金或一次性退职金由派遣该人员的普通地方公共团体负担。

4. 除前款规定之外,关于基于第1款规定被派遣的人员身份对待问题,适用于关于派遣该人员的普通地方公共团体的人事法令规定。只是,在不违反该法令的宗旨范围内,能够用政令进行特别规定。

第四节 依据条例处理事务的特例

第252条之17之2 依据条例处理事务的特例

1. 都道府县根据条例规定,可以把属于都道府县知事权限事务的一部分交给市町村处理。在这种情况下,委托给该市町村处理的事务,由该市町村长管理并执行。

2. (依据前款规定,基于都道府县的规则的事务由市町村处理的时候,依据同款条例规定,委任规则规定该事务范围时,包含该规定。以下相同)制定前款条例或改废时,都道府县必须首先和处理属于该权限事务一部分或全部处理的市町村长协商。

第252条之17之3 依据条例处理事务的特例的效果

1. 依据前条第1款的条例规定,把一部分属于都道府县知事权限的事务交给市町村处理时,依据该条例规定,关于规定被市町村处理的事务的法令、条例或是规则中有关都道府县的规定,在该事务的范围内,作为关于该市町村的规定,适用于该市町村。

2. 根据前款规定的适用于市町村的法令的规定,国家的行政机关对市町村提出建议或要求提出资料或是提出纠正要求等的,可以通过都道府县实行之。

3. 根据第1款的规定,依据适用于市町村的法令规定,国家的行政机关和市町村的协议可以通过都道府县来实行,依据该法令规定,有关国家的行政机关对市町村实行的许可认可之类的申请等,经由都道府县来实行。

第252条之17之4 改正要求的特别规定

1. 都道府县知事根据第252条之17之2第1款的条例规定，如果被决定为市町村处理的事务中，有关自治事务的处理被认为有违反法令规定的，或者是明显不适当的，而且明显损害公共利益时，对于该市町村，即使在第245条第2款中没有规定的各大臣的指示，依据同条第3款的规定，能够要求其就该自治事务的处理改正违反法令行为，或要求其为改善现状采取必要的措施。

2. 根据第252条之17之2第1款规定的决定由市町村处理的事务中，有关法定受托事务的第245条之8第12款准用同条第1款至第11款，从同条第12款转入准用同条第2款至第4款时，第6款、第8款以及第11款中的"都道府县知事"视为"各大臣"。在这种情况下，同条第13款不适用。

3. 根据第252条之17之2第1款中的条例规定，被决定为市町村处理的事务中与法定受托事务相关的市町村长作出的处分，有对与此相关的第255条之2规定的审查请求的裁决表示不服者，可向管理规定该相关处分的法律或基于此的政令的各大臣提出再审请求。

第五节 杂 则

第252条之17之5 有关组织及运营合理化的建议和劝告以及资料提出的要求

1. 总务大臣、都道府县知事，为了有助于普通地方公共团体的组织及运营的合理化，对普通地方公共团体，提出适当的技术性建议或劝告，或为提出建议和劝告，可以要求提供有关该普通地方公共团体的组织及运营合理化方面的资料。

2. 总务大臣对于都道府县知事，关于依据前款规定的对市町村的建议或劝告或提供资料的请求，可作出必要的指示。

3. 如果普通地方公共团体行政首长认为有必要完成第2条第14款以及第15款规定的宗旨，对总务大臣及都道府县知事，可以要求其提出有关该普通地方公共团体的组织及运营的合理化的技术性建议或劝告或必要的信息。

第 252 条之 17 之 6　有关财务的实地检查

1. 总务大臣可以在必要时对都道府县的有关财务事务进行实地检查。

2. 都道府县知事,可以在必要时对市町村的有关财务的事务进行实地检查。

3. 关于前款规定的检查,总务大臣可对都道府县知事提出必要的指示。

4. 总务大臣除前款规定外,如果有紧急情况或在其他特别必要的情况下,对市町村的有关财务的事务进行实地检查。

第 252 条之 17 之 7　有关市町村的调查

总务大臣因有行使第 252 条之 17 之 5 第 1 款以及第 2 款和前条第 3 款和第 4 款的规定的权限,如果认为有必要确保其他市町村的正常运营时,对都道府县,可以提出有关对市町村进行特别指定事项调查的指示。

第 252 条之 17 之 8　行政首长的临时代理者

1. 依据第 152 条规定,没有代理普通地方公共团体行政首长事务的代理者时,都道府县知事从拥有普通地方公共团体行政首长的被选举权者而且在该普通地方公共团体区域内有住所的人中选出临时代理者,使其行使该普通地方公共团体行政首长的职务。

2. 临时代理者,在该普通地方公共团体行政首长被选举、任职之前,行使属于普通地方公共团体行政首长的所有权限的职务。

3. 由临时代理者选任并任命的该普通地方公共团体的人员,在该普通地方公共团体行政首长被选举、任职时失去职务。

第 252 条之 17 之 9　临时选举管理委员

普通地方公共团体的选举管理委员会未成立时,该普通地方公共团体的议会也未成立时,可以在都道府县由总务大臣,在市町村由都道府县知事选任临时选举管理委员,使之行使选举管理委员的职务。

第 252 条之 17 之 10　临时选举管理委员的工资

关于前条的临时选举管理委员的工资,根据该普通地方公共团体对选举管理委员的工资的例示而定。

第 252 条之 17 之 11　条例制定改废的报告

第 3 条第 3 款的条例除外,普通地方公共团体在制定或改订废止条例时,依据政令的规定,如果是都道府县须向总务大臣,如果是市町村须向都道府县知事报告。

第 252 条之 18　在职时间的计算方法

1. 在都道府县,《恩给法》(1923 年法律第 48 号)第 19 条规定的公务员(包括同法同条规定的公务员。以下本条中称为"公务员")、其他都道府县的退休金及一次性的退职金相关条例(以下本条中称为"退职年金条例")的适用人员(包含适用都道府县的退职年金条例的《市町村立学校人员待遇负担法》[1948 年法律第 135 号]第 1 条及第 2 条规定的职员。以下本条中称为"其他都道府县的人员")或者是适用于市町村的退职年金条例的《学校教育法》(1947 年法律第 26 号)第 1 条规定的大学、高中以及幼儿园的人员,以及从事市町村教育事业的人员中政令规定的人员(以下本条中称为"市町村的教育人员"),在成为适用该都道府县的退职年金条例的人员时(适用都道府县的退休金条例的《市町村立学校人员待遇负担法》第 1 条以及第 2 条规定的人员也包括在内。以下本条中称为"该都道府县的人员"),根据政令规定的基准,都道府县必须采取措施,把作为该公务员、其他都道府县的人员或市町村的教育人员在职时间统算为根据该都道府县的退休金条例规定的作为退休金及一次性退职金基础的在职时间。但是,有关市町村的教育人员的在职时间,在适用于该市町村教育人员的退职年金条例的规定没有根据政令规定的基准制定的情况下,则不在此范围内。

2. 都道府县在该都道府县的人员成为公务员或成为其他都道府县的人员或是成为市町村的教育人员时,必须根据政令规定的基准采取必要措施计算,作为该都道府县人员的在职时间应为恩给法规定的成为恩给基础的在职时间或依据其他都道府县或市町村的退休年金条例规定的成为退职年金及一次性退职金的基础的在职时间。

第252条之18之2

普通地方团体,当国家或其他普通地方公共团体的人员成为该普通地方公共团体的人员时,关于成为其退休补贴算定基础的工作时间的计算,须将其过去作为国家或其他普通地方公共团体人员的在职时间统算为作为该普通地方公共团体人员的在职时间。

第十二章 有关大城市等的特例

第一节 有关大城市的特例

第252条之19 指定城市的权能

1. 政令指定的人口在50万以上的城市(以下称为指定城市),可以根据政令规定进行管理执行如下,都道府县根据法律或基于此的政令的规定处理的全部或一部分且政令规定的事务。

(1) 有关儿童福利的事务;

(2) 有关民生委员的事务;

(3) 有关残疾人福利的事务;

(4) 有关生活保护的事务;

(5) 有关对待旅行病人和旅行死亡人的事务;

(5)之二、有关社会福利的事务;

(5)之三、有关智障者福利的事务;

(6) 有关母子家庭以及寡妇的福利的事务;

(6)之二、有关老人福利的事务;

(7) 有关母子保健的事务;

(8) 删除;

(9) 有关食品卫生的事务;

（10）有关墓地埋葬等的规制的事务；

（11）有关娱乐场、旅馆、公众浴场营业的规制的事务；

（11）之二、有关心理保健及心理障碍者的福利的事务；

（12）有关结核病预防的事务；

（13）有关城市规划的事务；

（14）有关土地区划整治事业的事务；

（15）有关屋外广告物的规制的事务。

2. 指定城市在处理事务时，关于依据法律规定或基于此的政令规定的，需要都道府县的知事或都道府县的委员会的许可、认可、承认以及其他与此相类似的处理，或者需要接受都道府县知事或都道府县的委员的改善、停止、限制、禁止以及与此相类似的指示或命令的事项且有政令规定的，要依据政令规定，不需要这些许可、认可等处理，或不适用于这些指示及其他命令的法令、法规，或取代都道府县知事、都道府县委员会的许可、认可等的处理或指示、命令，改为要由各大臣进行认可、许可的处理，或改为接受各大臣的指示、命令。

第252条之20 区的设置

1. 指定城市为分掌属于市长权限的事务，应制定条例划分区域设区，如果认为有设立区的事务所的必要时，应设置办事处。

2. 区的事务所或办事处的位置、名称及所管区域都必须在条例中规定。

3. 区的事务所或办事处的负责人，由事务吏员担当。

4. 在区内设选举管理委员会。

5. 第4条第2款的规定准用于第2款的区的事务所、办事处的位置及所管区域；第175条第2款规定准用于第3款的机关的负责人；第2编第7章第3节中有关市的选举管理委员会的规定准用于前款的选举管理委员会。

6. 除前5款规定外，关于指定城市的区的必要事项在政令中规定。

第 252 条之 21　对政令的委任

除法律及以此为依据的政令之外,当指定第 252 条之 19 第 1 款规定的指定城市时,必要的事项应该依政令而定。

第二节　有关核心市的特例

第 252 条之 22　核心市的权能

1. 依据第 252 条之 19 第 1 款的规定,在指定城市可以处理的事务范围内,除了都道府县在其所属区域内统一处理起来比核心市的处理更有效率的事务,以及不适宜核心市来处理的事务以外的法令所规定的事务,根据法令的规定,核心市(指政令所指定的具备下条所列必要条件的城市。下同)可以进行处理。

2. 核心市在处理其事务的时候,根据法律或者是以此法律为基础的政令中所作的规定,都道府县知事的改善、停止、限制、禁止及其他被认为接受与此类似的指示以及其他命令的事项,政令中有关这些事项所作的规定,根据政令的规定,与这些指示以及其他命令有关的法令的规定将不适用,或者是接受各大臣的指示以外的命令,从而取代都道府县知事的指示以及其他命令。

第 252 条之 23　核心市的必要条件

作为核心市的城市所必须具备的必要条件,如以下所述:

(1) 拥有 30 万以上人口;

(2) 该城市的人口不满 50 万,面积(指的是国土地理院所公布的最新的该城市的面积)在 100 平方公里以上。

第 252 条之 24　与核心市的指定相关的手续

1. 在制定第 252 条之 22 第 1 款中与核心市的指定有关的政令的时候,总务大臣必须根据相关城市的申请来进行所有程序。

2. 前款规定中提及的申请提出的时候,相关市必须事先经过该市议会的议决,并且得到都道府县的同意。

3. 至于前款的同意,必须通过该都道府县的议会的议决。

第252条之25 对政令的委任

第252条之21的规定适用于依据第252条之22第1款规定的对核心市的指定。

第252条之26 指定市被指定后的处理办法

对于被指定成为核心市的市,第52条之19第1款规定的指定市被指定后,与该市有关的第252条之22第1款规定的核心市的指定,将失去其法律效力。

第252条之26之2 指定核心市相关手续的特例

根据第7条第1款的规定,包括被指定为核心市的该城市的区域在内的全部区域,在对其进行设立市处分并依据同款规定向总务大臣递交申请后,将被认为是第252条之24第2款中的相关市提出了申请这一事实。

第三节 有关特例市的特例

第252条之26之3 特例市的权能

1. 根据第252条之22第1款的规定在核心市能够处理的事务范围之内,都道府县对其区域范围内的统一处理要比特例市的处理更为有效率的事务以及不适宜特例市处理的事务之外的法令中所规定的事务,根据法令的规定,政令中指定的人口在20万以上的市(以下称"特例市")可以进行处理。

2. 特例市在处理这些事务的时候,根据法律以及以此法律为基础的政令中所作的规定,都道府县知事的改善、停止、限制、禁止以及被视为接受其他与此相类似的指令或其他命令的政令中所规定的事项,根据政令的规定,与这些指示的以及其他命令有关的法令的规定将不适用,或者是接受各大臣的指示以外的命令,从而取代都道府县知事的指示以及其他的命令。

第252条之26之4 与特例市的指定相关的手续

第252条之24的规定同样适用于前条第1款规定的与特例市的指定相关的政令的制定。

第 252 条之 26 之 5　对政令的委任

第 252 条之 21 的规定同样适用于依据第 252 条之 26 之 3 第 1 款规定的特例市的指定。

第 252 条之 26 之 6　对指定城市或者核心市被指定后的处理办法

对于被指定为特例市的城市，在依据第 252 条之 19 第 1 款的规定而进行的指定城市的指定，或者依据第 252 条之 22 第 1 款的规定而进行的核心市的指定的情况中，与该市有关的依据第 252 条之 26 之 3 第 1 款的规定所进行的特例市的指定将失去其法律效力。

第 252 条之 26 之 7　与特例城市的指定相关的手续的特例

根据第 7 条第 1 款的规定包括被指定为特例市的市的全部区域在内的区域，对其进行设置市的处分时，依据同款的规定在向总务大臣提交了申请的情况下，除去第 252 条之 26 之 2 中规定的情况，将被视为第 252 条之 26 之 4 准用第 252 条之 24 第 1 款中规定的相关城市提出了申请。

第十三章　基于外部监查契约的监查

第一节　通　则

第 252 条之 27　外部监查契约

1. 本法律中的"外部监查契约"，是指总括外部监查契约以及个别外部监查契约。

2. 在本法律中的"总括外部监查契约"是指第 252 条之 36 第 1 款各项中所提到的普通地方公共团体为了达成第 2 条第 14 款以及第 15 款所规定的主要目标，而缔结的根据此法律规定以接受下条第 1 款或者第 2 款中规定的相关者的监查和接受监查结果相关报告的提交为内容的契约，同时是根据此法律的规定，而在每个会计年度与该监查者缔结的契约。

3. 在这个法律中，"个别外部监查契约"是指以下各项中的普

日本地方政府法选编

通地方公共团体在各项中的请求或者要求发生时,根据本法律的规定,就与该请求或要求相关的事项,在接受下条第 1 款或第 2 款中规定的相关者的监查的同时接受监查结果相关的报告而缔结的以此为内容的契约,并且根据该法律的规定,被视为与该监查者缔结的契约。

(1) 第 525 条之 39 第 1 款规定的普通地方公共团体(第 75 条第 1 款的请求);

(2) 第 252 条之 40 第 1 款规定的普通地方公共团体(第 98 条第 2 款的请求);

(3) 第 252 条之 41 第 1 款规定的普通地方公共团体(第 199 条第 6 款的要求);

(4) 第 252 条之 42 第 1 款规定的普通地方公共团体(第 199 条第 7 款的要求);

(5) 第 252 条之 43 第 1 款规定的普通地方公共团体(第 242 条第 1 款的请求)。

第 252 条之 28　可以缔结外部监查契约者

1. 普通地方公共团体可以缔结外部监查契约者,须为在普通地方公共团体的财务管理、事业的经营管理及其他行政运营方面具有卓越见解的符合以下各项中任一之人士:

(1) 律师(包括持有律师资格之人士);

(2) 公认会计师(包括持有公认会计师资格之人士);

(3) 在国家行政机关从事过会计审计的行政事务或者在地方公共团体从事过与审计或财务相关的行政事务,且精通监查相关实务之人士。

2. 普通地方公共团体为了使外部监查契约顺利缔结或者为确保其正确履行,在认为必要的时候,不受前款规定的限制,可以与同款中的有卓越见解的税理师(包括持有税理师资格的之士)缔结外部监查契约。

3. 不受前 2 款规定的限制,普通地方公共团体不得与符合以下各项中任一者缔结外部监查契约:

(1) 成年的被监护人和被保护人;

(2) 被判处监禁以上刑罚,服刑已结束,而刑满后 3 年未满者;

(3) 破产而没有获得复权者;

(4) 根据国家《公务员法》(1947 年法律第 120 号)或者地方公务员法的规定,受到惩戒免职处分,从该处分日起 3 年未满者;

(5) 因受到《律师法》(1949 年法律第 205 号)、《注册会计师法》(1948 年法律第 103 号)或者《税理师法》(1951 年法律第 237 号)规定的惩戒处分,被记以律师除名、注册会计师资格注销或者税理师业务禁止处分的人,在受到此类处分之日起 3 年未满者(不包括依据这些法律规定而获准重新执业者);

(6) 根据惩戒处分,被停止进行律师、注册会计师或税理师业务的现在正在接受处分者;

(7) 该普通地方公共团体的议会的议员;

(8) 该普通地方公共团体的公务员;

(9) 该普通地方公共团体的职员且政令中规定的人士;

(10) 与该普通地方公共团体的行政首长、副知事,或者助理、出纳长或收入长、副出纳长或副收入长或监查委员有亲子、夫妻以及兄弟姐妹关系者;

(11) 该普通地方公共团体的承包者(基于外部监查合约的业务出外)及其所有者或者主要具有同一行为的法人的无限责任公司人员、董事、执行管理者或监事或者与此相当的职位之人士、经理以及结算人。

第 252 条之 29　关于特定事件的监查的限制

总括外部监查人(与普通地方公共团体缔结契约,并且处于总括外部监查契约的期间[指应当依据总括外部监查契约进行监查,提交监查结果报告的期间。本章下同]内的人。本章下同)或者个别外部监查人(与普通地方公共团体缔结个别外部监查契约的,并且处于个别外部监查契约期间[指应当依据个别外部监查契约进行监查,并提交监查结果报告的期间。本章下同]内的人。本章下同),不得参与监查与自己或者父母、祖父母、配偶、子女、孙辈或者兄弟姐妹的个人事务有关的事件,或者是与这些人所从事业务有直接利害关系的事件。

第252条之30 监查实施产生的外部监查人与监查委员相互注意的事项

1. 外部监查人(总括外部监查人及个别外部监查人。本章下同)在实施监查的时候,在通知相关事宜与监查委员保持相互联络的同时,必须要注意不要妨碍监查委员的监查工作的实施。

2. 监查委员在实施监查的时候,必须要注意不要妨碍外部监查人的监查工作的实施。

第252条之31 监查实施产生的外部监查人的义务

1. 外部监查人负有遵守外部监查契约的原则,以善良的管理者的谨慎,诚实地进行监查之义务。

2. 外部监查人在履行外部监查契约的时候,要始终保持公正不阿的态度,根据自己的判断和责任进行监查工作。

3. 外部监查人不得泄漏自己知道的有关监查实施工作的秘密。即使不再从事外部监查人职务的时候,也要同样坚守。

4. 违反前款规定的人,将处以2年以下的徒刑或者100万日元以下的罚金。

5. 在监查事务中,外部监查人被视为从事公务的公务员,《刑法》(1907年法律第45号)及其他处罚细则对他们同样适用。

第252条之32 对外部监查人监查事务的辅助

1. 外部监查人可以就监查事务获取别人的辅助。在这种情况下,根据政令的规定,外部监查人必须事先与监查委员协商。

2. 监查委员在依据前款的规定达成一致协议的情况下,必须立即公布辅助该监查事务的人的姓名及住址和辅助该监查事务的人能够为外部监查人的监查事务提供辅助的时间期限。

3. 第1款规定中的协商,是监查委员合议的结果。

4. 为确保监查工作稳妥且顺利地进行,外部监查人必须监督外部监查人的辅助者(根据第2款规定,是指作为外部监查人的监查事务的辅助者被公示,并且处于能够辅助外部监查人监查事务的时间期限内的人。本条下同)。

5. 外部监查人的辅助者不得泄漏协助外部监查人的监查事务时获知的秘密。即使日后不再从事外部监查人辅助者这一职务,也要同样坚守。

6. 违反前款规定的人,将判以2年以下徒刑,或者100万日元以下的罚金。

7. 外部监查人的辅助者,有关其协助外部监查人的监查事务,就刑法及其他处罚细则的适用,依据法令,被视为从事公务的公务员。

8. 外部监查人,在第2款规定的被公示者没必要再辅助监查事务时,必须迅速将此通知给监查委员。

9. 当有前款通知发生的时候,监查委员必须迅速将该通知中的人的姓名及住址以及此人不再辅助外部监查人一事进行通报。

10. 前款规定中的通报发生时,该被通报人可以辅助外部监查人监查事务的期限宣告结束。

第252条之33　对外部监查人的监查工作的协助

1. 普通地方公共团体接受外部监查人的监查的时候,该普通地方公共团体的议会、行政首长及其他执行机关或者人员必须全力协助,以确保外部监查人的监查工作公正且顺利地执行。

2. 应外部监查人的要求,在对监查委员的监查事务不造成妨碍的范围内,代表监查委员可以命令监查委员的事务局长、书记及其他职员或者第180条之3中规定的人员对外部监查人的监查事务进行协助。

第 252 条之 34　议会提出说明或者意见陈述的要求

1. 在认为有必要的时候,普通地方公共团体的议会可以要求外部监查人或者曾担任过外部监查人的人员对外部监查人的监查工作进行说明。

2. 在认为有必要的时候,普通地方公共团体的议会可以就外部监查人的监查工作对外部监查人提出意见。

第 252 条之 35　外部监查契约的解除

1. 当外部监查人不符合第 252 条之 28 第 1 款各项的任何一项时(根据同条第 2 款的规定签署外部监查契约后,不再为税理师[含持有税理师资格者]的时候)或者符合同条第 3 款各项中某项时,普通地方公共团体的行政首长必须解除与该外部监查人签署过的外部监查契约。

2. 普通地方公共团体的行政首长,当确认外部监查人因身心原因无法完成监查工作的时候,确认该外部监查人违反了此法律或以此法律为基础的命令的规定或外部监查契约的相关义务时,以及确认与外部监查人的外部监查契约的签订有明显的不适当之处的时候,可以解除与该外部监查人签署过的外部监查契约。在这种情况下,不仅必须要事先听取监查委员的意见,还要附上意见征得议会的同意。

3. 外部监查人员如果要解除外部监查契约,一般情况下需要得到地方公共团体行政首长的同意。该普通地方公共团体行政首长必须事先听取监查委员的意见。

4. 前两款的规定中,监查委员的意见,必须是经过监查委员合议的意见。

第二节　基于总括外部监查契约的监查

第 252 条之 36　签订总括外部监查契约

1. 以下所示普通地方公共团体(以下称为"总括外部监查对象团体")的行政首长,根据政令的规定,在每会计年度,必须要迅速签订和该会计年度相关的总括外部监查等契约。同时,不仅要事先听取监查委员的意见,还须经过议会的议决。

(1)都道府县。

(2)政令规定的市。

(3)前项所示的市以外的市或町村,条例规定的需要接受基于契约的监查。

2. 前款规定中的监查委员的意见,是经过监查委员合议决定的。

3. 根据第1款规定,在签订总括外部监查契约时,总括外部监查对象团体不得连续4次和同一方签订。

4. 总括外部监查契约,必须规定下列事项:

(1)总括外部监查契约的实施起始时间。

(2)向签订该外部监查契约的签约者应当支付的监查所需费用的计算方法。

(3)除前两项所列的事项以外,还包括为了实施基于该外部监查契约的监查,由政令规定的必要事项。

5. 总括外部监查对象团体的行政首长,在签订总括外部监查契约时,必须公示前款第1项和第2项所示事项及其他政令规定的事项。

6. 总括外部监查契约的期满时间,要和基于该契约的监查的会计年度的结束时间一致。

7. 总括外部监查对象团体,必须努力保证该契约的实施期限。

第252条之37　总括外部监查人的监查

1. 从总括外部监查对象团体的财务执行和运营管理等相关工作中,为了实现第2条第14款和第15款所规定的宗旨,总括外部监查人要对被认定必要的特定事件实施监查。

2. 总括外部监查人根据前款规定进行监查时,需要特别注意该外部监查对象团体的财务执行和运营管理等工作,是否符合第2条第14款和第15款所规定的宗旨。

3. 在合约规定的期间内,总括外部监查人必须至少实施一次第1款里规定的监查。

4. 总括外部监查对象团体可以制定条例,就以下内容,在总括外部监查人认为必要时进行监查:该总括外部监查对象团体根据第199条第7款规定给予财务援助事务的出纳,其他事务执行中得到其财政援助相关的事务,该总括外部监查对象团体出资的事务中同款政令规定事务的出纳及其他事务执行中该出资相关的事务,保证该总括外部监查对象团体借款的本金或支付利息的事务的出纳和其他事务执行中该保证相关的事务,该总括外部监查对象团体有受益权的信托中同款政令规定事务的受委托者的出纳和其他事务执行中该委托相关的事务,或该总括外部监查对象团体基于第244条之2第3款规定的管理公共设施事务的出纳和其他事务执行中该管理业务相关的事务。

5. 总括外部监查人,在规定的契约期限内,决定和监查结果相关的报告,并将此向提交给总括外部监查对象团体的议会、行政首长和监查委员及相关的教育委员会、选举管理委员会、人事委员会或公平委员会、治安委员会、地方劳动委员会、农业委员会和其他基于法律的委员会或委员。

第252条之38

1. 总括外部监查人,在认定有监查必要时,可以和监查委员协商,寻求相关人员出面,对有关人员进行调查,要求相关人员提供账簿、文件或其他记录,听取有学识有经验的人的意见。

2. 总括外部监查人,根据监查结果认为有必要时,可以在监查结果报告里,提出有利于该外部监查对象团体的组织和运营的合理化意见。

3. 根据前条第5款规定,如果提出了监查结果报告,监查委员必须公布该报告。

4. 监查委员如认为总括外部监查人的监查结果报告等有必要时,要向该团体的议会和行政首长及相关的教育委员会、选举管理委员会、人事委员会或公平委员会、治安委员会、地方劳动委员会、农业委员会和其他基于法律的委员会或委员提出意见。

第三节 基于个别外部监查契约的监查

第252条之39 基于第75条规定的监查特例

1. 关于第75条第1款的请求相关的监查,条例规定基于契约的监查可以替代监查委员的监查。制定该条例的普通地方公共团体中同款规定的有选举权者,根据政令规定,提出同款规定的请求时,并且可以请求基于个别外部监查契约的监查而取代监查委员的监查。

2. 根据前款规定,关于要求基于个别外部监查契约的监查的第75条第1款的请求(本条中将称为"事务监查请求相关的个别外部监查的请求"),不适用于第75条第2款至第4款的规定。

3. 如果有和事务监查请求相关的个别外部监查的请求,根据政令规定,监查委员要立即公布请求的要点,还要关于该事务监查请求相关的个别外部监查的请求,就基于个别外部监查契约的监查替代监查委员的监查附上意见,将其通知给该地方公共团体行政首长。

4. 前款规定的通知发出时,该普通地方公共团体行政首长,要在得到通知后20天内召集议会,围绕和该事务监查请求相关的个别外部监查请求,就基于个别外部监查契约的监查替代监查委员的监查,将监查委员的意见提交议会讨论,并把结果通知给监查委员。

5. 基于个别外部监查契约的监查替代监查委员的监查的请求如果得到议会的通过,该普通地方公共团体行政首长要就该请求的相关事项,签订个别外部监查契约。

6. 如果签订前款规定个别外部监查契约,该普通地方公共团体行政首长要事先听取监查委员的意见,并要通过议会的决议。

7. 第3款或前款规定的意见的决定,要根据监查委员合议作出。

8. 第5款的个别外部监查契约中,须规定以下列举事项:

日本地方政府法选编

(1) 与事务监查请求相关的个别外部监查请求事项;

(2) 个别外部监查契约的期限;

(3) 支付给个别外部监查契约缔结者监查所需费用之金额算定方法;

(4) 前三项所列事项之外,作为为实施基于个别外部监查契约的监查之必要事项,由政令另行规定。

9. 普通地方公共团体的行政首长,在缔结第 5 款之个别外部监查契约后,须立即公布前款第 1 项至第 3 项规定的事项以及其他政令规定的事项。

10. 包括外部监查对象团体的行政首长,在与该包括外部监查对象团体的包括外部监查人缔结第 5 款规定的个别外部监查契约时,不适用第 6 款的规定。这种情况下,该个别外部监查契约须为:其期限不能超过该包括外部监查对象团体缔结的包括外部监查契约所规定的包括外部监查契约的期限;而且费用的算定方法要与该包括外部监查契约规定的支付给包括外部监查的费用算定方法一致。

11. 根据前款规定缔结第 5 款规定的个别外部监查契约的包括外部监查对象团体之行政首长,必须将此内容报告给议会。

12. 缔结第 5 款规定的个别外部监查契约者,在该个别外部监查契约规定的个别外部监查契约期限内,就与事务监查请求相关的个别外部监查请求事项展开检查,且决定监查结果报告,同时将此提交给缔结该个别外部监查契约的普通地方公共团体的议会、行政首长以及监查委员、相关教育委员会、选举管理委员会、人事委员会或者公平委员会、公安委员会、劳动委员会、农业委员及其他法律规定的委员会或委员。

13. 监查委员在提交前款规定的关于监查结果的报告后,须将此送达与该事务监查请求相关的个别外部监查请求的代表,并公布。

14. 前条第 1 款、第 2 款及第 4 款至第 6 款之规定,适用于与事务监查请求相关的个别外部监查人监查的个别外部监查请求事项。此种情况下,同条第2款及第4款中的"包括外部监查对象团体"替换为"缔结外部监查契约的普通地方公共团体";同条第6款中的"前条第5款"替换为"下条第12款";"包括外部监查对象团体"替换为"缔结个别外部监查契约的普通地方公共团体"。

15. 关于与事务监查请求相关的个别外部监查的请求,请求替代监查委员监查而要求进行基于个别外部监查契约的监查,当议会就此否决之后,与该事务监查请求相关的个别外部监查请求可被视为从没要求第1款规定之基于个别外部监查契约监查的第75条第1款之请求,适用同条第3款及第4款之规定。

第 252 条之 40　第 98 条第 2 款规定的监查特例

1. 关于第98条第2款请求的相关监查,条例规定基于个别外部监查契约的监查可以替代监查委员的监查。普通地方公共团体的议会,如果有同款请求,在认为十分必要时,可以在说明理由的前提下,要求用基于个别外部监查契约的监查代替监查委员的监查。在这种情况下,需要事先听取监查委员的意见。

2. 根据前款规定,关于要求基于个别外部监查契约实施监查的第98条第2款请求(本条中将称为"议会的个别外部监查的请求"),监查委员不报告对此请求的相关事项的监查及其结果。

3. 议会的个别外部监查的请求发生时,监查委员要立即将其通知给该普通地方公共团体行政首长。

4. 前条第5款至第11款的规定,适用于存在前项中的通知的情况。在此情况下,该条第5款里的"关于和事务监查请求相关的个别外部监查请求,用基于个别外部监查契约的监查代替监查委员的监查这一请求通过了议会的决议",和"存在基于下一条第3款规定的通知"、"事务监查请求相关的个别外部监查请求"和"该条第2款规定的议会个别外部监查请求",该条第7款"第3项"和"下条第1款",该条第8款第1项里的"和事务监查请求相关的个别外部监查请求"和"下条第2款规定的议会个别外部监查请求",其前后项可以分别换用。

5. 前款所适用的前条第 5 款的个别外部监查契约的签订者,在规定的契约期间内,要对议会个别外部监查请求的相关事项实施监查。

第 252 条之 41　基于第 199 条第 6 款规定的监查特例

1. 关于第 199 条第 6 款要求的相关监查,条例规定基于个别外部监查契约的监查可以替代监查委员的监查。普通地方公共团体行政首长,如果有同款请求,在认为十分有必要时,可以在说明理由的前提下,要求用基于个别外部监查契约的监查代替监查委员的监查。

2. 根据前款规定,要求基于个别外部监查契约实施监查的第 199 条第 6 款请求(本条中将称为"普通地方公共团体行政首长的个别外部监查的请求"),监查委员可以不受该款规定,不对此请求的相关事项实施监查。

3. 如果存在普通地方公共团体行政首长的个别外部监查请求,监查委员要立即将对此请求的监查委员意见告知给该普通地方公共团体行政首长。

4. 第 252 条之 39 第 4 款至第 11 款的规定,适用于前款规定的通知存在的情况。在此情况下,该条第 4 款里的"前款",和"第 252 条之 41 第 3 款"、"普通地方公共团体行政首长在得到通知后 20 天内召集议会"和"普通地方公共团体行政首长"、"事务监查请求相关的个别外部监查请求"和"该条第 2 款规定的普通地方公共团体行政首长的个别外部监查请求","提交讨论并要向监查委员告知讨论结果"和"必须提交讨论",该条第 5 款里的"关于和事务监查请求相关的个别外部监查请求"和"第 252 条之 41 第 2 款规定的普通地方公共团体行政首长的个别外部监查","事务监查请求相关的个别外部监查请求"和"该款中规定的普通地方公共团体行政首长的个别外部监查请求",该条第 8 款第 1 项中的"事务监查请求相关的个别外部监查请求"和"第 252 条之 41 第 3

款所规定的普通地方公共团体行政首长的个别外部监查请求",其前后项可以分别换用。

5. 前款所适用的第252条之39第5款的个别外部监查契约的签订者,在规定的合同期限内,要对普通地方公共团体行政首长的个别外部监查请求的相关事项实施监查。

6. 第252条之37第5款和第252条之38的规定,适用于和普通地方公共团体行政首长的个别外部监查请求相关的个别外部监查人的监查。在这种情况下,第252条之37第5款和第252条之38第2款、第4款和第6款里的"总括外部监查对象团体"可以换用为"签订个别外部监查契约的普通地方公共团体"。

第252条之42　基于第199条第7款规定的监查特例

1. 第199条第7款规定的给予财务援助的出纳,执行其他事务相关的财政援助,同款规定的由该地方公共团体出资的出纳和执行其他事务相关的出资,该地方公共团体借款的本金或支付利息的出纳和执行其他事务相关的保证,同款规定的根据该地方公共团体有受益权的信托,受委托者的出纳和执行其他事务相关的信托,或基于第244条之2第3款管理公共设施的出纳和其他相关的业务管理,在对上述事务实施第199条第7款要求相关的监查时,普通地方公共团体可以根据条例规定,用基于契约的监查替代监查委员的监查。其地方公共团体行政首长如果有同款请求,在认为十分有必要时,可以在说明理由的前提下,要求用基于个别外部监查契约的监查代替监查委员的监查。

2. 根据前款规定,要求基于个别外部监查契约实施监查的第199条第7款请求(本条中将称为"实施财政援助等相关的个别外部监查请求"),监查委员可以不受该款规定,不对此请求的相关事项实施监查。

3. 如果有实施财政援助等相关的个别外部监查请求,关于用基于个别外部监查契约的监查代替监查委员的监查的请求,监查委员要立即把此意见告知给该普通地方公共团体行政首长。

日本地方政府法选编

4. 第 252 条之 39 第 4 款至第 11 款的规定,适用于前款规定的通知存在的情况。在此情况下,该条第 4 款里的"前款"和"第 252 条之 42 第 3 款"、"行政首长在得到通知后 20 天内召集议会"和"普通地方公共团体行政首长","事务监查请求相关的个别外部监查请求"和"该条第 2 款规定的实施财政援助等相关的个别外部监查请求","提交讨论并向监查委员告知讨论结果"和"必须提交讨论",该条第 5 款中的"关于和事务监查请求相关的个别外部监查请求"和"第 252 条之 42 第 2 款规定的实施财政援助等相关的个别外部监查","事务监查请求相关的个别外部监查请求"和"该款中规定的实施财政援助等相关的个别外部监查请求",该条第 7 款中的"第 3 项"和"第 252 条之 42 第 3 项",该条第 8 款第 1 项中的"事务监查请求相关的个别外部监查请求"和"第 252 条之 42 第 2 款规定的实施财政援助等相关的个别外部监查请求",其前后项可以分别换用。

5. 前款所适用的第 252 条之 39 第 5 款的个别外部监查契约的签订者,在规定的契约期限内,要对实施财政援助等相关的个别外部监查请求的相关事项实施监查。

6. 第 252 条之 37 第 5 款和第 252 条之 38 的规定,适用于和实施财政援助等相关的个别外部监查请求相关的个别外部监查人的监查。在这种情况下,第 252 条之 37 第 5 款和第 252 条之 38 第 2 款、第 4 款和第 6 款中的"总括外部监查对象团体"可以换用为"签订个别外部监查契约的普通地方公共团体"。

第 252 条之 43　居民监查请求等的特例

1. 关于第 242 条第 1 款要求的相关监查,条例规定基于个别外部监查契约的监查可以替代监查委员的监查。普通地方公共团体的居民,如果有同款规定的请求,在认为十分有必要时,可以在说明理由的前提下,要求用基于个别外部监查契约的监查代替监查委员的监查。

2. 根据前款规定,要求基于个别外部监查契约实施监查的第

· 154 ·

242条第1款请求(本条中将称为"居民监查请求相关的个别外部监查的请求"),对于该请求,如果认为监查委员的监查可以代替基于个别外部监查契约的监查时,监查委员可以决定采用基于契约的监查,且必须在提出监查请求之日起20天内,将其意旨通知该普通公共团体的行政首长。在这种情况下,监查委员需立刻将该通知的旨意通知与该居民监查请求相关的涉及个别外部监查请求的请求人。

3. 第252条之39第5款到第11款的规定适用于根据前款前段规定作出通知的情况。该情况下,将同条第5款中"对涉及事务监查请求的个别外部监查请求,代替监查委员的监查对基于个别外部监查契约的监查经过议会的决议"的内容转换为"根据第252条之43第2款作出通知"、将"有关涉及事务监查请求的个别外部监查请求"的内容转换为"有关涉及同款规定的居民监查请求的个别外部监查请求"、将同条第7款中的"第3款"的内容转换为"根据第252条之43第2款规定将根据基于个别外部监查契约的监查代替监查委员的监查"、将同条第1款和第8款中"涉及外务监查请求的个别外部监查请求"的内容转换为"涉及第252条之43第2款规定的居民监查请求的个别外部监查请求"。

4. 适用于前款的第252条之39第5款的个别外部监查契约的签定者在该个别外部监查契约中规定的个别外部监查契约期内,对有关涉及事务监查请求的个别外部监查请求的事项进行监查,并决定监查结果的相关报告,同时将其提交监查委员。

第252条之44　个别外部监查契约的解除

第252条之35第2款、第4款及第5款的规定可适用于个别外部监查人员无法根据第252条之29的规定进行监查的情况。

第四节　杂　则

第252条之45　有关部分事务合作组织的特例

就第2节规定的适用,将部分事务合作组织及广域联合视为第252条之36第1款第2项所示的市以外的市及町村。

第252条之46　对政令的委任

除该法律规定事项外,对与基于外部监查契约基础上的监查相关的必要事项及与本章规定的适用相关的必要事项均根据政令作出规定。

第十四章　补　　则

第253条

1. 在与属于都道府县知事权限范围内的市町村相关的事件中,若涉及数个都道府县,则可根据各相关都道府县知事的协商讨论来确定应该管理该事件的都道府县知事。

2. 若前款情况中各相关都道府县知事协商无果时,则总理大臣可以确定应该管理该事件的都道府县知事,或者可代其行使该权限。

第254条

本法律中的人口是根据公报公布的最近国势调查或此类全国人口调查结果得出的。

第255条

除本法律规定事项外,第6条第1款、第2款及第7条第1款、第3款中的必要事项,则根据政令作出规定。

第255条之2

除在其他法律中有特殊规定外,对涉及法定受托事务的处分和不作为不服者,可对应以下各项,根据行政复议法对该项中的特定人员提出审查请求。

（1）有关都道府县知事及其他都道府县执行机关的处分和不作为,可向掌管该处分或不作为相关的法律及以此为基准的政令的各大臣提出。

（2）有关市町村长及其他市町村执行机关(教育委员会和选举管理委员会除外)的处分和不作为,可向都道府县知事提出。

（3）有关市町村教育委员会的处分和不作为,可向都道府县教育委员会提出。

（4）有关市町村选举管理委员会的处分和不作为,可向都道府县选举管理委员会提出。

第 255 条之 3

1．普通公共团体要处以罚金时,必须预先将要旨告知被处罚者,并给其申辩机会。

2．对普通地方公共团体的罚金处分不服者,有关都道府县知事的处分可向总理大臣提出审查请求,有关市町村长的处分可向都道府县知事提出审查请求。这种情况也可提出异议。

3．对普通地方公共团体行政首长之外的机关作出罚金处分的审查请求,即使普通地方公共团体行政首长不是该处分厅的直接上级行政厅,也可以向该普通地方公共团体行政首长提出。

4．对罚金处分的审查请求(第 2 款规定的审查请求除外)的裁决不服者,有关都道府县知事的裁决可向总理大臣提出再审请求,对市町村长的裁决可向都道府县知事提出再审查请求。

第 255 条之 4

除根据法律规定提出异议、申述异议、请求审查、请求复议或提出审查外,关于普通地方公共团体的事务,根据法律规定,因普通地方公共团体机关的处分违法而致使权利被侵害者,其处分下达之日起 21 天内,有关都道府县机关的处分可向总理大臣提出审决申请,有关市町村机关的处分可向都道府县知事提出审决申请。

第 255 条之 5

总理大臣就都道府县的事务及都道府县知事就市町村的事务,当审查请求(第 255 条之 2 规定的审查请求除外)、再审请求(第 252 条之 17 之 4 第 3 款规定的再审请求除外)、审查申诉或审决申请发生时,若该审查请求、再审请求、审查申诉、审决申请的提出者有要求时或认为特别必要,可根据第 255 条第 2 款规定任命自治纷争处理委员,经过审理对审查请求或再审请求作出裁决,对审查申诉作出裁决或裁定,或作出审决。

第256条

关于市町村地界的裁定或决定及市町村地界的确定、普通公共团体直接请求署名簿的署名、基于直接请求的议会的解散或罢免议员或行政首长的投票及对副知事、助理、出纳长、收入长、选举管理委员、监查委员和公安委员会委员免职的决议、议会中举行的选举或决定、再表决或再选举、在选举管理委员会中进行的资格的决定及其他基于法律的居民投票的效力,就此只有根据本法律中有关诉讼提起期限及管辖法院的规定进行诉争。

第257条

1. 除本法律中有特别规定之外,必须在受理申诉之日起90天内,对本法律规定的申诉的提出作出裁决。

2. 如果对本法律规定的异议申诉或审查申诉没有在应该作出决定或裁决的期限内作出决定或裁决,可视为作出了不受理申诉或请求的决定或裁决。

第258条

除本法律或政令中有特别规定外,本法律规定的异议提出、审查提起和审决申请,适用于《行政复议法》第9条至第13条、第14条第1款的"但是"规定、第2款及第4款、第15条第1款及第4款、第17条至第19条、第21条至第35条、第38条至第44条的规定。

第259条

1. 需重新划分或废止的郡的区域,或变更郡的区域或名称时,都道府县知事必须通过该都道府县议会的表决加以确定并向总理大臣呈报。

2. 若郡的区域内有市的设置时,或出现跨越郡的区域界限的市町村地界变更时,郡的区域也自动变更。

3. 越过郡的区域界限设置町村时,根据第1款确定属于该町村的郡的区域。

4. 第1款至第3款的情况下,总务大臣立刻布告其意旨,同时必须将其通知国家相关行政机关。若根据第1款或前款规定重新划分或废止郡的区域,或更改郡的区域时适用第7条第7款规定。

5. 根据政令决定第1款至第3款中的必要事项。

第260条

1. 除政令中有特别规定外,若重新划分或废止市町村区域内的町或间的区域,或变更町或间的区域或名称时,市町村长必须通过该市町村议会的表决加以确定并向都道府县知事呈报。

2. 都道府县知事在受理前款的呈报时需立刻将其公告。

3. 除政令有特别规定外,根据第1款规定作出的处分通过前项规定中的公告生效。

第260条之2

1. 居住在町或间的区域及其他市町村内一定区域的居住者基于地缘关系形成的团体(以下称为"地缘团体")为保障地域共同活动的开展而保有不动产及与不动产相关的权利,在接受市町村认可的情况下,在其章程规定的目的范围内享有权利并承担义务。

2. 对符合以下必要条件的地缘团体,在该团体代表按总务省令的规定提出申请的基础上进行前款的认可。

(1) 以进行区域居民相互联系、环境建设、集会设施维持管理等有助于维持和形成良好的地域社会的地域性共同活动为目的,并且被认为实际上进行该活动;

(2) 此区域对居民确定得客观明确;

(3) 此区域中居住的所有个人都可以成为成员,并且实际上有相当数量的人已经成为成员;

(4) 制定章程。

3. 章程中必须规定以下各项:

(1) 目的;

(2) 名称；

(3) 区域；

(4) 事务所所在地；

(5) 成员资格的相关事项；

(6) 代表相关事项；

(7) 会议相关事项；

(8) 资产相关事项。

4. 第2款第2项所说的区域，必须依据该地域团体长期存在的区域现状。

5. 市町村在认可地缘团体符合第2款各项必要条件时，必须对第1款进行认可。

6. 不可将第1项认可的含义解释为受到认可的地缘团体作为公共团体及其他行政组织的一部分。

7. 受到认可的地缘团体除非有正当理由否则不能拒绝区域居民的加入。

8. 受到认可的地缘团体是在民主运作方式下自主活动的组织，不可对成员有不正当歧视。

9. 受到第1款认可的地缘团体不可为特定政党利用。

第261条

1. 在国会或参议院的紧急会议中对只适用于一个普通地方公共团体的特定法律作出表决后，最后作出表决的议院的议长（众议院决议成为国会决议时则为众议院议长、众议院紧急会议议决时则为参议院议长）必须附上该法律并将决议内容通知给内阁总理大臣。

2. 前款规定的通知发出时，内阁总理大臣需立即附上该法律并将决议内容通知给总理大臣，总务大臣在接到通知之日起5天内，必须在将此决议内容通知给相关普通地方公共团体的行政首长的同时，送达该法律及其他相关文件。

3. 前款规定的通知发出时，相关普通公共团体的行政首长必须在接到通知之日起 31 天后 60 天内,由选举管理委员会组织决定是否赞成该法律的投票。

4. 前款投票有结果时,相关普通公共团体的行政首长需在 5 天内将相关文件及其结果报告给总务大臣,总务大臣必须立刻将此报告给内阁总理大臣。确定投票结果时的报告程序也与此相同。

5. 根据前款规定有关第 3 款的投票结果的报告作出后,内阁总理大臣需立刻进入该法律的颁布程序,并必须将其通知众议院议长及参议院议长。

第 262 条

1. 除政令中有特别规定外,公职选举法中普通地方公共团体选举的相关规定适用于以前条第 3 款规定为基准的投票。

2. 以前条第 3 款规定为基准的投票可与以政令的有关规定为基准的普通地方公共团体的选举、以第 76 条第 3 款规定为基准的解散议会的投票或以第 80 条第 3 款及第 81 条第 2 款为基准的罢免投票同时进行。

第 263 条

普通地方公共团体经营的企业组织及其从业人员的身份待遇以及财务等与企业经营有关的特例,由其他法律规定。

第 263 条之 2

1. 普通地方公共团体经过议会决议,通过委托代表其利益的全国性公益法人,可以与其他普通地方公共团体共同对因火灾、水灾、震灾等灾害造成的财产损失进行相互救济事业。

2. 前款的公益法人需定期每年一次以上将事业的经营状况通知普通地方公共团体,同时必须将其在认为适当的报纸上刊登两次以上。

3. 接到前款通知的普通地方公共团体必须立即将其公布。

4. 保险业法不适用于第 1 款的相互救济事业中符合保险业的事项。

第263条之3

1. 都道府县知事或都道府县议会议长、市长或市议会议长、町村长或町村议会议长为加强相互间的联系、协商处理共同问题而设置各自的全国性的联合组织时,该联合组织的代表需将此呈报总理大臣。

2. 前款联合组织根据该项规定作出呈报的人,就影响地方自治的法律、政令等事项,可通过总务大臣向内阁提出意见,或向国会提出意见书。

3. 内阁收到前款提出的意见后,需努力争取尽快作出回答。

4. 前款情况下,该意见内容如果是有关新增地方公共团体事务或负担义务并与国家的政策措施相关时,内阁需立即作出回答。

第三编 特别地方公共团体

第一章 删 除

第264条至第280条 删除

第二章 特 别 区

第281条 特别区

1. 把东京都的区称为特别区。

2. 依照法律、政令,除都处理的事务外,特别区处理的事务包括地域内的事务及其他事务,或者依据法律、政令由市和特别区处理的事务。

3. 第2条第4款规定适用于特别区。

第281条之2 都和特别区的分工原则

1. 都在特别区所在的区域作为包含特别区的广域地方公共团体,除了第2条第5款规定由都道府县处理的事务及有关特别区联络协调的事务外,在同条第3款正文规定市町村处理的事务中,从确保人口高度密集的大都市地区行政一体性及统一性的观点出发,通过该区域来处理认为有必要由都统一处理的事务。

2. 特别区作为基层地方公共团体,除前款中都通过特别区所在区域统一处理的事务外,处理第 2 条第 3 款所规定的由市町村处理过的一般事务。

3. 都和特别区在处理事务之时,必须避免重复和竞争。

第 281 条之 3 特别区的废置分合或地界变更

第 7 条的规定不适用于特别区。

第 281 条之 4

1. 在不涉及市町村的废置分合或地界变更时,特别区的废置分合或地界变更须依照特别区相关的申请,都知事经都议会议决而定并立即将其呈报于总务大臣。

2. 根据前款规定要废置分合特别区时,都知事必须预先同总务大臣协商并得到其同意后方可进行。

3. 特别区的地界变更跨越都道府县地界时,需依照该特别区或相关的普通地方公共团体的申请,由总务大臣来定。

4. 在第 1 款的情况下有必要处理财产时,需经相关的特别区与市町村协商而定。

5. 有关第 1 款、第 2 款及前款的申请或协议,必须经过相关的特别区及普通地方公共团体的议会决议进行。

6. 总务大臣受理第 1 款规定的申报后,或者根据第 3 款规定作出处理后,必须立即将其公布,同时通知国家相关的行政机关长官。

7. 依据第 1 款或第 3 款的规定所进行的处理,在根据前款规定公布后方可生效。

8. 在都内市町村的全部或部分区域上设置特别区时,都知事需根据有关市町村的申请,经都议会决议而定并立即将其呈报于总务大臣。

9. 从第 2 款及第 5 款到第 7 款的规定适用于根据前项规定

的特别区的设立。在这种情况下,第 2 款中的"前款",用"第 8 款"来代替;"废置分合",用"设置"来代替;第 5 款中的"第 1 款、第 3 款及前款的申请或协议",用"第 8 款的申请"来代替;"相关的特别区及普通地方公共团体",用"该市町村"来代替;第 6 款中的"受理了第 1 款规定的申报,或根据第 3 款的规定做了处理时",用"受理了第 8 款规定的申报时"来代替;第 7 款中的"第 1 款或第 3 款",用"下一款"来代替;"前款"用"适用于第 9 款的前款"来代替,同样适用。

10. 都内的市町村的废置分合或特别区的地界变更不涉及市町村的设置时,必须根据该特别区及相关市町村的申请,经都议会决议后,由都知事决定,并立即将其呈报给总务大臣。

11. 从第 2 款及第 4 款到第 7 款的规定适用于根据前项规定进行的特别区的地界变更。在这种情况下,第 2 款中的"前款",用"第 10 款"来代替;"废置分合",用"地界变更"来代替;第 4 款中的"第 1 款",用"第 10 款"来代替;"相关的特别区在前项的情况下,有必要处理财产时,相关特别区",用"相关特别区"来代替;第 5 款中的"第 1 款、第 3 款及前款的申请或协议",用"适用于第 10 款的申请或第 11 款的前款协议"来代替;"相关的普通地方公共团体",用"相关市町村"来代替;第 6 款中的"受理了第 1 款规定的申报或根据第 3 款的规定做了处理时",用"受理了根据第 10 款规定的申报时"来代替;第 7 款中的"第 1 款或第 3 款",用"第 10 款"来代替;"前款",用"适用于第 11 款的前项"来代替;同样适用。

12. 除本法律所规定的事项之外,有关第 1 款、第 3 款、第 8 款及第 10 款的必要事项由政令来决定。

第 281 条之 5

1. 根据第 283 条第 1 款的规定,有关特别区的第 9 条第 7 款、第 9 条之 3 的第 1 款、第 2 款及第 6 款与第 91 条第 5 款及第 7 款规定的适用范围,可做如下变更:第 9 条第 7 款中"第 7 条第 1 款或第3款及第6款",改为"适用于第281条之4的第1款或第3款及第6款或同条第10款及第11款的同条第6款";第9条之3的第1款中"第7条第1款",改为"第281条之4的第1款及第10款";同条第2款中"第7条第3款",改为"第281条之4的第3款";同条第6款中"第7条第6款及第7款",改为"第281条之4的第6款及第7款";第91条第5款中"第7条第1款或第3款",改为"第281条之4的第1款、第3款、第8款或第10款";同条第7款中"第7条第1款",改为"第281条之4的第1款或第8款"。

第281条之6 特别区议会议员的定员

特别区议会议员定员不得超过56人。

第281条之7 都和特别区及特别区相互间的协调

都知事对特别区可以就有关都和特别区相互间的协调以及特别区的事务处理,提出其处理标准等的必要意见和建议。

第282条 特别区财政调整补助金

1. 都为了谋求都、特别区和特别区相互间的财源均衡以及确保特别区行政有计划地自主运营,根据政令规定制定条例发放特别区财政调整补助金。

2. 前款的所谓特别区财政调整补助金,是指都在《地方税法》第5条第2款规定的税务中,根据同法第734条第1款及第2款第3项的规定所征收的税额乘以条例规定的比例所得的数额,为确保特别区同等地完成其应实施的事务而发放的补助金。

3. 都按照政令的规定,必须向总务大臣报告有关第1款的特别区财政调整补助金的事项。

4. 总务大臣认为有必要性时,可以就有关第1款的特别区财政调整补助金的事项,提出必要的意见和建议。

第282条之2 都区协议会

1. 有关都及特别区的事务处理,为了谋求些协调都和特别区及特别区相互间的联络,都及特别区设立都区协议会。

2. 根据前条第 1 款或第 2 款的规定制定条例时,都知事必须事先听取都区协议会的意见。

3. 除前 2 款外,有关都区协议会的必要事项由政令来规定。

第 283 条　有关市的规定的适用范围

1. 除本法律或政令规定的特别事项外,第 2 编及第 4 编里有关市的规定适用于特别区。

2. 其他市的法令规定中,有关市依据法律或基于法律规定的政令处理的事务,以及第 281 条第 2 款的规定,适用于特别区所处理的事务。

3. 在前款的情况下,在都和特别区及特别区相互间的协调问题上,其他关于市的法令规定难以适用于特别区时,可以通过政令来另行规定。

第三章　地方公共团体的合作组织

第一节　总　　则

第 284 条　合作组织的种类及设置

1. 地方公共团体的合作组织分为部分事务合作组织、广域联合、全部事务合作组织及机关事务合作组织。

2. 普通地方公共团体及特别区,除第 6 款之外,为了共同处理其部分事务,可以根据协议制定章程,设立部分事务合作组织。但是在有都道府县加入的情况下,必须得到总务大臣的许可;其他情况下,必须得到都道府县知事的许可方可设立。在这种情况下,对于加入部分事务合作组织的地方公共团体,在属于其执行机关权限范围内的事务不再存在时,其执行机关在部分事务合作组织成立的同时即不再存在。

3. 普通地方公共团体及特别区认为在广域范围内处理其事务适当时,可以设立广域联合。其程序如下:首先制定广域范围内的综合性计划(以下称为"广域计划")。其次,在事务的管理及执行方面,为了广域计划的实施谋求必要的联络协调,以及为了在大

地方自治法

范围内综合地且有计划地处理其部分事务,要根据协议制定章程。再次,根据前款的要求,必须得到总务大臣或都道府县知事的许可后方可设立广域联合。前款后段的规定适用于这种情况。

4. 总务大臣要批准前款时,必须同国家相关的行政机关长官协商。

5. 町村在特别需要的情况下,为了协同处理其全部事务,可以根据协议制定章程,得到都道府县知事许可后设立全部事务合作组织。在这种情况下,加入全部事务合作组织的各町村的议会及其执行机关,在全部事务合作组织成立的同时即不再存在。

6. 町村在特别需要的情况下,为了共同处理机关内部的事务,根据协议制定章程获得都道府县知事许可后设立町村公所机关事务合作组织。在这种情况下,加入町村公所机关事务合作组织的各町村执行机关,因与其权限相关的事项不再存在,该执行机关在町村公所机关事务合作组织成立之时即不再存在。

第285条

市町村及特别区的部分事务合作组织是为了共同处理市町村及特别区相互关联的事务而设立的。即使市町村或特别区要共同处理的事务和其他的市町村或特别区共同处理的事务不是同一种类,也不能妨碍部分事务合作组织的建立。

第285条之2　设立的劝告等

1. 在公共利益上有必要的情况下,都道府县知事可以向相关市町村及特别区建议设立部分事务合作组织或广域联合。

2. 都道府县根据第284条第2款履行批准手续后,在立即将其公布的同时,须将其报告于总务大臣;根据前款规定,提出建立广域联合的建议后;必须立即将其报告于总务大臣。

3. 总务大臣根据第284条第2款履行批准手续后,在立即将其公布的同时,还必须通知国家相关行政机关长官;根据前款的规定听取汇报后,必须将其通知国家相关行政机关长官。

日本地方政府法选编

第二节 部分事务合作组织

第 286 条 机构、事务及章程的变更

1. 部分事务合作组织在增减地方公共团体加入的数量时,或者变更协同处理的事务以及变更部分事务合作组织的章程时,要根据相关地方公共团体的协议来决定。有都道府县加入的,必须得到总务大臣的批准;其他的必须得到都道府县知事的批准。但是,在欲变更只与下条第 1 项(1)、(4)或(7)所规定的事项有关的部分事务合作组织章程时,将不受此限制。

2. 部分事务合作组织在欲变更个别的只与下条第 1 项(1)、(4)或(7)所规定的事项有关的部分事务合作组织章程时,必须根据相关地方公共团体的协议来决定,还必须根据前项的规定立即向总务大臣或都道府县知事呈报。

第 287 条 章程等

1. 部分事务合作组织的章程里必须就以下所示的事项加以规定:

(1)部分事务合作组织的名称;

(2)加入组织部分事务合作组织的地方公共团体;

(3)部分事务合作组织共同处理的事务;

(4)部分事务合作组织事务所的位置;

(5)部分事务合作组织的议会的组织及议员的选举办法;

(6)部分事务合作组织的执行机关的组织及选举任命办法;

(7)部分事务合作组织的经费支付办法。

2. 部分事务合作组织议会的议员或管理者(根据下条第 2 款的规定,在代替管理者设置理事会的根据第 285 条设置部分事务合作组织时为理事会)及其他公务员,不受第 92 条第 2 款、第 141 条第 2 款及第 196 条第 3 款规定的(包括适用这些规定的情况)限制,可以兼任加入该部分事务合作组织的地方公共团体议会议员或地方公共团体行政首长及其他公务员。

· 168 ·

第 287 条之 2　议决方法的特例及理事会的设置

1. 在第 285 条部分事务合作组织的章程里,就有关部分事务合作组织的议会应议决的事件,与加入该部分事务合作组织的市町村或特别区的一部分有关的事件及其他特别有必要决议的方法,可以制定特别的规定。

2. 在第 285 条的部分事务合作组织中,根据该部分事务合作组织的章程所规定的事项,部分事务合作组织可代替管理者设置由理事组成的理事会。

3. 加入部分事务合作组织的市町村或特别区的行政首长,或者相关市町村、特别区的行政首长在得到其议会同意后,可以指明相关市町村或特别区的公务员担任前款规定的理事职务。

第 287 条之 3　议决事件的通知

部分事务合作组织的管理者(根据前条第 2 款的规定,在代替管理者设置理事会的第 285 条部分事务合作组织时,则为理事会;第 291 条第 1 款及第 2 款的情况下也相同),关于应该由该部分事务合作组织的议会议决的事件中政令所规定的重要事务,要寻求该议会通过时,必须事先将这一事件通知给加入该部分事务合作组织的地方公共团体行政首长。即使有关该议决的结果也作同样的处理。

第 288 条　解散

要解散部分事务合作组织时,必须依据相关地方公共团体的协议及第 284 条第 2 款的规定,向总务大臣或都道府县知事申报。

第 289 条　财产处理

在第 286 条或前条的情况下,有必要对财产进行处理时,根据相关地方公共团体的协商来决定。

第 290 条　需经议会通过的协议

有关第 286 条第 2 款、第 286 条、第 288 条及前条规定的协商,必须经相关地方公共团体议会议决通过。

第291条 关于经费分配的异议等

1. 关于部分事务合作组织的经费分配,认为违法或错误时,加入部分事务合作组织的地方公共团体可以在接到通知后30天内向该部分事务合作组织管理者提出异议。

2. 根据前款规定提出异议时,部分事务合作组织管理者必须同议会协商后而定。

3. 部分事务合作组织的议会,根据前款规定从协商日起,必须在20天内阐述其意见。

第三节 广域联合

第291条之2 广域联合对事务的处理等

1. 属于行政机关行政首长权限事务中的有关广域联合的事务,国家可根据另行法律或政令的规定,让该广域联合来处理。

2. 属于都道府县执行机关权限事务中有关无都道府县加入的广域联合的事务,都道府县可根据条例的规定,让该广域联合来处理。

3. 依照前款规定,第252条之17之2的第2款、第252条之17之3及第252条之17之4的规定适用于广域联合处理都道府县事务的情况。

4. 都道府县加入的广域联合的行政首长,经议会议决后,可向国家行政机关的长官提出由该广域联合处理一部分与该广域联合的事务密切相关的、属于国家行政机关长官权限事务的申请。

第291条之3 机构、事务及章程的变更

1. 广域联合在欲增减加入其地方公共团体的数量或者变更要处理的事务或者变更广域联合的章程时,根据相关地方公共团体的协议来决定。都道府县加入的广域联合,必须得到总务大臣的批准;其他的则必须得到都道府县知事的批准。但是,依照下条第1款第6项或者第9项所示的事项或前条第1款或第2款的规定,广域联合被要求处理新增事务(包括变更的情况)的情况下,要变更仅与该事务相关的广域联合的章程时,不限于此。

地方自治法

2. 总务大臣要批准前款时,必须同国家相关行政机关的长官协商。

3. 要变更仅与下条第1款第6项或第9项所示的事项有关的广域联合的章程时,必须经相关地方公共团体的协议来决定。广域联合根据第1款正文的规定,必须立即向总务大臣或都道府县知事呈报。

4. 根据前条第1款或第2款的规定,广域联合被要求处理新增事务(包括变更时)时,广域联合的行政首长必须立即就有关下条第1款第4项或第9项所示事项的章程进行必要变更。根据第1款的规定,在向总务大臣或都道府县知事呈报的同时,必须将其通知加入该广域联合的地方公共团体行政首长。

5. 都道府县知事在批准第1款或受理第3款及前项的呈报后,在立即将其公布的同时,必须向总务大臣汇报。

6. 总务大臣在批准第1款或受理了第3款及第4款的呈报后,在立即将其公布的同时,须通知国家相关行政机关的长官;在受理了前款规定的报告后,必须立即将其通知国家相关行政机关的长官。

7. 广域联合的行政首长,为了综合地且有计划地处理有关广域计划所规定的事项,在认为有必要的情况下,经过议会议决,可以向加入该广域联合的地方公共团体提出变更该广域联合的章程。

8. 当有前款规定的申请时,组织广域联合的地方公共团体必须予以重视且对其采取必要措施。

第291条之4　章程等

1. 在广域联合的章程里,必须就以下所示事项作出规定:
(1) 广域联合的名称;
(2) 加入广域联合的地方公共团体;
(3) 广域联合的区域;
(4) 广域联合处理的事务;

(5) 广域联合编制的广域计划项目;

(6) 广域联合事务所的位置;

(7) 广域联合议会的组织及议员选举办法;

(8) 广域联合的行政首长、选举管理委员会和其他执行机关组织及选任方法;

(9) 广域联合经费的支付方法。

2. 前款第 3 项所示的广域联合区域,可规定为包括加入该广域联合的地方公共团体的区域。但是,关于有都道府县加入的广域联合,在该广域联合处理的事务只关系到有关都道府县的一部分区域,以及其他特殊情况下,可以规定为在属于都道府县的市町村或特别区内,除没有加入该广域联合的一部分或全部区域之外的区域。

3. 广域联合的长官在制定了广域联合的章程,或对其进行变更后,必须立即公布。

4. 广域联合的议员或者长官及其他公务员,不受第 92 条第 2 款、第 141 条第 2 款及第 196 条第 3 款(包括适用、援用这些规定的其他情况)的规定的限制,可以兼任加入该广域联合的地方公共团体的议会议员或地方公共团体的行政首长或其他公务员。

第 291 条之 5　议会的议员及行政首长的选举

1. 广域联合的议会议员,除了政令上有特别规定的情况之外,根据广域联合章程的规定,通过广域联合的选举人(指拥有加入广域联合的普通地方公共团体或特别区的议会议员及行政首长的选举权,且在广域联合区域内有住所的人)投票,或通过在加入广域联合的地方公共团体议会上选举产生。

2. 广域联合的行政首长,除了政令上有特别规定的情况之外,根据广域联合章程的规定,由广域联合的选举人投票或加入广域联合的地方公共团体的行政首长投票产生。

第 291 条之 6　直接申请

1. 第 2 编第 5 章(第 85 条除外)及第 252 条之 39(第 14 款除

外)的规定,除了政令有特殊规定的事项外,适用于广域联合条例(与征收地方税及分摊费、使用费及手续费有关的事项除外)的制定、修改、废除,或有关广域联合事务执行的监查,或广域联合议会的解散,或广域联合的议会议员或行政首长及其他广域联合的公务员等政令规定的解职请求。在这种情况下,同章(第74条第1款除外)规定中的"有选举权者",用"有请求权者"替代;第74条第1款中的"拥有普通地方公共团体的议会议员及行政首长的选举权者(以下在本编称为'有选举权者')",用"拥有组织广域联合的普通公共团体或特别区议会议员及行政首长选举权者且在该广域联合区域内有住所的人(以下称为'有请求权者')"替代;第252条之39第1款中的"有选举权者",用"有请求权者"替代;同样适用。除此之外,有必要在文字上替换的,将由政令来规定。

2. 除前款规定之外,拥有加入广域联合的普通地方公共团体或特别区的议会议员及行政首长的选举权者,且在该广域联合区域内有住所的人(在第5款前段称为"有请求权者"),根据政令的规定,以其总数1/3以上(在总数超过40万的情况下,在超过的人数上乘以1/6所得的数与40万乘以1/3所得的数相加之和)的人联合署名,通过其代表可向该广域联合的行政首长申请变更该广域联合的章程。

3. 有前款规定的请求时,广域联合的行政首长须立即公布请求内容的同时,还必须向加入该广域联合的地方公共团体申请变更与该请求相关的广域联合章程。在这种情况下,必须把该申请的内容通知同款规定的请求提到的代表。

4. 在出现前款规定的申请时,加入广域联合的地方公共团体必须重视该申请并采取必要的措施。

5. 第74条第5款关于有请求权者及其总数的1/3(总数超过40万的情况下,为超出人数乘于1/6所得数与40万乘以1/3所得数之和)的规定,同条第6款至第8款及第74条之2至第74条之4准用于第2款请求者署名的规定。这种情况下,由政令规定

日本地方政府法选编

将第74条第5款中"第1款有选举权者"的规定替换为"第291条之6第2款规定的组织广域联合的普通地方公共团体或特别区的议会议员及行政首长的有选举权者,且为该广域联合区域内的居住者(以下称为"有请求权者");同条第7款及第74条之4第3款和第4款中的"有选举权者",替换为"有请求权者",同时这些语言表达上的替换,将由政令规定之。

6. 第252条之38第1款、第2款及第4至第6款的规定,由于规定第1款准用第252条之39第1款,因此第252条之27第3款规定的基于个别外部监查契约之监查所要求的与第1款准用的第75条第1款请求相关事项的第252条之29规定的个别外部监查人监查将准用之。这种情况下必要的语言表达上的替换,将由政令作出规定。

7. 除政令所作特别规定之外,公职选举法中有关普通地方公共团体选举之规定,准用于第1款准用的第76条第3款规定的解散投票以及第80条第3款、第81条第2款规定的解职投票。

8. 前款的投票,根据政令规定,可与广域联合选举人的选举同时举行。

第291条之7

1. 广域联合在其成立后,必须在经其议会决议后,尽快地制定广域计划。

2. 广域联合在制定广域计划时,如果根据第2条第4款(包括适用第281条第3款)规定的基本构想及其他法律的规定而制定的计划,就必须要保持与制定该广域计划项目的相关事项协调一致。

3. 广域联合在编制广域计划后,应立即将其提交于广域联合的地方公共团体行政首长,并在公布的同时,根据第284条第2款的规定,须提交总务大臣或都道府县知事。

4. 接到根据前款规定提交的计划时,总务大臣必须立即将其内容通知国家相关行政机关的长官。

5. 根据第291条之2的第1款或第2款的规定,广域联合出现新增事务时(包括被变更时)及其他变更广域计划被认为适当时,可以变更广域计划。

6. 广域联合要变更广域计划时,必须经过其议会的议决。在这种情况下,适用于从第2款到第4款的规定。

7. 广域联合及组织该广域联合的地方公共团体,必须按照广域计划来处理其事务。

8. 广域联合的长官认为加入该广域联合的地方公共团体的事务处理或其长官及其他执行机关妨碍或有可能妨碍广域联合计划的实施时,经该广域联合议会的议决,就有关该广域联合计划的实施,可以劝告加入该广域联合的地方公共团体或其行政首长及其执行机关采取必要的措施。

第291条之8　协议会

1. 广域联合为了统一而圆满地推进广域联合计划的顺利实施,可以依照广域联合条例,设置协议会。

2. 前款的协议会,从广域联合的行政首长及国家的地方行政机关长官、都道府县知事(加入该广域联合的地方公共团体的都道府县知事除外)、广域联合区域内的公共团体等的代表或有学识经验的人中,由广域联合的行政首长任命的人选组织而成。

3. 除前款规定的内容外,有关第1款协议会运营的必要事项,在广域联合的条例中另行规定。

第291条之9　广域联合的分摊金

1. 作为第291条之4第1款第9项所示的广域联合经费的支付方法,在决定加入该广域联合的普通地方公共团体或特别区的分摊金时,为了有助于广域联合实施广域计划以及必要的联络协调,从而有计划地综合处理事务,必须要根据加入该广域联合的普通地方公共团体或特别区的人口、面积、地方税的收入额、财力及其他客观指标来制定。

2. 依照前款规定制定的广域联合规章,有关地方公共团体的分摊金,该地方公共团体必须在预算上采取必要的措施。

第 291 条之 10　解散

1. 要解散广域联合时,依据相关地方公共团体的协议及第 284 条第 2 款的规定,必须得到总务大臣或都道府县知事的批准。

2. 总务大臣批准前项时,必须同国家相关的行政机关长官协议。

3. 都道府县知事在批准第 1 款后,必须在立即将其公布的同时,向总务大臣汇报。

4. 总务大臣在批准第 1 款后,必须在立即将其公布的同时,通知国家相关的行政机关长官;在接到前款规定的报告后,必须立即将其通知国家相关行政机关的长官。

第 291 条之 11　协议需经议会议决

关于适用于第 284 条第 3 款、第 291 条之 3 的第 1 款及第 3 款、前条第 1 款及第 291 条之 13 所适用的第 289 条的协商,必须经过相关地方公共团体议会的议决。

第 291 条之 12　关于经费分摊等的异议

1. 关于广域联合经费的分摊,在认为其违法或有错误时,加入广域联合的地方公共团体可以在接到通知后 30 天内,向该广域联合的长官提出异议。

2. 在第 291 条之 3 第 4 款所规定的广域联合的章程变更中,对有关第 291 条之 4 第 1 款第 9 项所示的事项表示不服时,加入广域联合的地方公共团体可以在接到第 291 条之 3 第 4 款所规定的通知后,30 天以内向该广域联合的长官提出异议。

3. 广域联合的长官,在第 1 款规定的异议提出时,必须同该广域联合的议会协商后作出决定;在前款规定的异议提出时,必须同该广域联合的议会协商后,采取变更章程或其他必要的措施。

4. 广域联合的议会,在接到前项规定的咨询后,必须在 20 天内表明其意见。

第 291 条之 13　关于部分事务合作组织规定的适用范围

第 287 条之 3 及第 289 条的规定适用于广域联合。在这种情况下,同条中的"第 286 条或前条",可用"第 291 条之 3 第 1 款、第 3 款或第 4 款或第 291 条之 10 的第 1 款"替代。

第四节　全部事务合作组织

第 291 条之 14　全部事务合作组织

1. 全部事务合作组织,在减少加入该全部事务合作组织的町村的数量时或变更全部事务合作组织的章程时,需经其议会议决而定;当增加加入该全部事务合作组织的町村的数量时,需经该全部事务合作组织与申请新加入的町村协商而定。以上两种情况都必须得到都道府县知事的批准。

2. 在全部事务合作组织的章程里,必须就有关以下所示的事项作出规定。

(1) 全部事务合作组织的名称;
(2) 加入全部事务合作组织的地方公共团体;
(3) 全部事务合作组织共同处理的事务;
(4) 全部事务合作组织的事务所的位置。

3. 要解散全部事务合作组织时,需经其议会议决且必须得到都道府县知事的许可。

第五节　机关事务合作组织

第 291 条之 15

1. 在机关事务合作组织的章程里,必须就有关以下所示的事项制定规定:

(1) 机关事务合作组织的名称;
(2) 加入机关事务合作组织的地方公共团体;
(3) 机关事务合作组织共同处理的事务;
(4) 机关事务合作组织的事务所位置;
(5) 机关事务合作组织的议会组织方法及其议员的选举方法;

(6) 机关事务合作组织经费的支付方法。

2. 要解散机关事务合作组织时,需经相关地方公共团体的协商,且必须向都道府县知事报告。

3. 关于适用于第284条的第6款、前款及下款的第286条及289条的协议,必须经相关地方公共团体的议会议决。

4. 第286条、第287条的第2款、第289条及第291条的规定适用于机关事务合作组织。在这种情况下,第286条中的"下条第1款第(1)项、第(4)项或第(7)项",用"适用于第291条之15第4款的第286条或第291条之15的第2款"替代,同样适用。

第六节 杂 则
第292条 有关普通地方公共团体规定的适用范围

关于地方公共团体的合作组织,除了法律或政令有特殊规定之外,有都道府县加入的,适用于都道府县的有关规定;有市及特别区加入但无都道府县加入的,适用于市的有关规定;其他则适用于有关町村的规定。

第293条

1. 在市町村及特别区的合作组织里,依照与跨多个都道府县相关的第284条第2款、第3款、第5款及第6款、第286条第1款的正文(包括适用于第291条之15的第4款情况)、第291条之3的第1款正文、第291条之10的第1款和第291条之14的第1款及第3款的批准及第285条之2的第1款规定的劝告,总务大臣不管这些规定如何,可以根据政令的规定,在听取相关都道府县知事的意见后实施。市町村及特别区合作组织里,依照与跨多个都道府县的合作组织相关的第286条第2款(包括适用于第291条之15第4款的情况)、第288条、第291条之3的第3款及第4款和第291条之15第2款规定的申报程序,不管这些规定如何,可通过相关都道府县的知事向总务大臣申报。

2. 市町村及特别区广域联合里,与跨多个都道府县相关的第291条之7的第3款所规定的提交事宜,不管这些规定如何,须经相关的都道府县知事向总务大臣申报。

第 293 条之 2　委任政令规定的事项

除了本法律规定的内容外,有关地方公共团体合作组织章程事项及适用于其他本章规定的必要事项,由政令另行规定。

第四章　财　产　区

第 294 条

1. 除了法律或基于本法的政令有特别规定的情况外,根据与市町村及特别区的一部分拥有财产或设有公共设施,或市町村及特别区的废置分合或变更地界有关的本法律,或者基于本法的政令制定的关于财产处理的协议,断定市町村及特别区的一部分拥有财产或公共设施(把这些称为财产区)时,有关其财产或公共设施的管理及处理或废除,必须根据本法中关于地方公共团体的财产或公共设施的管理及处理或废除的规定而进行。

2. 在前款的财产或公共设施特别需要经费时,将由财产区负担。

3. 在前 2 款的情况下,地方公共团就有关财产区的收入及支出之会计事项,必须进行区分。

第 295 条

关于财产区的财产或公共设施,在认为有必要时,都道府县知事可以经过议会议决制定市町村或特别区的条例,设立财产区的议会或总会,就有关财产区,能够使其议决市町村或特别区的议会应该议决的事项。

第 296 条

1. 关于财产区议会议员的定员、任期、选举权、被选举权及选举人名单的事项,必须在前条的条例中规定。有关财产区总会组织之事项也相同。

2. 除了前款规定的事项之外,关于财产区议会议员的选举,根据《公职选举法》第 268 条的规定进行。

3. 关于财产区的议会或总会,适用有关第 2 编中町村议会的规定。

第 296 条之 2

1. 市町村及特别区根据条例可以在财产区设立财产区管理会。但是,在市町村及特别区的废置分合或地界变更的情况下,根据有关本法及基于本法的政令规定的财产处理的协议设立财产区时,依照其协议可以在该财产区设置财产区管理会。

2. 财产区管理会由财产管理委员 7 人以内组成。

3. 财产区管理委员的任期为 4 年,不是全职。

4. 根据第 295 条的规定,在设立财产区议会或总会的情况下,不能设置财产区管理会。

第 296 条之 3

1. 市町村的行政首长及特别区的行政首长,在财产区的财产或公共设施的管理及处理或废除问题上,就有关通过条例或前条第 1 款后段规定的协议而决定的重要事项,必须征得财产区管理会的同意。

2. 市町村的行政首长及特别区的行政首长,在财产区管理会的同意下,可以把财产区或公共设施管理相关事务的全部或一部分委任给财产区管理会或财产区管理会委员。

3. 财产区管理会,可以对该财产区的事务处理进行监查。

第 296 条之 4

1. 除前 2 条规定之外,有关财产区管理委员的选任、财产区管理会的运营及其他财产区管理会的必要事项,将通过条例来规定。但是,根据第 296 条之 2 的第 1 款后段的规定,在设置财产区管理会的情况下,可以根据同项后段规定的协议来决定。

2. 市町村的行政首长及特别区的区长,在征得财产区管理会的同意后,可以通过条例更改第 296 条之 2 的第 1 款后段所规定的协议内容。

第 296 条之 5

1. 财产区就有关其财产或公共设施的管理、处理及废除之事宜,在增进其居民福利的同时,要努力做到不损害财产区所在的市町村及特别区的整体性。

2. 财产区为了把其财产或公共设施的全部或一部分作为财产区所在的市町村或特别区的财产或公共设施,在处理或废除其财产或公共设施的全部或一部分的情况下,当有可能脱离该财产区设置的目的、违反政令规定的标准时,必须事先同都道府县知事协商,如果没有征得其同意,就不能实施。

3. 财产区所在的市町村或特别区,通过与财产区协商,可以把财产区的财产或公共设施获得的收入的全部或一部分充作市町村或特别区事务所需经费的一部分。在这种情况下,该市町村或特别区就有关其金额的限度,可以向财产区的居民征收不均等的税;或者就有关使用费及其他征收金,可以征收不一样的费用。

4. 要进行前款前段的协议时,财产区必须事先经过其议会或总会的决议或得到财产管理会的同意。

5. 关于依据第 3 款后段的规定实行不均等的征税之事宜,该市町村或特别区必须事先与都道府县知事协商并得到批准后方可实施。

第 296 条之 6

1. 关于财产区事务的处理,都道府县知事认为必要时,可以要求该财产区所在的市町村或特别区的行政首长向其汇报并提交资料,或者可以进行监督。

2. 关于财产区的事务,在市町村或特别区的行政首长或议会,财产区的议会或总会,还有财产区管理会相互间出现纷争时,都道府县知事根据当事人的申请或通过其职权可以对此进行裁决。

3. 除前款规定的事项外,有关同款裁定的必要事项,将由政令来另行规定。

第 297 条

除了本法规定的事项外,有关财产区的事项,将由政令来另行规定。

第五章 地方开发事业团

第一节 总 则

第 298 条 设置

1. 普通地方公共团体,在根据一定地区的综合开发计划规定的以下各项事业中,为了综合实施属于该普通地方公共团体的事务,可以与其他普通地方公共团体共同设立委托实施这些事务的地方开发事业团(以下称为"事业团"):

(1) 住宅、工业用水、公路、港湾、自来水、下水道、公园绿地及其他政令规定的设施的建设(包括灾后重建);

(2) 用于前项中所示设施的土地、工厂用地及其他用地的获取或建设;

(3) 与土地区化治理事业相关的工程。

2. 普通地方公共团体计划设立事业团时,须制定经所在地议会议决后协商而成的规章;都道府县或都道府县及市町村计划设立时,须得到总务大臣的认可,其他情况须得到都道府县知事的认可。关于设置团体(即设立事业团的普通地方公共团体,以下相同)的数量的增减或事业团规章的变更事宜(仅与下条第 1 项、第 3 项或第 7 项中所举事项相关的规约的变更除外),也同样处理。

3. 设置团体要变更仅与下条第 1 项、第 3 项或第 7 项中所举事项相关的规约内容时,须制定经所在地议会议决后协商而成的规章,如前款规定,立即将其报送总务大臣或都道府县知事。

第 299 条 章程

在事业团的章程里,必须就以下各项所示的事项作出规定:

(1) 名称;

(2) 作为设置团体的普通地方公共团体;

（3）事务所的位置；

（4）理事及监事的定员；

（5）理事长、理事、监事的选任和解任方法及任期；

（6）关于事业团公务员的身份待遇问题；

（7）事业团经费的支付方法；

（8）关于设置团体的出资事项；

（9）公告方法；

（10）关于伴随解散而产生事业团权利义务的继承事项。

第300条　事业计划

1. 设置团体经议会议决后，必须根据协议制定有关委托事业团的事业计划（以下称为"事业计划"）。

2. 设置团体根据前项的规定，制定出事业计划后，必须将其向事业团通知。

3. 根据前款规定，设置团体通知了事业计划后，按照该事业计划的规定应把有关该事业计划的实施委托给事业团。

4. 设置团体根据第1款的规定，在欲决定事业计划时，必须事先听取事业团的意见。

5. 设置团体要变更事业计划时，须根据前4款规定进行。

第301条　事业计划的内容

事业计划须就以下各项所示事项来制定：

（1）委托事业的种类、内容及相关设置团体；

（2）财政计划；

（3）设置团体应负担经费的分担；

（4）事业团可发行地方债的总额；

（5）关于事业团偿还发行地方债的事项；

（6）与受委托事业（根据前条第3款的规定，是指被委托给事业团的事业。以下相同）相关的设施、土地的移管（包括伴随这种移管而带来的对设置团体权利义务的继承）或处理事项；

（7）其他必要事项。

第 302 条　设施等的移管或处理

事业团完成了第 298 条第 1 款第 1 项所示的事业(分开出售住宅的建设除外)时,把与该事业相关的设施移交于设置团体管理;在完成分期出售住宅的建设或同款第 2 项所示的事业时,应处理与该事业相关的住宅或土地,或者移交于设置团体管理。

第 303 条　事业团规则

在不违反法令的情况下,事业团就有关其处理的必要事项,可以制定其规则。

第二节　组　织　等

第 304 条　理事长等

1. 事业团将设理事长、理事及监事(以下在本条中称为"理事长等")。

2. 理事长将代表事业团掌管其一切事务。

3. 理事根据章程的规定,代表事业团辅助理事长掌管事业团的事务,在理事长发生事故或空缺时,代理其职。

4. 理事长或理事可将属于自己权限范围内的一部分事务委托给事业团的公务员,或者可让其临时代理行使职责。

5. 理事长或理事指挥监督事业团的公务员。

6. 监事监查审计事业团的事务。

7. 在设置团体的行政首长提出要求时,监事必须对其要求的相关事项进行监查审计。

8. 设置团体的行政首长,不受第 141 条第 2 款规定的限制,可以兼任该事业团的专职理事长或理事。

第 305 条　理事会

1. 在事业团设置理事会。

2. 理事会由理事长及理事构成。

3. 以下各项所示事项,必须经理事会讨论通过。

(1) 制定事业团的规则。

(2) 提出事业计划的意见。

(3) 每个事业年度的预算和决算。
(4) 处理第 302 条规定的土地或住宅。
(5) 关于其他事业团事务的重要事项,将通过事业团的规则来规定。

4. 关于理事会运营的必要事项,将通过事业团的规则来规定。

第 306 条 公务员

事业团的公务员,将从设置团体行政首长的辅助机关公务员中,经该设置团体行政首长的同意,由理事长任命。

第 306 条之 2 休息日

关于事业团的第 4 条之 2 规定的适用范围,可以用"事业团规则"来替代同条中的"条例"。

第三节 财 务

第 307 条 事业年度

事业团的事业年度将根据普通地方公共团体的会计年度来决定。

第 308 条 会计

1. 事业团事业的财务会计设立账目,管理会计事务。

2. 根据第 302 条的规定,与事业团处理的住宅或土地相关的事业及第 298 条第 1 款第 3 项所示事业(以下称为"特定事业")的财务会计,必须与其他事业相关的财务会计另行立账进行管理,其经费来源主要依靠由处理住宅或土地及为了特别事业而发行的地方债所得的收入拨给。

3. 设置团体可以对特定事业的相关财务,进行必要的出资。

第 309 条 预算

1. 事业团必须制定每个事业年度的预算。

2. 在预算制定后,事业团根据发生的事由,当有必要追加及变更预算时,可以修正既定预算。

3. 事业团根据前 2 款的规定制定或修正预算时,必须立即将其有关内容向设置团体的行政首长报告,而且必须公布其要点。

第 310 条 预算的转拨

在预算规定的经费内,当年度内没有发生支付情况时,事业团可将其金额拨到下一年度使用。

第 311 条 会计事务

1. 事业团的会计事务由理事长执行。但是,在必要的情况下,理事长经过理事会讨论通过后,可将现金出纳事务交由指定金融机构来处理。

2. 事业团的出纳业务(与特定事业相关的除外)于下一年度的 5 月 31 日停止。

第 312 条 决算

1. 事业团必须在每个年度出纳业务停止后(特定事业是指事业年度结束后)的 2 个月内完成决算,而且必须公布其要点。

2. 事业团根据前项的规定完成决算后,最晚截至 8 月 31 日,必须把事业报告书及其他政令规定的文件一起提交给设置团体的行政首长。在这种情况下,必须在该决算及文件上填写监事的意见。

3. 设置团体的行政首长根据前项规定,接到提交的决算后,必须立即向该设置团体的议会汇报。

4. 有关第 1 款决算应该编集的材料,必须依据政令来规定。

第 313 条 剩余金

事业团在有关特定事业每年度产生的利润方面,如果有从上一年度转入的亏损项,须用其利润填补亏损;如仍有余额时,必须转入下一年度。

第 314 条 关于财务规定的适用范围

1. 第 208 条第 2 款、第 210 条、第 214 条、第 215 条(第 2 项及第 3 项除外)、第 216 条、第 220 条第 1 款及第 2 款、第 221 条第 2 款、从第 231 条之 2 的第 3 款到第 5 款、第 232 条、第 232 条之 3、第 232 条之 5、第 232 条之 6、第 233 条之 2 的正文、从第 234 条到

第234条之3、第235条之2的第1款及第2款、第235条之3、第235条之4、从第236条到第238条、从第238条之3到第238条之5、第239条、第240条、第242条、第242条之2、第242条之3的第1款第2款第4款及第5款、第243条、从第243条之2的第1款到第5款、从第7款到第9款及第14款、第243条之3的第1款和第243条之5的规定,适用于事业团的财务。但是,第235条之3的规定,不适用于与特定事业相关的财务。

2. 第230条和地方公营企业法(1952年法律第292号)第20条、第29条、第32条第5款和第6款以及第32条之2的规定,适用于有关特定事业的财务。

第四节 杂　　则

第315条　关于监查结果的汇报

1. 监事须将监查审计结果的报告提交于理事长及设置团体的行政首长,而且必须将其公布于众。

2. 设置团体的行政首长根据前项的规定,在接到提交的监查结果报告后,必须将其回报于该设置团体的议会。

第316条　事务等的委托

事业团在委托业务实施的必要范围内,受设置团体之托办理设置团体的业务,或者在不妨碍委托业务实施的范围内,可以受国家、地方公共团体及其他公共团体之托,办理与委托业务相关的业务。

第317条　解散

1. 在完成所有的委托业务或设置团体经其议会议决通过后,协议解散事业团。

2. 根据前项规定,设置团体解散事业团时,必须根据第298条第2款的规定,向总务大臣或都道府县知事呈报。

3. 根据第1款解散事业团后,设置团体根据章程的规定,将继承属于该事业团的一切权利义务。

日本地方政府法选编

第 318 条 适用规范

从第 245 条之 4 到第 245 条之 9、从第 247 条到第 250 条之 6、从第 252 条之 17 的 5 到第 252 条之 17 的 7 及第 253 条的规定,适用于事业团;从第 252 条之 14 到第 252 条之 16 的规定,适用于根据第 316 条规定的事业团接受设置团体的事务委托情况。

第 319 条 对政令的委任

在有关普通地方公共团体的规定及地方公营企业法的规定适用事业团时,在技术上,以与其相同条件的语句替代同样适用的表达,将由政令来规定之。

第四编 补 则

第 320 条 事务的分类

1. 都道府县依据以下规定而处理的事务为第 1 项法定受托事务:根据第 3 条第 6 款、第 7 条第 1 款及第 2 款(包括根据第 8 条第 3 款规定的事例情况),第 8 条之 2 第 1 款、第 2 款及第 4 款,第 9 条第 1 款、第 2 款(包括适用于同条第 11 款的情况)和第 5 款及第 9 款(包括适用于同条第 11 款及第 9 条之 3 第 6 款的情况),第 9 条之 2 的第 1 款、第 5 款和第 9 条之 3 第 1 款及第 3 款规定所处理的事务;根据第 245 条之 4 第 1 款规定所处理的事务(市町村处理的事务是自治事务或第 2 款法定受托事务时,只限于按同条第 2 款规定的各大臣的指示来实施);根据第 245 条之 5 第 3 款的规定所处理的事务;根据第 245 条之 7 第 2 款,适用于第 245 条之 7 第 2 款和 245 条之 8 第 12 款的从同条第 1 款到第 4 款及第 8 款,第 245 条之 9 第 2 款规定所处理的事务(只限于与市町村处理的第 1 项法定受托事务相关的事务);根据第 252 条之 17 之 3 的第 2 款及第 3 款,第 252 条之 17 之 4 的第 1 款(包括适用于第 291 条之 2 的第 3 款的情况)的规定所处理的事务;根据第 252 条之 17 之 5 的第 1 款规定所处理的事务(只限于按同条第 2 款规定的总务大臣的指示来处理的事务);第 252 条之 17 之 6 的第 2 款及第 252 条之 17 之 7 的规定所处理的事务;根据第 255 条之 2 规定所处理的事务(只限于与第 1 项法定受托事务相关的事务);根据从第 261 条第 2 款到第 4 款规定来处理的事务;根据第 284 条第 2 款规定所处理的事务(只限于有关无都道府县加入的部分事务合作组织的批准事务);根据同条第 3 款规定所处理的事务(只限于有关无都道府县加入的广域联合的批准事务);根据同条第 5 款及第 6 款规定所处理的事务;根据第 286 条第 1 款及第 2 款(包括适用于第 291 条之 15 第 4 款规定的情况)规定所处理的事务(在根据第 286 条第 1 款及第 2 款规定所处理的事务中,只限于有关无都道府县加入的部分事务合作组织的批准或申报事务);根据第 288 条规定所处理的事务(只限于有关无都道府县加入的部分事务合作组织的申报事务);根据第 291 条之 3 的第 1 款及从第 3 款到第 5 款规定所处理的事务(只限于有关无都道府县加入的广域联合的批准或申报事务);根据第 291 条之 7 的第 3 款(包括适用于同条第 6 款的情况)的规定所处理的事务;根据第 291 条之 10 的第 1 款规定所处理的事务(只限于有关无都道府县加入的广域联合的批准事务);根据同条第 3 款、第 291 条之 14 的第 1 款和第 3 款及第 291 条之 15 的第 2 款规定所处理的事务;根据适用于第 262 条第 1 款的公职选举法中关于普通地方公共团体选举规定所处理的事务。

2. 东京都根据第 281 条之 4 的第 1 款、第 2 款(包括适用于同条第 9 款及第 11 款的情况)、第 8 款及第 10 款规定所处理的事务,即为第 1 项法定受托事务。

3. 市町村根据从第 261 条第 2 款到第 4 款规定所处理的事务以及根据适用第 261 条第 1 款的公职选举法中关于普通地方公共团体选举所处理的事务,即为第 1 项法定受托事务。

第 321 条

"市町村"依据以下规定而处理的事务为第 2 项法定受托事

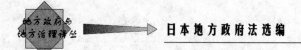

务:根据从第74条之2第1款至第3款、第5款、第7款及第10款(包括适用于第75条第5款,第76条第4款,第80条第4款,第81条第4款及第86条第4款规定的情况),第74条之3第3款(包括适用于第75条第5款,第76条第4款,第80条第4款,第81条第2款及第86条第4款规定的情况)规定所处理的事务(只限于有关向都道府县的申请事务);根据适用于第85条第1款的公职选举法中关于普通地方公共团体选举规定所处理的事务(只限于有关第76条第3款规定的都道府县议会解散的投票和第80条第3款及第81条第2款规定的都道府县议会议员及行政首长解职的投票事务)。

附　　则(省略)

附表一所列与第1项法定受托事务相关的法律:砂防法、运河法、公有水面填埋法、轨道法、物价统制令、会计法、船员法、灾害救助法、农业合作会法、最高法院法官审查法、职业安定法、儿童福利法、农业灾害补偿法、关于与国家利害相关诉讼的法务大臣的权限的法律、户籍法、食品卫生法、预防接种法、国有资产法、农药取缔法、地方财政法、大麻取缔法、船员职业安定法、关于教科书发行的临时措施法、检察审查会法、政治资金规正法、消费生活互助会法、医师法、牙科医师法、保健师助产师护士法、医疗法、水产业合作会法、建设业法、犯罪者预防更生法、测量法、土地改良法、渔业法、私立学校法、继承税法、公职选举法、精神保健及精神障碍者福利法、肥料取缔法、生活保护法、植物防疫法、国会议员选举等的执行经费基准法、建筑基准法、建筑师法、地方交付税法、文化遗产保护法、港湾法、地方税法、狂犬病预防法、毒性及烈性物品取缔法、社会福利法、恩给法部分修订的法律、结核病预防法、公共土木设施灾害复旧事业费国库负担法、宗教法人法、家畜传染病预防法、国土调查法、道路运输法、道路运输车辆法、公营住宅法、检疫法、土

地方自治法

地征用法、森林法、毒品取缔法、护照法、水产资源保护法、渔业损害等补偿法、外国人登录法、战伤病者战死者遗族等援护法、《日美安保条约》第6条规定的美军地位协定实施相关的土地等使用的特别措施法、宅地建筑物交易业法、道路法、农地法、日美安保条约规定的驻日美军水面利用相关的渔船作业限制法、毒品及精神药品取缔法、北海道防寒住宅等促进法、肉畜场法、未返回者留守家族等援护法、信用保证协会法、劳动金库法、驻日美军等的行为造成特别损失的补偿法、缓期执行者保护观察法、鸦片法、土地区划整理法、自卫队法、牙科技工法、补助金等相关预算合理执行法、海岸法、物品管理法、国家的债权管理等的相关法律、确保血液制剂安全供给的相关法、关于地方教育行政的组织和运营的法律、租税特别措施法、特定多用途水坝法、自然公园法、生活卫生相关营业的运营和合理化及振兴相关法、土地滑坡等防治法、首都圈近郊整备地带及都市开发区域整备相关法律、国民健康保险法、国民年金法、零售业调整特别措施法、住宅地区改良法、药事法、药剂师法、农业合作会合并助成法、公共用地征用特别措施法、社会福利设施职员等退职津贴互济法、铁路岔口改良促进法、儿童抚养补贴法、排水沟整备特别措施法、新住宅市街地开发法、不动产鉴定评价法、特别儿童抚养补贴等的支付相关法律、近畿圈近郊整备区域及都市开发区域的整备开发相关法律、渔业灾害补偿法、道路法部分修正的法律、河川法、加工原料乳生产者补给金暂定措施法、地方住宅供给公设法、流通业市街区整备法、渔业合作社合并促进法、公用机场周边地区飞机噪音防治法、大气污染防治法、噪音规制法、都市规划法、都市再开发法、地价公示法、农业振兴地区整备法、地方道路公社法、废弃物处理清扫法、水质污染防治法、农业用地土壤污染防治法、儿童补贴法、公积金方式宅地建筑物销售业法、新都市基础整备法、石油管道事业法、促进防灾迁移事业相关国家财政特别措施法、农业水产业合作会存项保险法、公害健康受害补偿法、含有害物质家庭用品规制法、传统工艺品产业振兴法、防卫设施周边生活环境整备法、私立学校振兴助成法、大城市地区住宅及住宅地供给促进特别措施法、确保中小企业的事业活动机会的大企业的事业活动调整法、犯罪受害者等给付金支付法、农业经营基础强化促进法、牙科技工法部分修改法、老人保健法、电子通信事业法、国民年金法部分修改法、大都市地区优良宅地开发促进紧急促进法、肉用子牛生产安定等特别措施法、特定农地租赁相关的农地法等特例法、食用禽类处理事业的规制及食用禽类检查的法律、地价税法、与日本缔结和平条约而脱离日本国籍者等的出入国管理特例法、计量法、产业废弃物处理相关特定设施整备促进法、外国人登录法部分改正法律、地方据点都市地域整备及产业业务设施再配置促进法、提高特定农业山村地区农林业等活力的基础整备促进法、环境基本法、合作组织金融机关优先出资法、政党助成法、防治特定水道利水障碍的自来水源水域水质保全特别措施法、不动产特定共同事业法、受原子弹辐射者援护法、护照法部分改正法律、废止麻风病预防法的法律、海洋生物资源保存及管理的法律、环境影响评价法、看护保险法、感染病症预防及感染病症患者医疗的法律、地方特例交付金等的地方财政特别措施法、可持续养殖生产确保法、特定化学物质向环境排放量的把握等及完善管理促进法、推进地方分权而整备相关法律的法、二恶英对策特别措施法、外国人登录法部分修改法、有组织犯罪的处罚及犯罪收益的规制等的法律、大深度地下的公共利用特别措施法、农林水产合作组织再生手续特例法、老龄人居住安全确保法、农业合作组织法部分修改法、地方公共团体议会议员及行政首长选举使用电磁记录式投票机的投票方法特例法、水产业合作组织法部分修改法、金融机构实行顾客本人确认的法律、报废汽车再资源化的法律、健康增进法、独立行政法人水资源机构法。

附表二所列与第 2 项法定受托事务相关的法律:测量法、渔业法、公职选举法、建筑基准法、土地征用法、农地法、土地区划整理法、首都圈近郊整备地带及都市开发区域整备法、新住宅市街地开

地方自治法

发法、近畿圈近郊整备区域及都市开发区域整备及开发法、流通业市街地整备法、城市规划法、都市再开发法、推进共有地扩大相关法律、新都市基础整备法、国土利用计划法、大城市地区住宅及宅基地供给促进特别措施法、农住合作法、净化槽法、环境影响评价法、大深度地下公共利用特别措施法、地方公共团体议会议员及行政首长选举使用电磁记录式投票机的投票方法特例法、公寓改建促进法。

公职选举法*

（1950年4月25日法律第100号颁布，
2004年6月9日法律第102号修正）

第一章 总 则

第1条 本法的目的

本法秉承日本国宪法精神，以确立公选众议院议员、参议院议员以及地方公共团体的议会议员和行政首长的选举制度，确保选举在选民能够自由表达意愿的前提下公正、公开并且适当地进行，从而达成完善的民主政治为目的。

第2条 本法的适用范围

本法适用于众议院选举、参议院选举以及地方公共团体的议会议员选举和行政首长的选举。

第3条 公职的定义

本法所称"公职"是指众议院议员、参议院议员以及地方公共团体议会议员和行政首长的职位。

第4条 议员的名额

1. 众议院议员的名额为480人，其中300人由小选区选出，180人由比例代表制选出。

2. 参议院议员的名额为242人，其中96人由比例代表制选出，146人由选区选出。

3. 地方公共团体的议会议员的名额由《地方自治法》（1947

---

* 本法由张亲培翻译。

年法律第 67 号)规定。

第 5 条 选举事务的管理

与本法律有关的选举,除特别规定外,众议院议员(比例代表制选出)或参议院议员(比例代表制选出)的选举由中央选举管理委员会管理;众议院议员(小选区选出)、都道府县的议会议员或都道府县知事的选举由都道府县的选举管理委员会管理;市町村的议会议员或市町村行政首长的选举由市町村的选举管理委员会管理。

第 5 条之 2 中央选举管理委员会

1. 中央选举管理委员会由五名委员组成。

2. 委员在除国会议员以外的具有参议院议员选举权的国民中产生,经国会审议提名由内阁总理大臣任命。

3. 进行前款提到的提名时,属于同一政党及其政治团体的人数不得超过 3 人。

4. 在委员符合以下各项规定的情况下,内阁总理大臣要将其罢免。但在第 2 项条件和第 3 项条件的情况下须得到国会的同意:

(1) 丧失参议院议员的选举权;

(2) 由于身心障碍不能履行职务;

(3) 违背职务规范以及有其他不适合担任委员的不当行为。

5. 委员中属于同一政党及其政治团体的人数达 3 人以上时,内阁总理大臣要通过抽签决定两人之外的委员的罢免。

6. 国会在进行本条第 2 款规定的委员提名时,必须同时进行与委员相同数量的候补委员的提名。在候补委员人数出缺时,仅限在提名委员的同时,进行候补委员的提名。

7. 候补委员在委员出缺或身体不适的情况下履行其职务。

8. 本条从第 2 款到第 5 款的规定也准用于候补委员。

9. 委员的任期为 3 年,而候补委员的任期则为其前任所余任期。

日本地方政府法选编

10. 不受上一款约束,在国会闭会或者众议院解散任期届满的情况下,委员在新一届国会最初提名委员之前仍然在任。

11. 委员的任职采取非专任制。

12. 委员长须由委员互选产生。

13. 委员长代表中央选举管理委员会全面管理选举事务。

14. 中央选举管理委员会的会议须有委员的半数以上出席始得召开。

15. 中央选举管理委员会议决定的事项须由出席委员的过半数通过,在赞成和反对的表决相同时由委员长决定。

16. 中央选举管理委员会的日常事务由总务省处理。

17. 除了以上规定,有关中央选举管理委员会运行的其他必要事项由中央选举管理委员会确定。

第5条之3　技术性的建议和劝告以及要求提供资料

1. 中央选举管理委员会可以对众议院议员(比例代表制选出)或参议院议员(比例代表制选出)的选举事务,针对都道府县或市町村就都道府县或市町村的选举事务的运行及其他事项提出适当的技术性意见,或者为提出相应的建议或意见以及为获得正确处理都道府县或市町村的选举事务所需的信息而要求其提供必要的资料。

2. 中央选举管理委员会对众议院议员(比例代表制选出)或参议院议员(比例代表制选出)的选举事务,可以针对都道府县的选举管理委员会作出根据《地方自治法》第245条之4第1款规定的对市町村提出建议或意见以及要求其提供资料的必要指示。

3. 都道府县或市町村的选举管理委员会可以要求中央选举管理委员会提供有关众议院议员(比例代表制选出)或参议院议员(比例代表制选出)选举事务的管理和执行的技术性建议或意见以及必要的信息。

第5条之4　纠正的指示

1. 中央选举管理委员会在进行与本法或与基于本法的政令

有关的在都道府县《地方自治法》第2条第9款第1项中规定的第1项法定受托事务(只限于由比例代表制选出众议院议员或由比例代表制选出参议院议员。在本条和以下各条中称为第1项法定受托事务)的处理时,认定有违反法令规定或者显失公平且有害公益情况发生,则可针对涉及的都道府县就第1项法定受托事务的处理范畴的改正或改善应该考虑的措施下达必要的指示。

2. 中央选举管理委员会可以就与本法或与基于本法的政令有关的市町村的第1项法定受托事务的处理,针对都道府县的选举管理委员会,在来自《地方自治法》的245条之7的第2款规定的对于市町村的指示的范畴内,作出必要的指示。

3. 除前款规定之外,中央选举管理委员会在进行与本法或与基于本法的政令有关的市町村第1项法定受托事务的处理时,认定有违反法令规定或者显失公平且有害公益发生需要紧急处理以及认为特别有必要时,则可独自针对涉及的都道府县就第1项法定受托事务的处理范畴的改正或改善应该考虑的措施作出必要的指示。

第5条之5　处理标准

1. 中央选举管理委员会可以就与本法或与基于本法的政令有关的在都道府县第1项法定受托事务的处理,为都道府县处理该第1项法定受托事务制定适用标准。

2. 当都道府县的选举管理委员会依据地方自治法的245条之9的第2款规定,就市町村选举管理委员会在本法基础上承担的处理第一号法定受托事务,制定市町村处理涉及的第1项法定受托事务的适用标准时,依照下面一款规定,相关的都道府县选举管理委员会制定的标准不得与由中央选举管理委员会制定的标准相抵触。

3. 中央选举管理委员会在认为特别有必要时,可以就与本法或与基于本法的政令有关的市町村第1项法定受托事务的处理,制定市町村处理涉及的第1项法定受托事务的适用标准。

4. 中央选举管理委员会可以就本法或与基于本法的政令有关的市町村第1项法定受托事务的处理,针对都道府县的选举管理委员会,下达与依《地方自治法》第245条之9的第2款规定制定的标准有关的必要指示。

5. 根据第1款或第3款的规定制定的标准必须控制在能够达到目的的最小限度内。

第6条 关于选举的动员、宣传

1. 总务大臣、中央选举管理委员会、都道府县的选举管理委员会为使选举公正且公开地进行,要经常通过各种机会努力提高选民的政治常识,特别是在选举进行之际必须向选民宣传投票的方法、违规选举的构成以及认定其他与选举有关的必要事项。

2. 中央选举管理委员会、都道府县的选举管理委员会以及市町村选举管理委员会必须尽快将选举结果向选民公布。

3. 选民如无特殊的事件,在选举的当天,必须为行使自己的选举权安排必要的时间。

第7条 确保选举取缔的公正

检察官、都道府县公安委员会委员及警察必须公正地执行有关选举取缔的规定。

第8条 有关特定地域的特例

对于在极其不便的岛屿及其他地域适用本法有困难的事项,可以以政令作特别的规定。

第二章 选举权及被选举权

第9条 选举权

1. 日本国民年龄满20周岁者,具有众议院议员和参议院议员的选举权。

2. 日本国民年满20周岁且在市町村的区域内连续居住3个月以上者,具有所属地方公共团体的议会议员及行政首长的选举权。

3. 前一款中提到的市町村包括具体区域的全部或部分根据区域的废置分合规划形成的该市町村所在区域的全部或部分市町村，以及根据区域的废置分合规划废除的市町村（含由根据此项规定应该废除的市町村而形成的市町村）。

4. 对照第2款的规定，具有所属市町村的都道府县议会议员及行政首长的选举权者，从所在市町村迁移至同一都道府县区域内的其他市町村，不受第2款中关于住所规定的限制，继续拥有所在都道府县议会议员及行政首长的选举权。

5. 在第2款规定的3个月期间，选举权不因市町村的废置分合或边界的变更而中断。

第10条　被选举权

1. 日本国民遵从下列区分，分别具有相应的议会或行政首长的被选举权：

（1）众议院议员须年满25周岁；

（2）参议院议员须年满30周岁；

（3）都道府县议员议员须具有选举权且年满25周岁；

（4）都道府县知事须年满30周岁；

（5）市町村议会议员须具有选举权且满25周岁；

（6）市町村行政首长须年满25周岁。

2. 前款各项的年龄根据选举日期计算。

第11条　不具有选举权和被选举权者

1. 符合以下各项条件者不具有选举权和被选举权：

（1）由于精神和智力障碍受到监护的成年人；

（2）受有期徒刑以上刑罚执行未完者；

（3）受有期徒刑以上刑罚而未经执行者（缓期执行者除外）；

（4）担任公职期间触犯《刑法》（1907年法律第45号）第197条至197条之4，或者触犯有关利用公职地位获利的法律（1990年法律第130号）第1条被处以刑罚的人，其执行期限已结束者或者被免除执行且执行终结者或者从其执行被免除之日起未满5年以及其刑罚处于缓期执行者。

(5) 由于在依法进行的选举、投票以及全民公决中犯罪被处以有期徒刑以上的刑罚且其刑罚处于缓期执行者。

2. 因与本法规定的选举有关的犯罪而不具有选举权和被选举权的事项由本法第252条规定。

3. 当获知所在市町村有户籍的选民在其他市町村有住所或者在其他市町村根据本法第36条之6的规定被作为在外选民登录,根据本条第1项规定或者根据本法第252条产生理当丧失选举权的事由或者该事由消失时,市町村行政首长必须无延迟地将这些事项通知相应的其他市町村的选举管理委员会。

第11条之2　不具有被选举权者

担任公职期间触犯前条第1款第4项规定被处以刑罚者,从其刑罚执行结束之日或者从其执行被免除之日算起满5年者再被追加剥夺选举权5年。

第三章　关于选举的区域

第12条　选举单位

1. 众议院议员(小选区选出和比例代表制选出)、参议院议员(比例代表制选出)以及都道府县议会议员分别在各自的选区选举。

2. 参议院议员(比例代表制选出)在全部都道府县的整个区域选举产生。

3. 都道府县知事及市町村行政首长在公共团体的所在区域选举。

4. 市町村议会议员有选区则在选区选举,无选区则在市町村区域内选举。

第13条　众议院议员的选区

1. 众议院议员(小选区选出)的选区由附表一规定,各选区应选的议员名额为1人。

2．众议院议员（比例代表制选出）的选区以及各选区应选的议员名额由附表二规定。

3．如有附表一列举的行政区划或其他区域的变更，众议院议员（小选区选出）的选区仍确定为以前的选区。但当涉及两个以上选区的边界变更时不在本规定之列。

4．前款"但是"提到的边界变更涉及两个选区的情况下，当涉及的市町村与市町村的边界变更有关的区域新产生的市町村分割为两个以上的选区时，相应区域的选区归属由政令规定。

5．当市町村的废置分合涉及众议院议员（比例代表制选出）两个以上的选区时，不受第2款规定的限制，在附表一被首次更正期间，众议院议员（比例代表制选出）选区仍确定为以前的区域。

第14条　参议院选区选出议员的选区

众议院议员（选区选出）的选区及在各选区应选举的议员名额由附表三规定。

第15条　地方公共团体议会议员的选区

1．都道府县议会议员的选区在郡市区域。

2．当前一款提到的区域的人口达不到以具体的都道府县的人口除以该都道府县的议会议员的名额的所得数（以下本条称为"每一议员代表的人口"）的半数时，必须依照条例与临近的其他郡市区域合并设置为一个选区。

3．当第1款提到的区域人口虽然达到了每一议员代表的人口的半数以上但未达到每一议员代表的人口时，依照条例可以与相邻的其他郡市的区域合并设置为一个新的选区。

4．一个郡的区域被其他郡市的区域分割为两个以上区域从而适用于前三款规定时，涉及的区域或者那些合成的区域可以看作郡的区域。一个郡的区域没有被其他郡市的区域分割但出现地势和交通与分割类似的情况也同上处理。

5．在一个郡的区域被分割为属于两个众议院议员（小选区选出）的选区从而适用于从第1款至第3款的规定（含适用于前一款的规定)的情形下,可以把涉及的各区域看作郡市的区域。

6. 市町村在认为特别有必要时,可以就其议会议员的选举依照条例设立选区。但是,对于《地方自治法》第 252 条之 19 的第 1 款中的指定城市(以下称作"指定城市"),应将区的区域作为选区。

7. 根据第 2 款、第 3 款或者上一款的规定设立选区时,必须综合考虑行政区划、众议院议员(小选区选出)的选区、地势、交通等因素而合理地进行。

8. 各选区应选的地方公共团体议会议员名额,必须按人口比例以条例而定。但是有特殊情况时,可以大致确立人口标准且考虑地域间的均衡而定。

9. 除以上各款规定外,有关地方在公共团体议会议员的选区及各选区应选议员的人数的必要事项,由政令规定。

第 15 条之 2　选区在选举期间的特例

1. 即使有多达两个以上选区的市町村边界在众议院议员(小选区选出)的选举日期公布至选举日之间变更,涉及的选区也不拘于第 13 条第 3 款的规定,涉及的选举不变更。

2. 即使有多达两个以上选区的都道府县边界在众议院议员(比例代表制选出)的选举日期公布至选举日之间变更,涉及的选区也不拘于第 13 条第 2 款的规定,涉及的选举不变更。

3. 多达两个以上选区的都道府县边界在参议院议员(选区选出)选举日期公布至选举日之间变更,涉及的选区也不拘于第 13 条第 2 款的规定,涉及的选举不变更。

4. 多达两个以上选区的郡市边界在众议院议员(小选区选出)的选举日期公布至选举日之间有变更(涉及都道府县境界的除外),涉及的选区也不拘于前一条第 5 款的规定,涉及的选举不变更。

第 16 条　选区变化与现任者地位

因行政区划及其他区域的变更引起所在选区的变化,现任的众议院议员、参议院议员(选区选出)、都道府县议会议员及市町村议会议员也不失去现任的公职。

第 17 条 投票区

1. 投票区是市町村区域。

2. 市町村选举管理委员会在认为必要时,可以分割町村区域,将其设置为数个投票区。

3. 根据前一款的规定设置投票区时,市町村的选举管理委员会必须马上发布公告。

第 18 条 开票区

1. 开票区设在市町村区域。但当众议院议员(小选区选出)或者都道府县议会议员的选举市町村被划分为两个以上的选区或者根据第 15 条第 6 款的规定设立选区时,根据选区的区域情况分割市町村区域设置为数个开票区。

2. 都道府县的选举管理委员会只限在认为有特殊情况时,可以不受前一项规定的限制,分割市町村区域设立数个开票区或者合并数个市町村区域为一个开票区。

3. 根据前一项的规定设立开票区时,市町村的选举管理委员会必须及时发布公告。

第四章 选民名册

第 19 条 永久选民名册

1. 选民名册应永久保存,通用于各类选举。

2. 市町村的选举管理委员会负责选民名册的编制和保管,在每年 3 月、6 月、9 月、12 月(在本法第 22 条第 1 款及本法 23 条第 1 款中称为"登录月")以及举行选举时进行选民名册的登录。

3. 选民名册根据政令的规定可以制作成磁盘(含用类似方法能够准确记录一定事项的物品。以下同)。

4. 在举行选举的情形下,如果有必要,可以使用选民名册的抄本(对于根据前一款的规定以磁盘制作选民名册的市町村的选举管理委员会,为记载涉及的选民名册全部或部分事项的文件)。

5. 选民名册的编制不适用于《关于行政程序中信息通信技术利用的法律》(2002年法律第151号)。

第20条　选民名册记载的事项

1. 在选民名册上必须记载选民姓名、住所、性别及出生年月日等(对于根据前条第3款规定以磁盘编制的选民名册也为记录)。

2. 在分割市町村区域设立数个投票区的情形下,选民名册必须按各投票区编制。

3. 除前两款规定外,选民名册的格式及其他必要事项以政令规定。

第21条　被登录资格

1. 选民名册的登录,针对在涉及的市町村区域内有住所且年满20周岁的日本国民(依第1条第1款、第252条规定或者《政治资金规正法》[1949年法律第194号]没有选举权者除外),从这些国民在该当登录的市町村(即涉及的市町村及取消的市町村[即区域的全部或局部根据废置分合的规划形成的相应的的市町村的全部或局部的市町村及根据废置分合的规划取消的市町村]。以下同此)的居民证作成之日(从其他市町村搬迁至登录市町村等区域者根据《居民基本台账法》[1967年法律第81号]第22条规定提出申报时,以申报之日为准)起连续3个月以上有在登录市町村等居住的原始记录者则被登录在名册中。

2. 前一款所述取消的市町村中有其区域的全部或局部根据废置分合的规划成就的相应的市町村区域的全部或部分市町村,也含依据废置分合的规划取消的市町村(依据此款规定包括该当取消的市町村区域的市町村)。

3. 第1款中居民原始记录的期间不因废置分合的规划或者边界的变更而改变。

4. 市町村的选举管理委员会根据政令的规定调查涉及在市町村选民名册上的有资格的被登录者。必须为登录者做必要的资料整理。

第 22 条　登录

1. 市町村选举管理委员会必须以登录月的第 1 日为基准,将有资格被登录在相应的市町村选民名册者,于同月第 2 日登入选民名册。但是,市町村选举管理委员会可以在登录月的首日至第 7 日之间举行选举的情况下以及有特殊情况的情形下根据政令规定变更登录日。

2. 市町村选举管理委员会在选举进行时,依据管理涉及相应的选举有关的事务的选举管理委员会(在进行众议院比例代表制选出议员或参议院比例代表制选出议员的活动时,是指中央选举管理委员会)的规定,必须将有登录资格者登录在涉及的市町村的选民名册上。

第 23 条　阅览

1. 市町村选举管理委员会就前一款规定的登录在登录月的第 3 日至第 7 日之间(依同款"但是"句规定的场合下,期间由政令规定)。就同条第 2 款规定的登录,相应的主管有关选举事务的选举管理委员会(对于众议院比例代表制选出议员或参议院比例代表制选出议员而言是指中央选举管理委员会)在规定的期间、町村公所或涉及的市町村选举管理委员会指定的场所,务必根据同条规定提供登录在选民名册上的选民姓名、住所及出生年月日的书面文件供公众阅览。

2. 市町村的选举管理委员会必须在阅览开始的前 3 日公告阅览的场所。

第 24 条　异议的申诉

1. 当选民对选民名册的登录不服时,可以在浏览期间,以书面的形式向涉及的市町村的选举管理委员会提起申诉。

2. 市町村选举管理委员会在受理前一款所称异议申诉时,必须在从受理之日起 3 日内作出其申诉是否正当的决定。如果认定其申诉正当,则必须迅速将异议申诉有关者登录在选民名册上或者从选民名册上删除,通知申诉人和关系人,并且发布公告。认定申诉不正当则须迅速通知申诉人。

3.《行政不服审查法》(1962年法律第160号)第15条第1款第1项至第4项、第6项及第4款、第21条、第25条、第26条、第31条、第36条、第39条以及第44条的规定,准用于本条第1款异议的申诉。

4. 第214条的规定准用于本条第1款的异议申诉。

第25条 诉讼

1. 不服前一条第2款的规定决定的异议申诉人或关系人,可以在获知处理决定通知之日起7日内,将涉及的市町村选举管理委员会作为被告提起诉讼。

2. 前款的诉讼由管辖各相应的町村选举管理委员会所在地的地方法院专属管辖。

3. 不服前款法院判决者不得进行再诉讼,但可以向最高法院上诉。

4. 第213条、第214条及219条第1款的规定准用于第1款及前款的诉讼。此时,第219条第1款中"争执一种选举效力的数项请求,依第207条或第208条之规定争执一种选举当选效力的数项请求、依210条第2款之规定争执一种公职候选人当选效力的数项请求、依第211条之规定争执当选效力的数项请求或争执候选人资格的数项请求或争执选举效力的请求及关于该选举之当选效力依第207条规定争执的请求"应改为"对同一阅览争执选民名册的登录或删除的数项请求"。

第26条 补充登录

1. 市町村选举管理委员会依第22条的规定完成选民名册的登录后,当获悉在登录之际将有资格者漏登时,必须立即将漏登者登入选民名册并公告其要旨。

第27条 附记与更正

1. 市町村选举管理委员会获悉被登录在选民名册者依第11

条第 1 款或第 252 条以及《政治资金规正法》第 28 条规定已无选举权或者在涉及的市町村已无住所时,必须马上将其要旨附记于选民名册中。

2. 市町村选举管理委员会获悉有关被登录者的登录内容(含依第 19 条规定以磁盘制作的选民名册的内容)有变更或有错误时,必须马上就其记载进行修正或更正。

第 28 条　登录之删除

市町村选举管理委员会对被登录在各市町村的选民名册中的符合下列各项条件者,必须立即将其从选民名册中删除。此时,符合第 2 项或第 3 项的情形,必须公告其要旨。

(1) 获悉已死亡或已丧失日本国籍时;

(2) 符合前条第 1 款被附记的情形,在涉及的市町村区域无住所之日起已过 4 个月时;

(3) 获悉在登录之际不应该被登录时。

第 29 条　通报及阅览

1. 市町村行政首长及市町村选举管理委员会在进行选民住所有无及其他选举资格确认时,必须互相通报持有的资料。

2. 市町村选举管理委员会除自选举日期公告或公示之日起至投票日后第 5 日止的期间外,应该将选民名册的抄本(对于依第 19 条第 3 项规定以磁盘制作选民名册的市町村的选举管理委员会而言,是指记录涉及的选民名册的全部或部分事项以及涉及事项的文件)提供阅览,并且提供其他适当便利。

3. 选民在认为选民名册有漏登、误载或误记时,可以就选民名册的修正向市町村选举管理委员会提出调查请求。

第 30 条　选民名册的重新编制

1. 市町村选举管理委员会因天灾事变或其他事故认为有必要时,应重新编制选民名册。

2. 前项规定的选民名册编制、阅览、确定日期以及其他有关编制的事项均以政令规定之。

第四章之二 在外选民名册

第30条之2 在外选民名册

1. 市町村选举管理委员会除选民名册外要进行在外选民名册的编制和保管。

2. 选民名册应永久保存,通用于众议院议员及参议院议员的选举。

3. 市町村选举管理委员会根据第30条之5第1款规定的申请,进行在外选民名册的登录。

4. 在外选民名册依政令规定可以用磁盘编制。

5. 在选举进行之际有必要时,可以使用选民名册的抄本(对于依前项规定以磁盘制作在外选民名册的市町村的选举管理委员会而言,是指记录涉及的选民名册的全部或部分事项以及涉及事项的文件)。

6. 对于在外选民名册的编制,不适用《关于行政程序中信息通信技术利用的法律》第6条的规定。

第30条之3 在外选民名册的记载事项

1. 在外选举人名册必须记载(含根据前条第4款规定以磁盘编制的在外选民名册中的记录)选民姓名、最终住所(指选民迁移至国外住所之前在居民证上记载的住所)或申请时(指选民向第30条之5第2款规定的领事或同项规定的以总务省令、外务省令指定者提出根据同条第1款规定的申请书时,同条第1款及第3款亦同)的本籍、性别及出生年月日等。

2. 市町村选举管理委员会在分割市町村区域将其设置为数个投票区时,应该依政令规定发出指定性命令将在外选民名册编制在一个以上的投票区(以下称为指定在外投票区)内。

3. 除前两款规定外,在外选民名册的格式及其他必要事项,以政令规定之。

第 30 条之 4　在外选民名册的被登录资格

在外选民名册的登录,对在申请在外选民登录之时,在管辖涉及的申请人住所的领事(含行使领事职权的大使馆或公使馆的行政首长或代理其职务者)管辖区域(指由总务省令、外务省令规定的与在外选民名册登录申请有关的领事管辖区域)连续有 3 个月以上的住所,未被登录在在外选民名册上的年满 20 岁以上的日本国民(依第 11 条第 1 款或第 252 条或《政治资金规正法》第 28 条规定不具有选举权者除外。以下同)而行之。

第 30 条之 5　在外选民名册的登录申请

1. 依前条规定具有在外选民登录资格者,依政令规定,可以用书面形式向最终住所所在地的市町村选举管理委员会(对于具有该项资格未曾被登录在任何市町村居民原始记录上者而言,是指申请时其本籍所在地的市町村选举管理委员会)提出在外选民登录的申请。

2. 前款规定的申请依政令规定必须经由管辖涉及的申请人住所的领事(经由相应的领事申请显有困难则是指在总务省令、外务省令指定的区域,由总务省令、外务省令指定的人员)处理。

3. 在前款情形下,领事依政令规定,应在依第 1 款规定提出的申请书上签注有关申请者资格的意见,并立即将申请书送交申请人最终住所的所在地市町村选举管理委员会(对于具有该项资格未曾被登录在任何市町村居民原始记录上者而言,是指申请时其本籍所在地的市町村选举管理委员会)。

第 30 条之 6　在外选民名册的登录

1. 市町村的选举管理委员会在认定依前条第 1 款规定提出申请的申请人具有被登录于相应的市町村的在外选民名册的资格时,必须无迟缓地将申请者登录在在外选民名册中。

2. 市町村选举管理委员会在众议院议员或参议院议员的选举日期公告或公示之日起至投票日止的期间内,不受前款规定的限制,可不进行登录。

3. 市町村选举管理委员会在依第 1 款规定登录完毕后,应经由前条第 3 项规定送交同条第 1 款规定申请书的领事,向依同项规定提出申请者交付将其登录在在外选民名册上的证明书(以下称"在外选民证")。

第 30 条之 7　有关在外选民名册的阅览

1. 市町村选举管理委员会每年四次以及在进行众议院议员或参议院议员选举之际、依政令规定的期间,在市町村公所或者涉及的市町村选举管理委员会指定的场所,提供依前条第 1 款规定记载、登录在在外选民名册中者的姓名、领事(指将被登录在相应的在外选民名册上者有关依第 30 条之 5 第 1 款规定的申请书依同条第 3 款规定送交的领事。以下在本款中同)经手的名称、最终住所以及出生年月日(对于具有该项资格未曾被登录在任何市町村居民原始记录上者而言,是指领事经手的名称及出生年月日)的书面文件,供公众阅览。

2. 市町村的选举管理委员会必须在阅览开始的前 3 天公告阅览场所。

第 30 条之 8　有关在外选民名册登录的异议的申诉

1. 第 24 条第 1 款及第 2 款的规定,准用于在外选民名册有关异议的申诉。

2. 从《行政不服审查法》第 15 条第 1 款第 1 项至第 4 项、第 6 款及第 4 款、第 21 条、第 25 条、第 26 条、第 31 条、第 36 条、第 39 条以及第 44 条的规定,准用于前项准用的第 24 条第 1 款异议的申诉。

3. 第 214 条的规定准用于第 1 项中准用第 24 条第 1 项的异议申诉。

第 30 条之 9　关于在外选民名册的诉讼

1. 从第 25 条第 1 款到第 3 款的规定准用于有关在外选民名册登录的诉讼。此时,同条第 1 款中"前条第 2 款"应改为"准用第 30 条之 8 第 1 款的前条第 2 款","7 日"应改为"7 日(以政令规定时,扣除由《有关由国家邮递或民间从事邮递业务者书信送达的法律》[2002年法律第99号]第2条第6款规定的一般书信邮递业务经营者、在同条第9款中规定的特定书信邮递业务经营者,或者在同法第3条第4项中规定的外国书信邮递业务经营者送达同法第2条第2款规定的书信需要的时间)"。

2. 第213条、第214条及第219条的规定,准用于在前项中准用的第25条第1款及第3款的诉讼。此时,第219条第1款中"争执一种选举效力的数项请求、依第207条或第208条的规定争执一种选举当选效力的数项请求、依第210条第2款的规定争执公职候选人当选效力的数项请求、依第211条的规定争执公职候选人等当选效力或候选资格的数项请求或当选效力的请求及关于该选举的当选效力依第207条或208条的规定争执其效力的请求",应改为"争执涉及一个阅览的在外选民名册的登录或从在外选民名册删除的数项要求"。

第30条之10　在外选民名册的附记及更正等

1. 市町村选举管理委员会获悉被登录在在外选民名册者,依第11条第1款或第252条以及《政治资金规正法》第28条规定已无选举权或者与被登录在在外选民名册中者有关的居民证在国内的市町村重新编制时,必须马上将其要旨附记于在外选民名册中。

2. 市町村选举管理委员会获悉被登录在在外选民名册上的登录内容(含依第30条之2第4款规定以磁盘制作的在外选民名册的内容。第30条之13中也同)有变更或有错误时,必须马上就其记载(含依同项规定以磁盘制作在外选民名册的记载)进行修正或更正。

第31条之11　在外选民名册登录的删除

市町村选举管理委员会在被登录于各市町村在外选民名册中者有符合下列条件时,必须立即将其从选民名册中删除。此时,符合第2项或第3项的情形,必须公告其要旨。

(1) 获悉已死亡或已丧失日本国籍时;

(2) 符合前条第 1 款被附记者，从在国内的市町村核发居民证之日起已过 4 个月时；

(3) 获悉在登录之际不应该被登录时。

第 30 条之 12　关于在外选民名册修改等的通知

1. 市町村行政首长对于在其市町村具有本籍而被登录于其他市町村的在外选民名册者（以下在本款中称为"其他市町村在外选民名册登录者"），有关户籍的申报、申请书及其他文书的受理或依职权进行户籍的记载或户籍附件的记载、注销或记载的修改时，在获悉其他市町村选举管理委员会应修正或更正其在外选民名册，或将涉及的其他市町村在外选民名册登录者从相应的名册注销或与相应的其他市町村在外选民名册登录者的居民证在国内的市町村重新编制时，应立即将其要旨通知涉及的其他市町村选举管理委员会。

2. 第 29 条规定准用于有关在外选民名册登录资格的通报、在外选民名册抄本的阅览或者提供方便以及有关在外选民名册修正的调查的请求。

第 30 条之 13　与在外选民名册有关的文书的阅览等

领事对于经由其交付在外选民证者，应将其被登录在在外选民名册所属的市町村及被登录者的姓名及记载有关在外选民名册的记载内容等事项依政令指定的文书提供阅览，并给予其他适当的方便。

第 30 条之 14　在外选民名册的再编制

第 30 条的规定准用于在外选民名册的再编制。

第 30 条之 15　与在外选民名册的登录有关的政令委任

除第 30 条之 4 至前条所规定的外，有关在外选民名册登录的必要事项以政令规定之。

第五章 选举日期

第31条 总选举

1. 众议院议员任期届满的选举应于议员任期届满之日前30日内举行。

2. 对于依前款规定应举行总选举的时间,在国会开会中或从国会闭会之日起23日以内的情形,该总选举应在国会闭会之日起24日以后的30日内举行。

3. 因众议院解散发生的众议院议员的总选举应在自解散之日起40日内举行。

4. 总选举的日期至少应该在12日前公示。

5. 因众议院议员任期届满发生的总选举的日期公示后,在其日期前众议院被解散时,该项公示丧失其效力。

第32条 通常选举

1. 参议院议员的通常选举,应在议员任期届满之日前30日内举行。

2. 依前款规定应举行通常选举的时间在参议院开会中或从参议院闭会之日起23日以内的情形,该总选举应在参议院闭会之日起24日以后的30日内举行。

3. 通常选举的日期至少应该在17日前公示。

第33条 一般选举、行政首长任期届满选举及设置选举

1. 因地方公共团体议会议员的任期届满选举发生的选举或因行政首长任期届满发生的选举应在其任期届满之日前30日内举行。

2. 因地方公共团体的议会解散发生的一般选举应在自解散之日起40日内举行。

3. 因市町村的设置发生的议会议员的一般选举及行政首长选举应从依《地方自治法》第7条第6款公告该市町村设置之日起50日内举行。

日本地方政府法选编

4.因地方公共团体议会议员任期届满发生的一般选举的选举日期公示后,在其任期届满之日前,某议会议员全部出缺时,或者因地方公共团体议会议员任期届满发生的一般选举的选举日期公示后,在其任期届满之日前,某地方公共团体的行政首长出缺或提出辞职时,不为因这些事由发生的选举再发布公告。但因任期届满发生的选举日期前,某地方公共团体议会被解散时,或者行政首长被解职或因不信任决议丧失其公职时,因任期届满发生的选举的公示丧失其效力。

5.从第1款到第3款的选举日期必须依下列区分进行公示:

(1)都道府县知事选举至少应在17日前;

(2)指定城市行政首长选举至少应在14日前;

(3)都道府县议会议员及指定城市议会议员选举至少应在9日前;

(4)指定城市以外议会议员选举及行政首长选举至少应在7日前;

(5)町村议会议员及行政首长选举至少应在5日前。

第33条之2 众议院议员及参议院议员的再选举及补缺选举

1.众议院议员及参议院议员依第109条第1项所列事由举行的再选举,应该在发生选举事由之日起40日之内、众议院议员及参议院议员依同条第4项事由举行的再选举(只限于因选举无效引出的再选举),应在主管相应选举事务的选举管理委员会(对于众议院比例代表制选出议员或参议院比例代表制选出议员的选举而言,是指中央选举管理委员会)接到依第220条第1款后段规定的通知之日起40日以内举行。

2.众议院议员及参议院议员的再选举(前项规定的再选举除外。以下称"统一对象再选举")或补缺选举,在9月16日起至翌年3月15日(以下在本条中称为"第一期间")发生应该举行选举的事由时,应在该期间之后的4月的第4个星期日、在3月16日起至该年 9 月 15 日止(以下本条称为"第二期间")发生应举行选举的事由时,应在该期间之后 10 月的第 4 个星期日举行。

3. 众议院议员的统一对象选举或补缺选举,在参议院议员任期届满第二期间的首日起至参议院议员任期届满日 54 日前之日(该日之后国会正在开会时是指相应的通常选举日期公示日之前国会闭会之日)发生应该举行选举的事由时,不受前款规定的限制,在相应的通常选举日期举行。

4. 参议院的统一对象再选举或补缺选举,在在任期间不同的参议院议员任期届满的第二期间的首日起至通常选举日期公告为止发生应该举行选举的事由时,不受第 2 款规定的限制,在相应的选举日期举行。

5. 参议院议员的统一对象再选举或补缺选举在依下列各项区分举行选举而在各选举日期公示前发生应该举行选举的事由时,不受第 2 款及前款规定限制,依下列各项区分的选举日期举行。

(1) 对于比例代表制选出议员的情形,是指在任期间不同的比例代表制选出议员依第 1 款规定举行选举(选举局部无效的再选举除外)之时;

(2) 对于选区选出议员的情形,是指在相应的选区在任期间相同的选区选出议员依第 1 款规定举行选举(只限于当选人数量未满足其选举名额而举行的再选举)或在任期内不同选区选出议员依同款规定举行再选举(选举局部无效的再选举除外)之时。

6. 众议院议员及参议院议员的再选举(统一对象选举除外),在涉及的议员任期(对于参议院议员是指在任时间相同者的任期,以下同)届满前 6 个月以内发生应举行选举的事由时不予举行。众议院议员及参议院议员的统一对象再选举或补缺选举,在涉及的议员任期届满前 6 个月前之日属于第一期间或第二期间的首日以后发生应举行选举的事由时不予举行。

7. 众议院议员及参议院议员的再选举或补缺选举达到必须

举行的程度,但恰好属于依第 204 条或第 208 条规定的提起诉讼期或诉讼期间则不得举行之。此时,在此期间对于发生第 1 款或第 2 款规定事由的选举在适用于前各款规定时,第 1 款中"发生举行选举事由之日"应改为"对于第 204 条或第 208 条规定提起诉讼期间或主管该当选举事务的选举管理委员会(对于众议院比例代表制选出议员或参议院比例代表制选出议员的选举是指中央选举管理委员会)受到依第 220 条第 1 款后段规定通知发生任何延迟事由之日"第 2 款至前款规定中"发生应该的举行选举事由时"应改为"第 204 条或第 208 条规定提起诉讼期间的经过或这些规定不再属于因诉讼发生延迟事由时"。

8. 众议院议员及参议院议员的再选举及补缺选举的日期,除有特别规定外,应依下列区分公示之。

(1) 众议院议员的选举至少应在 12 日前;

(2) 参议院议员的选举至少应在 17 日前。

第 34 条 地方公共团体的议员及行政首长的再选举及补缺选举等

1. 地方公共团体议会议员及行政首长的再选举、补缺选举(包括依第 114 条规定的选举)或增额选举或依第 116 条规定的一般选举,应在发生应举行选举事由之日起 50 日内举行。

2. 前款所列举选举中,依第 109 条、第 110 条或第 113 条规定的地方公共团体议会议员的再选举、补缺选举或增额选举。在各议员任期届满前 6 个月以内发生应举行选举的事由时则不予举行。但议员数未满足名额的 2/3 时,不在此限。

3. 第 1 款所列选举在众议院议员及参议院议员达到有必要进行选举时,但恰好属于依第 202 条或第 206 条规定的异议申诉期间、依第 202 条或第 206 条规定的异议处理,或审查裁决未确定的期间或依第 203 条或第 207 条规定专属诉讼期间(在此项及第 5 项中称为专属争讼等期间)则不得举行之。

4. 第 1 款所列选举中,下列各项所列选举适用同款规定时,同款中"发生应举行选举事由之日",应改为相应的各项规定之日(从第 2 项至第 6 项规定之日恰为争讼期间时则为第 1 项规定之日)。

(1) 对于达到有必要举行程度而在争讼期间发生选举事由的选举,为经历第 202 条或第 206 条规定异议提出期间、第 202 条或第 206 条规定异议的处理或审查裁决的确定或接到主管该选举事务的选举管理委员会依第 220 条第 1 款后段规定通知中发生最后事由之日。

(2) 依第 109 条第 5 项所列事由的再选举,为主管各选举事务的选举管理委员会接到依第 220 条第 2 款规定通知之日(依第 210 条第 1 款规定未被提起诉讼的选举是指同款规定提起诉讼期间经过之日)。

(3) 依第 109 条第 6 项所列事由的再选举,为主管该选举事务的选举管理委员会接到第 254 条规定通知之日。

(4) 补缺选举或增额选举(适用前两项规定者除外),为主管该选举事务的选举管理委员会接到第 110 条第 1 款第 4 项规定通知之日。

(5) 依第 114 条规定的选举,为主管相应的选举事务的选举管理委员会接到第 111 条第 1 款第 4 项规定通知之日。

(6) 依第 116 条规定的一般选举,为第 2 项至第 4 项规定之日中的最后之日。

5. 地方公共团体议会议员的再选举、补缺选举或增额选举中,达到有必要举行选举而适逢争讼期间发生第 2 款规定事由,在适用同款规定时,同款中"发生应举行选举的事由时",应改为"依第 202 条或第 206 条规定经历异议提出期间、对第 202 条或第 206 条规定异议的处理决定、审查裁决的确定或发生已无第 203 条或第 207 条规定诉讼中的最后事由时"。

6. 第 1 款的选举日期,除有特别规定者外,应以下列各项规定的区分公示之:

（1）都道府县知事选举至少应在 17 日前；

（2）指定城市行政首长选举至少应在 14 日前；

（3）都道府县议会议员及指定城市议会议员选举至少应在 9 日前；

（4）指定城市以外的市议会议员及行政首长选举至少应在 7 日前；市町村议会议员及行政首长选举至少应在 5 日前。

第 34 条之 2　地方公共团体议会议员及行政首长任期届满选举日期的特例

1. 在地方公共团体议会议员任期届满之日系相应的地方公共团体行政首长届满日的前 90 日起至行政首长任期届满的前 1 日期间内，同时举行相应的地方公共团体议会议员因任期届满发生的一般选举于行政首长因任期届满发生的选举时，不受第 33 条第 1 款规定的限制，这些选举可以在相应的地方公共团体行政首长任期届满之日前 50 日当日或相应的地方公共团体议会议员任期届满之日前 30 日当日任一较晚之日起至相应的地方公共团体议会议员任期届满之日后 50 日或相应的地方公共团体行政首长任期届满之日任一较早之日为止的期间内举行。

2. 都道府县选举管理委员会或市町村选举管理委员会，拟以前款规定举行选举时，应在涉及的地方公共团体议会议员任期届满之日 60 日前公布其要旨。

3. 不受第 32 条第 1 款及第 2 款规定的限制，依前款规定进行告示后至相应的地方公共团体行政首长任期届满举行选举的日期公示之期间，相应的地方公共团体议会议员因任期届满以外事由全部出缺时（相应的地方公共团体议会议员任期届满的一般选举之日期已经公示的情况除外 [适用于第 33 条第 4 款 "但是" 句规定的除外]），相应的公共团体行政首长任期届满的选举应在该地方公共团体行政首长任期届满之日前 50 日当日或相应的地方公共团体议会议员任期届满之日前 30 日当日任一最晚之日起至相应的地方公共团体行政首长任期届满日的期间内举行。依前款规定发出公示后至相应的公共团体议会议员任期届满的一般选举日期公示的期间,相应的地方公共团体的行政首长出缺,或提出辞职时(相应的地方公共团体行政首长任期届满的选举日期已经公示的情形[有第33条第4款但是句规定的除外]除外),相应的地方公共团体议会议员任期届满的一般选举,应在相应的地方公共团体议会议员任期预定届满日前30日当日至相应的地方公共团体议会议员任期届满日后50日当日或相应的地方公共团体行政首长任期届满日的任一最早日的期间内举行。

4. 前3款的规定准用于地方公共团体行政首长任期届满恰为地方公共团体议会议员任期届满日前90日起至议员任期届满日的前1日的期间。此时,第1款中"行政首长任期届满日前50日"应改为"议会议员任期届满日前50日"、"议会议员任期届满日后30日"应改为"行政首长任期届满日后30日"、"议会议员任期届满日后50日"应改为"行政首长任期届满日后50日"、"相应的地方公共团体行政首长任期届满日的"应改为"相应的地方公共团体议会议员任期届满日的"、"第2款中"前项应改为"准用于第4款的前款"、"议会议员任期届满日"应改为"行政首长任期届满日"、前款中"第1款的"应改为"准用于次款的第1款的"、"行政首长任期届满的选举"应改为"议会议员任期届满的一般选举"、"因议会议员任期届满发生的选举的一般选举"、"因议会议员任期届满以外的事由全部消失"应改为"因行政首长任期届满以外的事由出缺或提出辞职"、"议会议员任期届满的一般选举"应改为"因行政首长任期届满发生的选举"、"行政首长任期届满之日"应改为"议会议员任期届满之日"、"议会议员任期预定届满之日"应改为"行政首长任期预定届满之日"、"行政首长出缺或提出辞职"应改为"议会议员全部出缺"、"议会议员任期届满之日"应改为"行政首长任期届满之日"、"行政首长任期预定届满之日"应改为"议会议员任期预定届满之日"。

5. 第33条第5款的规定准用于依第1款或第3款（含这些规定在前款准用的情形）规定举行的选举。

第六章 投　　票

第35条　选举方法

选举以投票的形式进行。

第36条　一人一票

在各种选举中,投票以一人一票为限。但在众议院议员选举中对于小选区选出议员与比例代表制选出议员、参议院议员选举中对于选区选出议员与比例代表制选出议员,每人各投上一票。

第37条　投票管理员

1. 在每个选举中都要设置投票管理员。

2. 投票管理员由市町村选举管理委员会从具有相应选举的选举权者中选任。

3. 当众议院小选区选出议员的选举与比例代表制选出议员的选举同时举行时,市町村选举管理委员会可以使小选区选出议员的投票管理员兼任比例代表选出议员的投票管理员。

4. 参议院选区选出议员的选举与比例代表制选出议员的选举同时举行时,市町村选举管理委员会可以使选区选出议员的投票管理员兼任比例代表制选出议员的投票管理员。

5. 投票管理员承担有关投票事务。

6. 投票管理员丧失相应选举的选举权时,即丧失其职务。

7. 在市町村区域划分设置为数个投票区时,市町村选举管理委员会可以依政令的规定指定一个以上的投票区,并使各指定投票区的投票管理员依政令的规定执行属于该当的投票区以外的选民依第49条规定有关投票事务中依政令规定的事项。

第38条　投票监查人

1. 在每次选举举行时,市町村选举管理委员会在征得本人同意的基础上,从各投票区的选民名册被登录者中,选任2人以上5

人以下的投票监查员,并在投票日的前3日通知本人。

2. 投票所已到开门时刻而投票监查员仍未达到2人或其后变为未达2人时,投票管理员应从相应的投票区的选民名册中选任投票监查员补足为2人,并通知其到场监查投票。

3. 相应选举的公职候选人不得出任投票监查员。

4. 在同一投票区中,不得有2人以上隶属同一政党及其政治团体。

5. 投票监查员没有正当理由不得辞职。

第39条　投票所

投票所设在市町村公所或市町村管理委员会指定的场所。

第40条　投票所的开闭时间

1. 投票所的开闭时间为上午7时至下午8时。但是市町村选举管理委员会限于为方便选民投票,在认为有特别情况或不妨碍选民投票的特别情况下,可以将开投票所的时间在2小时的范围内提前或延后,可以将关闭投票所的时间在4小时的范围内提前。

2. 在遇到前款"但是"句所举情形时,市町村选举管理委员会应立即公告其意旨,并通知该投票所的投票管理员。如系市町村议会议员或行政首长选举以外的选举,应立即报告都道府县选举管理委员会。

第41条　投票所的公示

1. 市町村的选举管理委员会至少应在选举日的前5日将投票所公之于众。

2. 因天灾或其他不可避免的事故,变更依前项规定公示的投票所时,除选举当日外,市町村选举管理委员会可以不受前项规定限制,立即公布其要旨。

第42条　选民名册或在外选民名册的登录和投票

1. 未被登录在选民名册或在外选民名册中者不得进行投票。但当有持应该登录在选民名册或在外选民名册上的决定书或确定判决书者,且在投票当日至投票所时,投票管理员应该允许其投票。

2. 被登录在选民名册或在外选民名册上者系不应该被登录在选民名册或在外选民名册上者时,其不得投票。

第 43 条　无选举权者的投票

在选举的当日无选举权者不得投票。

第 44 条　在投票所的投票

1. 选民必须在选举的当天亲自去投票所进行投票。

2. 选民非经选民名册或其抄本(相应的选民名册依第 19 条第 3 款以磁盘被编制时,是指在相应的选民名册中被记载的全部或部分事项或相应事项的文件。在下款、第 55 条及第 56 条中亦同)的核对,不得投票。

3. 将住所迁移至同一都道府县区域内的选民,准备在以前的市町村对相应的都道府县议会议员或行政首长的选举进行投票时,在被核对前款提到的选民名册或其抄本之际,必须提出足以证明其在该都道府县区域内有住所的文件。

第 45 条　选票的交付及格式

1. 选票应在选举的当日在投票所交付选民。

2. 在参议院议员或众议院议员选举中使用选票的格式由总务省令确定,在地方公共团体议会议员或行政首长选举上使用的选票的格式,由主管相应选举事务的选举管理委员会确定。

第 46 条　投票的记载事项及投票箱

1. 对于众议院议员(比例代表制选出)或参议院议员(比例代表制选出)选举以外的选举的投票,选民应在投票所亲自在选票上书写候选人一人的姓名后,将其投入投票箱。

2. 对于众议院议员(比例代表制选出)的选举,选民应在投票所亲自在选票上书写一个众议院名册申报政党等(依第 86 条之 3 第 1 款规定申报的政党或其他政治团体。以下同)的依同款申报的名称或简称后,将其投入投票箱。

3. 对于参议院议员(比例代表制选出)选举的投票,选民应在投票所在选票上亲自书写公职候选人的参议院名册登载者（即第86条之3第1款的参议院名册登载者。以下在本章至第八章同）的姓名后，将其投入投票箱。但可以亲自书写一个参议院名册申报政党等依同项申报的名称或简称代替书写公职候选人的参议院名册登载者的姓名。

4. 不得在选票上记载选民的姓名。

第46条之2　记号式投票

1. 对于地方公共团体议会议员或行政首长选举的投票（依次条、第48条之2及第49条的规定的投票除外），公共团体可以不受前条第1款规定的限制，依条例的规定，由选民在投票所亲自在印有公职候选人姓名的选票中想投票的一人的记号栏上作成〇记号后，将其投入投票箱。

2. 依前项投票时，第48条第1款中"相应的选举的公职候选人的姓名"应改为"〇记号"；"第46条第1款至第3款"应改为"第46条之2第1款及第2款"；同条第2款中"公职候选人（包括公职候选人的参议院名册登录者）一人的姓名"应改为"对公职候选人一人的〇记号"；第68条第1款第1项中"不使用者"应改为"不使用者或不依规定的〇记号的记载方法者"；同款第2项中"不得成为公职候选人者的姓名"应改为"对不得成为公职候选人者的〇记号"；同款第4项及第5项中"公职候选人的姓名"应改为"对公职候选人的〇记号"；同款第6项"记载公职候选人姓名以外的其他事项。但记载其职业、身份、住所或尊称之类不在此限"应改为"记载〇记号以外的事项"；同款第7项中"未亲自书写公职候选人的姓名者"应改为"未亲自作成〇记号者"；同款第8项中"公职候选人的任何人"应改为"对任何公职候选人的〇记号"；第86条之4第5款中"3日"应改为"4日"，"2日"应改为"3日"；同条第6款中"涉及的都道府县知事、市长的选举和町村行政首长的选举可以依第1款至第4款规定之例，分别在投票日的3日以前和投票日的2日以前，再进行相应选举的候选人的提名"

应改为"选举日期延至政令规定的日期,此时,主管该选举事务的选举管理委员会应立即公布其要旨";同条第 7 款中"前款"应改为"依前款规定延后选举日期时的此项";"依第 33 条第 5 款(含准用于第 34 条之 2 第 5 款的情形)、第 34 条第 6 款或第 119 条第 3 款规定公告的日期后的第 5 日"应改为"政令规定之日";同条第 8 款中"前款"应改为"第 2 款"、"至相应的选举日之前 3 日"应改为"至政令规定之日";第 126 条第 1 款中"第 7 款"应改为"第 6 款或第 7 款"。"7 日以内"应改为"政令规定之日以内";同条第 3 款中"第 7 款"应改为"第 6 款或第 7 款",第 68 条第 1 款第 3 项及第 68 条之 2 的规定不适用。

3. 依第 1 款规定投票时,○记号的记载方法、公职候选人姓名印在选票上顺序的决定方法以及公职候选人死亡,或视为被辞退时在选票上的表示方法及其他必要事项以政令规定之。

第 47 条　盲文投票

对于投票的记载,政令规定的盲文视同于文字。

第 48 条　代理投票

1. 因自身障碍或文盲不能亲自书写公职候选人姓名(对于众议院比例代表制选出议员的投票,是指众议院名册申报政党等的名称及简称;对于参议院比例代表制选出议员选举的投票,是指公职候选人的参议院名册登录者的姓名或参议院名册申报政党等的名称及简称)的选民,可以不受第 46 条第 1 款至第 3 款、第 50 条第 4 款以及第 68 条规定的限制,向投票管理者申请代理投票。

2. 在遇到前款规定的申请时,投票管理员应听取投票监查员的意见,并经本人同意,选任辅助投票者二人,由其中一人于投票场所在选票上书写该选民指定的候选人(包括公职候选人的参议院名册登载者)一人的姓名、一个众议院名册申报政党的名称或简称或一个参议院名册申报政党等的名称或简称。另一人在旁见证。

3. 前两款场合下的必要事项以政令规定之。

第48条之2　选举日前投票

1. 在选举的当日，遇到下列各项列举的与选民投票有关的所有事由时，不受第44条第1款的规定，选民可以在相应的选举的日期公布日的次日至选举日之间的期间，在投票日前到投票所进行投票。

（1）履行职务或以总务省令指定的公干；

（2）因公干（前款中以总务省令规定的除外）或事故在所属投票区的区域外旅行或滞留；

（3）因疾病、负伤、妊娠、老迈或身体残废或分娩步行困难或被收容在监狱、少管所或妇女辅导院。

（4）在交通极为困难的岛屿或其他经总务省令指定的地区居住或滞留；

（5）在所属投票区的市町村区域外居住。

2. 在前项的情形下，对于下面表的第一栏中列举的规定的适用，这些规定中同表的第二栏中列举的字句要分别替换为同表的第三栏中列举的字句。第37条第7款及第57条规定不适用。

第37条第2款 及第6款	相应选举的选举权	选举权
第38条第1款	被各投票区的选民名册登录者	有选举权者
	2人以上5人以下	2人
	的前3日	的公示或公告日
第38条第2款	投票所	选举日前投票所
	在其投票区的选民名册中的被登录者	有选举权者
第38条第4款	在同一投票区、2人以上	在选举日期前，2人
第42条第1款	选举的当日投票所	来自第48条之2第1款规定的投票之日，选举日前投票所

（续表）

第 45 条第 1 款	选举的当日,投票所	来自第 48 条之 2 第 1 款的规定的投票之日,选举日前投票所
从第 46 条第 1 款至第 3 款	投票所	选举日前投票所
第 51 条	第 60 条	在第 48 条之 2 第 3 款中准用的第 60 条
	投票所	选举日前投票所
	最后	相应的选举日的最后
第 53 条第 1 款	投票所	选举日前投票所
	必须密封	必须密封。但是,在翌日继续向该投票箱投入选票的情形下,在到了投票日之前应该打开投票所的时刻,投票管理员如果不打开该投票箱
第 53 条第 2 款	不能	不能。但依前款"但是"句规定打开投票箱的情形不在此限
第 55 条	除投票管理员同时是相应的选举的投票管理员的情形以外,投票管理员会同一名或数名的投票监查员,选举的当日	投票管理者在选举日前的投票所,在设立该投票日期前投票所期间的最后日
	将××送达开票管理员	将××（以下此条中即"投票箱等"）送达市町村的选举管理委员会,接收该投票箱的市町村的选举管理委员会在选举之日将该投票箱向开票管理员

3. 从第 39 条至第 41 条及从第 58 条至第 60 条准用于选举日前投票所。此时,此表第二栏中列举的字句要分别替换为同表的第三栏中列举的字句。

第39条	市公所	从选举日公布之日的翌日至选举日的前日之间(对于设立二个以上的选举日前投票所,除一个选举日前投票所,市町村的选举管理委员会指定的期间),市公所
第40条第1款	上午7时	上午8时30分
	限于为方便选民投票在认为有特别情况或不会妨碍选民投票的特别情况时,可以将开投票所的时间在2小时的范围内提前或延后,可以将关闭投票所的时间在4小时的范围内提前	在设立两个以上选举日前投票所的情形下,除一个选举日前投票所,将打开选举日前投票所的时间延长或将选举日前投票所的关闭时间
第40条第2款	通知该投票所的投票管理员。如系市町村议会议员或行政首长选举以外的选举,应立即报告都道府县选举管理委员会。	如果不通知
第41条第1款	至少应在选举日的前5日,将投票所	在××的公布日,选举日前投票所的场所(设立2个以上选举日前投票所的情形下,设立选举日前投票所的场所及该当选举日前投票所的期间)
第41条第2款	投票所	选举日前投票所
	除选举的当日外,市町村	市町村

4. 在第1款的情形下,投票记录的作成方法及其他必要事项以政令规定之。

第49条 缺席投票

1. 前条第1款中选民的投票除依同款规定外,可以依政令的规定,不受第42条第1款"但是"句、第44条、第45条、第46条第1款至第3款、第48条及第50条的规定,于不在者投票管理员主管的投票场所,以在选票上进行投票记载并将其封入信封向不在者投票管理员提交的方法进行。

2. 选民有重度残障者(依《身体障害者福利法》[1949年法律第283号]规定身体有重度残障、依《战伤病者特别援护法》[1963年法律第168号]第2条第1款规定的战伤病患或依《护理保险法》[1997年法律第123号]第7条第3款规定的需护理者以及以政令规定者)的投票,前条第1款及前款规定的除外,不受第42条第1款"但是"句、第44条、第45条、第46条第1款至第3款、第48条及第50条规定的限制,可以于现在的住所,以在选票上进行投票记载然后将选票以《关于邮局或民间邮递业务经营者送达信件的法律》(2002年法律第99号)第2条第6款规定的一般信件经营者、同条第9款规定的特定书信经营者或同法第3条第4项规定的源自外国信件经营者的同法第2条第2款规定的信件(以下称"邮件等")形式寄出的方式进行。

3. 前款中不能以同项规定的方式亲自进行选票记载的选民,可以依政令规定不受第68条规定的限制,预先向市町村选举管理委员会委员长申报代书人(只限有选举权者)以便使其代行选票的记载。

4. 选民系《船舶安全法》(1933年法律第11号)所称以远洋区域为航行区域的船舶及其他类似的船只而以总务省令指定的船舶航行本国以外区域的船员(《船舶法》[1947年法律第100号]第1条规定的船员)中在选举当日推定为符合前条第1款第1项所列事由者,其在众议院议员的总选举或参议院议员的一般选举时的投票,除依同款规定外,依政令的规定,不受第42条第1款"但是"句、第44条、第45条、第46条第1款至第3款、前条及第50条规定的限制,可以于缺席投票管理员的场所,在总务省令规定的在选票上进行投票记载后,向总务省指定的市町村选举管理委员会以传真送信的形式进行。

第 49 条之 2　在外投票等

1. 被登录在在外选民名册中的选民（相应的选民中被登录在选民名册而以政令制定者除外），欲在众议院议员或参议院议员的选举之际投票者，除第 48 条之 2 第 1 款及前条第 1 款的规定外，可以依政令规定，不受第 44 条、第 45 条第 1 款、第 46 条第 1 款至第 3 款、第 48 条及次条规定的限制，以下面各项列举的所有方法进行投票：

（1）在众议院议员或参议院议员的选举日期公布之日起至选举投票日前 5 日（在需要花费邮送时间的地区的在外使领馆或认为有其他特别事情的情形下，是指总务大臣与外务大臣事先协议指定之日）期间（总务大臣与外务大臣事先协议指定之日除外），亲自前往在外使领馆长（总务大臣与外务大臣事先协议指定之日使领馆长除外）管理的投票所，出示在外选民证、护照或及其他依政令规定的文件而后在选票上进行投票记载并将选票投入信封提交在外使领馆长的方法。

（2）涉及的选民在现住所在选票上进行投票记载然后以邮件的方式提交的方法。

2. 对于在外选民名册上被登录的选民，欲在众议院议员或参议院议员的选举之际进行投票的在国内投票的情形，第 44 条第 1 款"但是"句中的"选民名册"应改为"在外选民名册"、"投票所"应改为"指定在外选举投票区的投票所"、同条第 1 款中"投票所"应改为"指定在外选举投票区的投票所"、同条第 2 款中"选民名册"应改为"出示在外选民证，在外选民名册"、"相应的选民名册"应改为"相应的在外选民名册"、"第 19 条第 3 款"应改为"第 30 条之 2 第 4 款"、"文件。在次款、第 55 条及第 56 条中亦同"应改为"书面文件"、第 48 条之 2 第 1 款中"选举日前投票所"应改为"市町村选举管理委员会指定的选举日前投票所"、"投票区"应改为"指定在外选举投票区"、同条第 2 款的表中的第 42 条第 1 款里的"第 42 条第 1 款"应改为"依第 49 条之 2 第 2 款的规定被替换适用于第42条第1款"、"选举的当日投票所"应改为"市町村选举管理委员会指定的选举日前投票所"。

3. 对于在外选民名册上被登录的选民欲在众议院议员或参议院议员的选举之际进行选举的投票情形,不适用于前条第2款及第3款的规定。

第50条 选民名册的确认及投票的拒绝

1. 投票管理员在不能确认选民是否为本人时,应使其宣誓确系本人。不做宣誓者不得投票。

2. 拒绝选民投票的决定应该在听取投票监查员的意见后由投票管理员决定。

3. 受到前款处理的选民不服决定时,投票管理员应准许其人进行暂行投票。

4. 前款选票应由选民亲自封入信封并在信封上记载姓名后投入投票箱。

5. 对于投票监查员有异议的选民,其投票情形与前两款同。

第51条 被勒令退出者的投票

依第60条的规定被勒令退出投票所者,可以在最后进行投票。但投票管理员在认为无扰乱投票所秩序之虞的情况下,可以准其投票。

第52条 保守投票秘密

任何人无陈述选民所投被选举人姓名或政党及其政治团体名称或简称的义务。

第53条 投票箱的密封

1. 关闭投票所的时刻一到,投票管理员应宣告其要旨,关闭投票所的入口,待投票所内的选民投票完毕后,必须将投票箱进行密封。

2. 任何人不得在投票所密封后再进行投票。

第54条 投票记录的制作

投票管理员应制作投票记录,记载有关投票事项并与投票监查员共同签名。

第55条　投票箱等的送达

除投票管理员同时为相应的开票管理员外，投票管理员应会同一名或数名投票监查员，共同在投票日将投票箱、投票记录及选民名册或其抄本及在外选民名册或其抄本（相应的在外选民名册依第30条之2第4款规定以磁盘制作时，是指记载相应的在外选民名册的全部或部分的书面文件。在次条中亦同）送达开票管理员。

第56条　提前投票

岛屿或其他交通不便地区，认为有不能在投票日送达投票箱的情况时，主管相应的选举事务的选举管理委员会（对于众议院比例代表制选出议员或参议院比例代表制选出议员的选举，是指都道府县选举管理委员会）可以酌情另定投票日期，使投票箱、投票记录及选民名册或其抄本及在外选民名册或其抄本能在开票日前送达。

第57条　延后投票

1. 因天灾或其他不可避免的事故不能举行投票或有重新进行投票的必要时，主管该选举事务的选举管理委员会（对于众议院比例代表制选出议员或参议院比例代表制选出议员的选举，是指都道府县选举管理委员会）应另定日期举行投票。但涉及的选举管理委员会必须至少在5日前公布其日期。

2. 众议院议员、参议院议员、都道府县议会议员或行政首长的选举，在遇到前项情形发生时，市町村选举管理委员会应经相应选举的选举长（对于众议院比例代表制选出议员或参议院比例代表制选出议员的选举，是指选举分会长），向都道府县选举管理委员会陈报其要旨。

第58条　出入投票所的人员

非选民、从事投票所事务的人员、具有监视投票所职权的人员或涉及的警察不能进入投票所。但伴随选民的幼儿、其他有不得已的情况必须与选民一同进入投票所且经投票管理员认可的人员不在此限。

第59条 维持投票所秩序的处分请求

投票管理员为维护投票所秩序,在认为有必要时,可以请求有权管辖的警察采取必要的处分措施。

第60条 投票所的秩序维持

有人在投票所演说、讨论、骚扰或进行有关投票协议或劝诱以及以其他形式扰乱投票所秩序时,投票管理员可以进行制止,对不服从制止者,可以勒令其退出投票所。

第七章 开 票

第61条 开票管理员

1. 在各类选举中设置开票管理员。

2. 开票管理员由町村选举管理委员会从各类选举中有选举权者中选任。

3. 众议院议员的小选区选出议员和比例代表制选出议员的选举同时进行时,市町村选举管理委员会可以使小选区选出议员选举的开票管理员兼任比例代表制选出议员选举的开票管理员。

4. 参议院议员的选区选出议员和比例代表制选出议员的选举同时进行时,市町村选举管理委员会可以使选区选出议员选举的开票管理员兼任比例代表制选出议员选举的开票管理员。

5. 开票管理员承担有关开票的事务。

6. 开票管理员在丧失相应选举的选举权时也丧失其职位。

第62条 开票监票员

1. 公职候选人(对于众议院小选区选出议员的选举,是指候选人申报的政党[依第86条第1款或第8款规定申报的政党或其他政治团体。以下同]及公职候选人[候选人政党所申报者除外];对于众议院比例代表制选出议员的选举,是指众议院名册申报政党等;对于参议院比例代表制选出议员的选举,是指参议院名

公职选举法

册登记的政党等)可以经本人同意,从登录在相应开票区的选民名册中选任开票监票员一人,并在选举日的3日以前上报市町村选举管理委员会。但不得上报同一人为同时举行的其他选举的开票监票员。

2. 依前款规定上报者(遇下列各项事由时,相应各项规定的申报者除外)未超过10人时,即以现有人员为开票监票员,超过10人时,则由市町村选举管理委员会以抽签的形式决定其中的10人为开票监票员。

(1) 公职候选人(候选人政党所申报者除外。以下在此项中同)死亡时,依第86条第9款或第86条之4第9款的规定公职候选人的申报被驳回时,或依第86条第12款或第86条之4第10款的规定公职候选人辞掉其候选资格时(含依第91条第2款或第103条第4款的规定被视为辞掉候选资格的情形),该公职的候选人;

(2) 候选人申报政党的候选人死亡时、依第86条第9款的规定候选人申报政党的候选人被驳回时(含依第91条第1款或第103条第4款的规定被视为驳回时),该当候选人申报的政党;

(3) 众议院名册申报政党等遇有依第86条之2第10款规定的申报时或依同条第11款的规定被驳回时,为该当众议院名册申报的政党等;

(4) 对于参议院名册申报政党等,在第86条之3第2款中准用的依第86条之2第10款规定的申报时,或准用于第86条之3第2款的第86条之2第11款的规定被驳回时,该参议院名册申报的政党等。

3. 同一政党及其政治团体所属候选人所上报的开票监票员在同一开票区不得超过3人。

4. 依第1款规定上报的开票监票员有3人以上系同一政党及其政治团体所属公职候选人所申报者时,市町村选举管理委员会可以不受第2款规定的限制,以抽签的形式决定其中2人担任开票监票员。

5. 依第 2 款及前款规定确定开票监票员后,同一政党及其政治团体所属公职候选人所上报的开票监票员变成 3 人以上时,市町村选举管理委员会应以抽签的形式决定其中 2 人担任开票监票员。

6. 市町村选举管理委员会应该事先公布第 2 款、第 4 款规定的抽签的场所、日期及时间。

7. 发生第 2 款所列事由时,所涉及的被上报的开票监票员丧失其职位。

8. 依第 2 款规定选任的开票监票员未达 3 人或截至选举日之前一日变成未达 3 人时,开票监票员在选举日以后变成未达 3 人或截至开票所开启时刻未达 3 人或其变成未达 3 人时,以上两种情况,应分别由市町村选举管理委员会和开票管理员从相应的开票区选民名册上被登载者中选任开票监票员,补足为 3 人,并立即通知本人令其监查开票。但依同款规定,上报开票监票员的公职候选人所属政党及其政治团体、依同款规定上报开票监票员的候选人申报政党、众议院名册申报政党等或参议院名册申报政党等或市町村选举管理委员会或开票管理员选任的开票监票员所属政党及其政治团体属于同一政党及其政治团体者与相应的公职候选人、候选人申报政党、众议院名册申报政党等或参议院名册申报政党等所上报的开票监票员以及市町村选举管理委员会或开票管理员所选任的开票监票员,合计不得选任 3 人以上。

9. 各类选举的公职候选人不得担任开票监票员。

10. 开票监票员非有正当理由不得辞职。

第 63 条　开票所的设置

开票所设于市町村公所或市町村选举管理委员会指定的场所。

第 64 条　开票的场所及日期的公布

市町村选举管理委员会应事先公布开票的场所及日期。

第 65 条 开票日
开票在所有的投票箱全部送达之日或翌日进行。

第 66 条 开票
1. 开票管理员在开票监查员监视下打开投票箱,首先调查依第 53 条第 3 款及第 5 款规定的投票,必须听取开票监查员的意见决定是否受理该项投票。

2. 开票管理员会同开票监查员将相应的选举投票所及选举日前投票所的选票以选区为单位混合并进行查点。

3. 选票查点后,开票管理员必须立即将其结果向选举长(对于众议院比例代表制选出议员或参议院比例代表制选出议员的选举,是指选举分会长)。

第 67 条 决定开票时选票的效力
投票的效力由开票管理员听取开票监查员意见后决定。在作出决定时,除违反第 68 条规定的情形外,只要选民的意思明显,该选票应视为有效。

第 68 条 无效投票
1. 在除众议院议员(比例代表制选出)或参议院议员(比例代表制选出)的选举以外的选举中,符合下面列举内容的选票无效:

(1) 不使用法定的选票;

(2) 在选票上记载非公职候选人或依第 86 条之 8 第 1 款、第 87 条第 1 款或第 2 款、第 87 条之 2、第 88 条、第 251 条之 2 或 251 条之 3 的规定不能成为公职候选人者的姓名;

(3) 记载依 83 条第 1 款或第 8 款规定申报的政党及其政治团体但不符合同条第 1 款各项规定所申报的候选人、依同条第 9 款后段规定所申报的候选人或违反第 87 条第 3 款规定申报的候选人的姓名;

(4) 在一个投票中记载了 2 个以上的公职候选人的姓名;

(5) 记载了无被选举权的公职候选人的姓名;

（6）记载除公职候选人的姓名外的其他事项。但记载其职业、身份、住所或尊称之类者不在此限；

（7）未亲自书写公职候选人的姓名；

（8）难于确认所记载的公职候选人为何人。

2. 在众议院议员（比例代表制选出）选举的投票中，符合下面所列举的内容的选票无效：

（1）不使用法定的选票；

（2）记载众议院名册登记申报政党以外的政党及其政治团体（含依第86条之2第1款规定申报的政党及其政治团体）的名称或简称；

（3）记载款依第86条之2第1款规定申报的政党及其政治团体但不符合同款任何一项或违反第87条第5款规定重复申报第86条之2第1款众议院名册登记的政党及其政治团体的名称或简称；

（4）记载第86条之2第1款众议院名册所列者的全部，发生同条第7款规定事项的事由或同款后段申报的该众议院名册登记有关政党及其政治团体的名称或简称；

（5）在一个投票中记载了两个以上的众议院名册申报政党等依第86条之2第1款规定登记的名称或简称；

（6）记载众议院名册申报政党等依第86条之2第1款申报的名称或简称之外的其他事项。但记载其总部所在地、代表人姓名或尊称之类者不在此限；

（7）未亲自书写众议院名册申报政党等依第86条之2第1款申报的名称或简称；

（8）难以确认所记载的众议院名册申报政党等为何政党及其政治团体。

3. 在参议院议员（比例代表制选出）选举的投票中，符合下面列举内容的选票无效：

（1）不使用法定的选票；

(2) 记载不是作为公职候选人的参议院名册登载者、准用于第 86 条之 3 第 2 款的依第 86 条之 2 第 7 款后段规定申报的参议院名册登载者或第 86 条之 8 第 1 款、第 87 条第 1 款或准用于同条第 6 款的同条第 4 款、第 88 条、第 251 条之 2 或 251 条之 3 规定不得为公职候选人的参议院名册登载者的姓名,或记载类似代表人的姓名而符合第 8 项"但是"句规定的情形不在此限;

(3) 记载依第 86 条之 3 第 1 款规定申报的政党及其政治团体但不符合同项各号的规定或准用于同条第 2 款的依第 86 条之 2 第 10 款的规定申报或违反准用于第 80 条第 6 款的同条第 5 款的规定重复申报第 86 条之 3 第 1 款的参议院名册的政党及其政治团体依同项规定申报的参议院名册登载者的姓名或其申报的名称或简称;

(4) 记载参议院名册登载者的全部发生准用于第 86 条之 3 第 2 款的第 86 条之 2 第 7 款各号规定事由或准用于第 86 条之 3 第 2 款的第 86 条之 2 第 7 款后段申报的相应的参议院名册有关政党及其政治团体的名称或简称;

(5) 在一张选票上记载 2 人以上的参议院名册登载者的姓名或 2 人以上参议院名册登载者依第 86 条之 3 第 1 款规定申报的名称或简称;

(6) 在一张选票上记载一名参议院名册登载者的姓名及相应的参议院名册登载者有关参议院名册申报政党等以外的参议院名册申报政党等依第 86 条之 3 第 1 款规定申报的名称或简称;

(7) 记载无选举权的参议院名册登载者的姓名;

(8) 记载公职候选人的参议院名册登载者的姓名或参议院名册申报政党依第 86 条之 3 第 1 款规定申报的名称或简称以外的其他事项。但在载有公职候选人的参议院名册登载者姓名的选票上记载相应的参议院名册登载者有关的参议院名册申报政党等依同项规定申报的名称或简称或职业、身份、住所或尊称之类,以及在未载有参议院名册登载者姓名而记载有参议院名册申报政党等

依同项规定申报的名称或简称的选票上记载政党总部所在地、代表人姓名或尊称之类,不在此限;

(9) 没有亲自书写作为公职候选人的参议院名册登载者的姓名或参议院名册申报政党等依第86条之3第1款规定申报的名称或简称;

(10) 难以确认所记载的作为公职候选人的参议院名册登载者为何人或参议院名册申报政党等为何政党。

第68条之2　对同一姓名候选人投票的效力

1. 在同一姓名或同一姓或名的候选人有2人以上的情形下,只书写其姓名、姓或名的投票,不受前条第8项的限制,视为有效选票。

2. 依第86条之2第1款规定申报的名称或简称相同的众议院名册或参议院名册等有2个以上时,只书写其姓名或简称的投票,不受前条第8项的限制,视为有效选票。

3. 依第86条之3第1款规定申报的参议院名册登载者(以公职候选人为限。以下在本条同)的姓名、姓或名或参议院名册申报政党等的名称或简称系同一参议院名册登载者或参议院名册申报政党等有2个以上时,记载这些姓名、姓或名或名称或简称的选票,不受前条第3款第10项规定的限制,视为有效票。

4. 第1款或第2款的有效票,以各开票区为单位,按相应的候选人或相应的众议院名册申报政党等其他有效票的比例分配合计之。

5. 第3款的有效票,以各开票区为单位,按相应的参议院名册登载者及其有效票或相应的参议院名册申报政党及其有效票(不含相应的参议院名册申报政党等有关各参议院名册登载者的有效票)的比例分配合计之。

第69条　开票的参观

选民可以向投票所要求参观开票。

第70条　开票记录的作成

开票管理员制作开票记录,记录有关开票事宜。并与开票监查员共同署名。

第 71 条　投票记录及开票记录的保存

投票应分为有效和无效,连同投票记录和开票记录,在相应选举的议员或行政首长在任期间,由市町村选举管理委员会保存。

第 72 条　因部分无效举行再选举的开票

某项选举因局部无效而举行再选举时,应在投票时决定其投票的效力。

第 73 条　延期开票

第 58 条第 1 款正文及第 2 款的规定准用于开票事宜。

第 74 条　开票所的监督

第 58 条正文、第 59 条及第 60 条的规定准用于开票所的监督。

第八章　选举会及选举分会

第 75 条　选举长及选举分会长

1. 各类选举中分别设置选举长。

2. 对于众议院选出议员(比例代表制选出)或参议院议员(比例代表制选出)的选举,除设立前项所言的选举长外,还在各都道府县分别设立选举分会长。

3. 选举长由主管相应的选举事务的选举管理委员会(对于众议院比例代表制选出议员或参议院比例代表制选出议员的选举,是指中央选举管理委员会)从具有相应的选举权者中选任;选举分会长由都道府县选举管理委员会从具有相应的选举权者中选任。

4. 选举长承担有关选举会的事务;选举分会长承担有关选举分会的事务。

5. 选举长及选举分会长在丧失其该当选举权时,也丧失其职位。

第 76 条 选举监查员

第 62 条的规定准用于选举会及选举分会的选举监查员。此时,同条第 1 款中"登录在相应的各开票区的选民名册者"应改为"具有相应选举的选举权者(依第 79 条第 2 款规定公布开票事务与选举会事务合并办理的意旨时,是指登录于开票区的选民名册者。第 8 款同此)。""选举日的 3 日以前"应改为"选举日的 3 日以前(第 79 条第 1 款规定的情形,是指同条第 2 款规定公示日起至选举之日的 3 日以前)"、"市町村选举管理委员会"应改为"相应的选举长(在众议院比例代表制选出议员或参议院比例代表制选出议员选举中的选举分会的选举监查员,为相应选举的选举分会长。以下在此条同)"、同条第 2 款中"市町村选举管理委员会"应改为"相应的选举长"、同条第 3 款中"开票区"应改为"选举会(在进行众议院比例代表制选出议员或参议院比例代表制选出议员选举时,是指选举会或选举分会。第 8 款同)"、同条第 4 款至第 6 款的规定中"市町村选举管理委员会"应改为"相应的选举长"、同条第 8 款中"或者选举日之前一日变成未达到 3 人时,开票监查员在投票日后变成未达 3 人时"应改为"至选举开会的日期为止变成未达 3 人"、"开票所"应改为"选举会"、"开票管理员"应改为"相应的选举长"、"从相应的开票区的选民名册上被登录者中"应改为"具有相应的选举权者"、"对开票"应改为"对选举会"、"市町村选举管理委员会或开票管理员"应改为"相应的选举长"。

第 77 条 选举会及选举分会的召开场所

1. 选举会在都道府县政府或主管该当选举事务的选举管理委员会(对于众议院比例代表制选出议员或参议院比例代表制选出议员的选举,是指中央选举管理委员会)指定的场所召开。

2. 选举分会在都道府县政府或都道府县选举管理委员会指定的场所召开。

第78条 选举会及选举分会的场所及日期

主管该选举的选举管理委员会(对于众议院比例代表制选出议员或参议院比例代表制选出议员的选举,是指中央选举管理委员会)和都道府县选举管理委员会应该事先将选举会和选举分会的场所及时间公之于众。

第79条 开票事务和选举会事务的合并办理

1. 对于众议院议员(小选区选出)或地方公共团体议会议员或行政首长的选举,当选举区域与开票区的区域相同时,不受除第66条第1款及第2款、第67条、第68条第1款以及第68条之2第1款和第4款的规定的第七章规定的限制,相应的开票事务可以在选举会场与选举会事务合并办理。

2. 在前项规定的情形下,主管相应选举事务的选举管理委员会应在相应的选举日前公布之日,公布相应的开票事务是否与选举会事务合并办理。

3. 依第1款规定将开票事务与选举会事务合并处理时,开票管理员或开票监票员由选举长或选举分会长担任。有关开票事宜,应在选举记录中合并记载。

第80条 选举会或选举分会的召开

1. 选举长(众议院比例代表制选出议员或参议院比例代表制选出议员选举时的选举长除外)或选举分会长,应在接到全部开票管理员依第66条第3款规定报告之日或其翌日召开开票选举会或选举分会。在选举监票员监视下,调查并计算各公职候选人(含公职候选人的参议院名册登载者。第3款同)、各众议院名册登记申报政党等或参议院名册登记申报政党等的得票总数(如系各参议院名册登记申报政党等的得票总数,为相应的参议院名册登记申报者等有关各参议院名册登载者[限于在相应的选举日的公职候选人]的得票总数。第3款同)。

2. 在前条第1款的情形下,选举长可以不受前项规定的约束,根据查点投票的结果计算相应的公职候选人的得票总数。

3. 第 1 款规定的选举长或选举分会长,在选举因局部无效举行再选举接到依第 66 条第 3 款规定的报告时,应依第 1 款的规定,连同其他报告重新进行调查后,计算各公职候选人、各众议院名册登记申报政党等或各参议院名册登记申报政党等的得票总数。

第 81 条 众议院比例代表制选出议员或参议院比例代表制选出议员时的选举会召开

1. 对于众议院议员(比例代表制选出)的选举,选举分会长在做完了依前条第 1 款及第 3 款规定的调查时,应附上选举记录的抄本,立即将结果向相应的选举长报告。

2. 前款所称选举长应在接到全部选举分会长同款规定报告之日或中央选举管理委员会依第 101 条第 4 款规定通知之日任一较晚之日(相应的选举与众议院小选区选出议员的选举非同时举行时,为接受全部选举分会长前款规定报告之日)或其翌日召开选举会,在选举监查员的监视下,调查相应报告并计算各众议院名册登记申报政党的得票总数。

3. 选举因局部无效进行再选举时,涉及的选举长在接到第 1 款规定的报告后,应依前款的规定,连同其他报告重新进行调查后,计算各众议院名册申报政党等的得票总数。

4. 前 3 款的规定准用于参议院议员(比例代表选出)的选举。此时,第 2 款中"接到同款规定报告之日或中央选举管理委员会依第 101 条第 4 款规定报告之日任一较晚之日(相应的选举与众议院小选区选出议员的选举非同时举行时,为接受全部选举分会长前款规定报告之日)"应改为"接到同款规定报告之日"、"各众议院名册申报政党的得票总数"应改为"各参议院名册申报政党的得票总数(包括该参议院名册申报政党等有关参议院名册登载者[该选举投票之日的公职候选人为限。以下本款同]的得票总数。此项同)及各参议院名册登载者的得票总数"、前款中"各众议院名册申报政党等的得票总数"应改为"各参议院名册登记申报政党等的得票总数及各参议院名册登载者的得票总数"。

第82条 选举会及选举分会的参观

选民可以请求参观选举会或选举分会。

第83条 选举记录的制作与选举记录及其相关文件的保存

1. 选举长或选举分会长应制作选举记录记载有关事宜并与选举监查员共同署名。

2. 选举记录连同第66条第3款规定的与报告有关的文件（对于众议院比例代表制选出议员的选举，是指第81条第1款的与报告有关的文件；对于参议院比例代表制选出议员的选举，是指准用于同条第4款的依同条第1款规定与报告有关的文件），在相应选举的议员或行政首长的任期内，由主管相应选举事务的选举管理委员会（对于众议院比例代表制选出议员或参议院比例代表制选出议员的选举的有关选举会，是指中央选举管理委员会；对于有关选举分会，是指相应的都道府县选举管理委员会）保存。

3. 在第79条的情形下，应区别投票的有效无效，连同投票记录和选举记录，在相应选举的议员或行政首长的任期内，由主管相应选举事务的选举管理委员会保存。

第84条 延后选举会或延后选举分会

第57条第1款正文的规定准用于选举会或选举分会。此时，同款正文中"（对于众议院比例代表制选出议员或参议院比例代表制选出议员的选举，是指都道府县选举管理委员会）"应改为"（对于众议院比例代表制选出议员或参议院比例代表制选出议员选举的有关选举会，是指中央选举管理委员会；对于有关选举分会，是指相应都道府县选举管理委员会）"。

第85条 选举会场及选举分会场的取缔

第58条正文、第59条及第60条的规定准用于选举会场及选举分会场的取缔。

日本地方政府法选编

第九章 公职候选人

第86条 众议院小选区选出议员选举的公职候选人提名等

1. 对于众议院议员(小选区选出)的选举,符合下列各项任何一项的政党及其政治团体,欲将属于其政党及其政治团体者提名为候选人时,应在该当选举日期公布之日,不以邮寄而以书面材料向该当选举长申报其要旨。

(1)相应的政党及其政治团体所属众议院议员或参议院议员有5人以上;

(2)在最近举行的众议院议员总选举的小选区选出议员或比例代表制选出议员的选举或参议院通常选举的比例代表选出议员的选举或选区选出议员的选举,涉及的政党及其政治团体的得票总数达到相应的选举有效票总数的2%以上。

2. 欲成为众议院议员(小选区选出)的候选人者应在前项公布之日不以邮寄而以书面材料向该当选举长申报其要旨。

3. 选民名册上的被登录者欲使他人成为众议院议员(小选区选出)的候选人时,应该得到本人的承诺,在第1款公布之日,不以邮寄而以书面材料向该当选举长提出推荐。

4. 在第1款的书面材料中,应记载相应的政党及其政治团体的名称、总部所在地(总裁、会长、委员长、其他类似地位者。以下在本条至第86条之7、第169条第6款、第175条第7款及第180条第2款同)的姓名以及欲成为候选人者的姓名、本籍、住所、出生年月日、职业以及其他政令规定的事项。

5. 在第1款的书面材料中,应附加下列文件。但在最近举行的众议院议员总选举的日期后,依第86条之6第1款或第2款规定申报的政党及其政治团体而未依同条第9款规定申报者(依同条第4款规定附加的文件有变更时以在选举日期公布日之前依同条第7款规定申报者为限。次条第2款称"众议院名册登记申报政党"),依第1款规定申报时,第1款所列书面材料中依政令规定附加者可以省略。

(1) 记载政党及其政治团体的纲领、党则、规约及其他与此相当的书面材料；

(2) 证明符合第1款任何一项而依政令规定的书面材料；

(3) 代表人宣示相应的提名未违反第87条第3款规定的宣誓书；

(4) 候选人愿意成为候选人的同意书及其宣示并非依第86条之8第1款、第87条第1款或第2款、第87条之2、第251条之2或第251条之3规定不得为候选人者的宣誓书；

(5) 记载相应的政党及其政治团体选定候选人的机关名称、其成员的选出方法及选定候选人的手续的书面材料以及该当机关的代表宣誓该当候选人系经公正选定的宣誓书；

(6) 其他政令规定的书面材料。

6. 第2款及第3款的书面材料，应附加相应候选人的姓名、本籍、住所、出生年月日、职业及其他政令规定的事项。

7. 第2款及第3款的书面材料。应附加相应的候选人宣示自己并非第86条之8第1款、第87条第1款或第2款、第87条之2、第251条之2或第251条之3所规定的不得为候选人的宣誓书、记载相应的候选人所属政党及其政治团体的名称(属于两个以上政党及其政治团体时，是指其中任何一个政党及其政治团体的名称)的书面材料及记载相应的政党及其政治团体代表人的证明书以及其他政令规定的书面材料。

8. 在第1款发布公告之日提名的候选人有2人以上，但其后有候选人死亡，相应的提名被视为撤回，涉及的候选人被视为辞退的候选人。依次款后段规定相应的提名被驳回时，可以依前款规定之例，在相应的选举投票日的前3日，再进行候选人的提名。

9. 选举长获悉有符合下列各项中任何一项的事由时，应驳回依第1款至第3款或前款规定的提名。对于依第1款或前款规定的提名者的除名、离党或其他事由经相应的候选人提名政党在相应的选举投票日之前以书面材料的形式提出相应的候选人已非其政党所属者的要旨时亦同。

(1) 第 1 款或前款的政党及其政治团体的提名系由不符合第 1 款各项中任何一项的政党及其政治团体所为;

(2) 第 1 款或前款规定的政党及其政治团体的提名违反第 87 条第 3 款的规定;

(3) 依第 1 款至第 3 款或前款规定规定的提名者,依第 86 条之 8 第 1 款、第 87 条第 1 款或第 2 款、第 87 条之 2、第 88 条、第 251 条之 2 或第 251 条之 3 的规定成为公职候选人或不得成为公职候选人。

10. 在前款后段的书面材料中,必须附加证明与相应的提名有关的事由的文书。对于除名者是指记载其除名手续的文件及代表人宣示该除名系经公正处理的宣誓书;对于离党者是指表示相应候选人向候选人提名政党提出离党声明的抄本;对于其他事由是指相应的证明材料。

11. 候选人提名政党在依第 1 款规定和依第 8 款规定进行候选人提名时,应分别在同款公布之日和应在相应的选举投票的前 3 日向选举长申报提名,否则,不得撤回其候选人的提名。

12. 在候选人(由候选人申报政党提名除外。以下在本款同)系第 2 款或第 3 款规定的提名者和第 8 款规定的提名者,应分别在第 1 款公布之日和相应的选举投票日的前 3 日向选举长提名,否则,不得辞退其候选。

13. 依第 1 款至第 3 款、第 8 款、第 11 款或前款规定提名时、依第 9 款规定撤回提名时获悉候选人死亡或符合第 91 条第 1 款或第 2 款或第 103 条第 4 款的规定时,选举长应立即公布其要旨,并向相应的都道府县选举管理委员会汇报。

14. 第 1 款第 1 项规定众议院议员或参议院议员人数的计算、同款第 2 项规定的政党及其政治团体得票总数(含其名称被记载在第 7 款文书的政党及其政治团体的得票总数。次条第 14 款同)的计算及其他适用于第 1 款规定的必要事项由政令规定。

第 86 条之 2　众议院比例代表制选出议员的选举的公职候选人的提名等

1. 对于众议院议员(比例代表制选出)的选举,符合下列任何一项的政党及其政治团体可以向相应的选举长提出记载相应的政党及其政治团体名称(含一种简称)和所属者的姓名及在当事人之间排定当选人顺序的文书(以下称"众议院名册"),据此将被记载在众议院名册者(以下称"众议院名册登载者")作为相应选举的候选人。

(1) 相应政党及其政治团体所属众议院议员或参议院议员达 5 人以上;

(2) 对于最近举行的众议院总选举的小选区选出议员的选举或比例代表制选出议员的选举以及参议院通常选举的比例代表制选出议员或选区选出议员的选举,相应政党及其政治团体的得票总数达相应选举有效票总数的 2% 以上;

2. 前款规定的提名应在相应的选举日期公布之日不以邮寄而附加于相应的众议院名册。但众议院名册登记申报政党依同项规定提名时,第 2 项所列文书及第 3 项所列文书依政令规定者可不予附加。

(1) 记载政党及其政治团体的名称、总部的所在地、代表人姓名及众议院名册登载者的姓名、本籍、出生年月日。职业以及其他政令规定事项的文书;

(2) 记载政党及其政治团体的纲领、党章、规约及其他与此相当的文书;

(3) 证明符合前款各项任何一项而依政令规定的文书;

(4) 代表人宣示相应的提名未违反第 87 条第 5 款规定的宣誓书;

(5) 欲成为众议院名册登载者的候选人的同意书及相应众议

院名册登载者宣示其不是依第86条之8第1款或第87条第1款或第4款规定不得为公职候选人的宣誓书;

(6)记载众议院名册登载者的选定及在当事人之间作出排定当选人顺序的决定(以下称"众议院名册登载者的选定")的相应的政党及其他政治团体的机关名称、其成员的选出方法及众议院名册登载者的选定手续的文书以及相应机关代表人物宣示相应的众议院名册登载者的选定系经公正办理的宣誓书;

(7)其他政令规定的文书。

3. 众议院名册上记载的政党及其政治团体的名称及简称,如系依第86条之6第6款规定公布的政党及其政治团体,则应为相应公告的名称及简称;如系同款公告的政党及其政治团体以外的政党及其政治团体,则应为依同款规定公告的名称及简称、与此类似的名称及简称以及其他代表人或在任何选区的众议院名册登载者、姓名或可以类推为这些人姓名的名称及简称以外的名称或简称。此时,依同款公告的政党及其政治团体的名称或简称恰为代表人或在任何选区的众议院名册登载者的姓名或可以类推为这些人姓名的名称或简称时,相应的政党及其政治团体对于本款前段规定的适用,视为非依同条第6款规定公布的政党及其政治团体。

4. 符合第1款第1项或第2项的政党及其政治团体,可以不受第87条第1款规定的限制,在相应的众议院议员(比例代表制选出)的选举与众议院议员(小选区选出)的选举同时举行时,以相应政党及其政治团体提名的相应众议院议员(比例代表制选出)选区区域内的众议院议员(小选区选出)选举区域的候选人(含成为候选人者。此项及第6款同)作为相应的众议院议员(比例代表制选出)选举时相应的政党及其政治团体提名的众议院名册的众议院名册登载者。

5. 相应的众议院名册的众议院名册登载者(在与相应的选举同时举行的众议院小选区选出议员选举时的候选人,依前项规定成为相应众议院名册的众议院名册登载者除外)的人数,在分别的选区,不得超过相应的众议院议员(比例代表制选出)选举应选议员的人数。

6. 符合第1款第1项或第2项的政党及其政治团体,依第4款规定欲以与相应的选举同时举行的众议院议员(小选区选出)选举时的候选人2人以上作为相应的政党及其政治团体申报的众议院名册的众议院名册登载者时,可以不受第1款规定的限制,将它们的全部或部分应成为当选人的顺序视为相同。

7. 在相应的投票日以前,选举长获悉有符合下列各项中任何一项的事由时,应注销依第1款规定提名的众议院名册上相应的众议院名册登载者的记载,并立即将其要旨通知相应的众议院名册申报政党等。对于众议院名册登载者的除名、因离党或其他事由经相应的众议院名册提名政党等在相应的选举日的前日之前以文书上报相应众议院名册登载者已非其政党等所属者时亦同。

(1) 众议院名册登载者死亡;

(2) 众议院名册登载者依第86条之8第1款、第87条第1款或第4款或第88款的规定成为公职候选人,或不得成为公职候选人;

(3) 众议院名册登载者变成符合第91条第3款或第103条第4款的规定时;

(4) 符合第1款第1项或第2项的政党及其政治团体,依第4款规定欲以与相应的选举同时举行的众议院议员(小选区选出)选举时的候选人(含欲为候选人者)作为相应的政党及其政治团体提名的众议院名册的众议院名册登载者时,相应的众议院名册登载者已非相应的众议院议员(比例代表制选出)选区区域内的众议院议员(小选区选出)选区的候选人,或在依第1款或第9款规定提名之日未成为相应的众议院议员(比例代表制选出)选举区域内的众议院议员(小选区选出)选区的候选人。

8. 在前款后段的文书中,应该分别附加以下与相应的提名有关的事由。对于除名者,应附加记载除名手续的文书及代表人宣示该除名系经公正办理的宣誓书;对于离党者,应附加相应的众议院名册登载者向相应的众议院名册登记申报政党提交的离党声明的抄本;对于其他事由,应附加证明相应事由的文书。

9. 依第1款规定提名之后(依本款规定提名时,为相应的提名之后)已非众议院名册登载者的人数超过相当于第1款规定提名时的众议院名册登载者人数的1/4时,众议院名册登记申报政党可以在相应的选举投票日前10日的期间,依同款及第2款(第2项至第4项除外)规定之例,在未超过已非相应众议院名册登载者人数的范围内,提出众议院名册登载者的补充提名。此时,也可以变更提名时已列在众议院名册中的当选人顺序。

10. 众议院名册登记申报政党等,在前款规定日之前,可以不以邮寄而以文书向选举长提出撤回众议院名册。此时,应附加证明撤回事由的文书。

11. 选举长在获悉第1款规定的提名不符合同款各项中任何一项的政党及其政治团体所为、违反第3款或第5款或第87条第5款规定所为、依第一项规定提名的众议院名册在第9款规定期限过后众议院名册登载者的全部系依第7款规定应该注销的相应众议院名册登载者的记载时,应立即驳回该提名。

12. 选举长获悉依第9款规定的提名系违反同项规定所为或相应提名的结果使相应的众议院名册登载者的人数出现违反第5款规定的情形时,应立即驳回该提名。

13. 选举长遇有第1款、第9款或第10款规定的提名时,依第7款规定注销众议院名册上众议院名册登载者的记载依第11款或前款规定驳回提名时,应立即公布其意旨,并上报中央选举管理委员会。

14. 第1款第1项规定众议院或参议院人数的计算、同款第2项规定政党及其政治团体得票的计算及适用于其他同项规定的必要事项以政令规定。

第 86 条之 3　参议院比例代表制选出议员的选举中以名册提出候选人的提名

1. 对于参议院议员（比例代表制选出）的选举，符合下列各项中任何一项的政党及其政治团体，可以向选举长提出记载相应的政党及其政治团体名称（含一种简称）及其所属者（含相应的政党及其政治团体推荐者。在第 98 条第 3 款中同）姓名的文书（以下称"参议院名册"），据此将被记载在参议院名册中者（以下称"参议院名册登载者"）作为相应选举时的候选人。

（1）属于相应的政党及其政治团体的众议院议员或参议院议员有 5 人以上；

（2）最近举行众议院总选举的小选区选出议员的选举或比例代表制选出议员的选举或参议院议员通常选举的比例代表制选出议员的选举或选区选出议员的选举时，相应政党及其政治团体的得票总数达相应选举有效票总数 2% 以上；

（3）在相应的参议院议员选举时的候选人（含本款规定提名成为候选人的参议院名册登载者）有 10 人以上。

2. 前条第 2 款、第 3 款、第 5 款、第 7 款（第 4 项除外）、第 8 款、第 9 款前段及第 10 款至第 14 款的规定准用于参议院议员（比例代表制选出）的选举。此时，同条第 2 款各项所列以外部分中"前款"应改为"次条第 1 款"、"众议院名册"应改为"同项参议院名册"（以下在本条称"参议院名册"）、"众议院名册申报政党"应改为"在任期届满前 90 日起至经过 7 日的期间依第 86 条之 7 第 1 款规定申报的政党及其政治团体而未依同条第 5 款规定申报（依同条第 3 款规定附加的文书的内容未有变动者为限）"、"同款"应改为"次条第 1 款"、同款第 1 项中"众议院名册登载者"应改为"次条第 1 项的参议院名册登载者（以下在本条称"参议院名册登载者"）"、同款第 3 项中"前款各项"应改为"次条第 1 款各项"、同款第 4 项中"第 87 条第 5 款"应改为"准用于第 87 条第 6 款同条第 5 款"、同款第 5 项中"众议院名册登载者"应改为"参议院名册登载者"、"或第87条第1款或第4款"应改为"准用于第87条第1款同条第6款同条第4款、第251条之2或第251条之3"、同款第6项中"众议院名册登载者的选定及当事人之间成为当选人顺序的决定(以下称"众议院名册登载者的选定")"应改为"参议院名册登载者的选定"、"及众议院名册登载者"应改为"及参议院名册登载者"、"相应众议院名册登载者"应改为"相应参议院名册登载者"、同条第3款中"众议院名册"应改为"参议院名册"、"第86条之6第6款"应改为"第86条之7第4款"、"在任何选区的众议院名册登载者"应改为"参议院名册登载者"、"同条第6款"应改为"同条第4款"、同条第5款中"各众议院名册的众议院名册登载者(在与相应选举同时举行的众议院小选区选出议员选举时的候选人,依前款规定成为相应众议院名册的众议院名册登载者除外)"应改为"各参议院名册的参议院名册登载者"、"人数、以各自的选区"应改为"人数"、同条第7款中"第1款的规定"应改为"次条第1款的规定"、"众议院名册"应改为"参议院名册"、"众议院名册登载者"应改为"参议院名册登载者"、"众议院名册登记申报政党等"应改为"参议院名册登记申报政党等"、"所属者"应改为"所属者(含相应政党及其政治团体所推荐者)"、"第87条第1款或第4款或第88条"应改为"准用于第87条第1款或同条第6款的同款第4项、第88条、第251条之2或第251条之3"、同条第8款中"众议院名册登载者"应改为"参议院名册登载者"、"众议院名册登记申报政党等"应改为"参议院名册登记申报政党等"、同条第9款前段中"第1款"应改为"次条第1款"、"众议院名册登载者"应改为"参议院名册登载者"、"众议院名册登记申报政党等"应改为"参议院名册登记申报政党等"、"第2款"应改为"准用于同条第2款的第2项"、同条第10款中"众议院名册登记申报政党等"应改为"参议院名册登记申报政党等"、"众议院名册"应改为"参议院名册"、同条第11款中"第1款"应改为"次条第1款"、"第87条第5款"应改为"准用于第87款第6

款的同条第5款"、"众议院名册"应改为"参议院名册"、"众议院名册登载者"应改为"参议院名册登载者"、同条第12款中"系违反同项规定所为或相应提名的结果使相应的众议院名册登载者的人数出现违反第5款规定的情形"应改为"系违反同款规定所为"、同条第13款中"第1款、第9款"应改为"次条第1款或本条第9款"、"众议院名册"应改为"参议院名册""众议院名册登载者"应改为"参议院名册登载者"、同条第14款中"第1款第1项"应改为"次条第1款第1项"、"必要事项"应改为"必要事项及参议院议员(比例代表制选出)的再选举及补缺选举时适用第2款但是句规定的必要事项"。

第86条之4　在众议院议员或参议院比例代表制选出议员选举以外的选举中候选人的提名

1. 欲成为公职候选人者(众议院议员或参议院比例代表制选出议员的候选人除外。以下在本条同),应在相应选举日期公布之日,不以邮寄而以文书的形式,向相应的选举长申报其要旨。

2. 选民名册中的被登载者欲推荐他人为公职候选人时,应征得该人同意,在前项公告之日,不以邮寄而以文书的形式,提出推荐之提名。

3. 在前两款的文书中应该记载应成为公职候选人者的姓名、本籍、住所、出生年月日、职业及所属政党及其政治团体的名称(属于两个以上政党及其政治团体时,为任何一个政党及其政治团体的名称)以及其他依政令规定的事项。

4. 在第1款及第2款的文书中,应附加宣示确非第86条之8第1款、第87条之2、第251条之2或第251条之3所规定不得为候选人者的宣誓书,以及在需要记载所属政党及其政治团体的名称时,应附加相应政党政治团体的证明书(对于参议院选区选出议员的候选人,是指相应政党及其政治团体的代表人出具的证明书)及其他依政令规定的文件。

5. 对于参议院议员(选区选出)或地方公共团体议会议员的

选举,依第1款公告之日提名的公职候选人超过相应选举应选出议员的名额,但其后,相应候选人死亡或被视同辞退候选时,可以依前面各款规定之例,在参议院议员(选区选出)或都道府县或市议会议员选举时,于相应的选举投票日的3日以前再进行公职候选人的提名;在町村议会议员选举时,于相应选举投票日的3日以前再进行公职候选人的提名。

6. 对于地方公共团体行政首长的选举,在第1款公布之日提名的候选人有2人以上,但其后相应的候选人死亡或被视同辞退候选时,涉及的都道府县知事、市长的选举和町村行政首长的选举可以依第1款至第4款规定之例,分别在投票日的3日以前和投票日的2日以前,再进行相应选举的候选人的提名。

7. 对于地方公共团体的选举,依第1款、第2款及前款规定提名的候选人有2人以上,但在相应的选举投票日之前相应的候选人因死亡或被视同辞退候选导致候选人变为一人时,选举投票日应延至依第33条第5款(含准用于第34条之2第5款的情形)、第34条第6款或第119条第3款规定公告之的日期后第5日举行。此时,主管相应的选举事务的选举管理委员会应马上公布其要旨。

8. 在前款或第126条第2款的情形下,可以从公布之日起至相应的选举日的3日以前,依第1款至第4款规定之例,再进行候选人的提名。

9. 对于依第1款、第2款、第5款、第6款或前款规定进行提名者,选举长获悉其中有依第86条之8的第1款、第87条第1款、第87条之2、第88条、第251条之2或第251条之3规定成为公职候选人或不得成为公职候选人者时,应驳回其提名。

10. 公职候选人系依第1款或第2款规定提名申报者或系依第5款、第6款、第7款或前款规定提名申报者,如果不在第1款公布日和相应的规定日以前向选举长申报,则不能辞退候选。

11. 当有依第1款、第2款、第5款、第6款、第8款或前款规定的提名时,依第9款规定的驳回提名或公职候选人死亡或获悉符合第91条第2款或第103条第4款的规定时,选举长应立即公布其要旨,并向主管相应选举事务的选举管理委员会报告。

第86条之5 候选人选定手续的申报等

1. 符合第86条第1款各项中任何一项的政党及其政治团体决定其众议院议员(小选区选出)候选人的选定及众议院名册及众议院名册登载者的选定(以下在本条称"候选人的选定")手续时,应于该日起7日内,不以邮寄而以文书的形式向总务大臣申报其要旨。

2. 在前款的文书中,相应的政党及其政治团体的名称、总部的所在地及代表人姓名以及选定候选的机构名称、其成员的选出方法及候选人的选定手续等。

3. 在第1款文书中,应附加相应政党及其政治团体的纲领、党则、规约、其他记载相当于这些的文书以及证明符合第86条第1款各项中任何一项而依政令规定的文书。

4. 依第1款规定提名的政党及其政治团体在依同款规定申报的事项有变动时,应在其变动之日起7日内,不以邮寄而以文书形式向总务大臣申报有关变动的事项。

5. 总务大臣遇有第1款规定的提名时,应立即公布相应的政党及其政治团体的名称、总部的所在地、代表人姓名、履行候选人选定手续的机关名称、其成员的选出方法及候选人的选定手续。对这些事项有依前项规定的提名时亦同。

6. 依第1款规定提名的政党及其政治团体在第3款文书的内容有变动时,应在该变动之日起7日内,以文书形式向总务大臣申报有变动的事项。

7. 依第1款规定提名的政党及其政治团体解散或已不是符合第86条第1款各项中任何一项的政党及其政治团体时,其代表人应在相应的事由发生之日起7日内,以文书形式向总务大臣申报其要旨。此时,总务大臣应公布其要旨。

日本地方政府法选编

第 86 条之 6　众议院比例代表制选出议员选举时政党及其政治团体名称的提名

1. 第 86 条之 2 第 1 款规定的政党及其政治团体中符合同款第 1 项或第 2 项的政党及其政治团体,应在众议院议员选举投票日起 30 日内(该期间涉及众议院解散之日时,应为至解散日的期间),不以邮寄而以文书形式将相应的政党及其政治团体的名称及一个简称,向中央选举管理委员会申报。此时,相应名称及简称不得有表示其代表或欲在任何选区成为众议院名册登载者的姓名或可以推定为这些人姓名的名称及简称。

2. 第 86 条之 2 第 1 款规定的政党及其政治团体中符合同款第 1 项或第 2 项的政党及其政治团体,应在众议院议员总选举投票日后经过 24 日至相应的众议院议员任期届满之日前 90 日当日或众议院解散之日任一较早之日的期间变成符合同款第 1 项或第 2 项规定的情形时,可以不受前项前段规定的限制,从符合该规定之日起 7 日内(该期间涉及众议院解散之日时,为至该解散日的期间),不以邮寄而以文书形式将相应的政党及其政治团体的名称及一个简称,向中央选举管理委员会申报。此时,准用同款后段的规定。

3. 在前两款的文书中,应记载相应的政党及其政治团体的名称、一个简称、总部所在地、代表人的姓名及其他政令规定的事项。

4. 在第 1 款及第 2 款的文书中,应附加相应的政党及其政治团体的纲领、党则、规约及其他记载类似事项的文书,以及证明相应的政党及其政治团体符合第 86 条之 2 第 1 款第 1 项或第 2 项而以政令规定的文书。

5. 依第 1 款或第 2 款规定提名的政党及其政治团体,在依这些规定提名后至众议院议员任期届满之日前 90 日当日或众议院解散的任何较早之日的期间,依这些规定申报事项有变动时,应在其变动之日起 7 日以内(该期间涉及众议院解散之日时,为至该解散日的期间),不以邮寄而以文书的方式将其变动的有关事项,向中央选举管理委员会申报。

6. 中央选举管理委员会遇有依第 1 款或第 2 款规定的申报时,应立即将依这些规定提名的政党及其政治团体的名称、总部所在地、代表人的姓名加以公布。对于这些事项有依前款规定的申报时亦同。

7. 依第 1 款或第 2 款提名的政党及其政治团体,在第 4 款文书内容有变动时,应在此变动之日起 7 日以内,以文书形式将与变动有关的事项向中央选举管理委员会申报。

8. 依第 1 款或第 2 款规定的政党及其政治团体,在依这些规定提名后至众议院议员任期届满之日前 90 日或众议院解散日的任何较早之日的期间,解散或已不是符合第 86 条之 2 第 1 款第 1 项或第 2 项的政党及其政治团体时,其代表人应在其事由发生之日起 7 日以内,以文书形式向中央选举管理委员会申报其要旨。此时,中央选举管理委员会应公布其要旨。

9. 依第 1 款或第 2 款规定提名的政党及其政治团体,可以在众议院议员任期届满之前就 4 日当日或众议院解散日的任何较早之日后不以邮寄而以文书形式向中央选举管理委员会撤回提名。此时,中央选举管理委员会应公布其要旨。

10. 有关众议院议员(比例代表制选出)的再选举及补缺选举的从第 1 款、第 2 款、第 5 款或第 7 款至前款的适用规定的必要事项以政令规定。

第 86 条之 7　参议院比例代表制选出议员的选举的政党及其政治团体的名称的提名等

1. 第 86 条之 3 第 1 款规定的政党及其政治团体中符合同款第 1 项或第 2 项规定的政党及其政治团体,应在参议院议员任期届满之前 90 日当日起至经过 7 日的期间内,不以邮寄而以文书的形式将相应政党及其政治团体的名称及一个简称向中央选举管理委员会提名。此时,相应的名称及简称不得有表示其代表人或欲为参议院名册登载者的姓名或可以推断为这些候选人等姓名的名称及简称。

2. 在前款的文书中,应记载相应的政党及其政治团体的名称及一个简称、总部的所在地、代表人的姓名及其他政令规定的事项。

3. 在第1款的文书中,应附加相应的政党政治团体的纲领、党则、规约及其他记载类似事项的文书,以及证明相应的政党政治团体符合第86条之3第1款第1项或第2项而以政令规定的文书。

4. 众议院选举管理委员会在第1款的期间经过后,应立即公布依同项规定申报的政党及其政治团体的名称及简称、总部所在地及代表人的姓名。

5. 依第1款提名的政党及其政治团体在依同项规定公布之日以后,也可以不以邮寄而以文书形式向中央选举管理委员会请求撤回其申报。此时。中央选举管理委员会应公布其要旨。

6. 关于参议院议员(比例代表制选出)的再选举及补缺选举的第1款规定的适用的必要事项以政令规定。

第86条之8 无选举权等提名候选的禁止

1. 依第11条第1款、第11条之2或第252条或《政治资金规正法》第28条的规定不具有选举权者不能是公职候选人或成为公职候选人。

2. 关于第251条之2第1款各项所列或依第251之3第1款规定的因有组织的选举活动管理者等的选举犯罪而成为公职候选人,或不得成为候选人的限定,由这些条文规定。

第87条 重复立候选的禁止

1. 已经成为一种选举的公职候选人不得同时成为其他选举的公职候选人。

2. 对于众议院议员(小选区选出),提名为一个政党及其政治团体的公职候选人者,不得同时提名为其他政党及其政治团体的公职候选人。

3. 对于众议院议员(小选区选出),候选人申报政党不得在一个选区内重复提名候选人。

4. 一个作为众议院名册的公职候选人的众议院名册登载者,在相应的选举中不得同时成为其他作为众议院名册的公职候选人的众议院名册登载者。

5. 在众议院议员(比例代表选出)的选举中。众议院名册申报政党不得在一个选区重复申报众议院名册。

6. 前两款的规定准用于参议院议员(比例代表制选出)的选举。此时,第4款中"众议院名册"应改为"参议院名册"、"众议院名册登载者"应改为"参议院名册登载者"、前款中"众议院名册申报政党等"应改为"参议院名册申报政党等"、"在一个选区重复"应改为"重复"、"众议院名册"应改为"参议院名册"。

第87条之2 众议院小选区选出议员或参议院选区选出议员辞职者等的候选人限制

依《国会法》(1947年法律第79号)第107条的规定辞去众议院议员(小选区选出)或参议院议员(选区选出)者,不得成为因其辞职或被视为辞职发生缺额的补缺选举(与通常选举合并为一种选举举行者除外)时的候选人。

第88条 选举事务有关人员立候选的限制

下列各项所列人员不得在任职中在有关区域成为相应选举的公职候选人。

(1)投票管理员;

(2)开票管理员;

(3)选举长及选举分会长。

第89条 公务员立候选的限制

1. 国家或地方公共团体公务员或特定独立行政法人(《独立行政法人通则法》[1989年法律第103号]第2条第2款的特定独立法人。以下同)、特定地方独立行政法人(《地方独立行政法人法》[2003年法律第118号])第2条第2款规定的特定地方独立行政法人或日本邮政公司的干部或公务员,任职中不得成为公职候选人。但下列各项公务员(含特定独立行政法人、特定地方独立行政法人或日本邮政公司的干部及公务员。在次条及第 103 条第 3 款中同)不在此限。

(1) 内阁总理大臣及其他国务大臣、内阁官房副长官、内阁总理大臣辅助官、副大臣(含法律规定依国务大臣为其长官的各厅副官)及大臣政务官(含长官政务官);

(2) 技术人员、监督人员及担任行政事务以外的以政令指定的人员;

(3) 专职委员、顾问、参事、特约人员及其他类似职务的临时或非专任而以政令指定人员;

(4) 消防团长、其他消防团员(专任者除外)及水防团团长及其团员(专任者除外);

(5) 《地方公营企业劳动关系法》(1952 年法律第 289 号)第 3 条第 1 款规定的公务员而以政令指定者。

2. 众议院议员任期届满的总选举或参议院议员的通常选举举行时,相应的众议院议员或参议院议员不受前项正文规定的限制,任职中可以成为相应选举的公职候选人。在地方公共团体议会议员或行政首长任期届满举行的选举中亦同。

3. 第 1 款正文的规定不影响同款第 1 项、第 2 项、第 4 项及第 5 项所列人员以及前项规定人员、因其职务而兼任国家或地方公共团体公务员或特定独立法人、特定地方独立行政法人或日本邮政公司的干部或公务员的地位。

第 90 条　与候选人有关的公务员辞退

依前条规定不得成为公职候选人的公务员,依第 86 条第 1 款至第 3 款或第 8 款、第 86 条之 2 第 9 款、第 86 条之 3 第 1 款或准用于同条第 2 款的第 86 条之 2 第 9 款前段或第 86 条之 4 第 1 款、第 2 款、第 5 款、第 6 款或第 8 款提名为候选人时,不受相应的公务员退职有关法令规定的限制,从其提名之日起视为辞退相应的公务员职务。

第91条　作为公务员辞退候选

1. 依第86条第1款或第8款的规定提名为公职候选人(只限于候选人申报政党所提名者)成为依第86条或第89条的规定不得成为候选人者时,相应提名被视为撤回。

2. 依第86条第2款、第3款或第8款或第86条之4第1款、第2款、第5款、第6款或第8款规定提名成为公职候选人者(候选人申报政党所提名者除外)成为依第80条把它或第89条的规定不得成为公职候选人时,视为辞退公职候选。

3. 对于众议院议员(比例代表制选出)或参议院议员(比例代表制选出)的选举,众议院名册登载者或参议院名册登载者成为依第86条或第89条规定不得成为公职候选人者时,视为非作为公职候选人的众议院名册或参议院名册登载者。

第92条　保证金

1. 除町村议会外,依第86条第1款至第3款或第8款或第86条之4第1款、第2款、第5款、第6款或第8款的规定,欲提名为公职候选人者每人应缴存下列各号规定的金额或与之相当面额的国债证书(含《权利归属与公司债券转账有关的法律》[2003年法律第75号]以下在本条同)规定的由转账账户簿的记载或记录确定的金额。

(1)众议院议员(小选区选出)的选举:300万日元;

(2)参议院议员(选区选出)的选举:300万日元;

(3)都道府县议会议员的选举:60万日元;

(4)都道府县知事的选举:300万日元;

(5)指定城市议会议员的选举:50万日元;

(6)指定城市的市长选举:240万日元;

(7)指定城市以外的市议会议员的选举:30万日元;

(8)指定城市以外市的市长选举:100万日元;

日本地方政府法选编

（9）町村长的选举：50万日元。

2. 欲依第86条之3第1款规定提名公职候选人的政党及其政治团体,应按选区,对相应的众议院名册的众议院名册登载者每人缴存600万日元（相应的众议院名册登载者系与相应的众议院比例代表制选出议员的选举同时举行众议院小选区选出议员选举的候选人时,为300万日元）或与之相当面额的国债证书。

3. 依第86条之3的规定提名的政党及其政治团体,对相应的参议院名册的参议院名册登载者,应缴存600万日元或与之相当面额的国债证书。

第93条 与公职候选人有关的保证金的没收

1. 依从第86条第1款至第3款或第8款或第86条之4第1款、第2款、第5款、第6款或第8款规定提名的公职候选人的得票数在相应的选举中未达下列各项规定的票数时,前条第1款的保证金要予以没收。参加众议院议员（小选区选出）或参议院议员（选区选出）选举的,收归国库；参加都道府县议会选举或行政首长选举的,收归相应的都道府县；加市议会及行政首长选举的,收归相应的町村。

（1）众议院议员（小选区选出）的选举：有效投票总数的1/10；

（2）参议院议员（选区选出）的选举：以通常选举相应的选区内议员名额除以有效票总数的商的1/8；但应选出议员数超过通常选举时相应的选区议员名额时,以应选出议员数除以有效票数的商的1/8；

（3）都道府县或市议会议员的选举：相应选区内的议员名额（无选区时指议员名额）除以有效票数的商的1/8；

（4）地方公共团体行政首长的选举：有效投票总数的1/10。

2. 前款规定准用于依同项的规定公职候选人的提名被撤回、公职候选人辞退相应的候选（含符合第91条第1款或第2款规定的情形)以及前项规定公职候选人的提名依第86条第9款或第86条之4第9款规定被驳回的情形。

第94条　与名册申报政党有关的保证金的没收

1. 对于众议院议员(比例代表制选出)的选举,众议院名册申报政党等按选区,以300万日元乘第1项所列数所得商与以600万日元乘第2项所列数所得商合计的金额未达到相应的众议院名册登记申报政党等有关第92条第2款保证金金额时,相应的保证金中,相当于从相应的保证金金额减去相应合计所得金额的保证金收归国库。

(1) 相应众议院名册登记申报政党的众议院名册的众议院名册登载者中成为与相应的选举同时举行的众议院议员(小选区选出)选举的当选人的数目;

(2) 相应众议院名册申报政党等的当选人数乘以2所得积的数目。

2. 与第86条之2第10款规定的撤回众议院名册或同条第11款规定驳回的同条第1款申报政党及其政治团体有关的第92条第2款的保证金收归国库。

3. 对于参议院议员(比例代表制选出)的选举,参议院名册登记申报政党等,其第1项所列数目未达到第2项所列数目时,相应的参议院名册申报政党等有关第92条第3款保证金中,相当于以600万日元乘从同项所列数减去第1项所列数所得差金额的保证金收归国库。

(1) 与相应的众议院名册申报政党等有关的当选人数目乘以2所得的积;

(2) 依准用于第86条之3第2款的第86条之2第10款的规定撤回参议院名册或依准用于第86条之3第2款的86条之2第11款的规定驳回第86条之3第1款规定申报的政党及其政治团体依第92条第3款缴存的保证金收归国库。

第十章 当 选 人

第 95 条 众议院比例代表制选出议员或参议院比例代表制选出议员选举以外的选举当选人

1. 对于众议院议员（比例代表制选出）或参议院议员（比例代表制选出）的选举以外的选举，以得最多有效票者为当选人。但必须要有下列各项规定的得票数：

（1）众议院议员（比例代表制选出）选举：有效票总数 1/6 以上的得票；

（2）参议院议员（选区选出）选举：通常选举相应的选区内的议员名额除以有效票总数的商的 1/6 的得票。但应选出的议员数超过通常选举时相应的议员名额时，为以应选出的议员数除有效票数所得商的 1/6 的得票数；

（3）地方公共团体议会议员选举：以相应选区内的议员名额（无选区时为议员的名额）除有效票总数的 1/4 以上的得票数；

（4）地方公共团体行政首长选举：有效票总数的 1/4 以上的得票数。

2. 确定当选人时，遇有得票数相同者，由选举长在选举会以抽签形式决定。

第 95 条之 2 众议院比例代表制选出议员选举的当选人数目及当选人

1. 对于众议院议员（比例代表制选出）的选举，以各众议院名册申报政党等的得票数从一按顺序除至相当于相应的众议院名册登记申报政党等众议院名册登载者（只限于相应的选举投票日的公职候选人。除第 103 条第 4 款外，以下在本章及次章同）的数目的各整数所得数中，按其数值大小依次计算至相当于相应的选举应选出议员数目的数后，以相应的众议院名册申报政党等的得票数的个数作为相应的众议院名册登记申报政党等的当选人数。

2. 在前款的情形下，遇到 2 个以上商数为同一数值以致无法以同项规定确定相应的众议院名册登记申报政党等的当选人时,由选举长从相应的商数中计算至相当于相应的选举应选出议员数的商数,在选举会中以抽签决定当选。

3. 对于众议院名册,依第 86 条之 2 第 6 款规定,当 2 人以上的众议院名册登载者当选人顺序相同时,相应的顺序相同的当选人之间应成为当选人的顺序,由与相应的选举同时举行的众议院议员(小选区选出)选举的得票数在相应的选区获得最多有效票的得票比例最大者的顺序决定。此时,被视为应成为当选人顺序相同者的众议院名册登载者中,相应的比例相同时,应成为当选人的顺序由选举长在选举会依抽签形式决定。

4. 对于众议院议员(比例代表制选出)选举,相应的众议院名册申报政党等申报的众议院名册登载者中,按其应成为当选人的顺序,以依第 1 款及第 2 款规定确定的相应的众议院名册申报政党等的当选人数相当数目众议院名册登载者为当选人。

5. 在第 1 款、第 2 款及前项的情形下,有成为与相应的选举同时举行的众议院议员(小选区选出)选举的当选人的众议院名册登载者时,相应的众议院名册登载者视为未被记载在众议院名册中者适用这些规定。

6. 在第 1 款、第 2 款及第 4 款的情形下,在与相应的选举同时举行的众议院议员(小选区选出)选举,其得票数有未达到第 93 条第 1 款第 1 项规定数的众议院名册登载者时,相应的众议院名册登载者视为未被记载在众议院名册中者适用这些规定。

第 95 条之 3 参议院比例代表选出议员选举当选人的数目和应成为当选人的顺序以及当选人

1. 对于参议院议员(比例代表制选出)的选举,以各参议院名册登记申报政党等的得票数(含相应的参议院名册申报政党等申报的各参议院名册登载者)只限于相应的选举投票日的公职候选人。除第 103 条第 4 款外[以下在本章及次章同]的得票数,从一按顺序除至相当于相应的众议院名册申报政党等申报的参议院名

日本地方政府法选编

册登载者的数目的各整数所得商中,按数值大小依次计算至相当于相应的选举应选出议员数目的商数后,以相应的参议院名册申报政党等得票数(含相应的众议院名册申报政党等申报的相应的参议院名册登载者的得票数)的个数作为相应的参议院名册申报政党等的当选人数。

2. 在前款的情形下,遇到两个以上商数为同一数值以至无法以同款规定确定相应的参议院名册登记申报政党等的当选人时,由选举长从相应的商数中计算至相当于相应的选举应选出议员数的商数,在选举会中以抽签决定当选。

3. 对于参议院名册,参议院名册登载者间的应成为当选人的顺序,按选举的得票数的多少的顺序决定。此时,得票数相同时,应成为当选人的顺序由选举长在选举会依抽签形式决定。

4. 对于参议院议员(比例代表制选出)选举,各参议院名册申报政党等申报的众议院名册登载者中,按前款规定决定应成为当选人的顺序,以依第 1 款及第 2 款规定决定的相应的参议院名册登记申报政党等的当选人数相当数目的众议院名册登载者为当选人。

第 96 条 当选人的更正决定

依第 206 条、第 207 条第 1 款或第 208 条第 1 款的规定进行提出异议、要求审查或诉讼的结果不必举行再选举即刻决定当选人(众议院比例代表选出议员选举时,是指众议院名册申报政党等的当选人数或当选人;参议院比例代表制选出议员选举时,是指参议院名册申报政党等的当选人数或应成为当选人的顺序或当选人。以下本条同)时,应立即召开选举会决定当选人。

第 97 条 众议院比例代表制选出议员或参议院比例代表制选出议员以外的选举当选人的补充

1. 对于众议院议员(比例代表制选出)或参议院议员(比例代表制选出)以外的选举,当当选人死亡或依第 99 条、第 103 条第 2 款及第 4 款或第 104 条的规定丧失当选资格时,应立即召开选举会,从第 95 条第 1 款"但是"句规定的落选人(众议院小选区选出议员或地方公共团体行政首长选举时,是指适用于同条第2款规定的落选人)中决定当选人。

2. 对于参议院议员(选区选出)及地方公共团体议会议员选举,遇到有第109条第5项或第6项的事由发生在该选举自投票日起3个月以内并有依第95条第1款"但是"句的落选人时,或该事由发生在自该选举投票日起3个月以后并有适用同条第2款规定的落选人时,应立即召开选举会,从相应的落选人中决定当选人。

3. 对于众议院议员(小选区选出)及地方公共团体行政首长选举,遇到有第109条第5项或第6项的事由发生并有适用第95条第2款规定的落选人时,应立即召开选举会,从相应的落选人中决定当选人。

第97条之2　众议院比例代表制选出议员或参议院比例代表制选出议员选举当选人的补充

1. 对于众议院议员(比例代表制选出)的选举,当当选人死亡或依第99条、第99条之2第1款(含准用于同条第5款的情形)或第103条第2款或第4款的规定丧失当选资格或依第251条、第251条之2或第251条之3规定当选无效时,如相应当选人的众议院名册登载者中有落选人时,应立即召开选举会,在该落选人中,按该众议院名册上应成为当选人的顺序决定当选人。

2. 第95条之2第5款及第6款的规定准用于前款的情形。

3. 第1款的规定准用于参议院议员(比例代表制选出)的选举。此时,同款中"第99条之2第1款(准用于同条第5项的情形)"应改为"准用于第99条之2第6款的同条第1款(含准用于同条第5款的前项)"、"众议院名册登载者"应改为"参议院名册登载者"、"该众议院名册"应改为"与该参议院名册有关的参议院名册登载者之间"。

第98条　被选举权的丧失和当选人的决定

1. 在前三条的情形下,第95条第1款"但是"句规定的落选人,适用于同条第2款规定的落选人。众议院名册登载者或参议院名册登载者中的落选人,在该选举投票日后丧失被选举权时或依第251条之2第1款各项所列或因第251条之3第1款规定的有组织选举活动管理者等的选举犯罪变为不得在相应的选区(无选区时,为举行选举的区域)举行选举时的公职候选人或为不能当公职候选人者时,不得决定其为当选人。众议院名册登载者的落选人中,依第251条之2或第251条之3的规定,成为与相应的选举同时举行的众议院议员(小选区选出)选举时的第251条之2第1款各项所列或因第251条之3第1款规定的有组织选举活动管理者等的犯罪变为不得在相应的众议院议员(小选区选出)选举时的公职候选人或不能当公职候选人者时亦同。

2. 与众议院议员(小选区选出)选举有关的第96条或第97条的情形下,对于候选人申报政党的候选人中,依第95条第1款规定的落选人或适用同条第2款规定的落选人,其因除名、离党或其他事由变成非相应的候选人申报政党等所属党员,经该候选人申报政党等在第96条或第97条规定事由发生之日前1日之前,以文书形式向选举长申报其要旨时,不得决定其为候选人。

3. 与众议院议员(比例代表制选出)或参议院议员(比例代表制选出)选举有关的第96条或前条的情形,对于众议院名册登载者或参议院名册登载者的落选人,其因除名、离党或其他事由变成非相应的众议院名册登记申报政党等或参议院名册登记申报政党等所属党员,经相应的政党等在发生这些事由的前1天,以文书形式向选举长上报其要旨时,不得决定其为当选人。众议院名册或参议院名册申报撤回,在这些规定的事由发生日的前1日之前,以文书形式向选举长上报其要旨时,相应的众议院名册的众议院名册登载者或参议院名册的参议院名册登载者也同样不能成为当选人。

4. 第86条第10款的规定准用于第2款的提名;第86条之2第8款及第10款后段(含将这些规定准用于第86条之3第2款的情形)的规定准用于前项的提名。

第 99 条　因丧失选举权导致的丧失当选资格

当选人在选举日之后丧失被选举权时即丧失当选资格。

第 99 条之 2　众议院比例代表制选出议员或参议院比例代表制选出议员的选举因所属政党变动丧失当选资格

1. 众议院议员(比例代表选出)选举的当选人(依第 96 条、第 97 条之 2 第 1 款或第 112 条第 2 款的规定被确定为当选人者除外。以下在本款至第 4 款同),在该选举的选举日后变为相应的当选人系众议院名册登载者的众议院名册申报政党等以外政党及其政治团体在相应的选举时的众议院名册申报政党等(含相应的当选人所属众议院名册登载者的众议院名册申报政党等[含相应的众议院名册申报政党合并或分裂(指以设立两个以上政党及其政治团体为目的的一个政党及其政治团体的解散,然后设立两个政党及其政治团体)时,相应的合并后保留下来的政党及其政治团体因合并而设立的政党及其政治团体或因分裂而设立的政党及其政治团体]包括两个以上政党及其政治团体合并后保留下来者除外。在第 4 款中称为"其他众议院名册登记申报政党")所属党员时,丧失其当选资格。

2. 众议院议员(比例代表制选出)选举的当选人,因除名、离党或其他事由丧失其作为众议院名册登载者的众议院申报政党等所属党员资格时,相应的众议院申报政党应立即以文书形式向选举长申报其要旨。此时,选举长应立即将其要旨通知相应当选人。

3. 前款前段的文书中,对于相应的申报事由,如果是除名者,应附加记载相应的除名手续的文书;如果是离党者,应附加相应的当选人向众议院名册登记申报政党等提出的离党声明的抄本;如果是其他事由,应附加证明相应的事由的文书。

4. 接到第 2 款通知第当选人,在该选举日以后成为不是其他众议院名册申报政党等所属党员时,应在接到通知之日起 5 日内,向选举长提出宣示其在选举日以后不是其他众议院名册登记申报政党等所属党员的宣誓书。

日本地方政府法选编

5. 前面各款的规定,准用于在众议院议员(比例代表制选出)选举的当选人而以第96条、第97条之2第1款和第112条第2款的规定被确定当选人的情形。此时,第1款中"该选举的选举日"应改为"依第96条、第97条之2第1款和第112条第2款的规定,相应的当选人在选举会被确定为当选人之日"、"所属党员时"应改为"所属党员时(包括第96条、第97条之2第1款和第112条第2款的规定,在相应的当选人在选举会别且定位当选人之日所属党员时)"、前款中"该选举的选举日"应改为"依第96条、第97条之2第1款和第112条的规定,相应的当选人在选举会被确定为当选人之日"。

6. 前面各款的规定准用于参议院议员(比例代表制选出)选举的当选人。此时,第1款中"第97条之2第1款"应改为"准用于第97条之2第3款的同条第1款"、"第112条第2款"应改为"准用于第112条第4款的同条第2款"、"众议院名册申报政党等"应改为"参议院名册申报政党等"、第2款中"众议院名册登载者"应改为"参议院名册登载者"、"众议院名册申报政党等"应改为"参议院名册申报政党等"、"所属党员"应改为"所属党员(含相应的参议院名册申报政党等推荐者)"、第3款及第4款中"众议院名册申报政党等"应改为"参议院名册申报政党等"、前款中"第97条之2第1款"应改为"准用于第97条之2第3款的同条第1款"、"第112条第2款"应改为"第112条第4款的同条第2款"。

第100条 无投票当选

1. 对于众议院议员(小选区选出)的选举,依从第86条之2第1款至第3款和第8款规定提名的候选人为1人和变成1人时,不举行投票。

2. 对于众议院议员(比例代表制选出)的选举,与依第86条之2第1款或第9款的规定提名有关的众议院名册登载者的总数未超过其选举中应该选举的议员数时或进行依同条第1款规定的

公职选举法

提名的政党等仅有1个或变为1个时,不举行投票。

3. 对于参议院议员(比例代表制选出)的选举,与准用于第86条之3第1款或同条第2款的第86条之2第9款前段规定提名有关的参议院名册登载者的总数未超过该选举中应该选举议员数或变成未超过时,不举行投票。

4. 对于参议院议员(选区选出)或地方公共团体议会议员的选举,依第86条之4第1款、第2款或第5款的规定提名的候选人总数未超过该选举中应该选举的议员数或者变成超过时,或地方公共团体行政首长的选举依同条第1款、第2款、第6款或第8款规定提名的候选人仅有1人或变成1人时,不举行投票。

5. 依前项或第127条规定不举行投票时,选举长应立即将其要旨通知相应选举的投票管理员并发布公告。同时,应向主管相应选举的选举管理委员会(对于众议院比例代表制选出议员或参议院比例代表制选出议员是指中央选举管理委员会)汇报。

6. 第1款至第5款(适用第2款规定时,众议院比例代表制选出议员的选举与众议院小选区选出议员的选举同时举行的情形除外)或第127条的情形,选举长应在该选举之选举日起5日内召开选举会,举行以相应的公职候选人为当选人。

7. 除前款规定的情形外,对于众议院议员(比例代表制选出)的选举,以第86条之2第1款或第9款规定提名的众议院名册登载者其总数未超过该选举中应该选举的议员数或变成未超过时,选举长应在接到依次条第2款规定通知之日或其翌日召开选举会,决定以相应的众议院名册登载者为当选人。此时,准用第95条之2第5款及第6款的规定。

8. 除前两款规定的情形外,对于众议院议员(比例代表制选出)的选举,依第86条之2第1款规定提名的众议院名册申报政党等仅有1个或变成1个时,选举长应在接到依次条第4款规定通知之日或其翌日召开选举会,从相应的众议院名册申报政党等所申报的众议院名册登载者中,依众议院名册上应成为当选的顺

· 271 ·

序,决定以相当于该选举应选出议员数的众议院名册登载者为当选人。此时,准用第95条之2第3款、第5款及第6款的规定。

9. 在前三款的情形下,选举长应在听取选举监查员意见后决定相应的公职候选人有无被选举权。

第101条 众议院小选区选出议员选举的当选人决定时的报告及公告

1. 对于众议院议员(小选区选出)选举,决定当选人时,选举长应立即将当选人的住所、姓名、得票数、相应的当选人申报政党的名称、各候选人在该选举中的得票总数及其他与选举有关的事项向相应的都道府县选举管理委员会报告。

2. 都道府县选举管理委员会接到前款规定的报告时,应立即将当选要旨告知当选人,并将当选人的住所及姓名告知提名该当选人的政党。同时,将当选人的住所、姓名及相应的当选人的候选人提名的名称进行公示。

3. 对于众议院议员的选举,小选区选出议员的选举和比例代表制选出议员的选举同时举行时,接到第1款报告的都道府县选举管理委员会,应立即将相应的当选人的住所、姓名、得票数、该当选人提名政党的名称、各候选人在该选举中的得票总数以及其他与选举有关事项向中央选举管理委员会报告。

4. 中央选举管理委员会接到前项规定的报告时,应立即将相应的当选人的住所、姓名、得票总数、相应的当选人的候选人提名政党的名称、各候选人的得票总数以及其他与选举有关的事项,按含其选区的众议院议员(比例代表制选出)的选区,分别通知相应的众议院议员(比例代表制选出)选举的选举长。

第101条之2 众议院议员(比例代表制选出)选举的当选人数及当选人决定时的报告及公告

1. 对于众议院议员(比例代表制选出)选举,众议院名册申报政党等的当选人数及当选人决定时,选举长应立即将众议院名册申报政党等的得票数、当选人数、当选人的住所及姓名及其他与选举有关的事项向中央选举管理委员会报告。

2. 中央选举管理委员会接到前项的报告时,应立即将得票数、当选人数及当选人的住所及姓名告知众议院名册申报政党等,并将当选要旨告知当选人。同时,将众议院名册申报政党等的得票数、当选人数、当选人的住所及姓名进行公示。

3. 在第97条之2或第112条的情形下,前两款中"得票数、当选人数及当选人"应改为"当选人"。

第101条之2之2　众议院比例代表选出议员的选举的当选人数和应该成为当选人的顺序以及当选人决定时的报告和公告

1. 对于参议院议员(比例代表制选出)的选举,决定各参议院名册申报政党等的当选人数、当选人的顺序及当选人时,选举长应立即将参议院名册申报政党等的得票数(含相应的参议院名册申报政党等的各参议院名册登载者的得票数。在次项中同)当选人数、当选人的顺序、当选人的住所、姓名及各参议院名册登载者的得票数及其他与选举有关的事项,向中央选举管理委员会汇报。

2. 中央选举管理委员会接到前项规定的报告时,应立即将相应的参议院名册申报政党等的得票数、当选人数、当选人的住所及姓名,告知参议院名册申报政党等,并将当选要旨告知当选人。同时将参议院名册申报政党等的得票数、当选人数、当选人的住所及姓名进行公示。

3. 在准用于第97条之2或第112条第4款的同条第2款的情形下,第1款中"得票数(含相应的参议院名册申报政党等的各参议院名册登载者的得票数。在次款中同)、当选人数、当选人的顺序、当选人的住所、姓名及各参议院名册登载者的得票数"应改为"当选人的住所及姓名"、前项中"相应的参议院名册申报政党等的得票数、当选人数及当选人"应改为"当选人"、"同时将参议院名册申报政党等的得票数、当选人数、当选人"应改为"同时将参议院名册申报政党等的当选人"。

第101条之3　众议院议员或参议院比例代表制选出议员以外的选举的当选人决定时的报告和公告

1. 对于众议院议员或参议院议员（比例代表制选出）以外的选举,在决定当选人时,选举长应立即将当选人的住所、姓名及得票数以及其他与选举有关的事项,向主管相应选举事务的选举管理委员会报告。

2. 主管相应的选举事务的选举管理委员会接到前项规定的报告时,应立即将当选的要旨告知当选人,并将当选人的住所及姓名进行公示。

第102条　当选效力的发生

当选人的当选效力（对于众议院比例代表制选出议员或参议院比例代表制选出议员的选举,含决定当选人数的效力）从第101条第2款、第101条之2第2款、第101条之2之2第2款或前条第2款的规定公告之日起生效。

第103条　当选人担任禁止兼职职务的特例

1. 当选人担任依法律的规定相应议员或行政首长不得兼任的职务者,在接到依第101条第2款、第101条之2第2款、第101条之2之2第2款或第101条之3第2款规定当选通知之日,视为辞退其职务。

2. 依第96条、第97条、第97条之2或第112条规定被决定为当选人而担任依法律的规定相应的选举的议员或行政首长不得兼任的职务者,在接到依第101条第2款、第101条之2第2款、第101条之2之2第2款或第101条之3第2款规定的当选通知时,不受前款规定的限制,从接到该通知之日起5日内,未向主管相应选举事务的选举管理委员会（对于众议院比例代表制选出议员或参议院比例代表制选出议员的选举,为中央选举管理委员会）申报辞退该项职务的要旨时,即丧失其当选资格。

3. 在前款的情形下,同款规定的公务员申报其退职要旨时,不受相应的与公务员退职有关法令规定的限制,从其申报之日视为辞去相应的公务员。

4. 在举行一种选举时,依第96条、第97条、第97条之2或第112条的规定被决定为当选人者,系在举行其他选举时依第86条第1款至第3款或第8款规定的申报者时,或系依第86条之2第1款或准用于同条第2款的第86条之2第9款前段规定申报的参议院名册登载者时,或系依第86条之4第1款、第2款、第5款、第6款或第8款规定的申报者时,不受第91条或第1款规定的限制,从接到第101条第2款、第101条之2第2款、第101条之2之2或第101条之3第2款当选一种选举的通知之日起5日内,未向主管该选举事务的选举管理委员会(对于众议院比例代表制选出议员或参议院比例代表制选出议员的选举,为中央选举管理委员会)申报辞退该当选的要旨时,视为该公职候选人的申报被撤回或辞退公职候选人或已非众议院名册登载者或参议院名册登载者的公职候选人或丧失其当选资格。

第104条　不放弃承包等事业丧失地方公共团体议会议员或行政首长的当选资格

地方公共团体议会议员或行政首长选举的当选人在地方公共团体有《地方自治法》第92条之2或第142条规定的关系时,从接到依第101条之3第2款规定当选通知之日起5日内,未向主管相应的选举事务的选举管理委员会申报已不具有同法第92条之2或第142条规定关系的要旨时,丧失其当选资格。

第105条　当选证书的颁发

1. 除第103条第2款及第4款以及前款规定的情形外,主管相应的选举事务的选举管理委员会(对于众议院比例代表制选出议员或参议院比例代表制选出议员的选举,为中央选举管理委员会)在依第102条规定当选人的当选效力生效时,应立即向相应的当选人颁发当选证书。

2. 对于依第103条第1款及第4款及前条规定未丧失当选资格的当选人,主管相应选举事务的选举管理委员会(对于众议院比例代表制选出议员或参议院比例代表制选出议员的选举,为中央选举管理委员会),遇到有依第 103 条第 2 款及第 4 款以及前款规定的申报时,应立即向相应的当选人颁发当选证书。

第 106 条　无当选人时的报告及公告

1. 无当选人或当选人未达到相应的选举应选出的议员名额时,选举长应立即将其要旨向主管相应的选举事务的选举管理委员会(对于众议院比例代表制选出议员或参议院比例代表制选出议员的选举,为中央选举管理委员会)报告。

2. 主管相应的选举事务的选举管理委员会(对于众议院比例代表制选出议员或参议院比例代表制选出议员的选举,为中央选举管理委员会)接到前项规定的报告时,应立即公示其要旨。

第 107 条　选举及当选无效时的公告

依第十五章规定争诉的结果导致或当选无效时,或未依第 210 条第 1 款的规定被提起诉讼或驳回该诉讼之诉或诉状的裁决或该诉讼被驳回导致选举无效时,或依第 251 条的规定当选无效时,主管相应选举事务的选举管理委员会(对于众议院比例代表制选出议员或参议院比例代表制选出议员的选举,为中央选举管理委员会)应立即公布其要旨。

第 108 条　有关当选等的报告

1. 主管该选举事务的选举管理委员会(对于众议院比例代表制选出议员或参议院比例代表制选出议员的选举,为中央选举管理委员会)对于前三条规定的情形,应立即依下列规定,分别报告其要旨:

(1) 对于众议院议员、参议院议员及都道府县知事的选举,向总务大臣;

(2) 对于都道府县议会议员选举,向都道府县知事;

(3) 对于市町村长选举,向都道府县知事及都道府县的选举管理委员会;

(4) 对于市町村议会议员选举,向都道府县知事、都道府县选举管理委员会及市町村市长。

2. 总务大臣就众议院议员或参议院议员接到依第105条规定发给当选证书要旨的报告时,应立即将其要旨及当选人的住所和姓名向内阁总理大臣报告,内阁总理大臣应立即分别向众议院议长或参议院议长报告。

第十一章　特　别　选　举

第109条 众议院小选区选出议员、参议院选区选出议员或地方公共团体行政首长的再选举

众议院议员(小选区选出)、参议院(选区选出)议员(任期相同者)或地方公共团体行政首长选举,发生下列各项事由之一时,除依第96条、第97条或第98条的规定可以决定当选人时以外,主管相应选举事务的选举管理委员会应立即决定并公布选举日期,举行再选举。但关于同一人,已因下列各项以外的事由或依第113条或第114条的规定公布选举时期者,不在此限:

(1) 无当选人时或当选人未达到该选举应选出议员名额时;

(2) 当选人死亡时;

(3) 当选人依第99条、第103条第2款或第4款或第104条的规定丧失其当选资格时;

(4) 依第202条、第203条、第206条、第207条或第208条的规定提出异议,要求审查或诉讼结果导致无当选人或当选人未达该选举应选出议员名额时;

(5) 依第210条或第211条的规定诉讼的结果当选人无效时,或未依第210条第1款的规定被提起诉讼时,或驳回该诉讼的诉讼或诉讼状驳回的裁决确定或该诉讼被驳回导致当选人当选无效时;

(6) 依第251条的规定,当选人的当选无效时。

第110条 众议院比例代表制选出议员、参议院比例代表制选出议员或地方公共团体议会议员的再选举

1. 对于参议院议员(比例代表制选出)、参议院(比例代表制

选出)议员(任期相同者)或地方公共团体发议会议员选举,发生前款各项事由之一时,或众议院议员比例代表制选出、参议院(比例代表制选出)议员(任期相同者)的选举,依第99条之2第1款(准用于同条第5款[含准用于第6款者]或第6款者)的规定当选人丧失当选资格时。除依第96条、第97条、第97条之2或第98条规定可以决定当选人者外,主管相应选举事务的选举管理委员会(对于众议院比例代表制选出议员或参议院比例代表制选出议员的选举,为中央选举管理委员会),在相应选举的当选人不足额符合下列各项的规定时,应以前条的规定举行再选举:

（1）众议院议员(比例代表制选出)为与第113条第1款所指议员缺额合计超过相应的选区议员名额的1/4时；

（2）参议院(比例代表制选出)议员(任期相同者)为与第113条第1款所指议员缺额合计超过通常选举名额的1/4时；

（3）都道府县议会议员为与第113条第1款所指议员缺额合在同一选区合计达2人以上时。但议员名额为1人的选区为达1人时；

（4）市町村议会议员为与第113条第1款所指议员缺额合计超过该选区议员名额(无选区时为议员的名额)的1/6时。

2. 对于众议院议员(比例代表制选出)或参议院(比例代表制选出)议员(任期相同者)选举,依第204条或第208条规定诉讼的结果选举全部无效或局部无效时,中央选举管理委员会应依前条规定之例举行再选举。

3. 对于地方公共团体议会议员选举,依第202条、第203条、第206条或第207条的规定提出异议或要求审查或诉讼的结果选举全部或局部无效导致无当选人或当选人未达该选举的议员名额时,不受第1款规定的限制,主管相应选举的选举管理委员会应依前条规定之例举行再选举。

4. 参议院(比例代表制选出)议员(任期相同者)或地方公共团体议会议员选举,其当选人的缺额虽不符合第1款各项的规定,在遇到下列各项规定举行的选举时,可以不受同项规定的限制,与该选举同时举行再选举。但第1款规定的事由发生在下列各项规定的选举日期公布后(对于市町村议会议员选举,为相应的市町村的其他选举日期前10日以内)时不在此限:

(1) 对于众议院议员(比例代表制选出),为举行任期不同的比例代表选出议员时;

(2) 对于地方公共团体议会议员,为在相应的选区(无选区时指其区域)举行同一地方公共团体的其他选举时。

5. 前款再选举的日期与依同款各项规定举行的选举日期同。

6. 第4款第2项所指同一地方公共团体的其他选举系地方公共团体任期届满的选举时,对于依同项规定应同时举行的公共团体议会议员的再选举,在适用第34条第2款正文的规定时,同项文本中"发生应举行选举的事由时"应改为"相应的地方公共团体行政首长的任期届满时"。

第111条 议员或行政首长出缺等的通知

1. 众议院议员、参议院议员、地方公共团体议会议员出缺时,或地方公共团体行政首长出缺或提出辞职时,应依下列各项规定,通知其要旨:

(1) 对于众议院议员(小选区选出)和参议院议员(选区选出),在接到依《国会法》第110条规定出缺要旨通知之日起5日内,由内阁总理大臣通知总务大臣,总务大臣再经都道府县知事通知都道府县选举管理委员会;

(2) 对于众议院议员(比例代表制选出)及参议院议员(比例代表制选出),在接到依《国会法》第110条规定出缺要旨通知之日起5日内,由内阁总理大臣通知总务大臣,总务大臣再通知中央选举管理委员会;

(3) 对于地方公共团体议会议员,在议员出缺之日起5日内,由相应的地方公共团体议会议长通知相应的都道府县或市町村选举管理委员会;

(4) 对于地方公共团体的行政首长,在出缺提出辞职之日起5日内,分别由其职务代理人和地方公共团体议会议长通知相应的都道府县或市町村选举管理委员会。

2. 接到前款通知的选举管理委员会或中央选举管理委员会认定有适用第112条情形时,应立即将议员出缺或行政首长出缺或提出辞职的要旨,通知相应的选举长。

3. 依《地方自治法》第91条第4款的规定增加市町村议会议员名额时,该市町村议会议长应在该条例施行之日起5日内,将其要旨通知市町村选举管理委员会。

第112条 议员或行政首长出缺时的补充

1. 众议院议员(小选区选出)出缺而有适用第95条第2款规定的落选人时,应召开选举会,在相应的落选人中决定当选人。

2. 众议院议员(比例代表制选出)出缺而在相应的众议院名册登载者中有落选人时,应召开选举会,在该落选人中按众议院名册上应成为当选人的顺序决定当选人。

3. 第95条之2第5款及第6款的规定准用于前款的情形。

4. 第2款的规定准用于参议院议员(比例代表制选出)出缺的情形。此时,同款中"众议院名册登载者"应改为"参议院名册登载者"、"按众议院名册"应改为"按参议院名册登载者之间"。

5. 参议院议员(选区选出)或地方公共团体议会议员在相应的议员选举之日起3个月内出缺而有第95条第1款"但是"句规定的落选人时,或在相应的议员选举之日起3个月出缺而有第95条第2款规定的落选人时,应召开选举会,在相应的落选人中决定当选人。

6. 地方公共团体行政首长出缺或提出辞职而有第95条规定的落选人时,应召开选举会,在落选人中决定当选人。

7. 第98条的规定准用于前款的情形。

8. 选举长在接到前条第2款通知之日起20日内,召开选举会决定当选人。

第113条　补缺选举及增额选举

1. 对于众议院议员、参议院议员（任期相同者）或地方公共团体议会议员的出缺，在接到依第111条第1款第1项至第3项规定的通知时，除依前条第1款至第5款、第7款或第8款的规定可以决定当选人者外，主管相应的选举事务的选举管理委员会（对于众议院比例代表制选出议员或参议院比例代表制选出议员是指中央选举管理委员会）在该议员的缺额符合下列各项的规定时，应立即决定并公布选举日期，举行补缺选举。但与同一个人有关已依第109条或第110条的规定公布选举日期时，不在此限。

（1）对于众议院议员（小选区选出），为达1人以上时；

（2）对于众议院议员（比例代表制选出），为与第110条第1款所指当选人不足额合计超过相应的选区应选议员名额的1/4时；

（3）对于参议院（比例代表制选出）议员（任期相同者），为与第110条第1款所指当选人不足额合计超过通常选举时议员名额的1/4时；

（4）参议院（选区选出）议员（任期相同者），为超过通常选举时相应的选区议会名额的1/4时；

（5）对于都道府县议会议员，为与第110条第1款所指当选人的不足额在同一选区合计达2人以上时。但对于议员名额为1人的选区，为达1人时；

（6）对于市町村议会议员，为与第110条第1款所指当选人不足额合计超过相应的选区议员名额（无选区时为议员名额）的1/6时。

2. 市町村选举管理委员会在接到第110条第3款规定的通知时，应公告选举日期，举行增额选举。

3. 参议院议员（任期相同者）或地方公共团体议会议员的缺额虽不符合第1款各项的规定，但遇到有举行下列各项规定的选举时，可以不受同款正文规定的限制，在该选举同时举行补缺选举。但依下列各项的区分公布其选举日期后(对于市町村议会议员选举,为相应的市町村的其他选举日期公布之日前10日之内),主管相应的选举事务的选举管理委员会(对于参议院比例代表选出议员选举,是指中央选举管理委员会)接到第111条第1项至第3项规定的通知时,不在此限。

(1)对于参议院议员(比例代表制选出),为举行任期不同的比例代表制选出议员选举时;

(2)对于参议院议员(选区选出),为在相应的选区举行任期相同的选区选出议员的再选举或任期不同的选区选出议员选举时;

(3)对于地方公共团体议会议员,为在相应的选区(无选区为其区域)举行同一地方公共团体的其他选举时。

4. 前款补缺选举的日期由同款各项规定区分的选举日期而定。

5. 第110条第6款的规定准用于第3款第3项规定的地方公共团体议会议员的补缺选举。

第114条 行政首长出缺及提出辞职时的选举

地方公共团体的行政首长出缺或提出辞职时,除依第112条第6款至第8款的规定可以决定当选人外,主管相应的选举事务的选举管理委员会在接到依第110条第1款第4项规定的通知时,应公布选举日期,举行选举。但关于同一人,已依第109条的规定公布选举日期时不在此限。

第115条 合并选举及任期不同议员选举时的当选人

1. 下列各项多列选举按各项区分同时举行时,应合并为一种选举(对于参议院议员选举,按比例代表制选出议员或选区选出议员来区分)举行。

(1)对于参议院议员,为其通常选举、再选举或补缺选举;

(2)对于地方公共团体议会议员,为同一地方公共团体的再选举、补缺选举或增额选举。

2. 任期不同的参议院议员（比例代表制选出）选举合并举行时，各参议院名册申报政党等的当选人数中，第95条之3第1款及第2款中"相应的选举应选出议员数"改为"相应的选举应选出任期较长的议员数"从而适用这些规定时，以各参议院名册申报政党等的当选人数为各众议院名册申报政党等的任期较长议员选举的当选人数。

3. 任期不同的参议院议员（比例代表制选出）选举合并举行时，遇到有适用第100条第3款的规定时，以抽签形式决定各参议院名册登记申报政党等的任期较长议员选举的当选人数及其应成为当选人的顺序。

4. 任期不同的参议院议员（比例代表制选出）选举合并举行时，在各参议院名册申报政党等申报的参议院名册登载者中，按第95条之3第3款或前款规定决定的当选人顺序，以依前两项规定决定的相当于相应的参议院名册申报政党等的任期较长议员选举的当选人数的参议院名册登载者为任期较长议员选举的当选人。

5. 任期不同的参议院议员（选区选出）选举合并举行时，在适用第100条第4款"但是"句规定得票最多者中，依次决定任期较长议员选举的当选人。

6. 任期不同的参议院议员（选区选出）选举合并举行时，在适用第100条第4款的规定时，以抽签形式决定其中的一名候选人为任期较长议员选举的当选人。

7. 第100条第9款的规定准用于第3款任期较长议员选举当选人的决定及前项的情形。

8. 任期不同的参议院议员选举合并举行时，任期较长的议员选举的当选人或该议员因发生第97条或第97条之2或第112条规定事由而依这些规定举行补充时，对于比例代表制选出议员的选举，相应的议员或当选人为参议院名册的参议院名册登载者当有任期较短议员或当选人时，从这些人中按第4款规定参议院名册登载者间的当选人顺序决定当选人；对于在选区选出议员的选举,在该选举选出的任期较短的议会议员或有当选人时从当选人中决定当选人。

第 116 条　议员或当选人均无时的一般选举

对于地方公共团体议会议员或其选举时的当选人,发生第 110 条(除选举局部无效的部分)或第 113 条规定的事由导致其议员或当选人均无或变成均无时,主管相应的选举事务的选举管理委员会,应不受这些规定的限制,公布选举日期并举行一般选举。

第 117 条　设置选举

设置市町村时,市町村选举管理委员会应分别公布该市町村议会议员及行政首长的选举日期,举行一般选举及行政首长选举。

第 118 条　删除

第十二章　同时举行选举的特例

第 119 条　同时举行选举的范围

1. 都道府县议会议员选举及都道府县知事选举或市町村议会议员选举及市町村行政首长选举,可以分别同时举行。

2. 都道府县选举管理委员会可以依次条第 1 款或第 2 款规定的申报或依第 108 条第 1 款第 3 项或第 4 项规定的报告,将相应的市町村的选举(市町村议会议员及行政首长的选举。以下在本章同)与都道府县的选举(都道府县议会议员及行政首长的选举。以下在本章同)同时举行。

3. 来自于前款规定选举的选举日期应由都道府县选举管理委员会发布公告。

第 120 条　选举是否同时举行的决定手续

1. 市町村选举管理委员会在举行市町村议会议员及行政首长选举时,对于任期届满的选举,应在任期届满之日 60 日前将其要旨上报都道府县选举管理委员会;对于任期届满以外事由的选举,除依第 108 条第 1 款第 3 项或第 4 项规定进行报告的情形外,应在应该举行选举的事由发生之日 3 日内,将其要旨上报都道府县选举管理委员会。

2. 市町村选举管理委员会在发布第 34 条之 2 第 2 款(含准用于同条第 4 款的情形)规定的公告时,应立即将其要旨上报都道府县选举管理委员会。

3. 都道府县选举管理委员会在接到第 1 款或前款规定的上报或第 108 条第 1 款第 3 项或第 4 项规定报告之日起 3 日内,将相应的市町村的选举与都道府县的选举是否同时举行通知相应的市町村选举管理委员会。

第 121 条　选举同时举行决定前之市町村选举举行的停止

市町村的选举在接到前条第 3 款规定的通知之前的期间不得举行。但在同款规定的期间内未接到通知者不在此限。

第 122 条　投票及开票的顺序

依第 119 条规定同时举行选举时的投票及开票顺序,对于同条第 1 款规定的情形,由主管相应的选举事务的选举管理委员会决定;对于依同条第 2 款规定的情形,由都道府县选举管理委员会决定。

第 123 条　有关投票、开票及选举会规定的适用

1. 依第 119 条第 1 款或第 2 款规定同时举行选举时,除第 36 条及第 62 条所规定者外,有关投票与开票的规定,适用于各种选举。对于依第 119 条第 1 款规定同时举行的选举,选举会的区域相同时,除第 76 条所规定者外,有关选举会的规定亦同。

2. 前款情形下的必要事项,以政令规定。

第 124 条　提前投票

都道府县的选举与市町村的选举同时举行时,第 56 条规定的投票日期不受同条规定的限制,由都道府县选举管理委员会规定。

第 125 条　延后投票

1. 在都道府县的选举与市町村的选举同时举行的情形下,在发生第 57 条第 1 款规定的事由时,都道府县选举管理委员会应依同款的规定之例再行投票。

2. 在前款的情形下,市町村的选举管理委员会应经都道府县选举的选举长将其要旨上报都道府县选举管理委员会。

第 126 条　行政首长候选人变成一人时选举日期的延后

1. 都道府县的选举与市町村的选举同时举行的情形下,在市町村行政首长选举发生第 86 条之 4 第 7 款规定的事由时,市町村选举管理委员会应立即将其要旨报告都道府县选举管理委员会。

2. 都道府县知事选举与市町村行政首长选举同时举行的情形下,在市町村行政首长选举发生第 86 条之 4 第 7 款规定的事由时,且市町村选举也依前项规定的报告获悉发生同条第 7 款规定的事由时,都道府县选举管理委员会应将选举日期延后,并在接到相应的报告之日(有两种以上报告时,为最后报告之日)起 7 日之内,同时举行选举。此时,该选举日期至少应在 5 日前公布。

3. 第 119 条第 1 款或第 2 款规定同时举行的选举情形下,在地方公共团体行政首长选举发生第 86 条之 4 第 7 款规定的事由时,其有关的必要事项,除符合前项的规定情形外,以政令规定之。

第 127 条　无投票当选

依 119 条第 1 款或第 2 款规定同时举行的选举在发生第 100 条第 4 款规定的事由时,与该选举有关的投票不予举行。

第 128 条　删除

第十三章　选举活动

第 129 条　选举活动期间

选举活动在各种选举中如果不属于依第 86 条第 1 款至第 3 款或第 8 款规定候选人的各种选举的选举活动、依第 86 条之 2 第 1 款规定众议院名册的申报、依第 86 条之 3 第 1 款规定参议院名册的申报(对于准用同条第 2 款的第 86 条之 2 第 9 款前段规定提名的候选人,为相应的提名)或依第 86 条之 4 第 1 款、第 4 款、第 5 款、第 6 款或第 8 款规定公职候选人提名之日起至相应的选举投票日前一日的期间内,则不能进行。

公职选举法

第 130 条 选举事务所的设置及申报

1. 选举事务所非以下所列者不得设置

(1) 对于众议院议员(小选区选出)的选举,为公职候选人或推荐提名者(推荐提名者有数人时,为其代表人。以下在本条、次条及第 139 条同)及申报候选人的政党;

(2) 对于众议院议员(比例代表制选出)的选举,为申报众议院候选人名册登记的政党等;

(3) 对于参议院议员(比例代表制选出)的选举,为申报参议院候选人名册登记的政党等及公职候选人的参议院名册登载者;

(4) 对于前 3 款所列选举以外的选举,为公职候选人或其推荐提名者。

2. 前款各项所列者在设置选举事务所时,对于在市町村选举以外的选举和在市町村的选举,应立即将其要旨分别向主管相应的选举事务的选举管理委员会(对于众议院比例代表制选出议员或参议院比例代表制选出议员的选举,为中央选举管理委员会)、相应的选举事务所所在地的市町村选举管理委员会和相应的市町村选举管理委员会上报。选举事务所有变动时亦同。

第 131 条 选举事务所数目

1. 前条第 1 款各项所列设置的选举事务所不得超过下列各项规定的数目。但依政令在有交通困难等情况的区域,第 1 项的选举事务所及第 4 项的选举事务所可以分别增设至 3 至 5 个。

(1) 众议院议员(小选区选出)选举的选举事务所,如系由候选人或其推荐提名者设置,则为每一候选人一所;如系提名候选人政党的设置,则为该提名候选人政党提名的候选人每个选区一所;

(2) 众议院议员(比例代表制选出)选举时的众议院名册申报政党等的选举事务所,为该参议院名册申报政党等申报的众议院名册的选区区域的每个都道府县一所;

(3) 参议院议员(比例代表制选出)选举的选举事务所,如系由参议院名册申报政党等设置,则为每个都道府县一所;如系公职

候选人的参议院名册登载者设置,则为该参议院名册登载者每人一所;

(4)众议院议员(选区选出)或都道府县知事选举的选举事务所,为每个公职候选人一所;

(5)地方公共团体议会议员或市町村行政首长选举的选举事务所,为每个公职候选人一所。

2. 对于前款各项所称的选举事务所,其设置者对选举事务所实施的变动(含废除后新设置)每日不得超过一次。

3. 对于第1款第1项至第4项的选举事务所,其设置者为标明选举事务所,应将主管相应的选举事务的选举管理委员会(对于众议院比例代表制选出议员和参议院比例代表制选出议员的选举,是指中央选举管理委员会)颁发的标志悬挂在选举事务所入口处。

第132条 选举当日的选举事务所的限制

选举事务所不受第129条的限制,在投票日也可以在距离相应的投票所入口处300米以外的区域设置。

第133条 休憩场所的禁止

不得为选举活动设置休憩场所及其他类似的设备。

第134条 选举事务所的关闭命令

1. 违反第130条第1款、第131条第3款或第132条的规定设置选举事务所时,对于在市町村选举以外的选举,由主管相应选举事务的选举管理委员会(对于众议院比例代表制选出议员和参议院比例代表制选出议员的选举,是指中央选举管理委员会或相应的选举事务所设置地的都道府县选举管理委员会)或相应的选举事务所设置地的市町村选举管理委员会命令关闭相应的选举事务所;对于在市町村的选举,由相应的市町村选举管理委员会命令关闭选举事务所。

2. 超过第131条第1款规定数目设置的选举事务所,对其超过部分也与前款同。

第135条 与选举事务有关人员的选举活动的禁止

1. 第88条所列人员在职中不得在其有关区域从事选举活动。

2. 缺席投票管理员对于缺席投票不得利用其业务上的地位从事选举活动。

第136条 特定公务员选举活动的禁止

下列各项人员在职中不得从事选举活动:

(1) 选举管理委员会及承担中央选举管理委员会日常事务的总务省以及选举管理委员会委员与公务员;

(2) 法官;

(3) 检察官;

(4) 会计检察官;

(5) 公安委员会委员;

(6) 警察;

(7) 收税官吏及征税官员。

第136条之2 公务员等利用地位从事选举活动的禁止

1. 下列各项人员不得利用其地位从事选举活动:

(1) 国家或地方公共团体的公务员或特定独立行政法人的干部及公务员;

(2) 日本道路公共团体、石油公共团体、国民生活金融公库、住宅金融公库、农林渔业金融公库、中小企业金融公库、公营企业金融公库或冲绳振兴开发公库的干部或公务员、首都高速公路公共团体、阪神高速公路公共团体或本州四国连接桥公共团体的委员、干部或公务员(以下称公团等干部或公务员等)。

2. 前款各项所列人员以推荐、支持或反对公职候选人或以想成为公职候选人(含现任公职)的同款所列人员,以被推荐为公职候选人或被支持为目的表现出的下列行为,视同同款所规定的禁止行为:

（1）利用其地位参与或支持参与公职候选人的推荐或使他人从事这些行为；

（2）利用其地位参与投票的周旋劝诱、演说会的举办及其他选举活动的企划、指示或指导该企划的实施或他人从事这些行为；

（3）利用其地位成立第199条之5第1款规定的后援团、参与其成立的准备、劝诱他人成为后援团的会员或支援这些行为或使他人从事这些行为；

（4）利用其地位发行报纸或其他刊物、张贴或分发文书图画或支援这些行为或使他人从事这些行为；

（5）执行职务时,对于表示或约定推荐、支持或反对公职候选人或欲成为公职候选人者(含现任公职),为其提供利益或提供方便以作为回报。

第137条　教育人员利用地位从事选举活动的禁止

从教人员(《学校教育法》[1947年法律第26号]规定的学校校长及教员)不得利用其对学校儿童及学生教育上的地位从事选举活动。

第137条之2　未成年人选举活动的禁止

1. 年龄未满20岁者不得从事选举活动。

2. 任何人不得使年龄未满20岁者从事选举活动。但为选举活动服务者不在此限。

第137条之3　无选举权及被选举权者选举活动的禁止

依第252条或《政治资金规正法》第28条的规定无选举权及被选举权者不得从事选举活动。

第138条　逐户访问

1. 任何人对于选举不得以使自己得票或使他人不得票为目的从事逐户访问。

2. 任何人不得以任何方法为选举活动逐户告知演讲会的举办或沿街叫喊特定候选人的姓名或政党及其政治团体的名称。

第138条之2　签名运动的禁止

任何人对于选举不得以使自己得票或使他人不得票为目的对姓名进行签名活动。

第138条之3　公布民意测验的禁止

任何人对于选举不得公布对于将出任公职者（对于众议院比例代表制选出议员的选举，为政党及其政治团体的将出任公职者或其人数；对于参议院比例代表制选出议员的选举，为政党及其政治团体的将出任公职者或其人数或其顺序）所做民意测验的经过或结果。

第139条　提供餐饮的禁止

任何人对于选举活动不得以任何名义提供食物（茶点除外）。但对于众议院议员（比例代表制选出）选举以外的选举，每个公职候选人对从事选举活动（众议院小选区选出议员选举是，候选人申报政党所为除外。以下在本条同）者及为选举活动服务者，在选举活动期间，在政令规定的便当费限额内，且两者合计不超过15份，即45份（依第131条第1款规定设置的选举事务所超过1所时，每增加1所增加6份，即18份）乘以相应的选举日期公告之日起至投票日前日的期间日数所得份数的范围内，在选举事务所提供的便当（含从事选举活动者及选举活动服务者携带外出的便当）不在此限。

第140条　扩大声势行为的禁止

任何人不得为选举活动组成车队拥众游行、扩大声势。

第140条之2　连续呼喊行为的禁止

1. 不得为选举活动从事连续呼喊行为。但在演说会场及街头演说（含演说）场所所为者，以及上午8时至下午8时的期间内，依次条的规定在供选举活动使用的汽车或船舶上所为者不在此限。

2. 依前款"但是"句的规定，为选举活动从事连续呼喊行为者，在学校（《学校教育法》第1条规定的学校。以下同）、医院、诊所及其他疗养设施附近应尽量保持肃静。

第 141 条 汽车、船舶及扩音器的使用

1. 在下列各项所列的选举中,每个公职候选人供选举活动使用为主的汽车(《道路交通法》1960 年法律第 105 号)第 2 条第 1 款第 9 项规定的汽车。以下同)或船舶及扩音器(含携带用者。以下同),除各项所规定者外,不得使用。但扩音器在个人演说会(含演说)举办中,在其会场可以另外使用一组。

(1) 对于众议院议员(小选区选出)、参议院议员(选区选出)以及地方公共团体议会议员和行政首长的选举,为汽车(其结构上以宣传为主要目的者除外。次款同)一辆或船舶一艘及扩音器一组;

(2) 对于参议院议员(比例代表制选出)的选举,为汽车两辆或船舶两艘(两者同时使用时,为合计两个单位)及扩音器两组。

2. 不受前款规定的限制,对于众议院议员(小选区选出)选举,提名候选人的政党在包括其提名候选人的选区的每个都道府县,可以有汽车一辆或船舶一艘及扩音器一组。提名候选人的政党在相应的都道府县的候选人(相应的申报候选人的政党在相应的都道府县区域内的选区提名的候选人。以下同)数超过 3 人时,其超过数每增加 10 人,可以再增加汽车一部或船舶一艘及扩音器一组,主要用于选举。但对于扩音器,可以在政党等演说会(含演说)的会场,另外使用一组。

3. 对于众议院议员(比例代表制选出),众议院名册申报政党等按其申报的众议院名册所属选区,可以有汽车一辆或船舶一艘及扩音器一组。相应的众议院名册申报政党等的众议院名册登载者在相应的选区的人数超过 5 人时,其超过数每增加 10 人,可以再增加汽车一辆或船舶一艘及扩音器一组,主要用于选举活动。但对于扩音器,可以在政党等演说会(含演说)的会场,另外使用一组。

4. 对于众议院议员(比例代表制选出)选举,主要用于选举活动使用的汽车、船舶及扩音器,除依前款规定由众议院名册申报政党等使用外,不得使用。

5. 第1款正文,第2款正文或第3款正文规定为选举活动使用的汽车、扩音器或船舶上,应张贴主管相应选举事务的选举管理委员会(对于众议院比例代表制选出议员或参议院议员比例代表制选出议员选举,是指中央选举管理委员会)规定的标志(对于汽车与船舶,为两者通用的标志)。

6. 第1款规定的汽车,在町村议会议员及行政首长选举以外之选举的情形下,以政令规定的乘用汽车为限;在町村议会议员及行政首长选举的情形下,以政令规定的乘用汽车或小型货车(相当于《道路运送车辆法》[1951年法律第185号]第3条规定小型汽车的货车)为限。

7. 对于众议院议员(小选区选出)或参议院议员选举,公职候选人可以依政令的规定,在政令规定的限额内,免费使用第1款规定的汽车。但对于众议院议员(小选区选出)或参议院(选区选出)选举,相应的公职候选人缴存的保证金不必依第93条第1款(含准用于同条第2款的情形)的规定归属国库时,对于参议院议员(比例代表制选出)选举,相应的公职候选人的参议院名册登载者为相应的参议院名册登载者的申报参议院候选人名册登记的政党等,以截至于相当于第94条第3款第1项所列数的应成为当选人顺序为限。

8. 对于都道府县议会议员或行政首长选举以及市议会或行政首长选举,分别由都道府县和市准用于前款规定(与参议院比例代表制选出议员选举有关的部分除外),在公职候选人使用第1款规定的汽车时可以免费。

第141条之2　汽车等的乘坐限制

1. 依前条第1款规定供选举活动使用的汽车和船舶,其乘坐人数,除公职候选人(众议院比例代表制选出议员的候选人系与相应的选举同时举行的众议院小选区选出议员选举时的候选人以

日本地方政府法选编

外者除外。此款同)、司机(每辆汽车以一人为限。次款同)及船员外,每辆汽车或每艘船舶不得超过4人。

2. 依前条第1款规定乘坐选举使用的汽车或船舶者(公职候选人、司机及船员除外),应佩戴主管相应的选举事务的选举管理委员会(对于参议院比例代表制选出议员的选举,为中央选举管理委员会)规定的袖标。

第141条之3 车上选举活动的禁止

任何人不得在依第141条规定供选举活动使用的汽车上从事选举活动。但在停止的汽车上为选举活动发布演说及依第142条之2第1款"但是"句的规定,在汽车上为选举活动从事连续呼喊行为者不在此限。

第142条 文书图画的印发

1. 对于众议院议员(比例代表制选出)选举以外的选举,为选举活动使用的文书图画除下列各项规定的普通明信片及第1项至第2项规定的传单外,不得有其他印发。此时,传单不得散发。

(1) 对于众议院议员(小选区选出)选举的每位候选人,普通明信片3.5万张,向主管相应的选举事务的选举管理委员会上报的两种以内的传单7万张;

(1)之2 对于参议院议员(比例代表制选出)选举中作为公职候选人的每位参议院名册登载者,普通明信片15万张,向中央选举管理委员会上报的两种以内的传单25万张;

(2) 对于参议院议员(选区选出)选举的每位候选人,相应的都道府县区域内众议院议员的选区为1个时,普通明信片3.5万张,向主管相应的选举事务的选举管理委员会上报的两种以内的传单10万张。相应的都道府县区域内众议院议员(小选区选出)的选区数超过1个时,每增加1个选区,增加普通明信片2500张及向主管相应的选举事务的选举管理委员会上报的两种以内的传单1.5万张(最多以30万张为限);

(3) 对于都道府县知事选举的每位候选人,相应的都道府县区域内众议院议员(小选区选出)的选区为1个时,普通明信片3.5万张。相应的都道府县区域内众议院议员(小选区选出)的选区超过1个时,每增加1个,则增加普通明信片2500张;

(4) 对于都道府县议会议员选举的每位候选人,普通明信片8000张;

(5) 对于指定城市选举的每位公职候选人,选举行政首长时,普通明信片3.5万张。选举议会议员时,普通明信片4000张;

(6) 对于指定城市以外选举的每位公职候选人,选举行政首长时,普通明信片8000张。选举议会议员时,普通明信片2000张;

(7) 对于町村选举的每位公职候选人,选举行政首长时,普通明信片2.5万张。选举议会议员时,普通明信片800张。

2. 不受前款规定限制,对于众议院议员(小选区选出)的选举,候选人提名政党可以按包括其提名候选人选区的都道府县,为选举活动印发以2万张乘相应的都道府县的相应的提名候选人的政党提名的候选人数所得商以内的普通明信片及以4万张乘相应的都道府县的相应的候选人提名政党提名的候选人数所得商以内的传单。但对于传单,只能在其提名候选人的每个选区印发4万张以内。

3. 对于众议院议员(比例代表制选出)的选举,申报众议院候选人名册登记的政党等可以按申报的众议院名册的选区,为选举活动印发向中央选举管理委员会上报的两种以内的传单。

4. 对于众议院议员(比例代表制选出)的选举,为选举活动使用的文书图画除依前款规定可以由众议院名册上报政党等印发的传单外,不得有其他印发。

5. 第1款的普通明信片免费,第2款的普通明信片收费。依政令规定,应经日本邮政公司标明其用于选举的要旨。

6. 第1款第1项至第2项、第2款及第3款的传单,非依随报纸附送或其他政令规定的方法不得分发。

7. 第1款第1项至第2项及第2款的传单应依主管相应的选举事务的选举管理委员会(对于参议院比例代表制选出议员选举,为中央选举管理委员会。以下在本款同)的规定张贴其所制发的标志。此时,对于第2款的传单,主管相应选举的选举管理委员会所交付的标志,应按相应选举的选区进行区分。

8. 第1款第1项至第2项的传单,其尺寸不得超过长29.7cm、宽21.0cm;第2款中的传单,其尺寸不得超过长42.0cm、宽29.7cm。

9. 在第1款第1项至第2项、第2款及第3款的传单上,其正面应记载印发责任者及印刷者的姓名(对于法人为其名称)以及住所。此时,应一并记载对于下列传单的名称和记号:对于第1款第1项之2的传单,为相应的参议院名册登载者的申报参议院候选人名册登记的政党的名称及标明其系同项传单要旨的记号;对于第2款中的传单,为相应的提名候选人的政党名称;对于第3款中的传单,则为相应的申报众议院候选人名册登记的政党名称及标明其系同项传单要旨的记号。

10. 众议院议员(小选区选出)或参议院议员选举时,公职候选人依政令的规定,在政令规定的限额内,可以免费印刷第1款第1项至第2项的普通明信片及传单。此时,准用第141条第7款但是句的规定。

11. 将选举活动使用的传阅板、其他文书图画或招牌(含海报栏。以下同)之类提供多数人传阅的行为视同为第1款至第4款的印发。但将次条第1款第2项规定的物品悬挂在同款规定的汽车或船舶供人传阅及公职候选人(众议院比例代表制选出议员的候选人系与相应的选举同时举行的众议院小选区选出议员选举的候选人以外者除外)佩戴同款第3项规定的物品供人传阅的情形不在此限。

12. 在众议院议员的总选举的情形下,对于众议院的解散,将注明公职候选人或欲为公职候选人者(含有公职者)的姓名或可以推测其姓名的事项,以邮政或电报向姓名问候的行为被视同第1款规定的禁止行为。

第142条之2　小册子或书籍的印发

1. 不受前条第1款及第4款的规定,对于众议院议员的总选举或参议院议员的通常选举,提名候选人的政党或申报众议院候选人名册登记的政党或申报参议院候选人名册登记的政党等,可以在相应的候选人提名政党或众议院名册申报政党等或参议院名册申报政党等的总部,为选举活动分发(散发除外)直接发行的记载其政策或方略或与此有关的要旨属于向总务大臣上报类别的小册子或书籍。

2. 前款所指的小册子或书籍非依下列规定不得印发:

(1) 在相应的提名候选人的政党或申报众议院候选人名册登记的政党或申报参议院候选人名册登记的政党等的选举事务所内,在政党的演讲会或政党等演讲会内或在街头演讲的场所分发;

(2) 在属于提名候选人的政党或申报众议院候选人名册登记的政党或申报参议院候选人名册登记的政党等的(含名册登载者。此款同)相应的众议院议员总选举或参议院议员通常选举中的公职候选人的选举事务所内,在个人的演讲会或政党等演讲会内或在街头演讲的场所分发。

3. 在第1款所称的小册子或书籍中,不得记载属于相应的提名候选人的政党或申报众议院候选人名册登记的政党等或申报参议院候选人名册登记的政党等相应的众议院议员总选举或参议院议员通常选举中的公职候选人的姓名或可以推测其姓名的事项。

4. 在第1款所称的小册子或书籍中,封面不得记载相应的提名候选人的政党或申报众议院候选人名册登记的政党等或申报参议院候选人名册登记的政党等的名称、印发责任者及印刷者的姓名(对于法人为名称)及住所及表明同款的小册子或书籍的要旨的记号。

第143条　文书图画的展示

1. 选举活动使用的文书图画除非符合下列各项之一者不得

展示：

(1) 为标明选举事务所在场所使用的海报、广告牌、灯笼及招牌等；

(2) 依第141条规定，在为选举活动使用的汽车或船舶上的海报、广告牌、灯笼及招牌等；

(3) 公职候选人使用的彩带、胸章及臂章之类；

(4) 演讲会中使用的海报、广告牌、灯笼及招牌等；

(4)之2　个人演讲会通知用的海报(以众议院比例代表制选出议员、参议院比例代表制选出议员或都道府县知事选举为限)；

(5) 除前各项所列者外，供选举活动使用的海报(对于参议院比例代表制选出议员选举，只限于作为公职候选人的参议院名册登载者所用)。

2. 为选举活动使用气球、霓虹灯、电光、幻灯或其他方法等进行放映展示的行为视同前款禁止的行为。

3. 众议院议员(小选区选出)、参议院议员(选区选出)及都道府县知事的选举，用于第1款第4项之2通知个人演讲会的海报及同款第5项规定为选举活动使用的海报(对于众议院小选区选出议员的选举，有提名候选人的政党使用者除外)，每个公职候选人可以在依第144条之2第1款规定设置的每一个海报张贴处张贴一张海报。

4. 对于依第144条之2第8款规定可以设置海报张贴处的都道府县议会议员、市町村议会议员及行政首长的选举，每个公职候选人可以在依同条第8款规定设置的每个海报张贴处张贴一张依第1款第5项规定为选举活动使用的海报。

5. 依第1款第1项规定为标明选举事务所使用的文书图画不受第129条规定的限制，在选举的当日可以展示。

6. 第1款第4项之2通知个人演讲会的海报及同款第5项规定供竞选活动使用的海报，不受第129条规定的限制，在选举的当日认可张贴。

7. 对于依第1款第1项规定可以使用的海报、广告牌及招牌等,其数目为每一个选举事务所合计不得超过3个。

8. 对于第1款第4项规定使用的海报、广告牌及招牌等,在个人研究会会场外使用的数目为每个会场合计不得超过2个。

9. 对于第1款规定的海报(同款第4项之2及第5项的海报除外)、广告牌及招牌等,其尺寸不得超过长273cm、宽73cm(同款第1项的海报、广告牌及招牌等,其尺寸不得超过长350cm、宽100cm)。

10. 依第1款规定可以张挂的灯笼等,分别以一个为限,其尺寸高不得超过85cm、直径不得超过45cm。

11. 依第1款第4项之2通知个人讲演会的海报,其尺寸不得超过长42cm、宽10cm。

12. 前款的海报可以与第1款第5项的海报一并制作和张贴。

13. 第1款第4项之2通知个人讲演会的海报,其正面应记载负责张贴者的姓名及住所。

14. 对于众议院议员(小选区选出)或参议院议员选举,公职候选人依政令的规定,在政令规定限额内,可以免费制作第1款第1项及第2项所称的广告牌、同款第4项之2通知个人讲演会的海报(以众议院小选区选出议员或参议院选区选出议员的选举为限)及同款第5项所称海报。此时准用第141条第7项但是句的规定。

15. 对于都道府县议会议员及行政首长选举与市议会议员及行政首长选举,分别由都道府县与市准用前款的规定(参议院比例代表制选出议员选举的部分除外),依条例的规定,可以免费印刷公职候选人第1款第4项之2通知讲演的传单(依都道府县知事选举为限)及同款第5项的传单。

16. 对于公职候选人或欲为公职候选人者(含有公职者。以下在本款称"公职候选人等")为政治活动使用注明其姓名或可推

日本地方政府法选编

测其姓名等事项的文书图画,以及第199条之5第1款规定的后援集团(以下在本款称"后援团体")为政治活动使用注明其名称的文书图画,下列展示行为以外的行为视同为第1款禁止的行为:

(1)在政令规定总数的范围内,每个候选人或同一候选人的所有后援团体,在政令规定的总数范围内,由相应的公职候选人或其后援团体在其从事政治活动的事务所现场使用的广告牌及招牌等依每一个事务所合计两个为限;

(2)海报、用以张贴该海报用的胶合板、塑胶板以及类似物品以外者(用以标识公职候选人或后援团体政治活动事务所或联络处或后援团体的成员及在第19款各项区分的相应选举的一定时期的相应选区[无选区时,为举行选举的区域]内张贴的除外);

(3)在为政治活动举办的演说会、演讲会、研修会及其他类似集会(以下在本款称"演说会等")会场,于相应的演说进行中使用的;

(4)依第十四章之三规定可以使用的。

17. 前款第1项的广告牌及招牌等,其尺寸不得超过长150cm、宽40cm,并应注明主管该选举事务的选举管理委员会(对于众议院比例代表制选出议员或参议院比例代表制选出议员的选举,是指中央选举管理委员会)所规定的标志。

18. 第16款第2项的海报的正面应记载展示责任者及印刷者的姓名(对于法人为名称)及住所。

19. 第16款所称"一定时期"指下列各项规定的期间:

(1)对于众议院议员的总选举,为众议院议员任期届满日6个月前之日至相应的总选举投票日的期间或众议院解散日的翌日起至相应的总选举日的期间;

(2)对于参议院议员的通常选举,为参议院议员任期届满日6个月前之日至相应的通常选举日的期间;

(3)对于地方公共团体议会议员或行政首长的选举,为其任期届满6个月前之日至相应的选举日的期间;

(4) 对于众议院议员或参议院议员的再选举(统一对象选举[第33条之2第3款至第5款规定者除外。次款同]除外)或补缺选举(只限于同条第3款至第5款的规定),为应举行相应的选举的事由发生时(有同条第7款规定的适用时,依同项规定改为适用于同条第3款至第5款规定较晚的事由发生时),主管相应的选举事务的选举管理委员会(对于众议院比例代表制选出议员或参议院比例代表制选出议员的选举,是指中央选举管理委员会)发布公告日的翌日起至相应的选举日的期间;

(5) 对于众议院议员或参议院议员的统一对象再选举或补缺选举(第33条之2第3款第5项规定的除外),为应举行相应选举的事由发生时(有同条第7款规定的适用时,依同款的规定为适用同条第2款规定较晚的事由发生时),其要旨经主管相应选举的选举管理委员会(对于众议院比例代表制选出议员或参议院比例代表制选出议员的选举,是指中央选举管理委员会)发布公告日的翌日或应举行相应的选举之日6个月前任一较晚日起至相应的选举日的期间;

(6) 对于地方公共团体议会议员或行政首长选举中因任期届满举行的选举以外的选举,为选举举行相应选举的事由发生时(有第34条第4款规定的适用时,依同款的规定改为适用同条第1款规定的最晚事由发生时),其要旨经主管相应选举事务的选举管理委员会发布公告日的翌日起至相应选举日的期间。

第143条之2 文书图画的清除义务

在选举事务所废止、第141条第1款至第3款的汽车或船舶不再主要用于选举活动、个人演说会举办完毕时,应立即将前条第1项、第2项或第4项的海报、广告牌、灯笼及招牌等清除。

第144条 海报的数量

1. 对于第143条第1款第5项的海报,不得超过下列各项规定的数量。但对于第1项的海报,在其提名的候选人的每个选区张贴1000张以内者不在此限。

日本地方政府法选编

(1) 对于在众议院议员(小选区选出)选举中由提名候选人的政党所用,为在含提名候选人的选区的每个都道府县,以1000乘以相应的提名候选人的政党在相应的都道府县提名的候选人数所得积;

(2) 对于在众议院议员(比例代表制选出)选举中由申报众议院候选人名册登记的政党等所用,为按申报众议院名册的选区,以500乘以相应的申报众议院候选人名册登记的政党等在有效地选区的众议院名册登载者的人数所得积;

(2)之2 对于参议院议员(比例代表制选出)选举,作为公职候选人的众议院名册登载者每人7万张;

(3) 对于都道府县议会议员、市议会议员或行政首长的选举,每个公职候选人1200张。但对于指定都市市长选举,每个公职候选人4500张;

(4) 对于市町村议会积行政首长选举,每个公职候选人500张。

2. 前款所称海报应以主管相应选举事务的选举管理委员会(对于众议院比例代表制选出议员或参议院比例代表制选出议员的选举,是指中央选举管理委员会。以下在本款同)的规定,接受主管相应选举事务的管理委员会的验印或展示其交付的标志。此时,对于同款第1项的海报,主管相应选举事务的选举管理委员会的验印或交付的标志应按相应选举的选区区分。

3. 前两款的规定不适用于依此条第8款可以设置海报张贴处的都道府县及市町村议会议员及行政首长选举。

4. 对于第143条第1款第5项的海报,在众议院议员(比例代表制选出)选举中由申报众议院候选人名册登记的政党等所用者,除在相应的选区张贴向中央选举管理委员会上报的三种以内者外,不得张贴;在众议院议员(小选区选出)选举中由提名候选人的政党所用及在众议院议员(比例代表制选出)议员选举时由申报众议院候选人登记的政党等所用者,其尺寸不得超过长

· 302 ·

85cm、宽60cm。除此以外者,其尺寸不得超过长42cm、宽30cm。

5. 对于第143条第1款第5项的海报,其正面应记载负责张贴者及印刷者的姓名(对于法人时为其名称)及住所。此时,由候选人提名政党所用者应一并记载相应的申报候选人的政党的名称;由申报众议院候选人名册登记的政党等所用者,一并记载相应的申报众议院候选人名册登记的政党等的名称及标明其系前项海报的要旨的记号;由参议院名册登载者所用者,一并记载相应的参议院名册登载者的申报参议院候选人名册登记的政党等的名称。

第144条之2　海报张贴处

1. 对于众议院议员、参议院议员(选区选出)或都道府县议会议员选举,市町村选举管理委员会应设置第143条第1款第5项规定的海报(在众议院小选区选出议员选举的情形下,由提名候选人的政党所用者除外)张贴处。

2. 前款张贴处的总数依政令规定进行计算,每个投票区在5处以上10处以下。但市町村选举管理委员会在遇到特殊情况时,可以事先与都道府县选举管理委员会达成协议减少其总数。

3. 第1款的张贴处由市町村选举管理委员会按投票区依政令规定的基准设置在公众容易看见的场所。

4. 市町村选举管理委员会设置第1款的张贴处时,应立即公布其设置场所。

5. 公职候选人可以从主管相应选举事务的选举管理委员会决定并事先公布之日起,在第1款的张贴处,张贴第143条第1款第4项之2及第5项的海报各一张。此时,市町村选举管理委员会对于海报的张贴,依政令规定应在可能范围内尽量给予相应的公职候选人方便。

6. 在前款的情形下,每个公职候选人可以张贴的张贴处其范围为长宽均为42cm。

7. 除前款规定外,在第1款张贴处张贴的海报的顺序及其他有关海报的必要事项,由主管选举事务的选举管理委员会确定。

8. 对于都道府县议会议员选举和市町村议会及行政首长选举,可以分别由都道府县和市町村依条例规定设置第 143 条第 1 款第 5 项的海报张贴处。

9. 都道府县或市町村依前项规定设置海报的张贴处时,相应张贴处的总数依政令规定计算每个投票区在 5 处以上 10 处以下。但相应的都道府县或市町村遇到特殊情况时,可以分别依政令规定减少其总数。

10. 第 3 款至第 7 款的规定准用于第八项规定设置海报张贴的情形。

第 144 条之 3　不设置海报张贴处时

遇到天灾、其他不可避免事故或其他特殊情况时,前条第 1 款或第 8 款规定的张贴处可以不设置。

第 144 条之 4　任意制海报张贴处

除依第 142 条之 2 第 8 款规定外,对于都道府县议会议员和市町村议会议员及行政首长选举,由都道府县和市町村可以按照同条第 3 款至第 7 款及前条的规定,依条例的规定设置第 143 条第 1 款第 5 项的海报张贴处。此时,海报张贴处的数量为每个投票区一处以上。

第 144 条之 5　设置海报张贴处的协助

依第 144 条之 2 及前条规定设置海报张贴处时,土地或建筑物的居住人、管理人或所有人对于海报张贴处的设置,在可能范围内应尽量给予协助。

第 145 条　海报的张贴场所

1. 任何人对于众议院议员、参议院议员(比例代表制选出)、都道府县议会议员、市町村议会议员或行政首长选举(依第 144 条之 2 第 8 款规定可以设置海报张贴处的选举除外),不得在国家、地方公共团体所有或其管理设施或缺席投票管理员管理的投票场所张贴第 143 条第 1 款第 5 项的海报。但张贴在电线杆、桥梁、公营住宅、其他依总务省命令规定的及第 144 条之 2

及第144条之4张贴处不在此限。

2. 在前款的选举过程中,任何人欲在他人设施上张贴第143条第1款第5项的海报时,应征得其居住人的同意;无居住人时,应征得管理人同意;无管理人时,应征得所有人的同意。

3. 未征得前款同意而在他人设施上张贴的第143条第1款第5项的海报,居住人可以将其清除。对于第1款以外的选举,未征得居住人同意而张贴在该居住人设施上的海报亦同。

第146条 逃避文书图画的印发或张贴禁止行为的限制

1. 任何人在选举活动期间,不得以著作、演艺等广告或其他任何名义,为逃避第142条或第143条的禁止行为,印发或张贴载有公职候选人姓名或象征标记、政党及其政治团体名称,推荐或支持或反对公职候选人者的姓名的文书图画。

2. 作为对前款规定的适用,在选举活动期间,以印有公职候选人姓名、政党及其政治团体名称或公职候选人的推荐人或其他从事选举活动或公职候选人同一户籍者的姓名贺年卡、问候卡及其他类似的问候信而在相应的公职候选人选区(无选区时为其区域)内印发或张贴的行为,视同逃避第142条或第143条的禁止行为。

第147条 文书图画的清除

都道府县或市町村选举管理委员会认为有下列任何一项的文书图画时,可以下令清除。此时,都道府县或市町村选举管理委员会应事先将其要旨向相应的警察局局长通报。

(1) 违反第143条、第144条或第164条之2规定张贴的文书图画;

(2) 第143条第16款规定的公职候选人或后援团体在成为公职候选人或后援团体前张贴的符合同款规定的文书图画、或同款的公职候选人或后援团体依同条第19款各项的区分,按相应的选举,在相应的各项规定期间前或期间中张贴的符合在相应的期间中同条第16款规定的海报;

(3) 违反第143条之2的规定未清除的文书图画;

（4）违反第 145 条第 1 款或第 2 款（含准用于第 64 条之 2 第 5 款的情形）的规定张贴的文书图画；

（5）选举活动期间前或期间中张贴的符合前项规定的文书图画。

第 147 条之 2　问候信件的禁止

公职候选人或欲成为公职候选人者（含有公职者）对于在相应的选区（无选区时为其选举区域）内的人员，除了应付答礼的亲笔信件外，不得寄出贺年片、寒中请安信、暑中请安信及其他此类问候信件（含电报及其他类似物）。

第 148 条　报纸、杂志报道及评论等的自由

1. 本法有关限制选举活动的规定（第 138 条之 3 的规定除外），不得妨碍报纸（含与此类似的通讯等。以下同）或杂志有关选举报道及评论的自由。但不得滥用表现的自由而进行虚假或歪曲事实的记载来妨碍选举公正。

2. 新闻或杂志的销售者可以将前款规定的报纸或杂志以通常方法（在选举活动期间中及选举当日向定期购买者以外的人分发的报纸或杂志，以有偿购买者为限）分发或在都道府县选举管理委员会指定的场所张贴。

3. 适用前两款规定的报纸或杂志，是指只限于选举活动期间及投票当日符合下列规定者。但第 1 项第 2 目的规定（含同项第 3 目及第 2 项中有关第 1 项第 2 目的部分）不适用于盲文报纸。

（1）具备下列条件的报纸或杂志

1）对于报纸和杂志是指每月印行三次以上和每月印行一次且逐期编号定期有偿分发者；

2）取得第三种邮政物认可者；

3）从相应的选举日期公布之日前一年（对于刊载有关时事新闻的日报，为 6 个月）以来，已符合第 1 目及第 2 目的条件并继续发行者。

（2）符合前项的报纸或杂志的发行人，其发行的报纸或杂志具备同项第 1 目及第 2 目的条件者。

第 148 条之 2　报纸、杂志不法利用等的限制

1. 任何人不得以当选或使人当选或不当选为目的,对报纸或杂志的编辑或其他担任经营者,提供或提议或约定提供货币、物品或其他财产上的利益,或设宴招待或提议或约定设宴招待而使其刊载有关选举的报道或评论。

2. 报纸或杂志的编辑或其他担任经营者,不得接受或要求前项的提供或招待或承诺前项的提议或约定而刊载有关选举的报道或评论。

3. 任何人不得以当选或使人当选或不当选为目的,利用报纸或杂志的编辑或其他经营上的特殊地位,刊载或使人刊载有关选举的报道或评论。

第 149 条　新闻广告

1. 对于众议院议员(小选区选出)议员选举,候选人依总务省令的规定,可以在选举活动期间,在任何一种报纸上,用同一尺寸以五次为限刊登有关选举的广告。候选人提名政党依总务省令的规定,可以在选举活动期间,按相应的候选人提名政党在相应的都道府县提名的候选人的人数(超过 16 人时,以 16 人计算),以总务省规定的尺寸及次数在任何一种报纸上刊登有关选举的广告。

2. 对于众议院议员(比例代表制选出)选举,申报众议院候选人名册登记的政党依总务省令规定,可以在选举活动期间内,按相应的申报众议院候选人名册登记的政党在相应选区的登载者的人数(超过 28 人时,以 28 人计算。以下在本章同),以总务省令规定的尺寸及次数,在任何一种报纸上刊登有关选举的公告。

3. 对于参议院议员(比例代表制选出)选举,申报参议院候选人名册登记的政党等依总务省令规定,可以在选举活动期间内,按相应的申报参议院候选人名册登记的政党等在相应选区的登载者的人数(超过 25 人时,以 25 人计算。以下在本章同),以总务省令规定的尺寸及次数,在任何一种报纸上刊登有关选举的公告。

日本地方政府法选编

4. 对于众议院或参议院（比例代表制选出）议员以外的选举，公职候选人依总务省令的规定，可以在选举活动期间，用同一尺寸以两次（对于参议院选区选出议员选举为5次；对于都道府县知事选举为4次）为限，在任何一种报纸上刊登有关选举的公告。

5. 刊登前两款广告的报纸，可以不受第142条或第143条规定的限制，由报刊销售者以通常方法（对定期订阅者以外之人分发的报纸，以有偿购买者为限）分发或张贴在都道府县选举管理委员会指定的场所。

6. 对于众议院议员、参议院议员或都道府县知事的选举，可以免费刊登第1款至第4款规定的新闻广告。但对于在众议院议员（比例代表制选出）选举，相应的申报众议院候选人名册登记的政党在相应选区的得票总数未达到相应选区有效票总数的2%以上的不在此限；对于参议院议员（比例代表制选出）选举，相应的申报参议院候选人名册登记的政党的得票总数（只限于相应选举投票日的公职候选人）未达到相应选举有效票总数1%的不在此限。

第150条 政见广播

1. 对于众议院议员（小选区选出），候选人申报政党依政令的规定，在选举活动期间，可以依日本广播协会及一般广播事业者的电台广播或电视播放（《放送法》[1950年法律第132号]第2条第2项之3规定的中波广播或同条第2项之5规定的电视播放。以下同），为公益免费播放其政见（含相应的提名候选人的政党提名的候选人的介绍。以下在本款同）。此时，日本广播协会及一般广播事业者，可以将其录音或录像的政见或提名候选人的政党所录音或录像的政见原封不动地播放。

2. 提名候选人的政党可以依政令的规定，在政令规定的限额内，为前款政见播放免费录音或录像。

3. 对于众议院议员（比例代表制选出）、参议院议员或都道府县知事的选举，相应的公职候选人（对于参议院比例代表制选出议员,为申报众议院候选人名册登记的政党;对于众议院比例代表制选出议员,为申报众议院候选人名册登记的政党。在第5款中同)依政令的规定,可以在选举活动期间,利用日本广播协会及一般广播事业者的电台关闭或电视播放的设备,为公益免费播放其政见(含众议院和参议院比例代表制选出议员选举时,对众议院和参议院名册登载者的介绍。以下在本款同)。此时,日本广播协会及一般广播事业者,应将其政见加以录音或录像并原封不动地播放。

4. 对于第1款的广播,在相应的都道府县有候选人提名的所有提名候选人的政党使用同一广播设备时,应按相应的申报候选人的政党在相应的都道府县提名的候选人数(超过12人时依12人计算),提供依政令规定的时间数等相同的方便。

5. 对于第3款的广播,应按各类选举,对相应的选区(无选区时为其选举区域)所有公职候选人提供使用同一广播设备及给予同一时数(对于众议院议员比例代表制选出议员选举,为按该申报众议院候选人名册登记的政党在相应选区的众议院名册登载者的人数依政令规定的人数;对于参议院比例代表制选出议员选举,为按参议院名册登载者的人数依政令规定时数)等相同的方便。

6. 第2款的广播次数、日期、时间及其他有关广播的必要事项,由总务大臣与日本广播协会及一般广播事业者协商确定。此时,应特殊考虑对众议院议员(比例代表制选出)选举时的申报众议院候选人名册登记的政党或参议院议员(比例代表制选出议员)选举时的申报参议院候选人名册登记的政党提供有关政见广播的方便。

第150条之2　政见广播时品位的维持

公职候选人、提名候选人的政党、申报众议院候选人名册登记的政党及申报参议院候选人名册登记的政党应认清其责任,在依前条第1款或第3款规定广播政见时,不得有损害他人或政党及其政治团体名誉、危害善良风俗或为特殊商品做广告或为其他有关经营做宣传等损害政见广播品位的言行。

第151条 经历广播

1. 对于众议院议员（小选区选出）、参议院议员（选区选出）或都道府县知事的选举，日本广播协会应依其规定，广播公职候选人的姓名、年龄、党派（众议院小选区选出议员选举时，为相应的申报候选人的政党的名称）、主要经历等，使有关区域的选民知晓。

2. 每个公职候选人的广播次数为：对于众议院议员（小选区选出）选举，为电台广播10次电视播放1次；对于其他选举，为电台广播5次及电视播放1次。但日本广播协会在可能的限度内，应尽量增加其次数。

3. 对于参议院议员（选区选出）或都道府县知事选举，除前两项规定外，日本广播协会及一般广播事业者，依政令规定以电视播放政见时，应同时以电视播放其经历。

第151条之2 中止政见广播及经历广播的情形

1. 符合第100条第1款至第4款的规定，没有举行选举的必要时，政见广播（众议院小选区选出议员选举时举行者除外）及经历广播的手续应予以中止。

2. 在一个都道府县举行的所有众议院议员（小选区选出）选举，符合第100条第1款的规定，没有举行选举的必要时，在相应的都道府县举行的众议院议员（小选区选出）选举的有关政见广播的手续应予以中止。

3. 因天灾或不可避免的事故或其他特殊情况导致不能进行政见广播或经历广播时，不另做替代性的政见广播或经历广播。

第151条之3 选举广播节目编辑的自由

本法有关限制选举活动的规定（第138条之3的规定除外），不得妨碍日本广播协会或一般广播事业者为报道或评论选举依《广播法》的规定编辑广播节目的自由。但不得滥用表现的自由而进行虚假或歪曲事实的广播妨碍选举的公正。

第151条之4　删除

第151条之5　选举活动广播的限制

除本法规定外,任何人不得利用广播设备(含广告设备、共同收听广播设备及其他有线通讯设备)为选举活动从事广播或使人从事广播。

第152条　为问候目的的付费广告的禁止

1. 公职候选人或欲为公职候选人者(含现任公职者。此项称"公职候选人")及第199条之5第1款规定的后援团体(此项称"后援团体")不得对于相应选区(无选区时为举行选举的区域。次款同)内的居民主要以问候(贺年片、寒暑请安、其他类似的问候及庆贺和吊唁、激励、感谢及类似的问候为限)为目的,以付费方式在报纸、杂志、传单、小册子及其他类似刊物刊登广告或利用一般广播事业者、有线电视广播事业者(指《有线电视法》[1972年法律第114号]第1条第4款的有线电视广播事业者。次款同)或有线电台广播(指《规范有线电台广播业务运用的法律》[1951年法律第135号]第2条的有线电台广播。次款同)的业务执行者或《电信通信义务利用放送法》的业务执行者的广播设备使其广播。

2. 任何人不得要求公职候选人或后援团体对相应选区内的居民主要以问候为目的,以付费方式在报纸、杂志、传单、小册子及其他类似刊物刊登广告或利用一般广播事业者、有线电视广播的业务执行者的广播设备付费使其广播。

第153条至第160条　删除

第161条　使用公营设施的个人演说会

1. 公职候选人(除参议院比例代表制选出议员时的候选人系与相应的选举同时举行的众议院小选区选出议员选举时的候选人以外者。从次条至第164条之3同)、提名候选人的政党及申报众议院候选人名册登记的政党等可以使用下列设施(对于提名候选人的政党,只限于含其提名候选人选区的都道府县的区域内所有;对于申报众议院候选人名册登记的政党等,只限于其申报的众议

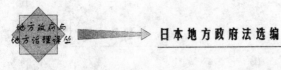

院名册的选区的区域内所有)举办个人演说会、政党演说会或政党等演说会。

(1)学校及公民馆(《社会教育法》[1949年法律第207号]第21条规定的公民馆);

(2)地方公共团体管理的公共集会场所;

(3)前两项以外,市町村选举管理委员会指定的设施。

2.对于前项设施,依政令规定,其管理人应配置必要的设备。

3.市町村选举管理委员会在指定第1款第3项的设施时,应立即报告都道府县选举管理委员会。

4.都道府县选举管理委员会接到前项报告时,应立即公布其要旨。

第161条之2 使用公营设施以外设施的个人演说会等

公职候选人、候选人提名政党及众议院名册申报政党等可以使用前条第1款规定设施以外的设施(含建筑物及其他设施场地,对于提名候选人的政党,只限于含其提名候选人选区的都道府县的区域内所有;对于申报众议院候选人名册登记的政党等,只限于其申报的众议院名册的选区的区域内所有)举办个人演说会、政党演说会或政党等演说会。

第162条 在个人演说会等场合的演说

1.公职候选人可以在个人演说会上为选举活动发表演说。

2.公职候选人以外的人员也可以在个人演说会上为公职候选人的选举活动发表演说。

3.演说人可以在提名候选人的政党等举办的演说会上为相应政党的选举活动发表演说。

第163条 举办个人演说会的申请

公职候选人、提名候选人的政党或申报众议院候选人名册登记的政党等依第161条规定举办个人演说会、政党演说会或政党等演说会时,最迟应在举办之日的2日前,将使用的设施、举办的日期时间及公职候选人的姓名(对于提名候选人的政党或申报众议院候选人名册登记的政党,为其名称)以文书形式向市町村选举管理委员会提出申请。

第 164 条 免费使用个人演说会的设施

关于依第 161 条规定举办个人演说会时的设施(含设备),每个公职候选人对于同一设施(含设备)可以免费使用一次。

第 164 条之 2 个人演说会会场标识的特例

1. 众议院议员(小选区选出)、参议院议员(选区选出)或都道府县知事的候选人、提名候选人的政党或申报众议院候选人名册登记的政党等,在举办个人演说会、政党演说会或政党等的演说会中,应将此款规定的广告牌或招牌等展示在会场前公众容易看到的场所。

2. 依前款规定应展示在个人演说会、政党演说会或政党等的演说会会场前的广告牌或招牌等,其尺寸不得超过长 273cm、宽 73cm,并应张贴主管选举事务的选举管理委员会(对于众议院比例代表制选出议员选举,是指中央选举管理委员会)规定的标志。此时,对于展示在政党演说会会场的广告牌或招牌,主管相应选举事务的选举管理委员会所规定的标志应按相应选举的选区来区分。

3. 前款广告牌及招牌的数量,对于候选人,为按其选举的不同合计不得超过 5 个;对于提名候选人的政党,为按其提名候选人选区的每个都道府县以 2 乘相应的提名候选人的政党在相应的都道府县提名的候选人数所得积;对于众议院名册申报政党,按其申报的众议院名册的不同选举合计不得超过 8 个。此时,依同款规定展示在政党演说会前的广告牌及招牌数,按其提名候选人的选区合计不得超过 2 个。

4. 除第 2 款规定的广告牌及招牌等外,在第 1 款个人演说会、政党演说会或政党等的演说会上为选举活动使用的文书图画,不受第 143 条第 1 款第 4 项规定的限制,不得在个人演说会、政党演说会或政党等演说会会场外张贴。

5. 第 2 款规定的广告牌及招牌等,可以在个人演说会、政党演说会或政党等演说会会场外任何场所(对于候选人提名政党,只限于其提名候选人有关选区的都道府县的区域;对于众议院名册申报政党等,只限于其申报的众议院名册的选区的区域)为选举活动使用。但对于相应的广告牌及招牌等的展示场所,准用第145条第1款及第2款的规定。

6. 对于众议院议员(小选区选出)或参议院议员(选区选出)的选举,公职候选人依政令的规定,可以在政令规定的范围内,免费制作第2款规定的广告牌及招牌。此时,准用第141条第7款但是句的规定。

第164条之3　其他演说会的禁止

1. 为选举活动举办的演说会,除本法规定的个人演说会、政党演说会、政党等演说会外,不得以任何名义举办之。

2. 对于公职候选人以外者举办两人以上公职候选人的联合演说会、候选人提名政党以外者举办两个以上候选人提名政党的联合演说会及众议院名册申报政党等以外者举办两个以上众议院名册申报政党等的联合演说会,视同为前项规定的禁止行为。

第164条之4　个人演说会等及街头演说中的录音带使用

在个人演说会、政党演说会、政党等演说会及街头演说中可以为选举活动使用录音带发表演说。

第164条之5　街头演说

1. 为选举活动进行的街头演说(含从屋内向街头的演说。以下同)不属于下列情形不得举办。

(1) 演说人停在现场悬挂此项规定的旗帜而举行时;

(2) 候选人提名政党或参议院名册申报政党等依第141条第2款或第3款规定,在为选举活动使用的处于停运状态中的汽车或船舶上及其周围进行时。

2. 公职候选人为选举活动举办前款第1项规定的街头演说时,应事先领取主管相应的选举事务的选举管理委员会(对于众议院比例代表制选出议员的选举,是指中央选举管理委员会)规定格式制发的旗帜。

3. 向每个候选人制发前款所称旗帜1面(对于参议院比例代表制选出议员的选举,为3面)。

4. 遇到有相应的公务员要求检查时,应立即出示第1款第2项的旗帜。

第164条之6　夜间街头演说的禁止

1. 任何人从下午8时起至翌日8时之间不得为选举活动举办街头演说。

2. 第140条之2的规定准用于为选举活动举办街头演说者。

3. 为选举活动举办街头演说者应尽量避免长时间停留在同一场所。

第164条之7　街头演说时的助选人等的限制

1. 依第164条之5第1款第1项规定举办街头演说时,其助选人(司机[对于依第141条第1款规定供选举活动使用的汽车,每辆只限1人]及船员除外,但包括司机的助手及其他提供劳务者),每个候选人(对于参议院比例代表制选出议员的选举,按作为公职候选人的参议院名册登载者每人举办演说会的场次)不得超过15人。

2. 前款规定的助选人,依主管相应的的选举事务的选举管理委员会(对于众议院比例代表制选出议员的选举,是指中央选举管理委员会)的规定,应佩戴一定的袖标或第141条之2第2款规定的袖标。

第165条　删除

第165条之2　接近选举时的演说会的限制

当举行两种以上的选举,其中一种选举的选举活动期间与他种选举活动期间的选举日重合时,任何人在选举日投票所关闭前的时间内,不得在投票所入口处300米以内的区域,为选举活动举办个人演说会(含演说)。为选举活动举办街头演说及依第140条之2第1款但是句规定在汽车或船舶上从事连续呼喊行为者也同。

第166条 在特定建筑物及设施进行演说的禁止

任何人不得在下列建筑物或设施以任何名义为选举进行演说及从事连续呼喊行为。但在第1项所列建筑物举办第161条规定的个人演说会、政党演说会或执政党演说会者不在此限。

（1）国家或地方公共团体所有或管理的建筑物（公营住宅除外）；

（2）火车、电车、公共汽车、船舶（第141条第1款至第3款的船舶除外）及停车场或其他铁路用地；

（3）医院、诊所及其他疗养设施。

第167条 选举公报的发行

1. 对于众议院议员（小选区选出）、参议院议员（选区选出）或都道府县知事选举，都道府县选举管理委员会应按选举（选举因局部无效举行的再选举除外）的不同，发行刊登公职候选人姓名、经历及政党等的选举公报一次。此时，对于众议院议员（小选区选出）、参议院议员（选区选出）的选举，应一并刊登公职候选人的照片。

2. 都道府县选举管理委员会应该按选举（选举因局部无效举行的再选举除外）发行一次下列情形下的选举公报。对于众议院议员（比例代表制选出）的选举，是指刊登众议院名册申报政党等的名称、简称、政见、众议院名册登载者的姓名、经历及当选顺序等的选举公报；对于参议院议员（比例代表制选出）的选举，是指刊登参议院名册申报政党等的名称、简称、政见、参议院名册登载者的姓名、经历及照片等的选举公报。

3. 选举公报按选区（无选区时为举行选举的全部区域）发行。

4. 在有特殊情况的区域，可不发行选举公报。

5. 依前款规定不发行选举公报的区域由都道府县选举管理委员会决定。

公职选举法

第 168 条 刊登文的申请

1. 对于众议院议员（小选区选出）、参议院议员（选区选出）或都道府县知事选举，公职候选人欲将其姓名、经历及政见等刊登在选举公报上时，应附加刊登文（对于众议院议员［小选区选出］、参议院议员［选区选出］选举，应同时附加照片），在相应的选举日期公布之日起 2 日内（对于众议院小选区选出议员选举，为相应的选举日期公布日），向主管相应的选举事务的选举管理委员会提出申请。

2. 对于众议院议员（比例代表制选出）选举，众议院名册申报政党等欲将其名称、简称、政见、众议院名册申报者姓名、经历及当选顺序刊登在选举公报上时，应附加刊登文在相应的选举日期公布之日，向主管相应的选举事务的选举管理委员会提出申请。

3. 对于参议院议员（比例代表制选出）选举，参议院名册申报政党等欲接受将其名称、简称、政见、参议院名册登载者的姓名、经历及照片等刊登在选举公报时，应附加其刊载文，在相应的选举日期公布之日起二日内，向中央选举管理委员会提出申请。此时，相应的参议院名册申报政党等，应利用相当于刊载文 1/2 以上的部分，刊载各参议院名册登载者的姓名、经历及照片等，尽力介绍参议院名册登载者。

4. 前 3 款的刊载文准用第 150 条之 2 的规定。

第 169 条 选举公报的发行手续

1. 对于众议院议员（比例代表制选出）或参议院议员（比例代表制选出）选举，中央选举管理委员会接到前条第 2 款或第 3 款的申请时，应将其刊载文的副本两份，分别最迟在众议院议员（比例代表制选出）选举投票日九日前或参议院议员（比例代表制选出）选举投票日十一日前，送交都道府县选举管理委员会。

2. 都道府县选举管理委员会接到前条第 1 款的申请或前款刊载文的副本时，应将刊载文或其副本照原文刊载在选举公报上。此时，对于众议院议员（比例代表制选出）选举或参议院议员（比例代表制选出)选举,应分别按众议院名册申报政党等的众议院名册登载者的人数或参议院名册登载者的人数,依总务省令规定的尺寸刊载。

3. 对于众议院议员选举,小选区选出议员选举的选举公报与比例代表制选出议员选举的选举公报,应以不同纸张发行。

4. 对于参议院议员选举,比例代表制选出议员的选举公报与选区选出议员的选举公报,应以不同纸张分别发行。

5. 对于众议院议员(小选区选出)、参议院议员(选区选出)或都道府县知事选举,在同一张纸上刊登两人以上公职候选人姓名、经历、政见及照片等时,对于众议院议员(比例代表制选出)选举,在同一张纸上刊登二人以上众议院名册申报政党等的名称、简称、政见、众议院名册登载者的姓名、经历及当选顺序等时,或对于参议院议员(比例代表制选出)选举,在同一张纸上刊登两人以上参议院名册申报政党等的名称及简称、政见、参议院名册登载者的姓名、经历及照片等时,其刊登顺序由都道府县选举管理委员会以抽签的形式决定。

6. 提出前条第 1 款申请的公职候选人或其代理人或提出同条申请的众议院名册申报政党等或参议院名册申报政党等或其代理人可以列席前款的抽签仪式。

第 170 条 选举公报的分发

1. 选举公报应依都道府县选举管理委员会的规定,由市町村选举管理委员会最迟在相应的选举日的 2 日前按户分发。但依第 119 条第 1 款或第 2 款规定同时举行选举时,应在依第 172 条之 2 规定的条例所定日期前分发。

2. 市町村选举管理委员会在认为按户分发选举公报有特殊困难时,应事先向都道府县选举管理委员会上报,并在同款规定应分发日期之前,将选举公报以随同报纸或其他类似方法分发。此时,相应的市町村选举管理委员会应采取将选举公报存放在市町村公所或其他适当场所等补充性措施,设法使选民容易取得选举公报。

第 171 条 中止选举公报发行的情形

以第 100 条第 1 款至第 4 款规定没有进行投票的必要时,或遇到天灾、不可避免的事故或其他特殊情况时,选举公报的发行手续可以中止。

第 172 条 关于选举公报的其他必要事项

除第 167 条至前条所规定外,有关选举公报发行手续的必要事项由主管相应的选举事务的选举管理委员会(对于众议院及参议院比例代表制选出议员的选举,是指中央选举管理委员会)决定。

第 172 条之 2 任意制选举公报的发行

对于都道府县议会议员、市町村议会议员或市町行政首长的选举(选举因局部无效举行的再选举除外),主管相应的选举事务的选举管理委员会可以准用第 167 条至第 171 条的规定,依条例发行选举公报。

第 173 条及第 174 条 删除

第 175 条 投票所中姓名等的展示

1. 市町村选举管理委员会应在选举的当日展示姓名等。对于众议院议员(比例代表制选出)选举,应在投票所中的投票处展示众议院名册申报政党等的名称及简称,并在投票所中的其他适当场所展示众议院名册申报政党等的名称及简称、众议院名册登载者的姓名及当选顺序;对于参议院议员(比例代表制选出)选举,应在投票所中的投票处及其他适当场所展示参议院名册申报政党等的名称和简称及参议院名册登载者的姓名;对于其他选举,应在投票所中的投票处及其他适当场所展示公职候选人的姓名及党派(对于众议院小选区选出议员的选举,为相应的候选人提名政党的名称。以下同)。但依第 46 条之 2 第 1 款规定的方法投票的选举不在此限。

2. 市町村选举管理委员会对于各种选举(只限于以包括相应

日本地方政府法选编

的市町村全部或部分区域为区域举行的选举),应在相应的选举日期公布日的翌日起至选举日的前一日的期间,在缺席投票管理员中由政令规定者所管理的投票场所中的适当地方展示姓名等;对于众议院议员(比例代表制选出)选举,展示众议院名册申报政党等的名称及简称;对于参议院议员(比例代表制选出)选举,展示参议院名册申报政党等的名称及简称以及参议院名册登载者的姓名;对于其他选举,展示公职候选人的姓名及党派。

3. 关于第1款展示的顺序,对于众议院议员(比例代表制选出)选举、参议院议员(比例代表制选出)选举,以及其他选举,为使任何展示的顺序尽量相同,都道府县选举管理委员会和市町村选举管理委员会分别按都道府县和开票区在相应的选举公布之日,以第86条第1款至第3款、第86条之2第2款、第86条之3第1款或第86条之4第1款或第2款规定申报时间经过之后进行的抽签所决定的顺序为准。但对于众议院议员比例代表制选出)选举、参议院议员(比例代表制选出)选举以外的选举,在抽签后遇到有依第86条第8款或第86条之4第5款、第6款或第8款规定的提名时(依这些提名的公职候选人全部丧失候选人资格时除外),在这些规定期间经过后,依市町村选举管理委员会按投票区重新抽签所决定的顺序为准。

4. 对于参议院议员(比例代表制选出)选举,第1款各参议院名册申报政党等的参议院名册登载者姓名的展示顺序,以参议院名册记载的姓名顺序(遇到第86条之3第2款准用第86条之2第9款前段规定的申报时,为相应的参议院名册记载的姓名之后,按相应的申报记载的姓名加上记载的顺序的姓名的顺序)为准。

5. 除此款规定外,第2款展示的顺序依第3款正文抽签决定的顺序(对于参议院比例代表制选举,为同款正文抽签决定的顺序及前款规定的顺序;对于众议院比例代表制选出议员或参议院比例代表制选出议员选举以外的选举,依第18条第2款规定在市町村区域分设数个开票区时,为相应的市町村选举管理委员会按选区指定的一个开票区进行前3款正文抽签决定的顺序)。此时,众议院议员(比例代表制选出)或参议院议员(比例代表制选出)选举以外的选举,在抽签后遇到第86条第8款或第86条之4第5款、第6款或第8款规定申报时,依这些规定申报的候选人姓名及党派的展示,依总务省令的规定进行。

6. 对于依第46条之2第1款规定方法投票的选举做第2款的展示时,其展示顺序由主管相应的选举事务的选举管理委员会在相应的公布之日,于第86条之4第1款或第2款规定应进行申报的时间经过后以抽签形式决定的顺序为准。此时,抽签后,遇到有第46条之2第2款规定变更适用第86条之4第5款或第8款规定的申报时,依着些规定申报的公职候选人姓名及党派的展示,依总务省令的规定进行。

7. 公职候选人(对于院比例代表制选出议员的选举,为众议院名册申报政党等;对于参议院比例代表制选出议员的选举,为参议院名册申报政党等的代表人)或其代理人可以列席第3款或前款的抽签。

8. 除前面各款规定外,有关第1款或第2款展示的必要事项有都道府县选举管理委员会决定。

第176条 交通工具的使用

对于众议院议员(小选区选出)、参议院议员(选区选出)或都道府县知事选举,公职候选人、推荐人及其助选人在选举活动期间在其关联区域内为使用铁路、轨道及一般客运运输等的交通机关(对于参议院比例代表制选出议员选举,为《旅客铁路股份公司及日本货物铁路公司法》[1986年法律第88号]第1条第1款规定的旅客公司的旅客铁路事业及《修正有关日本货物铁路股份公司的法律的局部的法律》[2001年法律第61号]附则第2条第1款规定的新公司的旅客铁路事业和一般旅客汽车运输事业及国内定期航空事业的交通机关),可以由公职候选人依国土交通大臣的决定接受合计15张的免费特殊乘车证(对于参议院比例代表制选出议员,为合计6张免费特殊车证[指免付运费及国土交通大臣规定的快车车资而可以使用的特殊乘车券或特殊航空证])。

第177条　普通明信片的交还及禁止转让

1. 接受第142条第1款及第5款规定为选举活动使用的普通明信片者、接受同条第7款或第144条第2款规定的标志者或众议院名册申报政党等,或接受前条规定的特殊乘车证或特殊航空证者,在下列情形下,应将普通明信片立即全部交还。但已为选举活动使用而无法全部交还时,应附加证明已供选举活动使用的明细表,并将普通明信片的剩余部分交还。

(1) 公职候选人(候选人提名政党所提名者及参议院比例代表制选出议员的候选人除外。以下在本款同)在依第86条第8款或第86条之4第9款规定被驳回候选人提名时或依第86条第12款或第86条之4第10款规定辞退公职候选人时(含依第91条第2款或第103条第4款规定视同公职候选人时);

(2) 候选人提名政党多提名的候选人在依第86条第9款规定被驳回候选人的提名时或依同条第11项规定候选人提名政党多提名的候选人被撤回其提名时(含依第91条第1款或第103条第4款规定视同被撤回候选人的提名时);

(3) 众议院名册申报政党等在依第86条之2第10款规定被撤回申报时或依同条第11款规定被驳回申报时;

(4) 参议院议员比例代表制选出议员在依第86条之3第2款准用的第86条之2第7款规定被注销相应的候选人名册登载者的记载时,在第86条之3第2款准用的第86条之2第10款规定或第12款的规定参议院名册申报政党等被撤回相应的候选人的参议院名册或在第86条之3第2款准用第86条之2第11款或第12款的规定相应的候选人的参议院名册的申报或参议院名册登载者的补充申报被驳回时。

2. 接受第142条第1款、第2款及第5款规定为选举活动使用的普通明信片者或候选人提名政党、接受同条第7款或第144

条第 2 款规定的标志者,候选人提名政党等或接受前条规定的特殊乘车证或特殊航空证者不得将普通明信片转让他人。

第 178 条　选举日后问候行为的限制

任何人不得在选举日(依第 100 条第 1 款规定不必举行投票时,为同条第 2 款规定公告之日)后,就当选或落选以向选民问候为目的,从事下列各项的行为。

(1) 挨家挨户访问选民;

(2) 除亲笔书函及答谢当选或落选有关贺词或慰问信等书函外,印发或张贴其他文书图画;

(3) 利用报纸或杂志;

(4) 利用第 151 条之 5 所列广播设备从事广播;

(5) 举行当选庆祝或其他集会;

(6) 组成车队或结众游行以制造声势;

(7) 为答谢当选沿街呼喊当选人的姓名、政党及其政治团体的名称。

第 178 条之 2　选举后文书图画的清除

张贴第 143 条第 1 款第 5 项的海报者(张贴在第 144 条之 2 第 1 款及第 8 款的张贴处者除外)及展示第 164 条之 2 第 2 款的广告牌及招牌等者在投票日(依第 100 条第 1 款的规定没有必要投票时,为同条第 5 款规定公告之日)后应立即清除张贴和展示物。

第 178 条之 3　众议院议员或参议院议员选举时选举活动的形态

1. 对于众议院议员选举,有关限制比例代表制选出议员选举时的选举活动的本章规定,当选举活动在小选区选出议员选举时进行时,在本法许可的情况下不妨碍比例代表制选出议员选举时的选举活动。

2. 有关限制比例代表制选出议员选举时的选举活动的本章规定,当选举活动在小选区选出议员选举时进行时,在本法许可的情况下不妨碍比例代表制选出议员选举时的选举活动。

3. 对于参议院议员选举,有关限制比例代表制选出议员选举时的选举活动的本章规定,当选举活动在选区选出议员选举时进行时,在本法许可的情况下不妨碍比例代表制选出议员选举时的选举活动。

第十四章 选举活动的收支及捐赠

第179条 收入、捐赠及支出的定义

1. 本法所称"收入"是指收受、承诺收受或约定收受货币、物品或其他财产意义上的利益。

2. 本法所称"捐赠"是指提供或交付或约定提供货币、物品或其他财产意义上的利益。但作为缴纳党费、会费或履行其他债务的情况不属于此范畴。

3. 本法所称"支出"是指提供或交付或约定提供或交付货币、物品或其他财产意义上的利益。

4. 前3款的货币、物品或其他财产意义上的利益包括提供或交付的花环、花篮、祭奠仪式、祝贺仪式及其他类似物品。

第179条之2 使用例外

次条至第197条的规定不适用于众议院议员(比例代表制选出)的选举。

第180条 出纳负责人的选任及申报

1. 公职候选人必须选任与选举活动有关的收入和支出的负责人(以下称"出纳负责人")1名。但公职候选人可以自己担任出纳负责人;候选人提名政党或参议院名册申报政党或推荐人(推荐人为复数时为其代表人,以下在本项同)获得相应的候选人同意时,也可以出任出纳负责人;推荐人在获得相应的候选人同意时可自任出纳负责人。

2. 出纳负责人的选任者(选任者为选举人提名政党或参议院名册申报政党等时,为其代表人)应以书面文件规定出纳负责人可以支出的最高金额,并与出纳负责人在该书面文件上共同签名

盖章。

3. 出纳负责人的选任者(含自任出纳负责人者)应将出纳负责人的姓名,以书面文件的形式向主管相应的选举事务的选举管理委员会(对于参议院比例代表制选出议员的选举,为中央选举管理委员会)申报。

4. 候选人提名政党或参议院名册申报政党等或推荐人选任出纳负责人时,前款的申报应附加获得相应的候选人同意的证明文件(对于推荐人选任出纳负责人,推荐人为复数时,应一并附加其为代表人的证明文件)。

第181条 出纳负责人的解职及辞职

1. 公职候选人可以用书面形式的通知解除出纳负责人的职务。选任出纳负责人的候选人提名指定或参议院名册申报政党等或推荐人在获得相应的候选人同意时,也可以如此解除出纳负责人的职务。

2. 出纳负责人可以用书面形式向公职候选人或其选任者通知其辞职事项。

第182条 出纳负责人的变更

1. 出纳负责人有变更时,其选任者应立即以第180条第3款及第4款的规定提出申报。

2. 因解职或辞职引起的前项申报应附加前条规定通知的证明文件。候选人提名政党或参议院名册申报政党等或推荐人解除出纳负责人职务时,应一并附加获得公职候选人同意的证明文件。

第183条 出纳负责人的职务代理

1. 公职候选人或候选人提名政党或参议院名册申报政党等选任出纳负责人或推荐人自任出纳负责人时,出纳负责人有事故或出缺时,有公职候选人代理出纳负责人。

2. 推荐人选任的出纳负责人有事故或出缺时,由相应的推荐人代理出纳负责人的职务。相应的推荐人也有事故或出缺时,由公职候选人代理出纳负责人的职务。

3. 依前两款规定代理出纳负责人职务者应依第180条第3款及第4款的规定提出申报。

4. 前款申报应记载出纳负责人的姓名(选任出纳负责人的推荐人也有事故或出缺时,一并记载其姓名)、事故或出缺事项及开始代理其职务的年月日。出纳负责人的职务代理人辞退代理时,应记载其辞退代理的事由及年月日。

第183条之2　出纳负责人的申报效力

第180条第3款及第4款、第182条或前条第2款及第3款规定的申报文件系邮递送出时,可以采用邮局的受理时间为申报效力证明方式,以托付邮局的时刻视为已依规定申报的时间。

第184条　申报前接受捐赠及支出的禁止

出纳负责人(含出纳负责人的职务代理人。除第190条的规定外。以下同),非在依第180条第3款及第4款、第182条或第183条第3款及第4款规定提出申报之后,不得进行公职候选人的推荐、支持、反对或其他活动,以任何名义接受捐赠或支出。

第185条　会计账簿的设置及记载

1. 出纳负责人应设置账簿记载下列各项事项。

(1) 有关选举活动的一切捐赠及其他收入(含为公职候选人而经过那公职候选人默许后所作的捐赠);

(2) 前款捐赠人的姓名、住所、职业、捐赠金额(对于货币以外的财产意义上的利益,为以现价估算的金额。以下同);

(3) 与选举活动有关的一切支出(含为公职候选人或出纳负责人默许后所作的支出);

(4) 接受前项支出者的姓名、住所、职业、支出的目的、金额及年月日。

2. 前款会计账簿的种类及格式以总务省令规定。

第186条　明细表的提出

1. 出纳负责人以外者为公职候选人接受与选举活动有关的

捐赠时,应在收到捐赠之日起7日内,将记载捐赠人姓名、住所、职业、捐赠金额及年月日的明细表,向出纳负责人提出。但出纳负责人有要求时必须马上提出。

2. 前款捐赠系相应的公职候选人在候选人提名(对于参议院比例代表制选出议员选举,为众议院名册的申报或参议院名册登载者的补充申报。以下在本项同)前收到的,应在候选人提名后将其明细向出纳负责人提出。

第187条　出纳负责人的支出权限

1. 除为准备候选所必要的支出及为选举活动使用电话所必要的支出外,有关选举活动的支出非出纳负责人不得为之。但获得出纳负责人书面文件同意的不在此限。

2. 对于公职候选人或成为出纳负责人者或他人经公职候选人或出纳负责人默许为准备候选需要进行的支出,出纳负责人就任后应立即与相应的公职候选人或支出者进行核算。

第188条　发票等的收取及送交

1. 出纳责任人或公职候选人、出纳责任人同意后之支出,有关选举活动的所有支出,都应收取标明支出金额、日期、用途的发票及其他书面的支出证明。但是,如果确实难以收取,则不在此限。

2. 公职候选人或出纳责任人同意后之支出,须将前款规定的书面证明立即送交出纳责任人。

第189条　与选举活动有关的收支报告书的提出

1. 出纳负责人对于公职候选人与选举活动有关的捐赠、其他收入及支出,应将记载第185条第1款各项所列事项的报告书,连同前条第1款的收据或其他证明支出的文件的副本(同款的收据或证明支出的文件索取有困难时,为记载其要旨、支出金额、年月日及目的的文件),依下列各项规定,向主管相应的选举事务的选举管理委员会(对于参议院比例代表制选出议员选举,为中央选举管理委员会)提出。

（1）截至相应的选举日期公布日前及选举日期公布日起至选举日以及选举日后的一切捐赠、其他收入及支出，应一并核算后在从选举日算起的15日之内；

（2）对于前款的核算提出后的捐赠、其他收入及支出，应在其捐赠、收入及支出之日起7日内。

2. 前款报告书的格式应总务省令规定。

3. 第1款的报告书应附加宣示其系真实记载的文件。

第190条 出纳负责人的事务移交

1. 出纳负责人辞职或被解职时，应立即计算公职候选人与选举活动有关的捐赠、其他收入及支出，移交新出任的出纳负责人。无新任出纳负责人时，移交出纳负责人的职务代理人。出纳负责人的职务代理人接受事务的移交后，另行决定出纳负责人时也同。

2. 依前项规定移交时，移交人应依前条规定制作移交书，记载移交的要旨及年月日，并与接受移交者共同署名盖章后，连同现金及账簿及其他文件一起移交。

第191条 账簿及文件的保存

出纳负责人应将会计账簿、明细表及第188条第1款规定的收据及其他证明支出文件，从依第189条规定提出报告书之日起，保存3年。

第192条 报告书的公布、保存及阅览

1. 主管相应的选举事务的选举管理委员会（对于参议院比例代表制选出议员选举，为中央选举管理委员会）受理依第189条规定的报告书时，应依总务省令的规定公告其要旨。

2. 对于依前款规定的公告，中央选举管理委员会、都道府县选举管理委员会以及市町村选举管理委员会分别以官报、都道府县公报、事先公告决定使公众容易了解的方式发布。

3. 第189条规定的报告书应由受理相应的报告书的选举管理委员会或中央选举管理委员会从受理之日起保存3年。

4. 在前款规定的期间内，任何人可以以主管相应的选举事务

的选举管理委员会(对于参议院比例代表制选出议员选举,为中央选举管理委员会)的规定请求阅览报告书。

第 193 条　有关报告书调查的材料要求

中央选举管理委员会、都道府县选举管理委员会或市町村选举管理委员会在进行第 189 条规定的报告的调查而认为有必要时,可以要求公职候选人或其他有关人士提出报告和资料。

第 194 条　有关选举活动的支出金额的限制

1. 每个公职候选人为选举活动(被登录在在外选民名册上的选民[以第 49 条之 2 第 1 款政令规定者除外]专门为在众议院议员或参议院议员选举中投票而在国外从事的有关选举活动除外)进行的支出,在参议院议员(比例代表制选出)选举的情形下,不得超过政令规定的金额;在其他选举的情形下,不得超过下列各项区分的数乘以按各项区分以政令规定金额所得积与各号区分依政令规定金额合计的总额。

(1) 众议院议员(小选区选出)选举:在该选举日期公布之日登录在相应的选民名册上的选民总数;

(2) 参议院议员(选区选出)选举:以通常选举时相应的选区内的议员名额除以选举日期公布之日登录在相应的选民名册上的选民总数所得商;

(3) 地方公共团体议会议员选举:以相应的选区内的议员名额(无选区时为议员名额)除以选举日期公布之日登录在相应的选民名册上的选民总数所得商;

(4) 地方公共团体行政首长选举:在该选举日期公布之日登录在相应的选民名册上的选民总数。

2. 前款规定金额有未满 100 日元的尾数时,其尾数以 100 日元计算。

第 195 条　选举局部无效及选举日期等延期时有关选举活动支出金额的限制

选举因局部无效举行的再选举依第 57 条第 1 款规定的投票

延期及依第86条之4第7款以及第126条第2款(含依这些规定及第86条之4第6款的规定适用第46条之2第2款的规定)的规定推迟选举日期时,与此有关的选举活动(被登录在在外选民名册上的选民[以第49条之2第1款政令规定者除外]专门为在众议院议员或参议院议员选举中投票而在国外从事的有关选举活动除外)支出的金额不受前条规定的限制,每个公职候选人不得超过政令规定的金额。

第196条 选举活动支出限额的公布

主管相应的选举事务的选举管理委员会(对于参议院比例代表制选出议员选举,为中央选举管理委员会)在相应的选举日期公布后,应立即公布前两条规定的金额。

第197条 不视为选举活动支出的范围

1. 下列各项的支出不视为与选举活动有关的支出。

(1)公职候选人或成为出纳负责人者或经其默许而为准备候选所进行的支出以外的支出;

(2)依第86条第1款至第3款或第8款、第86第11款或准用于同条第2款的第86条之2第9款前段或第86条之4第1款、第2款、第5款、第6款或第8款的规定申报后,经公职候选人或出纳负责人默许所进行支出以外的支出;

(3)公职候选人乘用的交通工具所必需的支出;

(4)选举后为整理选举活动剩余事务所必需的支出;

(5)因选举活动交纳国家或地方公共团体的租税或手续费;

(6)候选人提名政党或参议院名册申报政党等从事选举活动所必需的支出;

(7)依第201条之4或第14章之3的规定,政党及其政治团体从事选举活动必需的支出。

2. 依第141条规定使用汽车及船舶所必需的支出与前款同。

第197条之2 实费报销的金额

1. 在众议院议员(比例代表制选出)选举以外的选举的情形

公职选举法

下,对于从事选举活动(众议院小选区选出议员选举时候选人提名政党等所为者除外。以下在本款同)者可以支付的实费报销金额及为选举活动服务者支付的报酬及实费报销的金额,依政令规定的标准,由主管相应的选举事务的选举管理委员会(对于参议院比例代表制选出议员选举,为中央选举管理委员会)规定。

2. 在众议院议员(比例代表制选出)选举以外的选举的情形下,对于从事选举活动者(只限于从事选举活动的事务员、专门在第 141 条第 1 款规定供选举活动使用的汽车或船舶上从事选举活动及专门从事手语翻译者),除前款规定的实费报销外,只限于从相应的选举依第 86 条第 1 款至第 3 款或第 8 款、第 86 条之 3 第 1 款或准用于同条第 2 款的第 86 条之 2 第 9 款前段或第 86 条之 4 第 1 款、第 3 款、第 5 款、第 6 款或第 8 款规定申报之日起至相应的选举日的前 1 日的期间,每个公职候选人可以在每日不超过 50 人的范围内,按各类选举在政令规定人数的范围内,每人每日依照政令规定的标准支付主管相应的选举事务的选举管理委员会(对于参议院比例代表制选出议员选举,为中央选举管理委员会)规定数额的报酬。

3. 在众议院议员(小选区选出)选举的情形下,候选人提名政党对于从事相应的候选人提名政党举办的选举活动的人员(只限于从事相应的候选人提名政党所举办选举活动的事务员专门在第 141 条第 2 款规定供选举活动使用的汽车或船舶上从事选举活动及专门从事手语翻译者),只限于从相应的选举依第 86 条第 1 款或第 8 款规定申报之日起至相应的选举日的前 1 日的期间,可以向它们他们每人每日支付政令规定数额的报酬。

4. 在众议院议员(比例代表制选出)选举的情形下,众议院名册申报政党等对于从事相应的参议院名册申报政党等举办的选举活动的人员(从事相应的参议院名册申报政党等所举办选举活动的事务员、专门在第 141 条第 3 款规定供选举活动使用的汽车或船舶上从事选举活动及专门从事手语翻译者),限于从相应的选举依第86条之2第1款规定申报之日起至相应的选举日的前1日的期间,可以向他们他们每人每日支付政令规定数额的报酬。

5. 依第2款规定领取报酬者只限于公职候选人事先依政令规定向主管相应的选举事务的选举管理委员会(对于参议院比例代表制选出议员选举,为中央选举管理委员会)上报者。

第198条 删除

第199条 特定捐赠的禁止

1. 对于众议院议员及参议院议员选举及地方公共团体议会议员选举和行政首长选举,分别与国家和日本邮政公司、与相应的地方公共团体有承包或其他特别利益契约的当事人对于相应的选举不得捐赠。

2. 公司或其他法人在接受融资(试验研究、调查及灾后重建的融资除外)的情形下,对于众议院议员及参议院议员选举及地方公共团体议会议员和行政首长选举,该融资者就该项融资分别从国家和地方公共团体接到支付利息补贴的决定(含承诺利息补贴契约的决定。以下在本款同)时,从接到该项支付决定通知之日至该项补贴交付日起算经过1年之日(取消全部利息补贴支付的决定时,为接到取消通知之日)的期间,相应的公司或其他法人对于相应的选举不得捐赠。

第199条之2 公职候选人等捐赠的禁止

1. 公职候选人或欲成为公职候选人者(含现任公职者。以下在本条称"公职候选人等")对于相应的选区(无选区时为举行选举的区域。以下在本条同)内居民,不得以任何名义进行捐赠。但对于政党及其政治团体或分部或相应的公职候选人等的亲族的捐赠及相应的公职候选人等专门为普及政治上思想或政策举办的讲习会或其他政治教育的集会(对参加者提供餐饮招待[一般程度的餐饮除外]而举办的、在相应的选区外举办及依第199条之5第4款各项的区分按相应的选举在各项规定期间内举办的除外。以下在本款同)所必需的实费补偿(餐饮的实费补偿除外。以下在本款同)不在此限。

2. 公职候选人等不得以任何名义对于相应的选区内的居民以公职候选人等为捐赠名义人而进行捐赠。但对于相应的公职候选人的亲族及相应的公职候选人等专门为政治上的主义或政策的普及所举办的讲习会、其他政治教育的集会有关的必要而不得已的实费补偿不在此限。

3. 任何人不得劝诱或要求公职候选人等对于相应的选区内的居民作捐赠。但劝诱或要求对相应的公职候选人等亲族的捐赠及相应的公职候选人等专门为政治上的主义或政策的普及所举办的讲习会、其他政治教育的集会有关而不得已的实费补偿所作捐赠的劝诱或要求不在此限。

4. 任何人不得劝诱或要求相应的公职候选人等以外者以公职候选人作为捐赠名义人对相应的选区内的居民进行捐赠。但劝诱或要求对相应的公职候选人等亲族的捐赠及相应的公职候选人等专门为政治上的主义或政策的普及所举办的讲习会、其他政治教育的集会有关而不得已的实费补偿所作捐赠的劝诱或要求不在此限。

第199条之3　与公职候选人等有关公司等捐赠的禁止

公职候选人或欲成为公职候选人者(含现任公职者)担任高级公务员或成员的公司及其法人或团体对相应的选区(无选区时为举行选举的区域)的居民,不得以任何名义以标明该公职候选人等姓名或可以推测其姓名的方法捐赠。但对于政党及其政治团体或其分部或相应的公职候选人或欲成为公职候选人者(含现任公职者)的捐赠不在此限。

第199条之4　冠有公职候选人等姓名等团体捐赠的禁止

冠有公职候选人或欲成为公职候选人者(含现任公职者)姓名或可推测其姓名的公司、及其法人或团体对于相应的选区(无选区时为举行选举的区域)内的居民,不得以任何名义捐赠,但对政党及其政治团体或其分部或相应的公职候选人或欲成为公职候

选人者(含现任公职者)的捐赠不在此限。

第199条之5 后援团体捐赠等的禁止

1. 政党及其政治团体或其分部以支持特定的公职候选人或欲成为公职候选人者(含现任公职者)的政治上的主义或政策,或以推荐或支持特定的公职候选人或欲成为公职候选人者(包括现任公职者)为其主要的政治活动者(以下简称"后援团体"),对相应的选区(无选区时为举行选举的区域)内的居民,不得以任何名义捐赠。但对政党及其政治团体或其分部或相应的公职候选人或欲成为公职候选人者(含现任公职者)的捐赠及相应的后援团体依其设立目的办理的活动或事业的捐赠(花环、花篮、祭奠仪式、庆贺仪式以及其他类此物品及依第4款各项所定在相应的选举的一定期间内所进行者除外)不在此限。

2. 任何人在第4款各项所定相应的选举的一定期间,不得利用后援团体的大会或其他集会(含成立后援团体的集会)或后援团体举办的参观、旅行或其他活动,对相应的选区(无选区时为举行选举的区域)内的居民,设宴招待(一般程度的餐饮除外)或提供货币、纪念品或其他物品。

3. 公职候选人或欲成为公职候选人者(含现任公职者)不受第199条之2第1款规定的限制,在次款各项所定相应的选举的一定期间,不得对于相应的公职候选人或欲成为公职候选人者(含现任公职者)有关系的后援团体(依《政治资金规正法》[1948年法律第194号]第19条第2款规定申报的政治团体除外)捐赠。

4. 本条所称"一定期间",指下列各项所定期间。

(1)众议院议员选举时,从众议院议员任期届满之日前90日起至相应的选举日的期间或从众议院解散的翌日起至相应的总选举选举日的期间;

(2)参议院议员通常选举时,从参议院议员任期届满之日的前90日起至相应的通常选举日的期间;

(3)地方公共团体议会议员或行政首长选举时,从任期届满日之前第 90 日（依第 34 条之 2 第 2 款 [含准用于同条第 4 款的情形] 规定公告时，从任期届满之日第 90 日或相应的公告日的翌日任一较早之日）起至相应的选举日的期间；

（4）对于众议院议员或参议院议员的再选举（统一对象再选举除外），在发生应举行相应的选举的事由时（有第 33 条之 2 第 7 款规定的适用者，为依同款规定改为适用同条第 1 款规定较晚事由发生时），主管相应的选举事务的选举管理委员会（对于众议院比例代表制选出议员或参议院比例代表制选出议员选举，为中央选举管理委员会）公告其要旨之日的翌日起至相应的选举的选举日的期间；

（5）对于众议院议员或参议院议员的统一对象再选举或补缺选举，在发生应举行相应的选举的事由时（有第 33 条之 2 第 7 款规定的适用者，为依同款规定改为适用同条第 2 款至第 5 款规定较晚事由发生时），主管相应的选举事务的选举管理委员会（对于众议院比例代表制选出议员或参议院比例代表制选出议员选举，为中央选举管理委员会）公告其要旨之日的翌日或应举行相应的选举的选举日（依同条第 3 款规定的，为参议院议员任期届满之日）前 90 日的任一较晚之日起至相应的选举日的期间。

（6）对于地方公共团体议会议员或行政首长选举中的任期届满以外的选举，从主管相应的选举事务的选举管理委员会在发生应举行选举事由时（有第 34 条第 4 项规定的适用者，为依同项规定改为适用同条第一项规定的最晚事由发生时）公告其要旨之日的翌日起至相应的选举日的期间。

第 200 条　对特定人劝诱或要求捐赠的禁止

1. 任何人对于选举不得对第 199 条所规定的从事捐赠的劝诱或要求。

2. 任何人对于选举不得接受第 199 条规定的捐赠。

第 201 条　删除

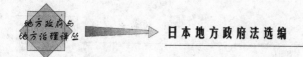

第十四章之二　参议院议员（选区选出）的选举特例

第201条之2　特例的范围

对于众议院议员（选区选出）选举,除依本章规定的特例外,依本法其他规定所作的规定。

第201条之3　删除

第201条之4　推荐团体选举活动的特例

1. 对于参议院议员（选区选出）选举,政党及其政治团体依第86条之4第3款规定记载为政党及其政治团体所属的公职候选人（以下称"所属候选人"）,其所属政党及其政治团体支持或推荐接受第201条之6第3款（含准用于第201条之7第2款的情形）确认书的政党及其政治团体以外的公职候选人时,可以从该公职候选人申报之日起至相应的选举日前一日的期间;其在推荐或支持的公职候选人（以下在本条及第201条之6称"推荐候选人"）所属选区,并在相当于其推荐人人数4倍的次数内,为相应的推荐人的选举活动举行推荐演说会。

2. 欲适用前款规定的政党及其政治团体依政令规定,应附加其欲推荐或支持的公职候选人愿意成为相应的政党及其政治团体的推荐人的同意书,向主管相应选举事务的都道府县选举管理委员会申报,取得其交付的确认书。

3. 适用第1款规定时,成为一个政党及其政治团体的推荐人在相应的选举中,不得再成为该政党及其政治团体以外的政党及其政治团体的推荐人。而且,接受第201条之6第3款（含准用于第201条之7第2款的情形）确认书的政党及其政治团体所属的公职候选人在相应的选举中不得再成为政党及其政治团体的推荐人。

4. 交付前两款确认书的都道府县管理委员会应立即将其要旨通知总务大臣。

5. 第166条（以第1项有关部分为限）的规定不适用于第1

款的推荐演说会。

6. 第1款的推荐演说会使用的文书图画只限于符合下列各项者可以印发或展示。

（1）为通报举办选举演说或张贴的海报；

（2）在推荐演说会的会场，推荐演说会举办中展示的海报或招牌之类。

7. 对于前款第1项的海报，每个推荐演说会场不得超过500张。

8. 对于第6款第1项的海报，不得记载相应的选区内特定候选人的姓名或可以推测其姓名的事项。

9. 第143条第6款、第144条第2款前段、第4款及第5款、第145条及第178条之2的规定准用于第6款第1项的海报；第143条第8款及第9款以及第143条之2的规定准用于第6款第2项的海报、广告牌及招牌等。此时，第144条第5款后段中"候选人提名政党"应改为"接受第201条之4第2款确认书的政党及其政治团体"、"相应的候选人申报政党的名称；由众议院名册申报政党等所用者，一并记载相应的众议院名册申报政党等的名称及标明其系前款海报的要旨的记号；由参议院名册登载者所用者，一并记载相应的参议院名册登载者的参议院名册申报政党等的名称"应改为"相应的政党及其政治团体的名称"、第145条第1款"但是"句中"总务省命令规定的及第144条之2及第144条之4张贴处"应改为"总务省令规定的"。

第十四章之三　政党及其政治团体等在选举时的政治活动

第201条之5　总选举时政治活动的限制

在准用于从总选举日期公布之日至选举日期间，政党及其从事政治活动的政治团体，除有特殊规定外，不得在从事的政治活动中举办政论演说及街头政论演说、张贴海报、展示广告牌及招牌

日本地方政府法选编

(展示在政党及其政治团体总部或分部的事务所者除外。以下同)或印发传单(含与此类似的文书图画)、展示或分发标明政党及其政治团体从事政治活动的团体象征标志以及宣传通告(含政党及其从事政治活动的团体发行的报纸、杂志的普及宣传。以下同)和为此使用汽车、船舶及扩音器。

第 201 条之 6 通常选举时政治活动的限制

1. 从参议院议员通常日期公布之日至选举日的期间,政党及其从事政治活动的团体,在其从事的政治活动中,不得举办政论演说及在街头政论演说、张贴海报、展示广告牌及招牌或印发传单以及为宣传通告使用汽车、船舶及扩音器。但众议院名册申报政党等在相应的选举进行时全国合计有 10 人以上所属候选人的政党及其政治团体在下列各项的政治活动中属于从选举日期公布之日至投票日前一日的期间以下列各项规定者不在此限。对于政论演说会,每个众议院议员(小选区选出)举办一次。

(1) 对于街头政论演说会,在第 3 项规定使用的停止驾驶的汽车上及周边举办;

(2) 对于街头政论演说会,在第 3 项规定使用的停运的汽车上及周边举办;

(3) 对于政策普及宣传(含政党及其政治团体发行的报纸、杂志、书籍及小册子的普及宣传。以下同)及演说的通告使用的汽车,政党及其政治团体总部及分部合计 6 辆以内。所属候选人(含参议院名册登载者。以下在本条同)人数超过 10 人时,每增加 5 人增加 1 辆;

(3)之 3 政策的普及及宣传和演说使用的扩音器在政论演说的会场、街头政论演说(含政演说)的会场以及依前项规定使用的汽车上;

(4) 对于张贴的海报,尺寸为长 85cm 宽 60cm,在 70,000 张以内。所属候选人超过 10 人时,每增加 5 人增加 5000 张;

(5) 对于广告牌及招牌的展示;

① 为通知举办政论演说会使用（每一场政论演说会广告牌及照片合计5个以内）及在会场内使用；

② 设置在第3项规定使用的汽车上使用；

（6）对于传单的分发（散发除外），需向总务大臣申报的3个种类以内。

2. 前款第4项的海报及同款第4项的传单，不受第142条及第143条规定的限制，可以为相应的参议院名册申报政党等或所属候选人的选举活动使用。但相应的选区（无选区时为举行选举的区域）内特定候选人的姓名或可推测其姓名的事项不得使用。

3. 欲适用第1款但是句规定的政党及其政治团体应依政令的规定记载其所属候选人的姓名及其他必要事项，向总务大臣上报，领取其交付的确认书。

4. 总务大臣交付前项确认书时，应立即将其要旨通知都道府县选举管理委员会。

5. 适用第1项的规定时，成为接受第3款确认书的一个政党及其政治团体的所属候选人，在相应的选举中，不得再成为该政党及其政治团体以外的政党及其政治团体的所属候选人。而且，成为一个政党及其政治团体的推荐人者，在相应的选举中，不得再成为政党及其政治团体的所属候选人。

第201条之7　众议院议员或参议院议员的再选举或补缺选举时的限制

1. 第201条之5的规定准用于参议院议员的再选举或补缺选举。此时，同条中"众议院议员总选举日期公布之日至选举日期间"应改为"在选举众议院议员再选举或补缺选举的区域，从该选举日期公布至选举日期间"。

2. 前条的规定准用于参议院议员的再选举或补缺选举。此时，同条第1款中"参议院通常选举日期公布之日至选举日期间"应改为"在举行参议院议员再选举或补缺选举的区域，从该选举日期公布之日至选举日期间"、同款"但是"句中"全国合计有10

人"应改为"1人"。同款第3项所定汽车辆数,不管所属候选人(对于参议院比例代表制选出议员选举,为参议院名册登载者)人数的多少,一律1辆。参议院议员(小选区选出)的再选举或补缺选举,同款第4项所定海报的张数,不管所属候选人人数的多少,众议院议员的每一选区500张以内。同款第6项传单的申报,应向主管相应的选举事务的选举管理委员会做出。

第201条之8　都道府县或指定城市议会议员选举时的政治活动限制

1. 在举行都道府县议会议员或指定城市议会议员一般选举的区域内,从该选举日期公布之日至选举日的期间,政党及其从事政治活动的团体,在其从事的政治活动中,不得举办政论演说会及街头政论演说、张贴海报、展示广告牌及招牌、印发传单及为宣传通告使用汽车及扩音器。但在举行选举的区域内所属候选人合计有3人以上的政党及其政治团体,在该选举日期公布之日至选举日的前一日的期间,依下列各号规定的情形不在此限。

（1）对于政论演说会,举办相当于所属候选人人数4倍的次数;

（2）对于街头政论演说会,在依次项规定使用的停运的汽车上及周边举办;

（3）对于政策普及宣传(含政党及其政治团体发行的报纸、杂志、书籍及小册子的普及宣传。以下同)及演说的通告使用的汽车。政党及其政治团体总部及分部合计1辆以内。所属候选人(含参议院名册登载者。以下在本条同)人数超过3人时,每增加5人增加1辆;

（3）之2　政策的普及及宣传和演说使用的扩音器在政论演说的会场、街头政论演说(含政演说)会场以及依前项规定使用的汽车上;

（4）对于张贴的海报,尺寸为长85cm宽60cm,在100张以内。所属候选人超过1人时,每增加1人增加50张;

(5) 对于广告牌及招牌的展示。

① 为通知举办政论演说会使用（每一场政论演说会广告牌及照片合计5个以内）及在会场内使用；

② 设置在第3项规定使用的汽车上使用；

(6) 对于传单的分发（散发除外），需向总务大臣申报的两个种类以内。

2. 第201条之6第2款的规定,准用于前款第4项的海报及同款第6项的传单。同条第3款的规定准用于欲适用第1款但是句规定的政党及其政治团体。同条第5款的规定准用于适用第1款规定的情形。此时,同条第2款中"相应的参议院名册申报政党等所属候选人"应改为"所属候选人",同条第3款中"总理大臣"应改为"主管相应的选举事务的选举管理委员会"。

3. 前两款的规定准用于都道府县议会议员及指定城市议会议员的再选举、补缺选举或增额选举。此时,第1款中"举行选举的区域内所属候选人合计有3人以上"应改为"所属候选人"。

第201条之9　都道府县知事或市长选举时政治活动的限制

1. 在举行都道府县议会议员或市长选举的区域内,从该选举日期公布之日至选举日的期间,政党及其从事政治活动的团体,在其从事的政治活动中,不得举办政论演说会及街头政论演说、张贴海报、展示广告牌及招牌、印发传单及为宣传通告使用汽车及扩音器。但政党及其政治团体有其所属候选人或支援候选人（指依第86条之4第3款规定并未记载为政党及其政治团体的所属公职候选人,但系该政党及其政治团体所推荐或支持者。以下在本条及第201条之11中同）者,在该选举期日公布之日至选举日的前一日期间,依下列各项规定的情形不在此限。

(1) 对于政论演说会,如果为都道府县知事的选举,每个众议院议员（小选区选出）的选区举办1次；如果是市长选举,在每个选举区域举办两次；

(2) 对于街头政论演说会,在依第3项使用的停运的汽车上

及周边举办;

(3)对于政策普及宣传(含政党及其政治团体发行的报纸、杂志、书籍及小册子的普及宣传。以下同)及演说的通告使用的汽车。政党及其政治团体总部及分部合计1辆以内;

(3)之2 政策的普及及宣传和演说使用的扩音器在政论演说的会场、街头政论演说(含政演说)会场以及依前项规定使用的汽车上;

(4)对于张贴的海报,如果为都道府县知事的选举,在每个众议院议员(小选区选出)的选区内,尺寸为长85cm宽60cm,在500张以内;如果是市长选举,在相应的选举举行的区域内,尺寸为长85cm宽60cm,在1000张以内;

(5)对于广告牌及招牌的展示。

① 为通知举办政论演说会使用(每一场政论演说会广告牌及照片合计5个以内)及在会场内使用;

② 设置在第3项规定使用的汽车上使用。

(6)对于传单的分发(散发除外),需向总务大臣申报的两个种类以内。

2. 第201条之5第2款的规定准用于前款第4项的海报及第6项的传单。此时,同条第2款中"相应的参议院名册申报政党等所属候选人"应改为"所属候选人"。

3. 欲适用第1款但是句规定的政党及其政治团体,依政令的规定,应记载其所属候选人或支援候选人的姓名;如系支援候选人,应附加本人愿意成为该政党及其政治团体的支援候选人的同意书,向主管相应的选举事务的选举管理委员会申请领取其交付的确认书。

4. 适用第1款规定时,欲成为接受前项确认书的一个政党及其政治团体的所属候选人或支援候选人者,在相应的选举中,不得再成为该政党及其政治团体以外的政党及其政治团体的所属候选人或支援候选人。而且,在相应的选举中,不得再成为该政党及其政治团体的支援候选人或所属候选人。

第 201 条之 10　举行两种以上选举时的政治活动

对于前 5 条的规定,在举行这些条例所列的两种以上选举时,其中一种选举的区域包括他种选举区域的全部或局部,且一种选举日期公布之日至选举日的期间与他种选举日期公布之日至选举日的期间重合时,依这些条例规定可以从事政治活动的政党及其政治团体,能够在规定期间内在该两种以上选举重复举行的区域,分别依规定从事政治活动。

第 201 条之 11　政治活动的形式

1. 依本章规定举行政论演说会及街头演说会时,除为政策普及宣传外,可以为所属候选人(对于参议院比例代表制选出议员选举,为相应的参议院名册申报政党等或相应的参议院名册登载者;对于都道府县知事或市长选举,为所属候选人或支援候选人)的选举活动发表演说。此时,第 164 条之 3 及第 168 条(只限于与第 1 项有关的部分)的规定,不适用于政论演说会,第 164 条之 5 的规定不适用于街头演说。

2. 以本章规定举办政论演说时,政党及其政治团体应事先向相应的政论演说会所在地的都道府县选举管理委员会(对于指定城市议会议员及市长选举,为市选举管理委员会)申报。

3. 本章规定的汽车应张贴总务大臣(对于都道府县议会议员、都道府县知事、政党城市议会议员及市长选举,为主管相应的选举事务的选举管理委员会)规定的标志。

4. 本章规定的海报应依张贴场所所在地的都道府县选举管理委员会(对于参议院议员的通常选举及参议院比例代表制选出议员的再选举或补缺选举,为总务大臣;对于指定城市议会议员及市长选举,为市选举管理委员会)的规定,接受相应的都道府县选举管理委员会(对于参议院议员的通常选举及参议院比例代表制选出议员的再选举或补缺选举,为总务大臣;对于指定城市议会议员及市长选举,为市选举管理委员会)的验印或标明其交付的标志。此时,都道府县选举管理委员会(对于指定城市议会议员选举,为市选举管理委员会)的验印或交付的标志,应按众议院议员(小选区选出)的选区(对于都道府县议会议员及指定城市议会议员选举,为相应的选举的选区)区分。

5. 对于本章规定的海报,应在其正面记载相应的政党及其政治团体的名称,负责张贴者及印刷者的姓名(如系法人为名称);对于本章规定的传单,应在其正面记载相应的政党及其政治团体的名称、选举的种类及标明其系本章规定传单的记号。

6. 第145条的规定准用于本章规定的海报、广告牌及招牌等。此时,同条第1款但是句中"总务省命令规定的及第144条之2及第144条之4张贴处"应改为"总务省令规定的"。

7. 第143条第6款的规定准用于本章所规定的海报;第178条之2的规定准用于依本章规定为所属候选人(对于参议院比例代表制选出议员选举,为相应的参议院名册申报政党等或相应的参议院名册登载者;对于都道府县知事或市长选举,为所属候选人或支援候选人)的选举活动使用的海报。

8. 依本章规定,在政论演说会举办之际,为告知公众使用的广告牌及招牌等应标明相应的政论演说会所在地的都道府县选举管理委员会(对于指定城市议会议员及市长选举,为市选举管理委员会)所规定的标志。

9. 前款广告牌及招牌应在其正面记载负责展示者的姓名及住所。

10. 依本章的规定展示广告牌及招牌者在停止使用依本章规定的汽车上从事政策的普及宣传以及演说的通告或政论演说会结束时,应立即将其清除。

11. 都道府县或市町村选举管理委员会认定为政治活动使用的文书图画的展示违反本章的规定或违反前项规定未加清除,可以下令使其清除。此时,都道府县或市町村选举管理委员会应事先将其要旨通告相应的警察局局长。

第201条之12　政论演说会的限制

1. 政党及其政治团体在下午8时至翌日上午8时的期间不得举办本章规定的街头政论演说。

2. 政党及其政治团体在举行两种以上选举时,其中一种选举从选举日期公布之日至选举日的期间于他种选举的选举日交叉时,在选举日的相应的投票所关闭前,不得在相应的投票所入口除300米以内的区域举办本章规定的政论演说会或街头政论演说。依次条但是句规定的汽车上为政治活动从事连续呼喊的行为亦同。

3. 第140条之2第2款及第164条之6第3款的规定准用于举办本章规定的街头政论演说的政党及其政治团体。

第201条之13　连续呼喊行为的禁止

1. 政党及其政治团体对于各种选举在相应的选举日期公布之日至选举日的期间不得为政治活动从事下列各项的行为。但第1项的连续呼喊行为,依本章规定在政论演说会的会场及街头演说会的场所所为者,上午8时至下午8时的期间,依本章规定为政策的普及宣传及演说的通告使用的汽车上所为者,第3项的文书图画的印发,在本章规定的政论演说会会场所为者,此三者不在此限。

（1）实施连续呼喊的行为;

（2）不管以任何名义在张贴或印发的文书图画（报纸及杂志除外）上记载相应的选区（无选区时为举行选举区域）特定候选人的姓名或可以推测其姓名的事项;

（3）在国家、地方公共团体所有或管理的建成物（专供公务员居住的及公营住宅除外）分发（夹在报纸及杂志中分发的除外）的文书图画。

2. 第140条之2第2款的规定准用于依前款但是句规定为政治活动实施连续呼喊行为的政党及其政治团体。

第201条之14　选举活动前张贴海报的清除

1. 在众议院议员。参议院议员、都道府县议会议员、都道府县知事、指定城市议会议员或市长选举的情形下,在相应的选举日期公布前,对于政党及其从事政治活动的政治团体张贴为其政治活动使用的海报,当相应的海报所记载的姓名或可以推测其姓名的事项者成为相应选举的候选人时,应在其成为相应的选举候选人之日内,从相应的选区(无选区时为选举举行的区域)清除相应的海报。

2. 都道府县或市町村选举管理委员会在认为有违反前款规定而未加清除的海报时,可以令其清除。此时,都道府县或市町村选举管理委员会应事先将其要旨通告相应的警察局局长。

第 201 条之 15　政党及其政治团体的机关报

1. 在众议院议员、参议院议员、都道府县议会议员、指定城市议会议员或市长选举日期公布之日至选举日的期间内,政党及其政治团体发行的报纸和杂志不适用第 148 条第 3 款的规定。对于众议院议员选举及众议院议员以外的选举分别为候选人提名政党或众议院名册申报政党等的总部以及为在相应的选举中依本章规定可以从事政治活动的政党及其政治团体总部直接发行而以通常方法(机关报含在政论演说会[对于众议院议员选举,为政党演说会或政党等演说会]会场分发者)分发的机关报或机关杂志,经过向总务大臣(对于都道府县议会议员、都道府县知事、指定城市议会议员或市长选举,为主管相应的选举事务的选举管理委员会)申报的各以一种为限,可以准用于同条第 1 款及第 2 款的规定。但相应的机关报或机关杂志的号外、临时刊、增刊及其他临时发行者不在此限。此时,同条第 2 款中"以通常方法(在竞选活动期间及选举当日向订阅读者以外的人分发的报纸或杂志,以有偿者为限)",对于相应的机关报或机关杂志连续发行的期间未满 6 个月的情形,应改为"以通常方法(以在政论演说会[众议院议员选举时,为政党演说会或政党等演说会]会场分发者为限)";对于相应的机关报或机关杂志连续发行的期间满 6 个月者,应改为"通常方法(之相应的选举日期公布之日前 6 个月期间平常所使用方法,不含在此期间内所使用的临时或特殊方法)"。

2. 前款申报应记载相应的机关报或机关杂志的名称、编辑及发行人以及其他政令规定的事项。

3. 适用第 1 款的规定时,相应的机关报或机关杂志临时发行的号外及增刊等,虽未记载有关相应选民的报道及评论,如果记载相应的选区(无选区时为举行选举的区域)特定候选人的姓名或可以推测其姓名的事项时,在相应的选区(无选区时为举行选举的区域)内视同同项规定的相应的机关报或机关杂志的号外、临时刊、增刊及其他临时发行者。

第十五章 争 讼

第 202 条 对地方公共团体议会议员及行政首长选举效力提出异议及要求审查

1. 对于地方公共团体议会议员及行政首长的选举的选举效力不服时,可以从相应的选举日起 14 日内,以书面形式向主管相应选举事务的选举管理委员会提出异议。

2. 依前款规定向市町村选举管理委员会提出异议者,不服其决定时,可以在接到决定书之日或依第 215 条规定公告之日起 21 日内,以书面形式向相应的都道府县选举管理委员会要求审查。

第 203 条 地方公共团体议会议员及行政首长选举效力的诉讼

1. 地方公共团体议会议员及行政首长选举时,不服都道府县选举管理委员会对前条第 1 款异议的决定或同条第 2 款审查的裁决,可以在接到该决定书或裁决书之日或依 215 条规定公告之日起 30 日内,以相应的都道府县选举管理委员会为被告向高等法院提起诉讼。

2. 对于地方公共团体议会议员及行政首长选举效力的诉讼,只限于就都道府县选举管理委员会对前条第 1 款异议或同条第 2 款审查所作决定或裁定提起。

第 204 条　众议院议员或参议院议员选举效力的诉讼

选民或公职候选人(对于在众议院小选区选出议员选举,为候选人或候选人提名政党;对于众议院比例代表制选出议员选举,为众议院名册申报政党等;对于参议院议比例代表制选出议员选举,为参议院名册申报政党或参议院名册登载者)对于众议院或参议院议员选举效力有异议时,在众议院议员(小选区选出)及参议院议员(比例代表制选出)选举以及众议院议员(比例代表制选出)或参议院议员(比例代表制选出)选举的情形下,能够分别以相应的都道府县选举管理委员会和中央选举管理委员会为被告,在相应的选举日起 30 日内向高等法院提出诉讼。

第 205 条　选举无效的决定、裁决或判决

1. 在有关选举效力的异议、审查或诉讼被提起时,相应的选举管理委员会只应当限于对选举结果有影响的违反选举规定的情形,决定、裁决或判决相应的选举全部或局部无效。

2. 相应的选举管理委员会依前项规定决定或判决选举全部或局部无效时,如果能区分无影响当选之虞的部分,应将该部分不丧失当选效力的要旨,一并决定、裁决或判决。

3. 对于前款规定的适用,受有无使当选发生变化之虞判断影响者(以下称"相应的候选人")的得票数(指在局部无效区域以外区域的得票数。以下在本款同),分别扣除下列得票数所得合计数超过该选举局部无效区域的人数时,相应的候选人即为没有使当选效力发生影响之虞者。

(1) 从得票数最高者依次计算至相当于相应的选举应选出议员数目的下一位候选人的得票数;

(2) 得票数多于前项的候选人少于相应的候选人的个别得票数。

4. 前款所称选举局部无效区域的候选人指依第 2 款规定作成决定、裁决或判决之前(判决时为高等法院作为判断基本的言词辩论终结前),可以在相应的选举局部无效区域举行选举的选举日投票者。

5. 前3款的规定不适用于众议院议员（比例代表制选出）或参议院议员（比例代表制选出）选举，依第1款规定判决选举局部无效时，众议院名册申报政党等或参议院名册申报政党等的当选人数及当选人的决定在根据再选举的结果重新决定的公告发布的期间（依第33条之2第6款规定不举行再选举时，为到相应的议员任期届满为止的期间）仍有效力。

第206条　对地方公共团体议会议员或行政首长当选效力提出异议及要求审查

1. 对于地方公共团体的议会议员及行政首长选举的选举效力不服时，可以从第101条之3第2款或第106条第2款规定公告之日相应的选举日起14日内，以书面形式向主管相应的选举事务的选举管理委员会提出异议。

2. 依前款规定向市町村选举管理委员会提出异议者，不服其决定时，可以在接到决定书之日或依第215条规定公告之日起21日内，以书面形式向相应的都道府县选举管理委员会要求审查。

第207条　地方公共团体议会议员或行政首长当选效力的诉讼

1. 地方公共团体议会议员及行政首长选举时，不服都道府县选举管理委员会对前条第1款异议的决定或同条第2款审查的裁决，可以在接到该决定书或裁决书之日或依215条规定公告之日起30日内，向高等法院提起诉讼。

2. 第203条第2款的规定准用于对地方公共团体议会议员及行政首长选举的当选效力提起的诉讼。

第208条　众议院议员或参议院议员当选效力的诉讼

1. 对于众议院议员或参议院议员选举，落选人（对于众议院小选区选出议员选举，为候选人提名政党；对于在众议院比例代表制选出议员选举，为众议院名册申报政党等；对于参议院比例代表制选出议员选举，为参议院名册申报政党等）对于当选效力不服时,在众议院议员(小选区选出)及参议院议员(比例代表制选出)选举以及众议院议员(比例代表制选出)或参议院议员(比例代表制选出)选举的情形下,能够分别以相应的都道府县选举管理委员会和中央选举管理委员会为被告,在第101条第2款或第101条之2第2款、第101条之2之2第2款或第101条之3第2款或第106条第2款规定公告之日起30日内向高等法院提出诉讼。但在众议院议员(比例代表制选出)选举时,不得以相应的选举与众议院议员(小选区选出)选举同时举行的选举或以与当选效力有关事由为理由,提起与当选效力有关的诉讼。

2. 对于众议院议员(比例代表制选出)的当选效力提起的诉讼,法院认为众议院名册申报政党等的当选人数的决定有错误时,应判决相应的众议院名册申报政党等的当选人数的决定无效。此时,对于相应的众议院名册申报政党等为丧失当选人的人数应一并判决。

3. 前款规定准用于对参议院议员(比例代表制选出)选举当选效力提起诉讼的情形,此时,同款中"众议院名册申报政党等"应改为"参议院名册申报政党等"。

第209条 当选效力争讼时当选无效的决定、裁判或判决

1. 虽已有前3条的规定就当选效力提出异议。要求审查或提起诉讼,但相应的选举符合第205条第1款的情况时,相应的选举管理委员会人应决定、裁决或判决该选举全部无效或局部无效。

2. 第205条第1款至第5款的规定准用于前款的情形。

第209条之2 当选效力争讼时的潜在无效投票

1. 对当选效力提出异议、要求审查或提起诉讼时,经发现有选举日无选举权者所投的选票或其他原属无效的选票因其不显著而被记入有效票,且经判明有归属不明的选票时,相应的都道府县选举管理委员会或法院在适用第95条之2或第95条之3的规定计算相应的候选人或各众议院名册申报政党等或各参议院名册申报政党等的有效票时,应按各开票区,从相应的候选人或各众议

院名册申报政党等的有效票时,应按各开票区,从相应的候选人或各众议院名册申报政党等的得票数(对于在各参议院名册申报政党等的得票数,为相应的参议院名册申报政党等的各参议院名册登载者[只限于在相应的选举日的公职候选人。以下在本款同]的得票数在内),按相应的无效票属按各候选人或各众议院名册申报政党等或相应的参议院申报政党等的得票数(对于在各参议院名册申报政党等的得票数,为含相应的参议院名册申报政党等的各参议院名册登载者的得票数在内的得票数)的比例分配分别扣除。

2. 在前款的情形,对于相应的参议院名册申报政党等的各参议院名册登载者的有效票及相应的参议院名册申报政党等的有效票(相应的参议院名册申报政党等的各参议院名册登载者的有效票在内)的计算,应按其开票区的不同,从各参议院名册登载者的得票数及相应的参议院名册申报政党等的得票数(相应的参议院名册申报政党等的各参议院名册登载者的得票数在内,以下在本条同),依前项规定分配所得票数按各参议院名册登载者的得票数及相应的参议院名册申报政党等的得票数的比例分别扣除。

第210条 总负责人及出纳负责人等选举犯罪引起当选效力及候选资格的诉讼等

1. 第251条之2第1款第1项至第3项所列人员依第221条第3款、第222条第3款、第223条第3款或第223条之2第2款的规定被处以刑罚时,或出纳负责人依第247条的规定被处以刑罚时,与这些人员有关的候选人在接到第254条之2第1款规定的通知时,相应的候选人可以在接到该通知之日起30日内,以检察官为被告并以这些人员并非出纳责任人的第251条之2第1款第1项至第3项所列各项情况为理由、相应的公职候选人在相应的选举并非成为当选无效、相应的公职候选人在相应的选举的选区(无选区时为举行选举的区域)举行相应的公职选举时成为公职候选人或未成为或不能成为公职候选人或相应的公职候选人系众议院(小选区选出)议员选举的公职候选人而未成为与相应的选举同时举行的众议院(比例代表制选出)议员选举的当选无效,向高等法院提起诉讼,请求确认相应的公职候选人不致变成无效。但相应的公职候选人从接到第 254 条之 2 第 1 款规定通知之日起至经过 30 日的期间,相应的公职候选人在相应的选举被决定为当选人,相应的当选人遇到依第 101 条第 2 款、第 101 条之 2 第 2 款或第 101 条之 3 第 2 款规定的公告时或相应的公职候选人系众议院(小选区选出)选举的候选人而成为与相应的选举同时举行的众议院议员(比例代表制选出)选举时被决定为当选人并以第 101 条之 2 第 2 款规定的公告时,为确认相应的当选人的当选不致变成无效提起诉讼的期间为从相应的公告发布日起 30 日内。

2. 第 251 条之 2 第 1 款第 1 项至第 3 项所列举人员,依第 221 条第 3 款、第 222 条第 3 款、第 223 条第 3 款或第 223 条之 2 第 2 款的规定被处以刑罚时,或出纳负责人依第 247 条的规定被处以刑罚时,与这些人员有关的候选人在接到第 254 条之 2 第 1 款规定的通知时,相应的候选人可以在接到该通知之日起 30 日后,相应的公职候选人在相应的选举被决定为当选人,相应的当选人遇到有依第 101 条第 2 款、第 101 条之 2 第 2 款或第 101 条之 3 第 2 款规定的公告时,或相应的公职候选人系众议院(小选区选出)选举的候选人而成为与相应的选举同时举行的众议院议员(比例代表制选出)选举时被决定为当选人并以第 101 条之 2 第 2 款规定的公告时,检察官认为依第 251 条之 2 第 1 款或第 3 款的规定相应的当选人的当选无效时,应在相应的公告发布之日起 30 日内,以当选人为被告,向高等法院提起诉讼。

第 211 条　总负责人及出纳负责人等选举犯罪引起当选无效及与禁止立候选的诉讼等

1. 第 251 条之 2 第 1 款各项所列人员或第 251 条之 3 第 1 款规定的组织性选举活动管理者等触犯第 221 条、第 222 条、第 223 条之 2 之罪被处以刑罚,经检察官依第 250 条之 2 第 1 款或第 251 条之 3 第 1 款的规定认为相应的公职候选人或欲成为公职候选人者(以下在本条及第219条第1款称"公职候选人等")在相应的选举中的当选无效,相应的候选人等在相应的选区(无选区时为举行选举的区域)举行相应的公职选举时成为公职候选人或不能成为公职候选人,或相应的公职候选人等系众议院议员(小选区选出)选举时的候选人与相应的选举同时举行的众议院议员(比例代表制选出)议员选举中的当选无效时,除前条规定外,应以相应的公职候选人等为被告,在该判决确定之日起30日内,向高等法院提起诉讼。但相应的判决确定之日后,相应的公职候选人等在相应的选举被决定为当选人,相应的当选人遇到依第101条第2款、第101条之2第2款或第101条之3第2款规定的公告时,或相应的公职候选人等系众议院议员(小选区选出)选举时被决定为当选而成为相应的选举同时举行的众议院议员(比例代表制选出)选举时被决定为当选人并依第101条之2第2款规定的公告时,与相应的当选人当选无效有关的提起诉讼期间为相应的公告发布之日起30日内。

2. 第251条之4第1款各项所列人员触犯第221条至第223条之2、第225条、第226条、第239条第1款第1项、第3项第4项或第239条之2之罪被处以刑罚,经检察官依第251条之4第1款的规定认定为相应的当选人的当选无效时,该检察官应以相应的当选人为被告,在该判决确定之日起30日内,向高等法院提起诉讼。此时,准用前款"但是"句的规定。

第212条 选民等出面及作证的请求

1. 选举管理委员会对于依本章规定提出的异议或要求的审查时,在作出决定或裁决认为有必要时,可以要求选民或其他关系人出面及作证。

2. 有关民事诉讼的法令法中有关询问证人的规定准用于选举管理委员会依前款规定要求姓名或其他关系人出面及作证情形。但有关罚金、拘留、拘传、罚金的规定不在此限。

3. 依前款规定出面作证的选民或其他关系人所需的实际费

用应由相应的地方公共团体依条例的规定补偿。

第 213 条　争讼的处理

1. 对于本章规定的争讼,在异议的决定、审查的裁决及诉讼的判决应分别在受理之日起 30 日内、60 日以内以及 100 日以内从速办理。

2. 对于前款诉讼,法院应不受其他诉讼顺序的限制从速判决。

第 214 条　争讼的提起及处分的执行

依本章规定提出异议、要求审查或提起诉讼时,处分的执行不停止。

第 215 条　决定书、裁决书的交付及其要旨的公布

对于第 202 条第 1 款及第 206 条第 1 款的异议所做决定、对于第 202 条第 2 款及第 206 条第 2 款的审查所作的裁决,应以书面形式并附带理由交付提出人或要求人。

第 216 条　《行政不服审查法》的准用

1. 对于第 202 条第 1 款及 206 条第 1 款异议的提出,除本章规定外,准用行政不服审查法第 11 条至第 13 条、第 15 条第 1 款第 1 项至第 4 项、第 6 项、第 2 款及第 4 款、第 21 条、第 24 条、第 25 条、第 26 条、第 28 条至第 31 条、第 36 条、第 39 条、第 44 条及第 47 条及第 47 条第 1 款及第 2 款的规定。

2. 对于第 202 条第 2 款及第 206 条第 2 款审查的要求,除本章规定外,准用行政不服审查法第 9 条第 2 款、第 11 条至第 13 条、第 15 条第 1 款第 1 项至第 4 项、第 6 项、第 2 款及第 4 款、第 21 条至第 26 条、第 28 条至第 31 条、第 33 条、第 36 条、第 39 条、第 40 条第 1 款及第 2 款、第 43 条第 1 款及第 44 条的规定。

3. 在前两款的情形下,前两款规定的《行政不服审查法》中"处分厅"应改为"主管相应的选举事务的选举管理委员会"。

第 217 条　诉讼的管辖

第 203 条第 1 款、第 204 条、第 207 条第 1 款、第 208 条第 1

款、第201条或第211条规定的诉讼，依管辖主管相应的选举事务的选举管理委员会所在地的高等法院（对于众议院比例代表制选出议员选举，依第204条或第208条第1款规定的诉讼，为东京高等法院；依第210条或211条规定的诉讼，为管辖与相应的选举同时举行的众议院小选区选出议员选举事务的选举管理委员会所在地的高等法院；对于参议院比例代表制选出议员选举，为东京高等法院）为专属管辖。

第218条 选举诉讼时检察官的参与

法院在裁判本章规定的诉讼时，可以要求检察官出庭参与进行庭辩。

第219条 选举诉讼时诉讼法规的适用

1. 本章（第210条第1款除外）规定的诉讼不受《行政事件诉讼法》（1962年法律第139号）第43条规定的限制，不准用同法第13条、第19条至第21条、第25条至第29条、第31条及第34条的规定；而且，同法第16条至18条的规定，只准用于争执一种选举效力的数项请求、依第207条或第208条的规定争执一种选举的当选效力的数项请求、依第210条第2款的规定争执公职候选人当选效力的数项请求、依第210条的规定争执公职候选人当选效力或候选资格的数项请求及关于该选举的当选效力依第207条或第208条的规定争执其效力的请求。

2. 第210条第1款规定的诉讼不受《行政事件诉讼法》第41条规定的限制，不准用同法第13条、第17条及第18条的规定；而且，同法第16条及第19条的规定，仅准用于第210条第1款的规定争执当选无效或申报候选禁止的数项请求。

第220条 有关选举诉讼的通知及判决书誊本的送交

1. 依第203条、第204条、第207条及第208条的规定提起诉讼时，法院院长应立即将其要旨通知总务大臣。如果是众议院议员（比例代表制选出）或参议院议员（比例代表制选出）选举，还应通知中央选举管理委员会；如果是本法规定的其他选举，还应由有关地方公共团体的行政首长通知主管相应的选举事务的选举管理委员会。相应的诉讼不再以判决手续为对象时也同。

2. 对于依第 210 条或第 211 条的规定提起诉讼,其诉讼不再以判决手续为对象时,与前款规定同。

3. 前两款所列诉讼的判决确定时,法院院长应立即将判决书的誊本送交总务大臣。如果是众议院议员(比例代表制选出)或参议院议员(比例代表制选出)选举,还应通知中央选举管理委员会;如果是本法规定的其他选举,还应由有关地方公共团体的行政首长通知主管相应的选举事务的选举管理委员会。此时,如果是众议院议员(比例代表制选出)或参议院议员(比例代表制选出)选举,应一并送交众议院议长或参议院议长;如果是地方公共团体议会议员的选举,应一并送交相应的议会议长。

4. 对于众议院议员(小选区选出)选举时的候选人系于相应的选举同时举行的众议院议员(比例代表制选出)举行时的候选人的情形,法院院长在进行与相应的众议院议员(小选区选出)选举有关的第 2 款规定的通知或前项规定的送交时,应一并向中央选举管理委员会送交通知第 2 款规定的诉讼不以判决手续为对象的旨意或前项判决书的誊本。

第十六章 罚 则

第 221 条 收买及利诱罪

1. 有下列各项行为之一者,处以 3 年以下有期徒刑或拘役或科以 50 万日元以下的罚金。

(1) 以试图获得当选或使人当选或使人不当选为目的,对选民或从事选举活动者提供货币、物品或其他财产意义上的利益、提供以及预约或许诺提供公私职务、提供以及预约或承诺提供餐饮招待时;

(2) 以试图获得当选或使人当选或使人不当选为目的,对选民或从事选举活动者,利用该人等或与之有关系的神社、寺庙、公

司、社团、市町村等的用水、佃权、债权、捐赠及其他特殊的利害关系加以利诱时;

(3) 以投票或不投票、从事选举活动停止选举活动或为其从事斡旋诱导而获得报酬为目的,对选民或从事选举活动者采取第1款的行为;

(4) 接受第1款所称的提供或餐饮的招待、承诺第1项或前款的预约或答应第2项的诱导或促使答应时;

(5) 以试图使人从事第1项至第3项所列行为为目的,对于从事选举活动者交付货币或物品或做交付的预约或承诺,或从事获得者接受其交付或要求其交付或做交付的预约或承诺时;

(6) 对于前各项所列行为从事斡旋或劝诱时。

2. 中央选举管理委员会或从事中央选举管理委员会日常事务的总务省公务员、选举管理委员会委员或公务员、投票管理员、开票管理员、选举长、选举分会长或与选举事务有关的国家或地方公共团体的公务员,犯与相应的选举有关的前款罪时,处以4年以下拘役或有期徒刑或科以100万日元以下罚金。公安委员或警察在其有关区域内犯前款之罪时亦同。

3. 下列各项人员触犯第1款之罪时,处以4年以下有期徒刑或拘役或科以100万日元以下罚金。

(1) 公职候选人;

(2) 选举活动总负责人;

(3) 出纳负责人(含纪念馆公职候选人或出纳负责人默许后为公职候选人的选举活动所做支出金额中支付额相当于依第196条规定公告的金额1/2以上者);

(4) 在分设3个以上选举(无选区时为举行选举的区域)的区域内,经第1项或第2项所列人员指定负责其中一个或两个区域的选举活动而在相应的区域负责选举活动者。

第222条 多数人收买及多数人利诱罪

1. 有下列各项行为之一者,处以5年以下有期徒刑或拘役。

(1) 以试图获得财产意义上的利益为目的,为公职候选人或欲成为公职候选人者对多数的选民或从事选举活动者从事或使人从事前条第1款第1项至第3项、第5项至第6项所列行为时;

(2) 以试图获得财产意义上的利益为目的,为公职候选人或欲成为公职候选人者对于多数的选民或从事选举活动者承包前条第1款第1项至第3项、第5项至第6项所列行为或做承包预约时。

2. 触犯前条第1款第1项至第3项、第5项至第6项之罪系惯犯时,与前款同。

3. 前条第3款各项所列人员触犯第1款之罪时,处以6年以下拘役或有期徒刑。

第223条　对公职候选人及当选人的收买及利诱罪

1. 有下列行为之一者,处以4年以下有期徒刑或拘役或科以100万日元罚金。

(1) 以使人放弃成为公职候选人或欲成为公职候选人为目的,对于公职候选人或欲成为公职候选人者,以使人辞退当选为目的实施第221条第1款第1项或第2项所列行为时;

(2) 以使人放弃成为公职候选人或欲成为公职候选人或辞退当选或为从事斡旋利诱而获得报酬为目的,对于公职候选人或欲成为公职候选人或当选人从事第221条第1款第1项所列行为时;

(3) 接受或要求前两项的提供或餐宴的接待,承诺前两项的预约或答应第1项的诱导或促使答应时;

(4) 对于前各项所列行为从事斡旋或诱导时。

2. 中央选举管理委员会或从事中央选举管理委员会日常事务的总务省公务员、选举管理委员会委员或公务员、投票管理员、开票管理员、选举长、选举分会长或与选举事务有关的国家或地方公共团体的公务员,犯与相应的选举有关的前款罪时,处以5年以下拘役或有期徒刑或科以100万日元以下罚金。公安委员或警察在其有关区域内犯前款之罪时亦同。

3. 第 221 条第 3 款各项所列人员触犯第 1 款之罪时,处以 5 年以下有期徒刑或拘役或 100 万日元以下罚金。

第 223 条之 2　报纸、杂志的不法利用罪

1. 违反第 148 条之 2 第 1 款或第 2 款的规定处以 5 年以下有期徒刑或拘役。

2. 第 221 条第 3 款各项所列人员触犯前项之罪时,处以 6 年以下有期徒刑或拘役。

第 224 条　收买及利诱罪所得利润的没收

没收前 4 条所得利益。全部或部分无法没收时,按其价值追缴。

第 224 条之 2　陷害罪

1. 试图以符合第 251 条之 2 第 1 款或第 3 款或第 251 条之 3 第 1 款规定的情况时公职候选人或欲成为公职候选人者(以下在本条称"公职候选人等")丧失当选或候选资格为目的,经与相应的公职候选人等以外的公职候选人及其他相应候选人等从事选举活动者沟通意见,诱导或挑拨与相应的公职候选人等有关第 251 条之 2 第 1 款各项所列人员或第 251 条之 3 第 1 款规定的组织性选举活动管理者等,使其触犯第 221 条、第 222 条、第 223 条、第 223 条之 2 或第 247 条之罪者,处以 1 年以上 5 年以下有期徒刑或拘役。

2. 第 251 条之 2 第 1 款各项所列人员或第 251 条之 3 第 1 款规定的组织性选举活动管理者等,试图以符合第 251 条之 2 第 1 款或第 3 款或第 251 条之 3 第 1 款规定的情况时使相应的公职候选人丧失当选或候选资格为目的,经与相应的公职候选人等以外的公职候选人等及其他为该公职候选人等从事选举沟通意见,触犯第 221 条至第 223 条之 2 或第 247 条之罪时,处以 1 年以上 6 年以下有期徒刑或拘役。

第 224 条之 3　关于候选人选定之罪

1. 对于众议院议员(小选区选出)的候选人、众议院名册登载者或参议院名册登载者的选定具有权限者,在行使其权限时,接受请托、收受财产意义上的利益或提出接受、收受的要求或约定者,处以3年以下有期徒刑。

2. 对于提供前项的利益或为提供的预约或承诺者,处以3年以下有期徒刑或科以100万日元以下罚金。

3. 没收第1款所得利益。全部或部分无法没收时按其价值追缴。

第225条 妨碍选举自由罪

对于选举,有下列各项行为之一者,处以4年以下或有期徒刑或拘役或科以100万日元以下罚金。

(1) 对选民、公职候选人、欲成为公职候选人者、从事选举活动者或当选人施暴、威胁或诱拐时;

(2) 妨碍交通或集会的、妨碍演说或毁弃文书或以其他欺骗等不正当方法妨碍选举自由时;

(3) 利用选民、公职候选人、欲成为公职候选人者、从事选举活动者、当选人或与其有关系的神社、寺庙、学校。公司社团、市町村等的用水、佃权、债权、捐赠或其他特殊利益关系,对选民、公职候选人、欲成为公职候选人者、从事选举活动者或当选人威胁时。

第226条 滥用职权妨碍选举自由罪

1. 对于选举,国家或地方公共团体公务员、中央选举管理委员会委员或从事中央选举管理委员会日常事务的总务省公务员、选举管理委员会委员或公务员、投票管理员、开票管理员、选举会长或选举分会长故意忽略其职务的执行或无正当利诱有尾随公职候选人或从事选举活动者进入其住宅或选举事务所等滥用其职权妨碍选举自由者,处以4年以下拘役。

2. 国家或地方公共团体公务员、中央选举管理委员会委员或从事中央选举管理委员会日常事务的总务省公务员、选举管理委员会委员或公务员、投票管理员、开票管理员、选举会长或选举分会长对选民要求其表示欲投票或已投票的被选举人的选民(对于众议院比例代表制选举,为政党及其政治团体的名称或简称;对于参议院比例代表制选出议员选举为被选举人的姓名或政党及其政治团体的名称或简称)时,处以6个月以下拘役或科以30万日元以下罚金。

第 227 条 侵犯投票秘密罪

中央选举管理委员会委员或从事中央选举管理委员会日常事务的总务省公务员、选举管理委员会委员或公务员、投票管理员、开票管理员、选举会长或选举分会长、或与选举事务有关的国家或地方公共团体的公务员、监票人(含第48条第2款规定的投票辅助人。以下同)或监视人,公开选民所投被选举人的选民(对于众议院比例代表制选出议员选举,为政党及其政治团体的名称或简称;对于参议院比例代表制选出议员选举,为被选举人的姓名或政党及其政治团体的名称或简称)时,处以两年以下拘役或科以30万日元以下罚金。其公开的事实不属实时也同。

第 228 条 干涉投票罪

1. 在投票所(含选举日前投票所。以下在本章同)或开票所,无正当理由干涉选民投票或设法探知被选举人的姓名(对于众议院比例代表制选出议员选举,为政党及其政治团体的名称或简称;对于参议院比例代表制选出议员选举,为被选举人的姓名或政党及其政治团体的名称或简称)者,处以1年以下拘役或科以30万元以下罚金。

2. 对于不依法令规定开启投票箱或取出投票箱选票者,处以3年以下有期徒刑或拘役或科以50万日元以下罚金。

第 229 条 对选务人员及设施等的暴行罪、骚扰罪

对投票管理员、开票管理员、选举长或选举分会长、监查员或监视人施暴或威胁者、骚扰投票所、开票所、选举会场或选举分会场者、扣留、毁损或夺取选票、投票箱或其他有关文件者,将被处以4年以下有期徒刑或拘役。

第 230 条 多数人的妨碍选举罪

1. 对于聚众触犯第225条第1项或前条之罪者,依下列规定分别处罚。对于选举时聚众妨碍交通与集会或演说者,也同样处理。

（1）对于主犯,处以1年以上7年以下有期徒刑或拘役；

（2）对于指挥他人或抢先他人为乱者,处以6个月以上5年以下有期徒刑或拘役；

（3）对于附和随行者,科以20万日元以下罚金或进行行政罚金。

2. 试图聚众触犯前款之罪,经接到相应的公务员的解散命令3次以上仍不解散时,对于主谋者,处以2年以下拘役；对于其他人员,科以20万日元以下罚金或行政罚金。

第231条　携带凶器罪

1. 对于选举时携带枪炮、刀剑、棍棒或其他足以杀伤人的凶器者,处以2年以下拘役或科以30万日元以下罚金。

2. 相应的警察认为必要时,可以将上款所称凶器留置。

第232条　在投票所、开票所等携带凶器

对于携带前条规定的凶器进入投票所、开票所、选举会场或选举分会场者,处以3年以下拘役或科以50万日元以下罚金。

第233条　携带凶器的没收

对于触犯前两条之罪者,要没收其携带的凶器。

第234条　选举犯罪的煽动罪

对于不论以演说、报纸、杂志、广告、电报、海报或其他任何方法试图使人触犯221条、第222条、第223条、第225条、第228条、第229条、第230条、第231条或第232条之罪为目的加以煽动者,处以1年以下拘役或科以30万日元以下罚金。

第235条　虚假事项公布罪

1. 以试图获得当选或使人当选为目的,对公职候选人或欲成为公职候选人者的身份、职业、经历、所属政党及其政治团体或其推荐人或支持人或政党及其政治团体的支持或推荐等有关事项,做不实公布者,将被处以2年以下拘役或科以30万日元以下罚金。

2. 以试图使人落选,对公职候选人或欲成为公职候选人者做不实事项或歪曲事项的公布者,将被处以 4 年以下有期徒刑或拘役或科以 100 万日元以下罚金。

第 235 条之 2　报纸、杂志妨碍选举公正罪

对于符合下列各项行为之一者,处以 2 年以下或科以 30 万日元以下罚金。

(1) 违反第 148 条第 1 款但是句(含准用第 201 条之 15 第 1 款)的规定以至妨碍选举公正时,为担任该报纸或杂志的实际编辑者或其担任经营者;

(2) 第 148 条第 3 款规定的报纸及杂志及第 201 条之 15 规定的机关报及机关杂志以外的报纸及杂志(含相应的机关报、及机关在职的号外、临时号、增刊号以及其他临时发行者),在选举活动期间及选举的当日刊载有关相应的选举的报道或评论时,为担任该报纸或杂志的实际编辑者或其担任经营者;

(3) 违反第 148 条之 2 第 3 款的规定刊载有关选举报道或评论者。

第 235 条之 3　政见播放或选举公报的不法利用罪

1. 对于利用政见播放或选举公报触犯第 235 条第 2 款之罪者,处以 5 年以下有期徒刑或拘役或科以 100 万日元以下罚金。

2. 对于利用政见播放或选举公报为特定商品做广告或为其他营业做宣传者,科以 100 万日元以下罚金。

第 235 条之 4　违法选举播放等的限制

对于符合下列各项行为之一者,处以 2 年以下拘役或科以 30 万日元以下罚金。

(1) 违反第 151 条之 3 但是句的规定导致妨碍选举公正时,为从事该广播或编辑者;

(2) 违反第 151 条之 5 的规定从事广播或使人从事广播者。

第 235 条之 5　姓名等的虚假展示罪

对于以当选或使人当选或不当选为目的,展示违反事实的姓名、名称或身份而以邮寄、电信或电话传达信息者,处以2年以下拘役或科以30万日元以下罚金。

第235条之6　违法以问候为目的的付费广告的限制

1. 对于违反第252条第1款的规定,使人刊登或播放者(对于后援团体,是指以公务员或成员身份实施相应的违法行为者),科以50万日元以下罚金。

2. 对于违反第252条第2款的规定,威胁公职候选人、欲成为公职候选人者(含现任公职者)、后援团体的公务员或成员,要求其刊登或播放广告者,处以1年以下有期徒刑或拘役或科以30万日元以下罚金。

第236条　欺骗登录、虚假宣誓罪

1. 对于以欺骗方法被登录在选民名册或在外选民名册上者,处以6个月以下拘役或科以30万日元以下罚金。

2. 对于以被登录在选民名册上为目的,对依《住民基本台账法》第22条规定申报做虚假申报而被登录在选民名册上者,与前款同样处理。

3. 对于在第51条第1款的情形下做虚假宣誓者,科以20万日元以下罚金。

第237条　欺骗投票及伪造、增减选票罪

1. 对于非选民而投票者,处以1年以下拘役或科以30万日元以下罚金。

2. 对于冒名投票、以其他欺骗手段投票或试图投票者,处以2年以下拘役或科以30万以下罚金。

3. 对于伪造选票或增减其数量者,处以3年以下有期徒刑或拘役或科以50万日元以下罚金。

4. 对于中央选举管理委员会委员或从事中央选举管理委员会日常事务的总务省公务员、选举管理委员会委员或公务员、投票管理员、开票管理员、选举会长或选举分会长、或与选举事务有关的国家或地方公共团体的公务员、监查员或监视人犯前款之罪者,处以5年以下有期徒刑或拘役或科以50万日元以下罚金。

第237条之2 违反代理投票的记载义务

1. 依第48条第2款(含适用第46条之2第2款的规定时)规定被指定为应记载公职候选人(含公职候选人的参议院名册登载者)的姓名或众议院名册申报政党等或参议院名册申报政党等的名称或简称或对候选人记载○记号者,未依选民的指示记载公职候选人(含作为公职候选人的参议院名簿登载者)的姓名或众议院名册申报政党等或参议院名册申报政党等的名称或简称或对候选人记载○记号时,将被处以2年以下拘役或科以30万日元以下罚金。

2. 依第49条第3款的规定应该进行选票记载者,未依选民的指示记载公职候选人(含作为公职候选人的参议院名册登载者)的姓名或众议院名册申报政党等或参议院名册申报政党等的名称或简称,将被处以2年以下拘役或科以30万日元以下罚金。

3. 除前款规定,依第49条第3款规定应该进行选票记载者,以使投票无效为目的,不记载选票或进行虚假记载时,与前款同样处理。

第238条 监票人义务懈怠罪

对于监票人无正当理由懈怠本法规定的义务的情形,处以2年以下拘役或科以30万以下罚金。

第238条之2 申报候选时虚假宣传罪

1. 在第86条第5款(含依同条第8款之例适用的情形)、第7款(含依同条第8款之例适用的情形)或第10款(含第98条第4款[含准用于第112条第7款的情形]准用的情形)、第86条之2第2款(含依同项第9款之例适用的情形)或第8款(含准用第98条第4款[含准用第112条第7款的情形]准用的情形)、第86条之3第2款准用的第86条之2第2款、第8款(含第98条第4款[含第112条第7款准用的情形]准用的情形)或第9款前段或第86条之4第4款(含依同条第5款、第6款或第8款之例适用的情形)的规定附加的宣誓书上做虚假的宣誓者,将被科以30万日元以下罚金。

2. 对于前款之罪,由主管相应的选举事务的选举管理委员会(对于众议院比例代表制选举,为中央选举管理委员会)告发始得受理。

第239条 违法事前活动、利用从教人员地位逐户访问等的限制

1. 对于有下列各项规定行为之一者,处以1年以下拘役或科以30万日元以下罚金:

(1)违反第137条、第137条之2或第137条之3的规定从事选举活动者;

(2)不服第134条规定的命令者;

(3)违反第138条规定从事逐户访问者;

(4)违法第138条之2的规定从事签名活动者。

2. 候选人提名政党、众议院名册申报政党等或参议院名册申报政党等违反第134条规定的命令不关闭选举事务所时,对以相应的公职候选人提名政党、众议院名册申报政党等或参议院名册申报政党等的公务员或成员身份从事违反行为者,处以1年以下拘役或科以30万日元以下罚金。

第239条之2 违反公务员等选举活动的限制

1. 国家或地方公共团体的公务员、特定独立法人的公务员及公共团体等的公务员等(现任公职者除外),在众议院议员或参议院议员选举时欲登记为相应的公职候选人而有下列行为时,对于被视为违反第129条的规定从事选举活动者,处以2年以下拘役或科以30万日元以下罚金。

(1)在欲登记为相应的公职候选人的选区(无选区为举行选举的区域。以下在本款称"相应的选区"),利用职务上的旅行或出席会议或其他集会的机会,就相应的选举向选民问候;

(2)对于相应的选举,在相应的选区展示或印发标明其姓名

(含可推测的名称)及地位的文书图画;

(3) 对于相应的选举,执行其职务时对相应的选区内的居民提供特别的利益或承诺提供利益;

(4) 对于相应的选举,利用其地位使国家或地方公共团体的公务员、特定独立行政法人的公务员及公共团体等的公务员等在执行其职务时,为相应的选区内的居民提供特别的利益或承诺提供利益。

2. 对于违反第136条之2的规定从事选举活动或行为者,处以2年以下拘役或科以30万日元以下罚金。

第240条 违反选举事务所、休憩场所等的限制

1. 对于符合下列各项情况之一者,科以30万日元以下罚金:

(1) 违反第131条第1款的规定设置移动选举事务所;

(1)之2 违反第130条第2款的规定移动选举事务所(含因废止而新设置);

(2) 违反第132条的规定设置选举事务所;

(3) 违反第133条的规定设置休憩场所或其他类似的设备。

2. 候选人提名政党、众议院名册申报政党等或参议院名册申报政党等违反第131条第1款或第132条的规定设置选举事务所时,或违反第131条第2款的规定移动选举事务所(含因废止而新设置)时,对以相应的候选人提名政党、众议院名册申报政党等或参议院名册申报政党等的公务员或成员身份从事相应的的违反行为者,科以30万日元以下罚金。

第241条 违反选举事务所的设置、特定公务员等选举活动的禁止

符合下列各项情况之一者,处以6个月以下拘役或科以30万日元以下罚金。

(1) 违反第130条第1款的规定设置选举事务所;

(2) 违反第135条或第136条的规定从事选举活动。

第 242 条　违反选举事务所设置的申报及标示

1. 对于违反第 130 条第 2 款的规定未申报或违法第 131 条第 3 款的规定未展示标志者,科以 20 万日元以下罚金。

2. 候选人提名政党、众议院名册申报政党等或参议院名册申报政党等违反第 130 条第 2 款的规定未申报或违反第 131 条第 3 款的规定未展示标志时,对以相应的候选人提名政党、众议院名册申报政党等或参议院名册申报政党等的公务员或成员身份从事相应的违反行为者,科以 20 万日元以下罚金。

第 242 条之 2　违反对公布民意测验行为的禁止

对于第 138 条之 3 的规定公布民意测验的经过或结果者,处以 2 年以下有期徒刑或科以 30 万以下罚金。但对于违反此条的报纸或杂志,处罚担任实际编辑者或担任经营责任者;对于违反此条的广播,处罚编辑者或使人广播者。

第 243 条　违反选举活动各种限制之一

1. 符合下列各项情况之一者,处以 2 年以下拘役或科以 50 万日元以下罚金。

(1) 违反第 139 条的规定提供餐饮;

(1) 之 2　违反第 140 条之 2 第 1 款的规定从事连续呼喊行为;

(2) 违反第 141 条第 1 款或第 4 款的规定使用汽车、船舶或扩音器;

(2) 之 2　违反第 141 条之 2 第 2 款的规定从事选举活动;

(2) 之 3　违反第 141 条之 3 规定从事选举活动;

(3) 违反第 142 条的规定印发文书图画;

(4) 违反第 143 条或第 144 条规定张贴海报;

(5) 违反第 146 条规定印发或张贴文书图画;

(5) 之 2　不服从第 147 条规定的拆除处分(只限于符合同第 1 项、第 2 项或第 5 项的文书图画);

(6) 违反第 148 条第 2 款或第 149 条第 5 款的规定印发或张

贴报纸或杂志；

（7）违反第149条第1款或第4款规定刊登新闻广告；

（8）删除。

（8）之2　违反第164条之2第1款规定不展示广告牌或招牌或违反同条第2款或第4款的规定张贴文书图画；

（8）之3　违反第164条之3的规定举办演说会；

（8）之4　违反第164条之5第1款规定举办街头演说；

（8）之5　删除。

（8）之6　违反第165条之7第2款的规定从事选举活动；

（9）违反第165条之2规定举办演说或从事连续呼喊行为；

（10）违反第166条规定举办演说或从事连续呼喊行为。

2. 候选人提名政党、众议院名册申报政党等或参议院名册申报政党等违反第142条之2的规定印发小册子或书籍时，或违反的149条第1款到第3款规定刊登新闻广告时，或候选人提名政党或众议院名册申报政党等违反第164条之2第1款规定不展示广告牌或招牌或违反第165条之2规定举办政党演说会或政党等演说会时，对以相应的候选人提名政党、众议院名册申报政党等或参议院申报政党等的公务员或成员身份从事相应的违反行为，处以2年以下拘役或科以50万日元以下罚金。

第244条　违反选举活动各种限制之二

1. 对于符合下列各项情况之一者，处以1年以下拘役或科以30万日元以下罚金：

（1）违反第140条规定；

（2）违反第141条第5款规定不作标示；

（3）违反第145条第1款或第2款（含准用第164条之2第5款的情形）规定张贴文书图画；

（4）不服从第147条规定的拆除处分（只限于符合同条第3项或第4项的文书图画）；

（5）删除。

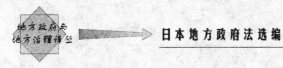

(5)之2 违反第164条之5第4款规定拒绝出示旗帜；

(6)违反第164条之6第1款规定；

(7)无正当理由不依第177条第1款规定交还；

(8)违反第177条第2款的规定转让。

2. 众议院名册申报政党等无正当理由不依第177条第1款规定交还时，或候选人提名政党或众议院名册申报政党等违反同条第2款规定转让时，对以相应的候选人提名政党或众议院名册申报政党等的公务员或成员身份从事相应的违反行为者，处以1年以下拘役或科以30万日元以下罚金。

第245条 违反选举后问候行为的限制

对于违反第178条规定者，科以30万日元以下罚金。

第246条 违反选举活动有关收支的限制

有下列各项行为者，处以3年以下拘役或科以50万日元以下罚金：

(1)违反第184条规定接受捐赠或进行支出时；

(2)违反第185条的规定不设置会计账簿或不在会计账簿上记载或做虚假记载时；

(3)违反第186条规定不提出明细表或在明细表上做虚假记载时；

(4)违反第187条第1款规定进行支出时；

(5)违反第188条规定不索取或不送交收据或其他正面支出的文件或在收据等上做虚假记载；

(5)之2 违反第189条第1款规定不提出报告书或在应附加的文件或在报告书上做虚假的记载；

(6)不做第190条规定的移交时；

(7)违反第191条规定不保存会计账簿、明细表、收据或其他证明支出的文件时；

(8)在第191条规定应进行保存的会计账簿、明细表、收据或其他证明支出文件做虚假记载时；

(9)拒绝提出第193条规定的报告或资料或提出虚假的报告或资料时。

第247条 违反选举费用的法定额度

出纳负责人超过第196条规定公告的金额,为选举活动(专门从事第49条之2规定有关投票的选举活动而在国外进行者除外)进行支出或使人进行支出时,处以3年以下拘役或科以50万日元以下罚金。

第248条 违法捐赠的限制

1. 第199条第1款所列人员(公司或其他法人除外)违反同款规定捐赠时,处以3年以下拘役或科以50万日元以下罚金。

2. 公司或其他法人违反第199条规定捐赠时,对于违法相应的行为的该公司或其他法人的公务员,处以3年以下拘役或科以50万日元以下罚金。

第249条 违反捐赠的劝诱、要求等的限制

对于违反第200条第1款规定劝诱或要求捐赠或违反同条第2款规定接受捐赠者(公司、其他法人或团体的情形下,为从事相应的违反行为的公务员或成员),处以3年以下拘役或科以50万日元以下罚金。

第249条之2 违反公职候选人等捐赠的禁止

1. 对于相应的选举,违反第199条之2第1款规定做捐赠者,将被处以1年以下拘役或科以30万日元以下罚金。

2. 对于超过一般社交程度违反第199条之2第1款规定做捐赠者,视为对于相应的选举违反同项规定。

3. 违反第199条之2第1款规定进行捐赠(只限于与相应的选举无关又未超过一般社交程度)者做下列各项规定捐赠以外的捐赠时,将被科以50万日元以下罚金。

(1)相应的候选人或欲成为候选人者(含现任公职。以下在本条称"公职候选人等")亲自参加结婚喜宴而在会场提供结婚贺仪;

(2) 相应的公职候选人等亲自参加葬礼(含告别仪式。以下在本款同)而在会场提供丧仪(含表示悼念的货币。以下在本款同)或相应的公职候选人等在葬礼之日(葬礼举行两次以上时,为最初举行葬礼之日)以前,亲自前往吊唁而当场提供丧仪。

4. 对于违反第199条之2第2款的规定做捐献者(公司、其他法人或团体的情形下,为从事相应的违反行为的公务员或成员),科以50万日元以下罚金。

5. 对于违反第199条之2第3款规定,对公职候选人等加以威胁、劝诱或要求捐赠者,处以1年以下有期徒刑或拘役或科以30万日元以下罚金。

6. 对于以公职候选人等的当选或使其丧失被选举权为目的,违反第199条之2第3款各项的捐赠(只限于与相应的选举无关又未超过一般社交程度者)以外捐赠的劝诱或要求者,处以3年以下有期徒刑或拘役或科以50万日元以下罚金。

7. 对于违反第199条之2第4款规定、对相应的公职候选人等以外者(相应的候选人等以外者系公司、其他法人或团体时,为其公务员或成员)加以威胁、劝诱或要求捐赠者,处以1年以下有期徒刑或拘役或科以30万日元以下罚金。

第249条之3　违反与公职候选人等有关公司等捐赠的限制

公司及其法人或团体违反第199条之3的规定对相应的选举进行捐赠时,从事相应的违反行为的公司及其法人或团体的公务员或成员,将被科以50万日元以下罚金。

第249条之4　违反冠有公职候选人等姓名等团体捐赠的限制

公司及其法人或团体违反第199条之4的规定进行捐赠时,对于从事相应的违反行为的该公司及其法人或团体的公务员或成员科以50万日元以下罚金。

第249条之5　违反后援团体捐赠等的限制

1. 后援团体违反第199条之5第1款的规定进行捐赠时,对于从事相应的违反行为的该后援团体的公务员或成员科以 50 万日元以下罚金。

2. 对违反第 199 条之 5 第 2 款的规定设宴接待或提供货币、纪念品或其他物品者（公司及其法人或团体除外），科以 50 万日元以下罚金。

3. 公司及其法人或团体违反第 199 条之 5 第 2 款的规定设宴接待或提供货币、纪念品或其他物品时，对从事相应的违反行为的该公司及其法人或团体的公务员或成员科以 50 万日元以下罚金。

4. 对于违反第 199 条之 5 第 3 款规定进行捐赠者，科以 50 万日元以下罚金。

第 250 条 有期徒刑及罚金的同时执行、重大过失的处罚

1. 对于触犯第 246 条、第 247 条、第 248 条、第 249 条及第 249 条之 2（第 3 款至第 4 款除外）之罪者，可以按其情节轻重，处以有期徒刑或拘役及同时执行罚金。

2. 对于因重大过失触犯第 246 条、第 247 条、第 248 条、第 249 条及第 249 条之 2 第 1 款至第 4 款之罪者进行处罚。但法院可以视情节轻重减轻其刑罚。

第 251 条 当选人的选举犯罪引起的当选无效

对于相应的选举，当选人触犯本章规定之罪（第 235 条之 6、第 245 条、第 246 条第 2 项至第 9 项、第 248 条、第 249 条之 2 第 3 款至第 5 款及第 7 款、第 249 条之 3、第 249 条之 4、第 249 条之 5 第 1 款及第 3 款、第 252 条之 2、第 252 条之 3 及第 253 条之罪除外）被处以刑罚时，该当选人的当选无效。

第 251 条之 2 总负责人及出纳负责人等选举犯罪引起当选无效及立候选的禁止

1. 下列各号人员触犯第 221 条、第 222 条、第 223 条或第 223 条之 2 之罪被处以刑罚时（对于第 4 项及第 5 项所列人员，未触犯这些罪名被处以有期徒刑以上刑时），相应的公职候选人或欲为公职候选人者(以下在本条称"公职候选人等")其当选无效。这些人员从依第251条之5规定之时起5年期间,不得为或成为在与相应的选举有关选区(无选区时为举行选举的区域)举行的与相应的公职有关选举的公职候选人。此时,相应的公职候选人等系众议院议员(小选区选出)选举的候选人在成为与相应的选举同时举行的众议院议员(比例代表制选出)选举的当选人时,其当选无效。

（1）选举活动(对于参议院比例代表制选出议员选举,只限于为参议院名册登载者所从事的选举活动。除次项外,以下在本条及次条同)的总负责人；

（2）出纳负责人(含经公职候选人或出纳负责人默认后为相应的公职候选人从事的选举活动所做支出的金额中,其支出金额相当于依第196条规定公告的金额的1/2以上者)；

（3）在分设3个以内选区(无选区时为举行选举的区域)的地域内,经公职候选人或第1项所列人员指定负责其中1个或两个地域的选举活动而在相应的地域主持选举活动者；

（4）公职候选人等的父母、配偶、子女或兄弟姐妹,经相应的公职候选人等或第1项或前项所列人员的默许而从事选举活动者；

（5）公职候选人等的秘书(指由公职候选人等聘请担任其政治活动的助理)经相应的公职候选人等或第1项或第3项所列人员默许而从事选举活动者。

2. 对于使用公职候选人等的秘书名称或类似名称者,经相应的公职候选人等同意或容忍其使用这些名称时,相应的名称的使用者适用前款的规定时,推定其为公职候选人等的秘书。

3. 出纳负责人触犯第247条之罪被处以刑罚时,与相应的出纳负责人有关的公职候选人的当选无效。其人从依第251条之5规定之时起5年期间,不得为或成为在相应的选举有关选区(无选区时为举行选举的区域)举行的相应的公职有关选举时的候选人。此时,准用第 1 款后段的规定。

4. 前 3 款的规定(只限于申报候选的禁止及众议院比例代表制选举选出议员选举有关当选无效的部分),对于符合第 1 款或前款规定之罪的行为而符合下列情况之一时,只限于对相应的行为不适用。

(1) 符合第 1 款或前款规定之罪的行为系从事相应的行为以外者的诱导或挑拨引起,且该诱导或挑拨因符合第 1 款或前款或次条第 1 款的规定而使相应的公职候选人等丧失当选或丧失申报候选资格为目的,经相应的公职候选人等以外的公职候选等或从事其他公职候选人等的选举活动者默许而进行时;

(2) 符合第 1 款或前款规定之罪的行为系因符合第 1 款或前款或次条第 1 款的规定而以使相应的公职候选人等丧失当选或丧失申报候选资格为目的,经相应的公职候选人等以外的公职候选人等或从事其他公职候选人等的选举活动默许而进行时。

5. 前款规定(第 1 款后段及第 3 款后段规定及前款规定[只限于众议院比例代表制选出议员选举是有关当选无效部分]除外)不适用于众议院议员(比例代表制选出)选举。

第 251 条之 3　组织性选举活动管理者等选举犯罪引起候选人等的当选无效或申报候选的禁止

1. 组织性选举活动管理者等(指公职候选人或欲成为公职候选人者[以下在本条称"公职候选人等"]默认在由组织进行的选举活动中从事相应的选举活动的规划、调整或指挥、监督而进行相应的选举活动或管理相应的选举活动者[从前条第 1 款第 1 项至第 3 项所列者除外])或第 223 条之 2 之罪被处以有期徒刑以上刑罚时,相应的公职候选人的当选无效。这些人从第 251 条之 5 规定之时起 5 年期间不得为或成为在相应的选举有关选区(无选区时为举行选举的区域)举行的相应的选举时的公职候选人。此时,相应的公职候选人等系众议院议员(小选区选出)选举时的候选人在成为与相应的选举同时举行的众议院议员(比例代表制选出)议员选举的当选人时,相应的当选人的当选无效。

2. 前款规定只限于对符合同款规定之罪的行为,而符合下列各项情况之相应的行为不适用。

(1)符合前项规定之罪的行为系因从事相应的行为以外者的诱导或挑拨,且该诱导或挑拨因符合前条第1款规定使相应的公职候选人丧失当选或丧失申报候选人资格为目的,经相应的公职候选人等以外的公职候选人等从事其他公职候选人等的选举活动者默认而进行时;

(2)符合前款规定之罪的行为系因符合前条第1款或前款规定而使相应的公职候选人等丧失当选或从事其他公职候选人等的选举活动者默认而进行时;

(3)相应的公职候选人等为防止前款规定的组织性选举活动管理者等进行符合同款规定之罪的行为未放松对选举规范的遵行时。

3. 前两款的规定(第1款后段及前项的规定[只限于众议院比例代表制选出议员选举与选举无效有关的部分]除外)不适用于众议院议员(比例代表制选出)的选举。

第251条之4　公务员等选举犯罪引起的当选无效

1. 国家或地方公共团体的公务员、特定行政法人的公务员及公共团体等的公务员等(现任公职者除外。以下在本条称"公务员等")卸掉公务员等职务初次成为公职候选人(只限于选举日为止的公职候选人)在参加众议院议员或参议院议员(仅限于卸掉公务员等之日起3年内举行的选举)获得当选时,下列各项所列人员为相应的当选从事的选举活动或行为因触犯第221条、第222条、第223条、第223条之2、第225条、第226条、第239条第1款第1项、第3项或第4项或第239条之2之罪被处以刑罚时,相应的当选人的当选无效。

(1)与相应的当选人在任时的职务(以其卸任前3年内担任的职务为限。以下在本条同)相同的公务员或从事相应的当选人在任时掌管的事务的公务员等在相应的选举中接到相应的当选人指示或要求；

（2）从事相应的当选人在任时掌管的事务的公务员等在相应的选举中接到与相应的当选人有关的前款所称人员的指示或要求；

（3）与相应的当选人在任时履行的职务相同且处理与此有关的事务为其从事的事务的全部或部分的地方公共团体的公务员、特定独立行政法人的公务员或公共团体等的公务员等，在相应的选举中接到与当选人有关的前两项所称人员的指示或要求。

2. 前款的规定不适用于众议院议员（比例代表制选出）的选举。

第251条之5　当选无效及申报候选禁止效力生效的期间

对于前3条规定的当选无效及申报候选禁止的效力，依第210条第1款规定的诉讼，在原告败诉的判决（含诉讼不受理的命令）确定时、相应的诉讼不提起而超过同款规定的上诉期限或相应的诉讼撤回时生效。依同条第2款或第211条规定的诉讼，在原告胜诉判决确定时生效。

第252条　对于因选举犯罪被处以刑罚者的选举权与被选举权的停止

1. 触犯本章所列之罪（第240条、第242条、第244条、第245条、第252条、第252条之2、第252条之3及第253条之罪除外）被科以罚金者，从该判决确定之日起5年的期间（对宣告缓刑者，未从判决确定之日起至服刑完毕的期间），不具有选举权与被选举权。

2. 触犯本章所列之罪（第252条之罪除外）被处以有期徒刑以上刑罚者，从相应的判决确定之日起至服刑完毕的期间或至刑罚时效以外的免除刑罚执行为止的期间及其后5年的期间或从该判决确定之日起至免除刑罚执行的期间，不具有本法规定的选举权与被选举权。

日本地方政府法选编

3. 触犯第221条、第222条、第223条或第223条之2规定之罪被处以刑法者再一次触犯第221条至第223条之2规定之罪被处以刑罚时,前两款的5年期间应为10年期间。

4. 法院在宣判时,可以按情节轻重对各款规定的期间进行调整。对于第一项规定(触犯第221条至第223条之2之罪被处以刑罚者除外)同时宣告不适用同款之5年期间或缓刑期间不具有选举权或被选举权的规定或缩短其应适用的期间;对于第1款所规定者触犯第221条至第223条之2之罪被处以刑罚者及第2款所规定者在受到第1款或第2款的5年或缓刑的宣告者同时宣告缩短其缓刑期间不具有选举权或被选举权的适用期间;对于前款所规定者,同时宣告缩短同款的10年期间。

第252条之2 违反推荐团体选举活动的限制

1. 接受第201条之4第2款确认书的政党及其政治团体违反同条第1款或第6款至第8款或准用于同条第9款的第143条第8款或第9款或第144条第4款的规定从事选举活动时,从事相应的违反行为的政党及其政治团体的公务员或成员,将被科以100万日元以下罚金。

2. 对于违反准用于第201条之4第9款的第140条第2款前段或第5款或第145条第1款或第2款的规定张贴海报者,科以50万日元以下罚金。

第252条之3 违反政党及其从事政治活动团体政治活动的限制

1. 政党及其从事政治活动的团体违反第201条之5(含准用于第201条之7第1款的情形)、第201条之6第1款(含准用于第201条之7第2款的情形)、第201条之8第1款(含准用同条第3款的情形)、第201条之9第1款、第201条之11第2款、第201条之12第1款或第3款、第201条之13第1款的规定或准用于第201条之15第1款的第148条第2款的规定从事选举活动时,对于从事相应的违反行为的该政党及其从事政治活动团体的公务员或成员,科以100万日元以下罚金。

2. 对于下列各项行为之一者,科以50万日元以下罚金。

(1) 违反第201条第3款或第8款的规定未做标示;

(2) 违反第201条之11第4款、第5款或第9款的规定或准用于同条第6款的第145条第1款或第2款的规定张贴海报或展示广告牌或招牌等或违反第201条之11第5款的规定印发海报;

(3) 不服从第201条之11第11款或第201条之14第2款规定的拆除处分。

第253条　选民等的伪证罪

1. 依准用第212条第2款民事诉讼有关规定宣誓的选民或其他有关者作虚假陈述时,将被处以3个月以上5年以下拘役。

2. 前款之罪由相应的选举管理委员会起诉始得办理。

3. 对于触犯第1款之罪者,在相应的异议或诉讼决定或裁定作成前自首时,科以减轻或免除其刑罚。

第253条之2　刑事案件的处理

1. 与当选人有关本章所列之罪(第235条之6、第245条、第246条第2项至第9项、第248条、第249条之2第3款至第5款及第7款、第249条之3、第249条之4、第249条之5第1款及第3款、第252条之2、第252条之3及第253条之罪除外),第251条之2第1款各项所列或第251条之3第1款规定的与组织性选举活动管理者等有关的第221条、第222条、第223条或第223条之2之罪,与出纳负责人有关的第247条之罪或与第251条之4第1款各项所列人员有关的第247条之罪或与第251条之4第1款各项所列人员有关的第221条至第223条之2、第225条、第226条、第239条第1款第1项、第3项、第4项或第139条之2之罪等刑事案件,其诉讼的判决应设法从受理相应的案件之日起100日之内办理。

2. 对于前项诉讼,在第一次公判日前,审判长应考虑审理需要的公判日期,依下列规定一次决定。

（1）对于第 1 次公判日期，在一审和再审情形下，分别从事件受理之日起决定为 30 日以内或 50 日以内之日；

（2）对于第 2 次以后的公判日期，从第 1 次公判日期的翌日算起，每经过 7 日决定在每 7 日的期间进行一次以上。

3. 对于第 1 款的诉讼，除有特别情况外，法院应不受其他诉讼顺序的限制从速判决。

第 254 条　当选人等被处以刑罚的通知

对于有关选举，当选人触犯本章所列之罪（第 235 条之 6、第 245 条、第 246 条第 2 项至第 9 项、第 248 条、第 249 条之 2 第 3 款至第 5 款及第 7 款、第 249 条之 3、第 249 条之 4、第 249 条之 5 第 1 款及第 3 款、第 252 条之 3 及第 253 条之罪除外）被处以刑罚时，第 251 条第 1 款各项所列人员或第 251 条之 3 第 1 款规定的组织刑选举活动管理者等触犯第 221 条、第 222 条、第 223 条或第 223 条之 2 之罪被处以刑罚时，出纳负责人触犯第 247 条之罪被处以刑罚时，第 251 条之 4 第 1 款各项所列人员触犯第 221 条至第 223 条之 2、第 225 条、第 226 条、第 239 条第 1 款第 1 项、第 3 项、第 4 项或第 239 条之 2 之罪被处以刑罚时，法院院长应将其要旨通知总务大臣。若为众议院议员（比例代表制选出）或参议院议员（比例代表制选出）选举，应同时通知中央选举管理委员会；若为本法规定的其他选举，应同时经由有关的地方公共团体行政首长通知主管相应的选举事务的选举管理委员会。当众议院议员或参议院议员的当选人被处以刑罚时，应一并通知相应的议会的议长；当地方公共团体议会议员的当选人别处以刑罚时，应一并通知相应的议会的议长；当众议院议员（小选区选出）选举时的候选人系与相应的选举同时举行的众议院议员（比例代表制选出）选举时的候选人有关的第 251 条之 2 第 1 款各项所列人员、第 251 条之 3 第 1 款规定的组织性选举活动管理者等或出纳负责人被处以刑罚时，应一并通知中央选举管理委员会。

第 254 条之 2　总负责人、承诺负责人等被处以刑罚的通知

1. 对于众议院议员(比例代表制选出)选举以外的选举,第 251 条之 2 第 1 款第 1 项至第 3 项所列人员依第 221 条第 3 款、第 222 条第 3 款、第 223 条第 3 款或第 223 条之 2 第 2 款的规定被处以刑罚时,出纳负责人依第 247 条的规定被处以刑罚时,相应的案件管辖的终身法院应依检察官的申报迅速将其要旨以书面形式通知有关的公职候选人。

2. 前款通知以送达方式行之。此时,该送达准用民事诉讼法有关法令规定中有关送达的规定。

3. 依第 1 款规定通知时,法院院长应将其要旨通知总务大臣。若为众议院议员(比例代表制选出)或参议院议员(比例代表制选出)选举,应同时通知中央选举管理委员会;若为本法规定的其他选举,应同时经由有关的地方公共团体行政首长通知主管相应的选举事务的选举管理委员会。当众议院议员(小选区选出)选举时的候选人系与相应的选举同时举行的众议院议员(比例代表制选出)选举时的候选人时,应一并通知中央选举管理委员会。

第 255 条　缺席投票时罚则的适用

1. 对于依第 49 条第 1 款规定的投票,其投票的管理人视为投票管理员,其记载选票的场所视为投票所,其投票的监视人视为投票监查员,经指定依选民指示记载某一候选人(含作为公职候选人的参议院名册登载者。以下在本条及次条及次条同)姓名、某一众议院名册申报政党等的名称或简称或某一参议院申报政党等的名称或简称视为依第 48 条第 2 款规定被指定记载候选人的姓名、众议院名册申报政党等的名称或简称或参议院名册申报政党的名称或简称的情形适用本章的规定。

2. 对于依第 49 条第 2 款规定的投票,从选民准备投票到投票后将选票封入信封的期间,从事投票行为的场所视为投票所,适用第 228 条第 1 款及第 234 条中同款有关部分的规定。

3. 对于依第 49 条第 3 款规定的投票,在船舶上管理投票者

日本地方政府法选编

及受理图谱的市町村选举管理委员会视为投票管理员,在船舶上监视投票者视为投票监票人,记过那指定依选民指示记载某一候选人的姓名、某一众议院名册申报政党等的名称或简称或记载某一参议院名册申报政党等的名称或简称视为依第48条第2款规定被指定记载候选人的姓名、众议院名册申报政党等的名称或简称的情形适用本章的规定。

第255条之2　在外投票时罚则的适用

1. 从事第30条之5第2款及第3款规定在外选民名册登录申报的转达事务、第49条之2第1款规定在外投票事务及其他依本法及本法授权的命令属于驻外使领馆馆长事务的驻外使领馆馆长及公务员以及从事第30条之5第2款及第3款规定在外选民名册登录申报的转达事务者,视为第136条第1项、第221条第2款、第223条第2款、第226条、第227条及第237条第4款规定的选举管理委员会适用本章的规定。

2. 对于依第49条之2第1款规定的投票,管理该投票的驻外使领馆馆长视为投票管理员(只限于第249条规定的投票管理员),记载选票的场所视为投票所。监视其投票者视为投票监票人,经指定依选民指示记载某一候选人的姓名、某一众议院名册申报政党等的名称或简称或某一参议院申报政党等的名称或简称视为依第48条第2款规定被指定记载候选人的姓名、众议院名册申报政党等的名称或简称或参议院册申报政党等的名称或简称适用本章的规定。

3. 对于依第49条之2第2款规定的投票,从姓名准备投票到投票后将选票封入信封邮递为止的期间,从事投票行为的场所视为投票所,适用第228条第1款及第234条中与同款有关部分的规定。

第255条之3　国外犯罪

第221条、第222条、第223条、第223条之2、第224条之2、第224条之3第1款及第2款、第225条、第226条、第227条、第

228 条第 1 款、第 229 条、第 230 条、第 231 条第 1 款、第 232 条、第 234 条、第 235 条、第 235 条之 5、第 235 条之 6 第 2 款、第 237 条、第 237 条之 2、第 238 条、第 239 条第 1 款（只限于违反的 137 条之 3 规定进行选举活动的部分）、第 139 条之 2 第 2 款、第 241 条（只限于违反第 136 条规定进行选举活动的部分）、第 246 条第 3 款及第 5 款及第 250 条第 2 款（只限于重大过失触犯第 246 条［限于第 3 项及第 5 项］之罪部分）之罪依《刑法》第 3 条之例处理。

第十七章　补　　则

第 256 条　众议院议员任期的计算

众议院议员的任期从总选举之日起计算。但任期届满的总选举在众议院议员任期届满日之前举行时，从前任议员任期届满日的翌日开始计算。

第 257 条　参议院议员任期的计算

众议院议员的任期从上届通常选举的参议院议员任期届满的翌日开始计算。但通常选举在上届通常选举的参议院议员任期届满日的翌日后举行时，从通常选举之日计算。

第 258 条　地方公共团体议会议员任期的计算

地方公共团体议会议员的任期，从一般选举之日开始计算，但任期届满的一般选举在地方公共团体议会议员任期届满日前举行时，对于前任议员截止到任期届满之日为止仍在任者，从前任议员任期届满日的翌日开始计算；选举后前任议员全部出缺时，从前任议员全部出缺之日的翌日开始计算。

第 259 条　地方公共团体行政首长任期的计算

地方公共团体行政首长的任期从选举之日计算。但任期届满的选举在地方公共团体行政首长任期届满日前举行时，截至前任行政首长任期届满之日为止仍在任的情形，从前任行政首长出缺日的翌日计算。选举后前任行政首长出缺时，从前任行政首长出缺日的翌日开始计算。

第 259 条之 2　地方公共团体行政首长任期计算的特例

提出辞职的地方公共团体行政首长,在因其辞职举行的选举时,其任期视为未提出辞职及未因其辞职举行选举,也适用前条规定。

第 260 条　补缺议员的任期

1. 众议院议员、参议院议员或地方公共团体议会议员的补缺选举,分别补足其前任未满的任期。

2. 对于因地方公共团体议会议员名额的变更选举的议员,其任期与一般选举选出议员的任期相同。

第 261 条　国家与地方公共团体对选举管理费用的分担

对于国家与地方公共团体对应于选举管理费用的分担,除本章规定外,依《地方财政法》(1948 年法律第 109 号)的规定处理之。

第 261 条之 2　平时选举宣教费用的财政措施

对于都道府县及市町村选举管理委员会依第 6 条第 1 款规定举办与选举有关的平时宣教所需下列各项费用以及依同条第 2 款规定发行众议院议员及参议院议员选举结果的快报所需费用,国家应在财政上采取必要措施。

(1) 举办演讲会、讨论会、研修会、电影欣赏会等所需费用;

(2) 发行或分发报纸、小册子、海报等文书图画所需费用;

(3) 联系有关机关团体等所需费用;

(4) 举办其他必要事业所需费用。

第 262 条　对于通用于各种选举的选举管理费用的财政措施

与下列选举有关的费用,国家应在财政上采取必要措施。

(1) 编制选民名册需要的费用;

(2) 调整盲文识别器需要的费用;

(3) 删除;

(4) 依第 167 条规定发行选举公报需要的费用;

(5) 依第 192 条规定报告时的公布、保存及阅览设施需要的费用。

第 263 条　众议院议员及参议院议员选举管理费用的国库负担

与议院议员及参议院议员选举有关的下列费用由国库负担。

（1）选票及信封、依第 40 条第 1 款条规定有关的缺席投票证明书及其信封以及制作选票项需要的费用；

（2）都道府县及市町村选举管理委员会、投票管理员、开票管理员、选举长及选举分会长为办理选举事务需要的费用；

（3）投票所、开票所、选举会场及选举分会场及选举分会场需要的费用；

（4）依第 49 条第 1 款规定投票时缺席投票管理员为设置选举事务所需要的费用、其投票场所需要费用、依同条第 2 款规定邮寄需要费用及依同条第 3 款规定送信需要的费用；

（4）之 2　编制在外选民名册及在外选民证以及寄发在外选民证需要的费用；

（4）之 3　依第 49 条第 2 款或第 3 款规定设置投票所需要的费用；

（5）投票管理员、开票管理员、选举长、选举分会长、投票监票人、开票监票人及选举监督人的报酬及费用补偿需要的费用；

（5）之 2　依第 130 条第 5 款规定的标志需要的费用；

（5）之 3　第 141 条第 5 款及第 164 条之 2 第 2 款规定的标志需要的费用；

（5）之 4　使用第 141 条第 7 款规定的选举活动时汽车需要的费用；

（6）第 142 条第 1 款规定的普通明信片需要费用及同条第 10 款规定的普通明信片及传单需要费用；

（6）之 2　第 143 条第 14 款规定的招牌及海报需要的费用；

（7）设置第 144 条之 2 规定的张贴处需要的费用；

（8）第 149 条规定的新闻广告需要的费用；

(9) 第 150 条及第 151 条规定的广播需要的费用;

(10) 第 161 条规定的个人演说会的设施(含设备)、第 164 条之 5 规定的旗帜、第 141 条之 2 及第 164 条之 7 规定的袖标需要的费用;

(10)之 2 制作第 164 条之 2 第 6 款规定的招牌之列需要的费用;

(11) 第 175 条规定的标识需要的费用;

(12) 适用第 176 条规定的交通工具需要的费用。

第 264 条 对于地方公共团体议会议员或行政首长选举管理费用的地方公共团体负担

1. 与地方公共团体议会议员或行政首长选举有关的下列费用由地方公共团体负担。

(1) 前条第 1 项至第 4 项、第 5 项之 3、第 6 项、第 10 项及第 11 项所列费用;

(2) 前条第 5 项所列人员的报酬及费用补偿需要的费用。

2. 与都道府县知事选举有关的前条第 5 项之 2、第 7 项至第 9 项及第 12 项所列费用由相应的都道府县分担。

3. 使用第 141 条第 8 款规定的选举活动专用汽车需要的费用,印制第 143 条第 15 款规定的海报需要费用、设置第 144 条之 2 第 8 款及第 144 条之 4 规定的张贴处需要的费用及发行第 172 条规定的选举公报需要的费用由相应的地方公共团体负担。

4. 都道府县议会议员及都道府县知事选举与市町村议员及市町村行政首长选举同时举行时,其费用的分担由有关的地方公共团体协商决定。

第 264 条 《行政手续法》的适用例外

对于依本法所进行的处分及其他符合公共权力行使的行为,不适用《行政手续法》(1993 年法律第 88 号)第二章及第三章的规定。

第 265 条 《行政不服审查法》提出不服的限制

对于本法规定所进行的处分及其他符合公共权力行使的行为,不得依《行政不服审查法》的规定提出不服。

第 266 条 特别区的特例

1. 本法中有关市的规定适用于特别区。此时,第 33 条第 3 款中"第 7 条第 6 款"应改为"第 281 条之 4 第 6 款(含准用同条第 9 款的情形)"。

2. 对于都议会议员在各选区应选出议员的名额,在有特别区的区域以外的区域的各选区应选出议员的名额,将有特别区的区域视为一个选区来决定;在一特别区的区域的各选区应选出的议员名额,如果将有特别区的区域视为一个选区时,可以将在相应的区域应选出议员名额分配在以特别区的区域为选区来决定。

第 267 条 地方公共团体联合组织的特例

1. 对于地方公共团体联合组织的选举,除法律另有特别规定外,有都道府县加入的情形,适用本法有关都道府县的规定;有市及特别区加入而都道府县未加入的情形,适用本法有关市的规定;其他情形,适用本法有关町村的规定。

2. 众议院议员、参议院议员都道府县议会议员及行政首长选举适用本法规定时,全部事务组合理合组织或公所事务联合组织视为一个町村。其联合公所视为市町村公所。

第 268 条 财产区的特例

财产区议会议员选举处以《地方自治法》第 295 条规定以条例规定外,适用本法有关町村议会议员选举的规定。但被选举权的有无,由市町村或特别区议会决定。

第 269 条 本法对于指定城市的适用关系

众议院议员、参议院议员都道府县议会议员及行政首长选举与指定城市议会议员及行政首长选举适用本法规定时,依政令规定,在相应的城市将区视为市、将区选举管理委员会及选举管理委员会视为市选举管理委员会及选举管理委员会。此时,对于第 22 条规定的适用,同条中"有资格者"应改为"有资格且在该日被登录在相应的区区长编制的住民基本台账者"。

第269条之2 选举日期在国外的处理

本法规定有关众议院议员或参议院议员选举日期在国外的处理(在国外的船舶上除外)以政令确定。

第270条 与选举有关的申报等的时间

1. 根据本法或给予本法授权的命令规定,对总务大臣、中央选举管理委员会、选举管理委员会、投票管理员、开票管理员、选举长、选举分会长等的申报、请求、申请及其他行为,应在上午8时30分至下午5时至的期间进行。但依第29条或在外选民名册的修改调查的请求,应在相应的行为发生地的市町村选举管理委员会执行公务时间内进行。

2. 依第49条第1款或第3款规定的投票在国外实施的行为、第49条之2第1款规定的投票或依法律或法律授权的命令的规定驻外使领馆馆长实施的行为不受前款规定的限制,须在政令规定的时间内进行。

第270条之2 缺席投票的时间

1. 不受前条第1款规定的限制,对于依第49条第1款或第4款规定的投票,对缺席投票管理员等实施的行为(在国外所为除外)中的依政令规定者,可以在从上午8时至下午8时(对于实施相应的行为的市町村选举管理委员会考虑地域的实情等决定为从下午5时至下午8时的不同时间的情形,依其决定的时间为准)的期间进行。

2. 不受前条第1款或第3款规定的限制,依第49条第1款或第4款规定的投票,对缺席投票管理员实施的行为、依第49条之2第3款规定的投票,对市町村选举管理委员会委员长实施的行为中依政令规定者,应在相应的该行为发生地的市町村选举管理委员会公务员执行公务的时间进行。

第270条之3 与选举有关的申报等的期限

依本法或本法授权的命令的规定,对总务大臣、中央选举管理委员会的申报、请求、申请及其他行为(含内阁总理大臣、选举管理委员会等对总务大臣或选举管理委员会实施的行为)的期限不适用与行政机关假日有关的法律(1988年法律第91号)第2条正文及《地方自治法》第4条之2第4款正文的规定。但与第十五章规定有关异议的提出或审查的申请的期限不在此限。

第271条 都道府县议会议员的选区特例

1. 对于第15条第1款至第5款及第15条之2第3款中的郡,在都的区域内则含政府分支机构所辖区域,在道的区域则为政府分支机构所辖区域。

2. 对于1966年1月1日设置的都道府县议会议员的选区,相应的选区的人口少于以相应的都道府县议会议员名额处以相应的都道府县认可所得商的半数时,暂不受第15条第2款规定的限制,可以用条例将相应的区域设为一个选区。

第271条之2 局部无效举行再选举的特例

对于选举因局部无效举行的再选举,除本法有特别规定外,可以按相应的再选举举行的区域及选举活动的期间等,依政令作特别规定。

第271条之3 众议院比例代表制选出议员或参议院比例代表制选出议员的再选举或补缺选举的特例

对于众议院议员(比例代表制选出)或参议院议员(比例代表制选出)的再选举或补缺选举适用本法有困难的事项,可以用政令作特别规定。

第271条之4 再登记候选的特例

对于辞退公职候选人(含被视为辞退公职候选人者)后再成为相应的选举的公职候选人者、候选人提名政党的候选人经相应的政党撤回提名(含视为被撤回者)后再成为相应的选举的候选人者、相应的申报被驳回(依第86条第9款第3项所列事由被驳回者除外)后再成为相应的选举的候选人者及参议院名册申报政党等申报的候选人变成非公职候选人的参议院名册登载者后再成为相应的选举的候选人的参议院名册登载者时,与相应的选举的选举活动有关及选举活动有关的收入、支出等可以用政令作特别规定。

第 271 条之 5　不能举行在外投票时的处理

第 49 条之 2 第 1 款第 1 项规定的投票不能在同款规定期间举行时,不再设法使其举行。

第 272 条　命令委任

实施本法的手续及其他有关必要事项以命令规定。

第 273 条　选举事务的委托

都道府县或市町村的选举管理委员会在取得都道府县知事或市町村长同意委托相应的都道府县或市町村辅助机关的公务员办理有关选举事务时,相应的公务员应忠实办理该事务。

第 274 条　有关选民记录的保护

接受市町村委托正从事与选民名册有关事务的处理者或已进行处理者不得将从有关该事务获知的事项随便告知他人或为不正当目的使用。

第 275 条　事务的区分

1. 下列依本法规定应由地方公共团体处理的事务视为《地方自治法》第 2 条第 9 款第 1 项法定受托事务。

（1）对于众议院议员或参议院议员的选举,应由都道府县处理的事务;

（2）都道府县依第 143 条第 17 款的规定应处理的事务(只限于议员或参议院议员选举时公职候选人或欲成为公职候选人者[含现任公职者]。以下在本款称"国家选举的公职候选人等")及第 199 条之 5 第 1 款规定的后援团体(以下在本条称"后援团体",为相应的国家选举公职候选人等的政治活动标示的第 143 条第 16 款第 1 项规定的招牌之类等的事务)、第 147 条的规定应处理的事务(只限于为与国家选举的公职候选人等及相应的国家选举公职候选人等有关的后援团体的政治活动使用的文书图画有关事务)、依第 148 条第 2 款及第 201 条之 7 第 2 款的规定应处理的事务(只限于依第 201 条之 6 第 1 款但是句[含准用于第 201 条之 7 第 2 款的情形]的规定举办政论演说会有关事务)、依第 201

条之11第4款规定应处理的事务(只限于准用第201条之7第2款的第201条之6第1款但是句规定展示的海报有关事务)、依第201条之11第8款的规定应处理的事务(只限于依第201条之6第1款但是句[含准用于第201条之7第2款的情形]的规定展示招牌之类有关事务),以及依第201条之11第11款及第201条之14第2款的规定应处理的事务(只限于从众议院议员或参议院议员选举日期公布之日至选举当日的期间的事务);

(3) 对于众议院议员或参议院议员选举,应由市町村处理的事务;

(4) 对于选民名册或在外选民名册,应由市町村处理的事务;

(5) 市町村根据第147条规定应处理的事务(只限于为与国家选举的公职候选人等及相应的国家选举的公职候选人等有关的后援团体的政治活动适用的文书图画有关事务)以及依第201条之11第11款及第201条之14第2款规定应处理的事务(只限于从众议院议员或参议院议员选举日期公布之日至选举当日的期间的事务)。

2. 对于下列依本法应由地方公共团体处理的事务,视为《地方自治法》第2条第9款第2项规定的第2项法定受托事务。

(1) 对于都道府县议会议员或行政首长选举,应由市町村处理的事务;

(2) 市町村依第147条的规定应处理的事务(只限于都道府县议会议员或行政首长选举的公职候选人或欲成为公职候选人者[含现任公职者。以下在本款称"都道府县选举的公职候选人等"]及为与相应的都道府县选举的公职候选人等有关的后援团体的政治活动使用的文书图画有关事务)以及依第201条之11第11款及第201条之14第2款的规定应处理的事务(只限于从都道府县议会议员或行政首长的选举日期公布之日至选举当日的期间的事务)。

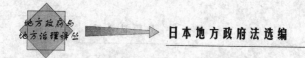

附表一 （与第 13 条有关）

北海道

第一区:札幌市:中央区、南区、西区

第二区:札幌市:北区、东区

第三区:札幌市:白石区、丰平区、清田区

第四区:札幌市:手稻区;小樽市;后志支厅辖区

第五区:札幌市:厚别区;江别市;千岁市;惠庭市;北广岛市;石狩市;石狩支厅辖区

第六区:旭川市;士别市;名寄市;富良野市;上川支厅辖区

第七区:钏路市;根室市;钏路支厅辖区;根室支厅辖区

第八区:函馆市;渡岛支厅辖区;桧山支厅辖区

第九区:室兰市;苫小牧市;登别市;伊达市;胆振支厅辖区;日高支厅辖区

第十区:夕张市;岩见泽市;留萌市;美呗市;芦别市;赤平市;三笠市;泷川市;砂川市;歌志内市;深川市;空知支厅辖区;留萌支厅辖区

第十一区:带广市;十胜支厅辖区

第十二区:北见市;网走市;稚内市;纹别市;宗谷支厅辖区;纲走支厅辖区

青森县

第一区

青森市;五所川原市;东津轻郡;北津轻郡

第二区:十和田市;三泽市;睦市;上北郡;下北郡

第三区:八户市;三户郡

第四区:弘前市;黑石市;西津轻郡;中津轻郡;南津轻郡

岩手县

第一区:盛冈市;紫波郡

第二区:宫古市;久慈市;二户市;岩手郡;下闭伊郡;九户郡;二户郡

第三区:大船渡市;远野市;一关市;陆前高田市;釜石市;西磐井郡;东磐井郡;气仙郡;上闭伊郡

· 392 ·

第四区:水泽市;花卷市;江刺市;北上市;稗贯郡;和贺郡;胆泽郡

宫城县

第一区:仙台市:青叶区、太白区
第二区:仙台市:宫城野区、若林区、泉区
第三区:白石市;名取市;角田市;岩沼市;刘田郡;紫田郡;伊具郡;亘理郡
第四区:盐灶市;古川市;多贺城市;宫城郡;黑川郡;加美郡;志田郡
第五区:石卷市;远田郡;桃生郡;牡鹿郡
第六区:气仙沼市;玉造郡;栗原郡:登米郡;本吉郡

秋田县

第一区:秋田市;河边郡
第二区:能代市;大馆市;男鹿市;鹿角市;鹿角郡;北秋田郡;山本郡;南秋田郡
第三区:横手市;本庄市;汤泽市;大曲市;由利郡;仙北郡;平鹿郡;雄胜郡

山形县

第一区:山形市;上山市;天童市;东村山郡
第二区:米泽市;寒河江市;村山市;长井市;东根市;尾花泽市:南阳市:西村山郡;北村山郡:东置赐郡;西置赐郡
第三区:鹤冈市;酒田市;新庄市;最上郡;东田川郡;西田川郡;饱海郡

福岛县

第一区:福岛市;原町市;相马市;伊达郡;相马郡
第二区:郡山市;二本松市;安达郡
第三区:白河市;须贺川市;岩濑郡;西白河郡;东白川郡;石川郡;田村郡
第四区:会津若松市;喜多方市;南会津郡;北会津郡;耶麻郡;河沼郡;大沼郡
第五区:岩木市;双叶郡

茨城县

第一区:水户市;下馆市;下妻市;笠间市;东茨城郡:常北町、桂村、御前山村;

西茨城郡:七会村、岩瀬町;真壁郡

第二区:鹿岛市;潮来市;东茨城郡:茨城町、小川町、美野里町、内原町、大洗町;西茨城郡:友部町、岩间町;鹿岛郡;行方郡

第三区:龙之崎市;取手市;牛久市;守谷市;稻敷郡:江户崎町、美浦村、阿见町、新利根町、河内町、樱川村、东町:北相马郡

第四区:常陆太田市;常陆中市;那珂郡;久慈郡

第五区:日立市;高萩市;北茨城市;多贺郡

第六区:土浦市;石冈市;筑波市;稻敷郡;茎崎町;新治郡;筑波郡

第七区:古河市;结城市;水海道市;岩井市;结城郡;猿岛郡

栃木县

第一区:宇都宫市;河内郡:上三川町、南河内町

第二区:鹿沼市;日光市;今市市;河内郡:上河内町、河内町;上都贺郡;盐谷郡

第三区:大田原市;矢板市;黑矶市;那须郡

第四区:小山市;真冈市;芳贺郡;下都贺郡

第五区:足利市;栃木市;佐野市;安苏郡

群马县

第一区:前桥市;沼田市;势多郡;利根郡

第二区:桐生市;伊势崎市;佐波郡;新田郡:薮冢本町、笠悬町;山田郡

第三区:太田市;馆林市;新田郡:尾岛町、新田町;邑乐郡

第四区:高崎市;藤冈市;多野郡

第五区:涩川市;富冈市;安中市;群马郡;北群马郡;甘乐郡;碓冰郡;吾妻郡

埼玉县

第一区:岩槻市;埼玉市:见沼区、浦和区、绿区

第二区:川口市;鸠之谷市

第三区:草加市;越谷市

第四区:朝霞市;志木市;和光市;新座市

第五区:埼玉市:西区、北区、大宫区、中央区

第六区：鸿巢市；上尾市；桶川市；北本市；北足立郡

第七区：川越市；富士见市；上福冈市

第八区：所泽市；入间郡；大井町、三芳町

第九区：饭能市；狭山市；入间市；日高市；入间郡：毛吕山町、越生町、名栗村

第十区：东松山市；坂户市；鹤岛市；比企郡

第十一区：秩父市；本庄市；深谷市；秩父郡；儿玉郡；大里郡：江南町、冈部町、川本町、花园町、寄居町

第十二区：熊谷市；行田市；加须市；羽生市；大里郡：大里町、妻沼町；北埼玉郡

第十三区：春日部市；久喜市；乡田市；南埼玉郡

第十四区：八潮市；三乡市；幸手市；吉川市；北葛饰郡

第十五区：蕨市；户田市；埼玉市；樱区、南区

千叶县

第一区：千叶市：中央区、稻毛区、美浜区

第二区：千叶市：花见川区；习志野市；八千代市

第三区：千叶市：绿区；市原市

第四区：船桥市

第五区：市川市：本厅辖区：市川一丁目、市川二丁目、市川三丁目、市川南一丁目、市川南二丁目、市川南三丁目、市川南四丁目、市川南五丁目、大洲一丁目、大洲二丁目、大洲三丁目、大洲四丁目、大和田一丁目、大和田二丁目、大和田三丁目、大和田四丁目、大和田五丁目、鬼越一丁目、鬼越二丁目、鬼高一丁目、鬼高二丁目、鬼高三丁目、鬼高四丁目、上妙典、北方一丁目、北方二丁目、北方三丁目、高谷、高谷一丁目、高谷二丁目、高谷三丁目、高谷新町、新田一丁目、新田二丁目、新田三丁目、新田四丁目、新田五丁目、菅野一丁目、菅野二丁目、菅野三丁目、菅野四丁目、菅野五丁目、菅野六丁目、高石神、田尻、田尻一丁目、田尻二丁目、田尻三丁目、田尻四丁目、田尻五丁目、稻荷木一丁目、稻荷木二丁目、稻荷木三丁目、中山一丁目、中山二丁目、中山三丁目、中山四丁目、原木、原木一丁目、原木二丁目、原木三丁目、原木四丁目、东大和田一丁目、东大和田二丁目、东菅野一丁目、东菅野二丁目、东菅野三丁目、东浜一丁目、平田一丁目、平田二丁目、平田

三丁目、平田四丁目、二俣、二俣一丁目、二俣二丁目、二俣新町、北方町四丁目、真间一丁目、真间二丁目、真间三丁目、南八幡一丁目、南八幡二丁目、南八幡三丁目、南八幡四丁目、南八幡五丁目、本北方一丁目、本北方二丁目、本北方三丁目、八幡一丁目、八幡二丁目、八幡三丁目、八幡四丁目、八幡五丁目、八幡六丁目、若宫一丁目、若宫二丁目、若宫三丁目;行德支所辖区;浦安市

第六区:市川市:不属于第五区的区域;松户市;本厅辖区、常盤平支所辖区;六实支所辖区;矢切支所辖区;东部支所辖区

第七区:松户市:不属于第六区的区域;野田市;流山市;东葛饰郡:关宿町

第八区:柏市;我孙子市

第九区:千叶市:若叶区;佐仓市;四街道市;八街市

第十区:铫子市;佐原市;成田市;八日市场市;旭市;香取郡;海上郡;匝瑳郡

第十一区:茂原市;东金市;胜浦市;山武郡;长生郡;夷隅郡

第十二区:馆山市;木更津市;鸭川市;君津市;富津市;袖之浦市;安房郡

第十三区:镰谷市;印西市;白井市;富里市;东葛饰郡:沼南町、印幡郡

东京都

第一区:千代田区、港区、新宿区

第二区:中央区、文京区、台东区

第三区:品川区、大田区:大田区岭町特别派出机构辖区、大田区田园调布特别派出机构辖区、大田区鹈之木特别派出扎根所辖区、大田区久之原特别派出机构辖区(属于池上三丁目的区域除外)、大田区雪谷特别派出机构辖区、大田区千束特别派出机构辖区、大田区矢口特别派出机构辖区(只限于属于千岛一丁目、千岛二丁目及千岛三丁目的区域);大岛支厅辖区;三宅支厅辖区;八丈支厅辖区;小笠原支厅辖区

第四区:大田区;不属于第三区的区域

第五区:目黑区、世田谷区:世田谷区下马派出机构辖区、世田谷区上马派出机构辖区、世田谷区奥泽派出机构辖区、世田谷区九品佛派出机构辖区、世田谷区等等力派出机构辖区、世田谷区上野毛派出机构辖区、世谷田区用贺派出机构辖区、世田谷区深泽派出机构辖区

第六区:世田谷区:不属于第五区的区域

第七区:涩谷区、中野区

第八区:杉并区

第九区:练马区;第一派出机构辖区、第三派出机构辖区、第四派出机构辖区、第五派出机构辖区、第六派出机构辖区、光之丘派出机构辖区、谷原派出机构辖区、石神井派出机构辖区

关派出机构辖区、上石神井派出机构辖区、大泉东派出机构辖区、大泉西派出机构辖区、大泉北派出机构辖区

第十区:丰岛区、练马区:不属于第九区的区域

第十一区:板桥区

第十二区:北区、足立区:入谷町、入谷一丁目、入谷二丁目、入谷三丁目、入谷四丁目、入谷五丁目、入谷六丁目、入谷七丁目、入谷八丁目、入谷九丁目、扇一丁目、扇二丁目、扇三丁目、兴野一丁目、兴野二丁目、小台一丁目、小台二丁目、加贺贺一丁目、加二丁目、江北一丁目、江北二丁目、江北三丁目、江北四丁目、江北五丁目、江北六丁目、江北七丁目、皿沼一丁目、皿沼二丁目、皿沼三丁目、鹿浜一丁目、鹿浜二丁目、鹿浜三丁目、鹿浜四丁目、鹿浜五丁目、鹿浜六丁目、鹿浜七丁目、鹿浜八丁目、新田一丁目、新田二丁目、新田三丁目、椿一丁目、椿二丁目、舍人公园、舍人町、舍人一丁目、舍人二丁目、舍人三丁目、舍人四丁目、舍人五丁目、舍人六丁目、西新井荣町三丁目、西新井本町一丁目、西新井本町二丁目、西新井本町三丁目、西新井本町四丁目、西新井本町五丁目、堀之内一丁目、堀之内二丁目、宫城一丁目、宫城二丁目、本木北町、本木西町、本木东町、本木南町、本木一丁目、本木二丁目、谷在家二丁目、谷在家三丁目

第十三区:足立区:不属于第十二区的区域

第十四区:墨田区、荒川区

第十五区:江东区

第十六区:江户川区:本厅辖区、江户川区小松川事务所辖区、江户川区葛西事务所辖区、江户川区东部事务所辖区、江户川区鹿骨事务所辖区

第十七区:葛饰区、江户川区:不属于第十六区的区域

第十八区:武藏野市;府中市;小金井市

第十九区:小平市;国分寺市;国立市;西东京市

第二十区:东村山市;东大和市;清濑市;东久留米市;武藏村山市

第二十一区:立川市;昭岛市;日野市

日本地方政府法选编

第二十二区:三鹰市;调布市;狛江市;稻城市
第二十三区:町田市;多摩市
第二十四区:八王子市
第二十五区:青梅市;福生市;羽村市;阿克鲁野市;西多摩郡

神奈川县

第一区:横浜市:中区、矶子区、金泽区
第二区:横浜市:西区、南区、港南区
第三区:横浜市:鹤见区、神奈川区
第四区:横浜市:荣区、镰仓市;逗子市;三浦郡
第五区:横浜市:户冢区、泉区、濑谷区
第六区:横浜市:保土之谷区、旭区
第七区:横浜市:港北区、都筑区
第八区:横浜市:绿区、青叶区
第九区:川崎市:多摩区、麻生区
第十区:川崎市:川崎区、幸区、中原区
第十一区:横须贺市;三浦市
第十二区:藤泽市;高座郡
第十三区:大和市;海老名市;座间市;绫濑市
第十四区:相模原市:本厅辖区、桥本派出机构辖区、大野北派出机构辖区、大野中派出机构辖区、大野南派出机构辖区、大泽派出机构辖区、田名派出机构辖区、上沟派出机构辖区、东林派出机构辖区
第十五区:平冢市;茅崎市;中郡
第十六区:相模原市:不属于第十四区的区域;厚木市;伊势原市;爱甲郡;津久井郡
第十七区:小田原市;秦野市;南足柄市;足柄上郡;足柄下郡
第十八区:川崎市:高津区、宫前区

新泻县

第一区:新泻市
第二区:柏崎市;燕市;两津市;西蒲原郡;三岛郡;刈羽郡;佐渡郡

第三区:新发田市;村上市;五泉市;丰荣市;北蒲原郡;中蒲原郡;村松町;东蒲原郡;岩船郡

第四区:三条市;新津市;加茂市;见附市;枥尾市;白根市;中蒲原郡;小须户町、横越町、龟田町;南蒲原郡

第五区:长冈市;小千谷市;古志郡;北鱼沼郡;南鱼沼郡

第六区:上越市;十日町市;糸鱼川市;新井市;中鱼沼郡;东颈城郡;中颈城郡;西颈城郡

富山县

第一区:富山市

第二区:鱼津市;滑川市;黑部市;上新川郡;中新川郡;下新川郡;妇负郡

第三区:高冈市;新凑市;冰见市;砺波市;小矢部市;射水郡;东砺波郡;西砺波郡

石川县

第一区:金泽市

第二区:小松市;加贺市;松任市;江沼郡;能美郡;石川郡

第三区:七尾市;轮岛市;珠洲市;羽咋市;河北郡;羽咋郡;鹿岛郡;凤至郡;珠洲郡

福井县

第一区:福井市;足羽郡;吉田郡

第二区:大野市;胜山市;鲭江市;大野郡;坂井郡;今立郡

第三区:敦贺市;武生市;小浜市;南条郡;丹生郡;三方郡;远敷郡;大饭郡

山梨县

第一区:甲府市;盐山市;山梨市;东山梨郡

第二区:富士吉田市;都留市;大月市;东八代郡;西八代郡;南都留郡;北都留郡

第三区:韭崎市;南巨摩郡;中巨摩郡;北巨摩郡

长野县

第一区:长野市;须坂市;中野市;饭山市;上高井郡;下高井郡;下水内郡

第二区:松本市;大町市;东筑摩郡;南安昙郡;北安昙郡;更级郡:大冈村;上水内郡

第三区:上田市;小诸市;更埴市;佐久市;南佐久郡;北佐久郡;小县郡;更级郡:上山田町;埴科郡

第四区:冈谷市、诹访市、茅野市;盐尻市;诹访郡;木曾郡

第五区;饭田市;伊那市;驹根市;上伊那郡;下伊那郡

岐阜县

第一区:岐阜市

第二区:大垣市;海津郡;养老郡;不破郡;安八郡;揖斐郡

第三区:关市;美浓市;羽岛市;各务原市;羽岛郡;本巢郡;山县郡;武仪郡

第四区:高山市;美浓加茂市;可儿市;郡上郡;加茂郡;可儿郡;益田郡;大野郡;吉城郡

第五区:多治见市;中津川市;瑞浪市;惠那市;土岐市;土岐郡;惠那郡

静冈县

第一区:静冈市

第二区;岛田市;烧津市;藤枝市;志太郡;榛原郡

第三区:磐田市;掛川市;袋井市;小笠郡;周智郡;磐田郡:浅羽町、福田町、龙洋町、丰田町、丰冈村

第四区:清水市;富士宫市;富士郡;庵原郡

第五区:三岛市;富士市;御殿场市;裾野市;田方郡:伊豆冈町、函南町;骏东郡:小山町

第六区:沼津市;热海市;伊东市;下田市;贺茂郡;田方郡:修善寺町、户田村、土肥町、韭山町、大仁町、天城汤岛町、中伊豆町;骏东郡:清水町、长泉町

第七区:浜松市:伊左地町、入野町、大久保町、大原町、大人见町、大平台一丁目、大平台二丁目、大平台三丁目、大平台四丁目、大山町、神谷町、神原町、馆山寺町、协和町、吴松町、湖东町、古人见町、樱台一丁目、樱

· 400 ·

台二丁目、樱台三丁目、樱台四丁目、樱台五丁目、樱台六丁目、佐浜町、志都吕町、筱原町、庄内町、庄和町、白洲町、新都田一丁目、新都田二丁目、新都田三丁目、新都田四丁目、新都田五丁目、增乐町、高冢町、泷泽町、坪井町、丰冈町、西丘町、西鸭江町、西山町、根洗町、初生町、花川町、三方町、东若林町、平松町、深萩町、马郡町、三方原町、都田町、三幸町、村栉町、若林町、和光町、鹫泽町、和地町；天龙市；浜北市；湖西市；磐田郡；龙山村、佐久间町、水窪町；浜名郡；引佐郡

第八区：浜松市：不属于第七区的区域

爱知县

第一区：名古屋市：东区；北区；西区；中区

第二区：名古屋市：千种区、守山区、名东区

第三区：名古屋市：昭和区、绿区、天白区

第四区：名古屋市：瑞穗区、热田区、港区、南区

第五区：名古屋市：中村区、中川区、西春日井郡

第六区：春日井市；犬山市；小牧市

第七区：濑户市；大府市；尾张旭市；丰明市；日进市；爱知郡

第八区：半田市；常滑市；东海市；知多市；知多郡

第九区：津岛市；尾西市；稻泽市；中岛郡；海部郡

第十区：一宫市；江南市；岩仓市；丹羽郡；叶栗郡

第十一区：丰田市；西加茂郡；东加茂郡

第十二区：冈崎市；西尾市；幡豆郡；额田郡

第十三区：碧南市；刈谷市；安城市；知立市；高浜市

第十四区：丰川市；蒲郡市；新城市；北设乐郡；南设乐郡；宝饭郡

第十五区：丰桥市；渥美郡

三重县

第一区：津市；上野市；名张市；安芸郡；阿山郡；名贺郡

第二区：四日市市：四日市常磐地区市民中心辖区、四日市日永地区市民中心辖区、四日市四乡地区市民中心辖区、四日市内部地区市民中心辖区、四日市盐浜地区市民中心辖区、四日市小山田地区市民中心辖

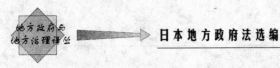

区、四日市川岛地区市民中心辖区、四日市樱地区市民中心辖区、四日市河原田地区市民中心辖区、四日市水泽地区市民中心辖区、四日市中部地区市民中心辖区;铃鹿市;龟山市;三重郡:楠町;铃鹿郡

第三区:四日市市:不属于第二区的区域;桑名市;桑名郡;员弁郡;三重郡:菰野町;朝日町;川越町

第四区:松阪市;久居市;一志郡;饭南郡;多气郡

第五区:伊势市;尾鹫市;鸟羽市;熊野市;度会郡;志摩郡;北牟娄郡;南牟娄郡

滋贺县

第一区:大津市;滋贺郡;高岛郡

第二区:彦根市;长浜市;爱知郡;犬上郡;坂田郡;东浅井郡了;伊香郡

第三区:草津市;守山市;栗东市;野洲郡

第四区:近江八幡市;八日市市;甲贺郡;蒲生郡;神崎郡

京都府

第一区:京都市:北区、上京区、中京区;下京区、南区

第二区:京都市:左京区、东山区、山科区

第三区:京都市:伏见区、向日市;长冈京市;乙训郡

第四区:京都市:右京区、西京区;龟冈市;北桑田郡;船井郡

第五区:福知山市;舞鹤市;绫部市;宫津市;天田郡;加佐郡;与谢郡;中郡;竹野郡;熊野郡

第六区:宇治市;城阳市;八幡市;京田边市;久世郡;绶喜郡;相乐郡

大阪府

第一区:大阪市:中央区、西区、港区、天王寺区、浪速区、生野区

第二区:大阪市:阿倍野区、东住吉区、平野区

第三区:大阪市:大正区、住之江区、住吉区、西成区

第四区:大阪市:北区、都岛区、福岛区、东成区、城东区

第五区:大阪市:此花区、西淀川区、淀川区、东淀川区

第六区:大阪市:旭区、鹤见区;守口市;门真市

第七区:吹田市;摄津市
第八区:丰中市
第九区:池田市;茨木市;箕面市;丰能郡
第十区:高槻市;三岛郡
第十一区:枚方市;交野町
第十二区:寝屋川市;大东市;四条畷市
第十三区:东大阪市
第十四区:八尾市;柏原市;羽曳野市;藤井寺市
第十五区:富田林市;河内长野市;松原市;大阪狭山市;南河内郡
第十六区:堺市:堺支所辖区、东支所辖区、北支所辖区
第十七区:堺市:不属于第十六区的区域
第十八区:岸和田市;泉大津市;和泉市;高石市;泉北郡
第十九区:贝冢市;泉佐野市;泉南市;阪南市;泉南郡

兵库县

第一区
神户市:东滩区、滩区、中央区
第二区:神户市:兵库区、北区、长田区
第三区:神户市、须磨区、垂水区
第四区:神户市;西区;西胁市;三木市;小野市;加西市;美襄郡;加东郡;多可郡
第五区:丰冈市;三田市;篠山市;川边郡;城崎郡;出石郡;美方郡;养父郡;朝来郡、冰上郡
第六区:伊丹市;宝冢市;川西市
第七区:西宫市;芦屋市
第八区:尼崎市
第九区:明石市;洲本市;津名郡;三原郡
第十区:加古川市;高砂市;加古郡
第十一区:姬路市
第十二区:相生市;龙野市;赤穗市;饰磨郡;神崎郡;揖保郡;赤穗郡;佐用郡;宍粟郡

日本地方政府法选编

奈良县

第一区:奈良市;添上郡
第二区:大和郡山市;天理市;生驹市;山边郡;生郡
第三区:大和高田市;御所市;香芝市;矶城郡;北葛城郡
第四区:橿原市;樱井市;五条市;宇陀郡;高市郡;吉野郡

和歌山县

第一区:和歌山市
第二区:海南市;桥本市;海草郡;那贺郡;伊都郡
第三区:有田市;御坊市;田边市;新宫市;有田郡;日高郡;西牟娄郡;东牟娄郡

鸟取县

第一区:鸟取市;仓吉市;岩美郡;八头郡;气高郡;东伯郡、羽合町、泊村、东乡町、三朝町、关金町
第二区:米子市;境港市;东伯郡:北条町、大荣町、东伯町、赤碕町;西伯郡;日野郡

岛根县

第一区:松江市;安来市;平田市;八束郡;能义郡;仁多郡;大原郡;隐岐郡
第二区:浜田市;出云市;益田市;大田市;江津市;饭石郡;簸川郡;迩摩郡;邑智郡;那贺郡;美浓郡;鹿足郡

冈山县

第一区:冈山市:本厅辖区:葵町、青江一丁目、青江二丁目、青江三丁目、青江四丁目、青江五丁目、青江六丁目、曙町、旭本町、旭町、天濑、天南町、石关町、伊岛北町、伊岛町一丁目、伊岛町二丁目、伊岛町三丁目、出石町一丁目、出石町二丁目、泉田、夷隅町、伊福町一丁目、伊福町二丁目、伊福町三丁目、伊福町四丁目、今一丁目、今二丁目、今三丁目、今四丁目、今五丁目、今六丁目、今七丁目、今八丁目、今保、今村、岩井一丁目、岩井二丁目、岩井宫里、岩田町、内山下一丁目、内山下二

404

丁目、浦安西町、浦安本町、浦安南町、驿前町一丁目、驿前町二丁目、驿元町、绘图町、大元一丁目、大元二丁目、大元驿前、大元上町、冈町、奥田一丁目、奥田二丁目、奥田西町、奥田本町、奥田南町、御舟入町、表町一丁目、表町二丁目、表町三丁目、海岸通一丁目、海岸通二丁目、学南町一丁目、学南町二丁目、学南町三丁目、春日町、金山寺、上中野一丁目、上中野二丁目、关西町、神田町一丁目、神田町二丁目、北方一丁目、北方二丁目、北方三丁目、北方四丁目、北长濑、北长濑表町一丁目、北长濑本町、京桥町、京桥南町、京町、京山一丁目、京山二丁目、久米、桑田町、厚生町一丁目、厚生町二丁目、厚生町三丁目、冈南町一丁目、冈南町二丁目、高野尻、国体町、寿町、幸町、鹿田町一丁目、鹿田町二丁目、鹿田本町、市场一丁目、市场二丁目、岛田本町一丁目、岛田本町二丁目、下石井一丁目、下石井二丁目、下伊福町一丁目、下伊福町二丁目、下伊福上町、下伊福西町、下伊福本町、下内田町、下中野、下牧、宿、宿本町、昭和町、白石、白石西新町、白石东新町、新福一丁目、新福二丁目、新保、新道、新屋敷町一丁目、新屋敷町二丁目、新屋敷町三丁目、洲崎一丁目、洲崎二丁目、洲崎三丁目、清辉桥一丁目、清辉桥二丁目、清辉桥三丁目、清辉桥四丁目、清辉本町、清心町、船头町、大安寺中町、大安寺西町、大安寺东町、大安寺南町一丁目、大安寺南町二丁目、大学町、大供一丁目、大供二丁目、大供三丁目、大供表町、大供本町、高柳西町、高柳东町、立川町、辰巳、田中、谷万成一丁目、谷万成二丁目、玉柏、田町一丁目、田町二丁目、筑港荣町、筑港新町一丁目、筑港新町二丁目、筑港光町、筑港绿町一丁目、筑港绿町二丁目、筑港绿町三丁目、筑港元町、千鸟町、中央町、津仓町一丁目、津仓町二丁目、津岛、津岛京町一丁目、津岛京町二丁目、津岛京町三丁目、津岛桑之木町、津岛笹之濑、津岛中一丁目、津岛中二丁目、津岛中三丁目、津岛新野一丁目、津岛新野二丁目、津岛西坂一丁目、津岛西坂二丁目、津岛西坂三丁目、津岛东一丁目、津岛东二丁目、津岛东三丁目、津岛东四丁目、津岛福居一丁目、津岛福居二丁目、津岛本町、津岛南一丁目、津岛南二丁目、天神町、问屋町、十日市中町、十日市东町、当新田、磨屋町、富田、富浜町、富町一丁目、富町二丁目、丰成、丰成一丁目、丰成二丁目、丰成三丁目、丰浜町、富田町一丁目、富田町二丁目、中井町一丁目、中井町二丁目、中山下一丁目、中山下二丁目、中岛田町一丁目、中岛田町二丁目、中仙道、中牧、七日市西町、七日市东町、并木町一丁目、并木町二丁目、南辉一丁目、南辉二丁目、南辉三丁目、西市、锦町、西崎一丁目、西崎二丁目、西崎本町、西岛田町、西长濑、西之町、西野山町、西古松、西古松一丁目、西古松二丁目、西古松西町、野田一丁目、野田二丁目、野田三丁目、野田四丁目、野田五丁目、野田屋町一丁目、野田屋町二丁目、野殿西町、野殿东町、畑鲇、花尻、花尻茜町、花尻归乡町、花尻绿町、浜野一丁目、浜野二丁目、浜野三丁目、浜野四丁目、原、蕃山町、半田町、番町一丁目、番町二丁目、东岛田町一丁目、东岛田町二丁目、东中央町、东野山町、东古松、东古松一丁目、东古松二丁目、东古松三丁目、东古松四丁目、东古松五丁目、东古松南町、日吉町、平田、平福一丁目、平福二丁目、广濑町、福岛一丁目、福岛二丁目、福岛三丁目、福岛四丁目、福田、福富中一丁目、福富中二丁目、福富西一丁目、福富西二丁目、福富西三丁目、福富东一丁目、福富东二丁目、福成一丁目、福成二丁目、福成三丁目、福浜町、福浜西町、福吉町、二日市町、舟桥町、兵团、平和町、法界院、奉还町一丁目、奉还町二丁目、奉还町三丁目、奉还町四丁目、本町、松浜町、丸之内一丁目、丸之内二丁目、万成西町、万成东町、万倍、三门中町、三门西町、三门东町、南方一丁目、南方二丁目、南方三丁目、南方四丁目、南方五丁目、南中央町、三野一丁目、三野二丁目、三野三丁目、三野本町、三浜町一丁目、三浜町二丁目、矢坂西町、矢坂东町、矢坂本町、柳町一丁目、柳町二丁目、山科町、大和町一丁目、大和町二丁目、弓之町、米町、理大町、若叶町；冈山市一宫支所辖区；冈山市津高支所辖区；冈山市高松支所辖区；冈山市吉备支所辖区；冈山市妹尾支所辖区；冈山市福田支所辖区；冈山市兴除支所辖区；冈山市足守支所辖区；冈山市藤田支所辖区；御津郡

第二区：冈山市；不属于第一区的区域；玉野市；邑久郡；儿岛郡

第三区：津山市；备前市；赤磐郡；和气郡；真庭郡；苫田郡；胜田郡；英田郡；久米郡

第四区：仓敷市；都窪郡；早岛町

第五区：笠冈市；井原市；综社市；高梁市；新见市；都窪郡；山手村；清音村；浅口郡；小田郡；后月郡；吉备郡；上房郡；川上郡；阿哲郡

广岛县

第一区：广岛市：中区、东区、南区

第二区：广岛市：西区、佐伯区；大竹市、廿日市市；佐伯郡

第三区：广岛市：安佐南区；安佐北区；山县郡；高田郡

第四区：广岛市：安芸区；东广岛市；安芸郡：府中町、海田町、熊野町、坂町；贺茂郡

第五区：吴市；竹原市；安芸郡：江田岛町、音户町、仓桥町、下蒲刈町、蒲刈町；丰田郡

第六区：三原市；尾道市；因岛市；府中市；三次市；庄原市；御调郡；世罗郡；神石郡；甲奴郡；双三郡；比婆郡

第七区：福山市；沼隈郡；深安郡；芦品郡

山口县

第一区：山口市；德山市；防府市；新南阳市；都浓郡；佐波郡；吉敷郡

第二区：下松市；岩国市；光市；柳井市；大岛郡；玖珂郡；熊毛郡

第三区：宇部市；萩市；小野田市；美祢市；厚狭郡；美祢郡；阿武郡

第四区：下关市；长门市；丰浦郡；大津郡

德岛县

第一区：德岛市；名东郡

第二区：鸣门市；板野郡；阿波郡；美马郡：胁町、美马町；三好郡

第三区：小松岛市；阿南市；胜浦郡；名西郡；那贺郡；海部郡；麻植郡；美马郡：半田町、贞光町、一宇村、穴吹町、木屋平村

香川县

第一区：高松市；小豆郡；香川郡：直岛町

第二区：坂出市；赞岐市；大川郡；木田郡；香川郡：盐江町、香川町、香南町；绫歌郡

第三区：丸龟市；善通寺市；观音寺市；仲多度郡；三丰郡

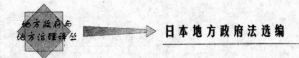

爱媛县

第一区:松山市

第二区:今治市;伊予市;北条市;越智郡;温泉郡;上浮穴郡;伊予郡

第三区:新居浜市;西条市;川之江市;伊予三岛市;东予市;宇摩郡;周桑郡

第四区:宇和岛市;八幡浜市;大洲市;喜多郡;西宇和郡;东宇和郡;北宇和郡;南宇和郡

高知县

第一区:高知市;上町一丁目、上町二丁目、上町三丁目、上町四丁目、上町五丁目、本丁筋、水通町、通町、唐人町、与力町、鹰匠町一丁目、鹰匠町二丁目、本町一丁目、本町二丁目、本町三丁目、本町四丁目、本町五丁目、升形、带屋町一丁目、带屋町二丁目、追手筋一丁目、追手筋二丁目、廿代町、永国寺町、丸之内一丁目、丸之内二丁目、中之岛、九反田、菜园场町、农人町、城见町、堺町、南针间矢町一丁目、南针间矢町二丁目、弘化台、樱井町一丁目、樱井町二丁目、针间矢町一丁目、针间矢町二丁目、针间矢町三丁目、宝永町、弥生町、丸池町、小仓町、东云町、日出町、知寄町一丁目、知寄町二丁目、知寄町三丁目、青柳町、稻荷町、若松町、高桶、杉井流、北金田、南金田、札场、南御座、北御座、南川添、北川添、北久保、南久保、海老之丸、中宝永町、南宝永町、二叶町、人明町、洞岛町、寿町、中水道、幸町、伊势崎町、相模町、吉田町、爱宕町一丁目、爱宕町二丁目、爱宕町三丁目、爱宕町四丁目、大川筋一丁目、大川筋二丁目、驿前町、相生町、江阳町、北本町一丁目、北本町二丁目、北本町三丁目、北本町四丁目、荣田町、新本町一丁目、新本町二丁目、昭和町、和泉町、盐田町、比岛町一丁目、比岛町二丁目、比岛町三丁目、比岛町四丁目、井口町、平和町、三之丸、宫前町、西町、大膳町、山之端町、樱马场、城北町、北八反町、宝町、小津町、越前町一丁目、越前町二丁目、新屋敷一丁目、新屋敷二丁目、八反町一丁目、八反町二丁目、东城山町、城山町、东石立町、石立町、玉水町、绳手町、境川町、下岛町、旭町一丁目、旭町二丁目、旭町三丁目、赤石町、中须贺町、旭驿前町、元町、南元町、旭上町、水源町、本宫町、上本宫町、大谷、岩渊、鸟越、冢之原、西冢之原、长尾山町、旭天神町、佐佐木町、北端町、山手町、横内、口细山、尾立、莲台、福井町、福井扇町、福井东町、土居町、役知町、潮新町一丁目、潮新町二丁目、仲田町、北新田町、新田町、南新田町、梅之辻、栈桥通一丁目、栈桥通二丁目、栈桥通三丁目、栈桥通四丁目、栈桥通五丁目、栈桥通六丁目、天神町、筆山町、盐屋崎町一丁目、盐屋崎町二丁目、百石町一丁目、百石町二丁目、百石町三丁目、百石町四丁目、南之丸町、南竹岛町、竹岛町、北竹岛町、北高见町、高见町、六泉寺町、孕东町、孕西町、深谷町、南中山、北中山、幸崎、小石木町、大原町、河之濑町、南河之濑町、萩町一丁目、萩町二丁目、高须、葛岛一丁目、葛岛二丁目、葛岛三丁目、葛岛四丁目、高须新町一丁目、高须新町二丁目、高须新町三丁目、高须新町四丁目、布师田、一宫、蓟野、重仓、久礼野、爱宕山、前里、东秦泉寺、中秦泉寺、三园町、西秦泉寺、北秦泉寺、宇津野、三谷、七渊、加贺野井一丁目、加贺野井二丁目、爱宕山南町、秦南町一丁目、秦南町二丁目、东久万、中久万、西久万、南久万、万万、中万万、南万万、柴卷、元行寺、一桥町一丁目、一桥町二丁目、水浸一丁目、水浸二丁目、水浸三丁目、水浸山、朝仓甲、朝仓乙、朝仓丙、朝仓丁、朝仓戊、朝仓己、宗安寺、行川、针原、上里、领家、唐岩、曙町一丁目、曙町二丁目、朝仓本町一丁目、朝仓本町二丁目、若草町、若草南町、鹅来巢、槙山町、针木东町、大谷公院町、朝仓南町、朝仓横町、朝仓东町、朝仓西町一丁目、朝仓西町二丁目、针木北一丁目、针木北二丁目、针木本町、针木南、针木西、鸭部、神田、鸭部高町、鸭部上町、鸭部一丁目、鸭部二丁目、鸭部三丁目、大津甲、大津乙

第二区：高知市：不属于第一区的区域；室户市；安芸市；南国市；安芸郡；香美郡；长冈郡；土佐郡；吾川郡：春野町

第三区：土佐市；须崎市；中村市；宿毛市；土佐清水市；吾川郡：伊野町、池川町、吾川村、吾北村；高冈郡；幡多郡

福冈县

第一区：福冈市：东区、博多区

第二区：福冈市：中央区、南区、城南区

第三区：福冈市：早良区、西区、前原市；糸岛郡

 日本地方政府法选编

第四区:宗像市;古贺市;糟屋郡;宗像郡
第五区:甘木市;筑紫野市;春日市;大野城市;太宰府市;筑紫郡;朝仓郡
第六区:久留米市;大川市;小郡市;浮羽郡;三井郡;三潴郡
第七区:大牟田市;柳川市;八女市;筑后市;八女郡;山门郡;三池郡
第八区:直方市;饭冢市;山田市;中间市;远贺郡;鞍手郡;嘉穗郡
第九区:北九州市;若松区;八幡东区;八幡西区;户畑区
第十区:北九州市;门司区、小仓北区、小仓南区
第十一区:田川市;行桥市;丰前市;田川郡;京都郡;筑上郡;

佐贺县

第一区:佐贺市;鸟栖市;神崎郡:千代田町;三养基郡
第二区:鹿岛市;佐贺郡;神埼郡:神埼町、三田川町、东脊振村、脊振村、三濑村;小城郡;杵岛郡:北方町、大町町、江北町、白石町、福富町、有明町、藤津郡
第三区:唐津市;多久市;伊万里市;武雄市;东松浦郡;西松浦郡;杵岛郡:山内町

长崎县

第一区:长崎市;西彼杵郡:香烧町、伊王岛町、高岛町、野母崎町、三和町
第二区:岛原市;谏早市;西彼杵郡:多良见町、长与町、时津町、琴海町、西彼町、西海町、大岛町、崎户町、大濑户町、外海町;北高来郡;南高来郡
第三区:大村市;福江市;东彼杵郡;南松浦郡;壹岐郡;下县郡;上县郡
第四区:佐世保市;平户市;松浦市;北松浦郡

熊本县

第一区:熊本市:细工町一丁目、细工町二丁目、细工町三丁目、细工町四丁目、细工町五丁目、小泽町、板屋町、西唐人町、鱼屋町一丁目、鱼屋町二丁目、鱼屋町三丁目、川端町、西阿弥陀寺町、古大工町、吴服町一丁目、吴服町二丁目、吴服町三丁目、万町一丁目、万町二丁目、米屋町一丁目、米屋町二丁目、米屋町三丁目、中唐人町、古桶屋町、绀屋阿弥陀寺町、东阿弥陀寺町、锻冶屋町、绀屋町一丁目、绀屋町二丁目、绀屋町三丁目、船场町下一丁目、船场町二丁目、船场町三丁目、

· 410 ·

公职选举法

横绀屋町、古川町、河原町、上锻冶屋町、松原町、庆德堀町、山崎町、练兵町、通町、新锻冶屋町、新町一丁目、新町二丁目、新町三丁目、新町四丁目、内坪井町、坪井一丁目、坪井二丁目、坪井三丁目、坪井四丁目、坪井五丁目、坪井六丁目、本丸、二之丸、古京町、古城町、千叶城町、宫内、妙体寺町、乐园町、京町一丁目、京町二丁目、京町本丁、出町、西子饲町、东子饲町、井川渊町、北千反畑町、南千反畑町、南坪井町、上林町、草叶町、城东町、上通町、水道町、手取本町、安政町、中央街、花畑町、下通一丁目、下通二丁目、樱町、辛岛町、新市街、绀屋今町、黑发町大字坪井、新屋敷一丁目、新屋敷二丁目、新屋敷三丁目、大江一丁目、大江二丁目、大江三丁目、大江四丁目、大江五丁目、大江六丁目、画图町大字上无田、画图町大字下无田、画图町大字所岛、画图町大字下江津、画图町大字重富、健军町、新大江一丁目、新大江二丁目、新大江三丁目、大江本町、白山一丁目、白山二丁目、白山三丁目、冈山町、菅原町、九品寺一丁目、九品寺二丁目、九品寺三丁目、九品寺四丁目、九品寺五丁目、九品寺六丁目、清水町大字松崎、清水町大字麻生、清水町大字室园、清水町大字兔谷、清水町大字榆木、清水町大字新地、清水町大字山室、清水町大字打越、秋津町沼山津、秋津町秋田、秋津新町、昭和町、保田窪本町、荣町、南町、东本町、龙田町弓削、西原一丁目、西原二丁目、西原三丁目、壶川一丁目、壶川二丁目、上熊本一丁目、上熊本二丁目、上熊本三丁目、段山本町、楠一丁目、楠二丁目、楠三丁目、楠四丁目、楠五丁目、楠六丁目、楠七丁目、楠八丁目、东野一丁目、东野二丁目、东野三丁目、东野四丁目、水前寺一丁目、水前寺二丁目、水前寺三丁目、水前寺四丁目、水前寺五丁目、水前寺六丁目、水前寺公园、神水一丁目、神水二丁目、上京冢町、京冢本町、小山町、户岛町、长岭町、平山町、鹿归濑町、弓削町、石原町、中江町、吉原町、上南部町、子饲本町、室园町、黑发一丁目、黑发二丁目、黑发三丁目、黑发四丁目、黑发五丁目、黑发六丁目、黑发七丁目、黑发八丁目、上水前寺一丁目、上水前寺二丁目、国府一丁目、国府二丁目、国府三丁目、国府四丁目、国府本町、出水一丁目、出水二丁目、出水三丁目、出水四丁目、出水五丁目、出水六丁目、出水七丁目、出水八丁目、江津一丁目、江津二丁目、武藏丘一丁目、武藏丘二丁目、武藏丘三丁目、武藏丘四丁目、武藏丘五丁目、武藏丘六丁目、武藏丘七丁目、武藏丘八丁目、武藏丘九丁目、神水本町、湖东一丁目、湖东二丁目、湖东三丁目、新生一丁目、新生二丁目、水源一丁目、水源二丁目、广木町、若叶一丁目、若叶二丁目、若叶三丁目、若叶四丁目、若叶五丁目、若叶六丁目、花立一丁目、花立二丁目、花立三丁目、花立四丁目、花立五丁目、花立六丁目、沼山津一丁目、沼山津二丁目、沼山津三丁目、沼山津四丁目、稗田町、津浦町、池田一丁目、池田二丁目、池田三丁目、池田四丁目、池龟町、岛崎一丁目、尾之上一丁目、尾之上二丁目、尾之上三丁目、尾之上四丁目、锦丘、健军一丁目、健军二丁目、健军三丁目、健军四丁目、健军五丁目、清水本町、清水龟井町、清水东町、八景水谷一丁目、八景水谷二丁目、八景水谷三丁目、八景水谷四丁目、带山一丁目、带山二丁目、带山三丁目、带山四丁目、带山五丁目、带山六丁目、带山七丁目、带山八丁目、带山九丁目、保田窪一丁目、保田窪二丁目、保田窪三丁目、保田窪四丁目、保田窪五丁目、樱木一丁目、樱木二丁目、樱木三丁目、樱木四丁目、樱木五丁目、樱木六丁目、渡鹿一丁目、渡鹿二丁目、渡鹿三丁目、渡鹿四丁目、渡鹿五丁目、渡鹿六丁目、渡鹿七丁目、渡鹿八丁目、渡鹿九丁目、健军本町、打越町、高平一丁目、高平二丁目、高平三丁目、秋津一丁目、秋津二丁目、秋津三丁目、鹿子木町、楠野町、明德町、小糸山町、改寄町、大鸟居町、梶尾町、鹤羽田町、飞田町、四方寄町、西梶尾町、德王町、釜尾町、贡町、和泉町、立福寺町、太郎迫町、万乐寺町、北迫町、砚川町、下砚川町、东町一丁目、东町二丁目、东町三丁目、东町四丁目、山之神一丁目、山之神二丁目、榎町、佐土原一丁目、佐土原二丁目、佐土原三丁目、新南部一丁目、新南部二丁目、新南部三丁目、新南部四丁目、新南部五丁目、新南部六丁目、下南部一丁目、下南部二丁目、下南部三丁目、御领一丁目、御领二丁目、御领三丁目、御领四丁目、御领五丁目、御领六丁目、御领七丁目、御领八丁目、八反田一丁目、八反田二丁目、八反田三丁目、东京冢町、三郎一丁目、三郎二丁目、新外一丁目、新外二丁目、新外三丁目、新外四丁目、月出一丁目、月出二丁目、月出三丁目、月出四丁目、月出五丁目、月出六丁目、月出七丁目、月出八丁目、清水万石一丁目、清水万石二丁目、清水万石三丁目、清水万石四丁目、清水万石五丁目、乘越丘、小峰一丁目、小峰二丁目、小峰三丁目、小峰四丁目、山之内一丁目、山之内二丁目、山之内三丁目、山之内四丁目、大窪一丁目、大窪二丁目、大窪三丁目、大窪四丁目、大窪五丁目、山室一丁目、

· 412 ·

山室二丁目、山室三丁目、山室四丁目、山室五丁目、山室六丁目、长岭西一丁目、长岭西二丁目、长岭西三丁目、长岭东一丁目、长岭东二丁目、长岭东三丁目、长岭东四丁目、长岭东五丁目、长岭东六丁目、长岭东七丁目、长岭东八丁目、长岭南一丁目、长岭南二丁目、长岭南三丁目、长岭南四丁目、长岭南五丁目、长岭南六丁目、长岭南七丁目、长岭南八丁目、飞田一丁目、飞田二丁目、飞田三丁目、飞田四丁目、龙田陈内一丁目、龙田陈内二丁目、龙田陈内三丁目、龙田陈内四丁目、龙田一丁目、龙田二丁目、龙田三丁目、龙田四丁目、龙田五丁目、龙田六丁目、龙田七丁目、龙田八丁目、龙田九丁目、榆木一丁目、榆木二丁目、榆木三丁目、麻生田一丁目、麻生田二丁目、兔谷一丁目、兔谷二丁目、兔谷三丁目、上南部一丁目、上南部二丁目、上南部三丁目、上南部四丁目、龙田弓削一丁目、龙田弓削二丁目

第二区:熊本市:不属于第一区的区域;荒尾市;玉名市;玉名郡

第三区:山鹿市;菊池市;鹿本郡;菊池郡;阿苏郡

第四区:本渡市;牛深市;宇土市;宇土郡;下益城郡;上益城郡;天草郡

第五区:八代市;人吉市;水俣市;八代郡;芦北郡;球磨郡

大分县

一区:大分市

第二区:日田市;佐伯市;臼杵市;津久见市;竹田市;大分郡;北海部郡;南海部郡;大野郡;直入郡;玖珠郡;日田郡

第三区:别府市;中津市;丰后高田市;杵筑市;宇佐市;西国东郡;东国东郡;速见郡;下毛郡;宇佐郡

宫崎县

第一区:宫崎市;宫崎郡;东诸县郡

第二区:延冈市;日向市;西都市;儿汤郡;东臼杵郡;西臼杵郡

第三区:都城市;日南市;小林市;串间市;虾野市;南那珂郡;北诸县郡;西诸县郡

鹿儿岛县

第一区:鹿儿岛市:本厅辖区、伊敷支所辖区、东樱岛支所辖区、吉野支所辖

日本地方政府法选编

区；鹿儿岛郡

第二区：鹿儿岛市：不属于第一区的区域；名濑市；指宿市；揖宿郡；大岛郡

第三区：川内市；枕崎市；串木野市；加世田市；川边郡；日置郡；萨摩郡

第四区：阿久根市；出水市；大口市；国分市；出水郡；伊佐郡；姶良郡

第五区：鹿屋市；西之表市；垂水市；曾于郡；肝属郡；熊毛郡

冲绳县

第一区：那霸市；岛尻郡：渡嘉敷村、座间味村、粟国村、渡名喜村、南大东村、北大东村、久米岛町

第二区：宜野湾市；浦添市；中头郡：读谷村、嘉手纳町、北谷町、北中城村、中城村、西原町

第三区：石川市；具志川市；名护市；冲绳市：国头郡、中头郡、与那城町、胜连町；岛尻郡：伊平屋村、伊是名村

第四区：平良市；石垣市；糸满市；丰见城市；岛尻郡：东风平町、具志头村、玉城村、知念村、佐敷町、与那原町、大里村、南风原町；宫古郡；八重山郡

注：此表中的"本厅辖区"是指不属于市或市的支所或派出机构管辖的区域

附表二 （与第13条有关）

选区	议员名额
北海道	八人
东北： 青森县、岩手县、宫城县、秋田县、山形县、福岛县	十四人
北关东： 茨城县、栃木县、群马县、埼玉县	二十人
南关东： 千叶县、神奈川县、山梨县	二十二人
东京都	十七人
北陆信越： 新泻县、富山县、石川县、福井县、长野县	十一人
东海 岐阜县、静冈县、爱知县、三重县	二十一人

公职选举法

（续表）

选区	议员名额
近畿： 滋贺县、京都府、大阪府、兵库县、奈良县、和歌山县	二十九人
中国： 鸟取县、岛根县、冈山县、广岛县、山口县	十一人
四国： 德岛县、香川县、爱媛县、高知县	六人
九州： 福冈县、佐贺县、长崎县、熊本县、大分县、宫崎县、鹿儿岛县、冲绳县	二十一人

注：此表依据人口普查的结果进行更正（只限于依《统计法》[1947年法律第18号]第4条第2款正文规定10年进行一次的人口普查）。

附表三 （与第14条有关）

选区	议员名额
北海道	四人
青森县	二人
岩手县	二人
宫城县	四人
秋田县	二人
山形县	二人
福岛县	四人
茨城县	四人
栃木县	四人
群马县	四人
埼玉县	六人
千叶县	四人
东京都	八人
神奈川县	六人
新潟县	四人

日本地方政府法选编

(续表)

选区	议员名额
富山县	二人
石川县	二人
福井县	二人
山梨县	二人
长野县	四人
岐阜县	四人
静冈县	四人
爱知县	六人
三重县	二人
滋贺县	二人
京都府	四人
大阪府	六人
兵库县	四人
奈良县	二人
和歌山县	二人
鸟取县	二人
岛根县	二人
冈山县	二人
广岛县	四人
山口县	二人
德岛县	二人
香川县	二人
爱媛县	二人
高知县	二人
福冈县	四人
佐贺县	二人
长崎县	二人
熊本县	二人
大分县	二人
宫崎县	二人
鹿儿岛县	二人
冲绳县	二人

· 416 ·

地方公务员法[*]

(1950年12月13日法律第261号颁布,
2003年7月16日法律第119号修正)

第一章 总 则

第1条 本法的目的

本法的目的,是确立地方公共团体的人事机关以及地方公务员的任用、职位分类制、工资、工作时间及其他工作条件、身份管理和惩戒、义务、培训及工作成绩评定、福利及利益保护以及公务员团体等与人事行政相关的基本基准,以保障地方公共团体行政的民主高效运行,并服务于地方自治的基本宗旨。

第2条 本法的效力

此前有关地方公务员(是指地方公共团体的所有公务员。下同)的法令、条例、地方公共团体的规则或地方公共团体机关制定的章程与本法相抵触的,优先适用本法。

第3条 一般职务的地方公务员和特别职务的地方公务员

1. 地方公务员的职务分为一般职务和特别职务。
2. 一般职务是指除特别职务以外的其他一切职务。
3. 特别职务包括下列各项职务。
  (1) 就任时需要公选或需要地方公共团体议会选举、决议或同意的职务;
  (1)之2 地方开发事业团体的理事长、理事以及监事;

---

[*] 本法由郭立仕翻译。

(1)之3 地方公营企业的管理者以及企业集团的董事长;

(2)根据法令、条例、地方公共团体的规则或地方公共团体机关制定的章程而设立的委员以及委员会(包括审议会及其他比照适用的委员会)成员中的临时委员;

(3)临时顾问、参事、调查员、委托者以及比照适用该项的其他职务;

(4)条例指定的地方公共团体的行政首长、议会的议长以及其他地方公共团体机关行政首长的秘书职务;

(5)临时的消防队员及水防队员。

第4条 适用本法的地方公务员

1. 本法适用属于一般职务的所有地方公务员(以下称为公务员)。

2. 除法律有特别规定外,本法不适用属于特别职务的地方公务员。

第5条 关于人事委员会、公平委员会及公务员条例的制定

1. 除法律有特别规定外,地方公共团体可以按照本法确立的根本基准,以条例的形式规定人事委员会或公平委员会的设置、公务员基准的实施及其他相关必要事项。但是,该条例不得与本法的基本精神相抵触。

2. 依据第7条第1款和第2款规定设有人事委员会的地方公共团体,在制定、修改或废除前款条例时,该地方公共团体的议会应听取人事委员会的意见。

第二章 人 事 机 关

第6条 任免权人

1. 地方公共团体的行政首长、议会的议长、选举管理委员会、代表监查委员、教育委员会、人事委员会、公平委员会、警视总监、道府县警察本部长、市町村的消防长(包括与特别地区联合维持消防的消防长)以及基于其他法令或条例具有任免权人,依照本法和根据本法制定的条例、地方公共团体的规则以及地方公共团体机关制定的章程,有权对公务员进行任命、休职、免除和惩戒等行为。但法律有特别规定的除外。

2. 前款的任免权人可以将同款规定的权限的一部分委托给作为其辅助机构的上级公务员行使。

第7条　人事委员会和公平委员会的设置

1. 都道府县与地方自治法(1947年法律第67号)第252条之19第1款指定的都市,由条例规定人事委员会的设置。

2. 人口(是指官方报道的最近国情调查或人口调查结果所公示的人口数。下同)超过15万的指定都市以外的市以及特别地区,由条例规定人事委员会或公平委员会的设置。

3. 人口不足15万的市、町、村及地方公共团体组合,由条例规定公平委员会的设置。

4. 设有公平委员会的地方公共团体,可以依据议会制定的规约与设有公平委员会的其他地方公共团体共同设置公平委员会,或者委托其他地方公共团体的人事委员会处理第8条第2款规定的公平委员会事务。

第8条　人事委员会和公平委员会的权限

1. 人事委员会有权处理如下事务。

(1) 调查与人事行政管理相关的事项、管理人事记录,以及制作人事统计报告。

(2) 研究工资、工作时间及其他工作条件、福利制度及其他与公务员相关的制度,并向地方公共团体议会、行政首长及任免机关报告其研究成果。

(3) 在制定、修改或废除人事机关及公务员相关的条例时,向地方公共团体的议会或行政首长提出意见。

(4) 在人事行政管理过程中,向任免权人提出劝告。

(5) 处理公务员考试、选拔考核及相关事务。

(6) 制定并组织实施与职位分类制相关计划。

(7)为确保公务员的工资能符合本法及根据本法制定的条例的规定,在必要的限度内对公务员工资的支付情况进行监督。

(8)综合企划公务员培训制度及工作实绩评定制度。

(9)审查、判定公务员提出的与工资、工作时间及其他工作条件相关的要求,并采取必要的措施。

(10)裁决或决定公务员因不利处分所提出的不服申诉。

(11)除前几项事务外,还包括根据法律或条例规定属于其权限的其他事务。

2. 公平委员会有权处理如下事务。

(1)审查、判定公务员提出的与工资、工作时间及其他工作条件相关的要求,并采取必要的措施。

(2)裁决或决定公务员因不利处分所提出的不服申诉。

(3)除前两项事务外,还包括根据法律或条例规定属于其权限的其他事务。

3. 就本条第1款第1项、第2项、第6项、第8项及第12项规定的事项,人事委员会可以通过制定人事委员会规则将其依本法享有的权限委托给地方公共团体的其他机关或人事委员会的事务局长行使。

4. 人事委员会或公平委员会对法律或条例规定属于其权限的事项,可以制定人事委员会规则或公平委员会规则。

5. 人事委员会或公平委员会在根据法律或条例行使权限,必要时可以传唤证人及有权要求提供书面材料或复印件。

6. 人事委员会或公平委员会为获取与人事行政管理相关的技术性或专业性知识、资料及其他便利,可以与国家及其他地方公共团体机构缔结协议。

7. 根据第1款第9项、第10项、第2款第1项及第2项规定,对属于人事委员会或公平委员会权限范围的事项作出决定(包括判定)及处分的,只能由人事委员会或公平委员会依照人事委员会规则或公平委员会规则规定的程序进行审查。

8. 前款规定,在涉及法律问题时不得妨碍当事人向法院起诉的权利。

第 9 条 人事委员会或公平委员会委员

1. 人事委员会或公平委员会由 3 名委员组成。

2. 委员由地方公共团体从人品高尚、对地方自治的宗旨及民主高效的办事方式具有深刻的理解及对人事行政管理具有独到见解的人员中,经议会同意后选任。

3. 有本法第 16 条第 2 项和第 3 项或第 5 项规定之一的或者犯有第五章规定之罪而受刑事处罚的,不得成为委员。

4. 在委员选任时,从同一政党中不得选出两位及以上的委员。

5. 委员中有两名以上从属于同一政党的,除保留一名外其余的委员应当在经议会同意后由地方公共团体行政首长罢免。但不得罢免在政党所属关系中未有相关人事调动的委员。

6. 在因身心健康无法履行职务的或具有违反委员义务及其他作为委员不应该实行的行为时,地方公共团体行政首长在经议会同意后,可以罢免该委员。罢免委员时,应当在议会的常任委员会或特别委员会举行听证会。

7. 除前两款规定外,不得违反其意愿罢免委员。

8. 委员有本法第 16 条第 2 项和第 4 项或第 5 项规定情形之一,自动丧失职务。

9. 委员不得兼任地方公共团体议会的议员和该地方公共团体的地方公务员(依据第 7 条第 4 款规定,受委托的人事委员会委员,包括委托其处理事务的地方公共团体的地方公务员。)

10. 委员的任期为 4 年。但补选委员的任期为前任委员的剩余期间。

11. 人事委员会分为常务委员或非常务委员两类,公平委员会均为非常务委员。

12. 本法第 30 条至第 38 条规定适用于人事委员会的常务委

员;第 30 条至第 34 条,第 36 条及第 37 条规定适用于人事委员会的非常务委员及公平委员会的委员。

13. 地方自治法第 204 条至第 206 条规定,适用于人事委员会的常务委员;该法第 203 条及第 206 条规定适用于人事委员会的非常务委员及公平委员会的委员。

第 10 条　人事委员会和公平委员会的委员长

1. 人事委员会或公平委员会,应从委员中选举产生委员长。

2. 委员长处理委员会的相关事务,并代表委员会。

3. 委员长因意外不能履行其职务或委员长职位空缺时,其职务由委员长指定的委员代理。

第 11 条　人事委员会和公平委员会的议事规定

1. 人事委员会和公平委员会会议应由全体委员出席方可举行。

2. 人事委员会和公平委员会作出决议,必须经出席会议委员的过半数通过。

3. 人事委员会和公平委员会,应就所议事项作成会议记录。

4. 除前 3 款规定以外,人事委员会和公平委员会可以对与议事相关的必要事项作出规定。

第 12 条　人事委员会的事务局及事务人员和公平委员会的事务人员

1. 人事委员会设事务局,事务局中设事务局长及其他事务人员。

2. 人事委员会可以排除适用第 9 条第 9 款的规定,任命委员兼任事务局长。

3. 事务局长接受人事委员会的指挥和监督、负责处理事务局的事务。

4. 根据第 7 条第 2 款规定设有人事委员会的地方公共团体,可以不遵守第 1 款的规定,不设事务局而只设事务人员。

5. 公平委员会中设事务人员。

6. 第 1 款、第 4 款及前款事务人员由人事委员会或公平委员会任免。

7. 第 1 款所指的事务局的组成由人事委员会规定。

8. 第 1 款、第 4 款及第 5 款事务人员的人数由条例加以规定。

9. 地方自治法第 204 条、第 205 条、第 206 条准用于第 1 款、第 4 款及第 5 款的事务人员。

第三章 公务员适用基准

第一节 通　　则

第 13 条　平等适用原则

全体国民平等地适用本法，不因人种、信仰、性别、社会地位或家庭出身而有所差别。除第 16 条第 5 项规定的情形外，也不因政治立场或政治所属关系而有所差别。

第 14 条　因地制宜原则

地方公共团体可以根据当地的一般社会情势，对本法规定的工资、工作时间及其他工作条件随时采取适当的措施。

第二节 任　　用

第 15 条　任用的根本基准

公务员的任用根据本法的相关规定，必须根据考试成绩、工作成绩及其他能力证明进行。

第 16 条　无资格条项

下列人员除条例有特别规定外，不得成为公务员或不得参加考试和选拔。

（1）成年被监护人或被保证人。

（2）被判有期徒刑以上的刑罚、在执行终止之前或停止执行之前的。

（3）受该地方公共团体免职处分未满两年的。

（4）人事委员会或公平委员会委员因犯第五章规定之罪而受

刑事处罚的。

（5）日本国宪法施行之后，组织或加入旨在暴力破坏宪法和宪法下的政府之政党及其他团体的。

第 17 条　任命方法

1. 在职位空缺时，任命权人可以录用、升职、降职或转任等方法任命公务员。

2. 设置人事委员会的地方公共团体，人事委员会可以制定有关采用何种任命方法的一般基准。

3. 设置人事委员会的地方公共团体，公务员的录用和升职应当以考试的方式进行。但是，对人事委员会指定的职务，在经人事委员会认可时也可以采用选拔考核的方式进行。

4. 未设置人事委员会的地方公共团体，公务员的录用和升职应当以考试或选拔考核的方式进行。

5. 对于曾经被正式录用的公务员，因职制缩编或减员、预算缩减及人员过于臃肿而离职，其后又重新复职的，人事委员会（未设置人事委员会的地方公共团体称为任免权人。以下第 18 条、第 19 条及第 22 条第 1 款同）可以就该复职的资格要件、任用程序以及任用时的身份等必要事项作出规定。

第 18 条　录用考试及选拔考核

1. 录用考试及选拔考核由人事委员会组织实施。但是，也可以通过协议与其他地方公共团体机构共同组织实施，或者通过协议委托国家或其他地方公共团体机构实施。

2. 当规定职务没有第 21 条第 1 款所指的任用候补者名单时，在国家或其他地方公共团体实施的与该职务选拔考试相当的录用考试和选拔考核中合格的人员，人事委员会在人事行政管理所必要时可以视其通过该职务考试。

第 19 条　考试资格

1. 录用考试应当对具有考试资格的所有国民平等、公开进行。考试机构的所属人员或其他工作人员，不得阻碍考试，也不得泄露特殊或秘密的考试信息,影响考试的正常进行。

2. 人事委员会在设定考试资格时,应当根据履行职务所必需的最少限度的合理要求,制定客观统一的资格要件。

3. 职务晋升考试人员的范围,人事委员会应当限于指定职位中被正式任用的公务员。

第20条　录用考试的目的和方法

录用考试以判断应试人员是否具有履行职务所必需的能力为目的。考试采用或综合采用笔试、面试、体检及判断应试者的品行、教育程度、经历、适应性、智商、技能、常识、专业性知识、适应性等方法进行。

第21条　制作任用候补人员名单及根据该名单的任用方法

1. 在设置人事委员会的地方公共团体内,根据录用考试任用公务员时,人事委员会应当根据各场考试的结果制作任用候补人员名单(采用候补人员名单或升职候补人员名单。)

2. 采用候补人员名单或升职候补人员名单应当记明考试合格人员的姓名、考试成绩及分数排序。

3. 根据采用候补人员名单或升职候补人员名单录用或晋升公务员时,人事委员会应当从名单中,依据考试成绩从高到低、以1:5的比例提名报考该职位的合格人员。

4. 采用候补人员名单或升职候补人员名单中的人数少于人事委员会应提名的人数时,人事委员会可以从其他最合适的录用候补人员名单或升职候补人员名单中提名。

5. 除前4款规定外,制作任用候补人员名单及根据该名单的任用方法等相关必要事项应当由人事委员会规则加以规定。

第22条　附条件的录用和临时任用

1. 除临时任用或临时公务员外,公务员的录用均属附条件录用。附条件的公务员在6个月的期限内工作表现良好的转为正式公务员。人事委员会有权将附条件录用期限延长至1年。

2. 设有人事委员会的地方公共团体,任免权人在取得人事委员会同意的前提下,在情况紧急、有关临时性职位空缺及没有采用候补人员名单时,依据人事委员会规则,有权实施不超过6个月期限的临时任用。经人事委员会同意,任免权人可以在不超过6个月的期限内对该临时任用的期限变更1次,但不得进行第2次变更。

3. 在前款规定的情况下,人事委员会有权对临时任用人员的资格要件作出规定。

4. 人事委员会有权撤销违反前两款规定的临时任用。

5. 未设置人事委员会的地方公共团体,任免权人在情况紧急时或临时性职位空缺时,有权实施不超过6个月期限的临时任用。任免权人可以在不超过6个月的期限内对该临时任用的期限变更1次,但不得进行第2次变更。

6. 被临时任用的人员,在正式任用时,不享有任何优先权。

7. 除前5项规定外,被临时任用的人员适用本法。

第三节 职位分类制

第23条 职位分类制的根本基准

1. 设有人事委员会的地方公共团体,实行职位分类制。

2. 职位分类制的相关计划由条例加以规定。

3. 实施职位分类制计划的相关必要事项,由根据前款条例而制定的人事委员会规则加以规定。

4. 人事委员会应当按职务的种类、复杂程度及责任不同对公务员职务作出分类管理。

5. 按职位分类制对公务员职务进行分类管理时,对于相同雇佣条件的属于同一职级的职务,应当规定相同的资格条件。对属于相同职级的公务员,也应当支付相同幅度的工资。

6. 在职务分类制的相关计划实施过程中,人事委员会应当对公务员的所有职务进行职级定级。

7. 人事委员会有权随时对公务员的职级定级进行审查,必要时可以对定级作出修正。

地方公务员法

8. 在实行职位分类制的地方公共团体内,对公务员的职务不得采用职级制之外的其他分类方法。而且,为保障行政组织的有效运行及其他公共便利,该分类不得妨碍组织名称或其他公共名称的正常使用。

9. 在拟定和实施职位分类制相关计划时,应当适当考虑到与国家及其他地方公共团体职位分类制的适应和平衡。

第四节 工资、工作时间及其他工作条件

第 24 条 工资、工作时间及其他工作条件的根本基准

1. 公务员的工资应当与其职务及责任相适应。

2. 应当尽快达成前项规定的原则。

3. 公务员工资应当综合考虑公务员所需的生活费、国家或其他地方公务员的工资以及民营企业公务员的工资来加以制定。

4. 公务员在兼任其他公务员的职务时,不得领取该公务员的工资。

5. 在制定公务员工作时间及其他除工资外的工作条件时,应当适当考虑与国家及其他地方公共团体公务员的平衡。

6. 公务员的工资、工作时间及其他工作条件由条例加以规定。

第 25 条 工资条例及工资额的确定

1. 公务员工资应该按前条第 6 款规定的工资条例支付。除依据工资条例外,不得以任何名目向公务员支付货币或财物。

2. 除法律或条例有特别规定外,公务员工资应该以流通货币直接、全额支付给公务员。

3. 工资条例应当规定如下事项。

(1) 工资表。

(2) 有关加薪基准的事项。

(3) 有关加班、夜间工作及公休日工作的工资事项。

(4) 有关特殊地域工作、危险作业及其他特殊工作的补贴,以及对公务员扶养亲属补贴的事项。

(5)有关非常务公务员、生活必需品的部分或全部由公家承担的公务员以及其他有特殊工作条件的公务员的工资调整事项。

(6)采用职级制的地方公共团体,有关该职务首次适用职级制的工资事项。

(7)除前各项规定外,有关工资支付方法及支付条件的其他事项。

4. 人事委员会应当进行必要的调查研究,拟定与职级制相对应的工资表,并同时向地方公共团体的议会和行政首长汇报。

5. 采用职级制的地方公共团体,在工资表中应当记明各职级的工资额的幅度。

6. 采用职级制的地方公共团体,应当按工资表中记明的职级及工资额,足额支付给公务员。

第26条　关于工资表的报告和劝告

对于工资表是否合理,人事委员会每年至少要向地方公共团体的议会和行政首长汇报一次。地方公共团体的议会和行政首长认为依据条件的变化,工资表中工资额的增减合理的,有权进行适当的劝告。

第五节　身份管理与惩戒处分

第27条　身份管理及惩戒处分的基准

1. 对所有公务员的身份管理及惩戒处分必须公正为之。

2. 除本法规定的事由外,不得违反其意愿对公务员进行降职或免职处分;除本法或条例规定的事由外,不得违反其意愿对公务员进行休职处分;除条例规定的事由外,不得违反其意愿对公务员进行降低工资处分。

3. 除本法规定的事由外,不得对公务员进行惩戒处分。

第28条　降职、免职、休职

1. 有下列情形之一的,可以违反其意愿对公务员进行降职或免职处分。

(1)工作业绩不良的。

（2）因身心障碍,不能履行职务或不堪履行职务的。

（3）除前项规定之外,欠缺履行该职务所需资格的。

（4）因职制、公务员人数调整或预算减少而导致职位削减或人员过多的。

2. 有下列情形之一的,可以违反其意愿对公务员进行休职处分。

（1）因身心障碍需要长期修养的。

（2）在刑事案件中被起诉的。

3. 有关违反公务员意愿进行的降职、免职、休职及降低工资的程序和结果事项,除法律有特别规定外,必须由条例加以规定。

4. 公务员有本法第16条各项（第3项除外）规定情形之一的,除条例有特别规定外,丧失其职位。

第28条之2　退休

1. 在达到退休年龄时,公务员应在达到退休年龄之后的第一个3月31日之前,按条例规定的日期（下称退休日）退休。

2. 前款所指的退休年龄应以国家公务员的退休年龄为基准由条例加以规定。

3. 因公务员职务内容和责任的特殊性或者人员补充较为困难,按国家公务员基准制定退休年龄不符合实情时,则条例可以作出例外规定。但此时必须适当地考虑到与国家及其他地方公共团体公务员之间的平衡。

4. 前3款规定不适用于临时任用的公务员、其他法律规定有明确任期的公务员及临时公务员。

第28条之3　退休特例

1. 在公务员达到退休年龄按前条第1款规定应退休时,因其职务的特殊性或者具有为完成职务履行的特殊事由,如果有充分的理由证明其退休会明显妨碍公务时,任命权人可以按条例的规定,确定不超过退休日次日起算的1年时间的履行期限,由该公务员继续履行该职务。

2. 在前款或本款规定的延长期限任期届满时,如果有充分的理由证明前项延长事由继续存在的,根据条例的规定,可以继续确定不超过一年的延长期限。但该延长期限连续不得超过自该公务员退休日开始起算 3 年。

第 28 条之 4　退休后的再任用

1. 任免权人对该地方公共团体的退休人员等(是指依据第 28 条之 2 第 1 款规定退职人员、依据前条规定工作后退职的人员,以及退休日到来之前退职的人员,基于他们的工作年限,条例规定参照适用的人员。下同),可以根据退休人员以前的工作业绩,确定不超过一年年限的任期,将其录用为常时职务的公务员。该公务员未达到该职务相关退休年龄的,不受 1 年年限的限制。

2. 对前款规定的任期和本款规定的更改任期,根据条例在不超过 1 年的期限内可以进行更改。

3. 前两款规定的任期,其终了之日必须是该公务员达到由条例规定的年龄之后第一个 3 月 31 日之间由条例规定的日期之前。

4. 前款年龄应根据国家公务员任期终了之日的相关年龄加以确定。

5. 根据第 1 款规定的采用公务员不适用第 22 条第 1 款的规定。

第 28 条之 5

1. 对退休人员,任免权人可以根据以前的工作业绩,确定不超过一年年限的任期,将其录用为短时职务的公务员(该职务一周的平均工作时间比一般职务按该短期职务规定的人数的工作时间短的职务。第 3 款及次条第 2 款同)

2. 按前款规定录用的短期公务员的任期,参照适用前条第 2 款至第 4 款的规定。

3. 当短时职务出现第 28 条之 2 第 1 款至第 3 款规定的情况时,可以仅限于任用已经达到该短期职务退休年龄的退休人员。

地方公务员法

第 28 条之 6

1. 除依据第 28 条之 4 第 1 款规定外,组织地方公共团体合作组织的地方公共团体的任免权人对该合作组织的退休人员,地方公共团体合作组织的任命权人对组织该合作组织的地方公共团体的退休人员,可以根据退休人员以前的工作业绩,确定不超过一年年限的任期,将其录用为常时职务的公务员。此时,参照适用同款"但是"句和同条第 5 款规定。

2. 除依据前条第 1 款规定外,组织地方公共团体合作组织的地方公共团体的任命权人对其组织的合作组织中的退休人员,地方公共团体合作组织的任命权人对对组织该合作组织的地方公共团体的退休人员等,可以根据退休人员以前的工作业绩,确定不超过 1 年年限的任期,将其录用为短时职务的公务员。此时,参照适用同条第 3 款规定。

3. 按前两款规定录用的公务员的任期,参照适用第 28 条之 4 第 2 款至第 4 款规定。

第 29 条 惩戒

1. 公务员有下列情形之一的,可以给予警告、降低工资、停职或免职的惩戒处分。

(1) 违反本法及本法第 57 条规定的特别法律,以及根据这些法律制定的条例、地方公共团体规则或地方公共团体机构制定的章程的。

(2) 违反职务上的义务,消极怠工的。

(3) 与全体的服务者不相称的其他行为。

2. 公务员响应任命权人的号召,为成为该地方公共团体的特别职务的公务员、其他地方公共团体或地方独立行政法人的地方公务员、国家公务员或地方公社(地方住宅供应公社、地方道路公社、土地开发公社)及其他条例规定与地方公共团体、国家事务或事业有特别密切联系法人的公务员(下称特殊职务地方公务员)而退职,在担任特殊职务地方公务员之后,又以该特殊职务退职为条件而录用为一般公务员时（包括担任一种特殊职务公务员后，又担任其他两种以上特殊职务公务员，以该特殊职务退职为录用一般公务员条件的情形），在该退职前的公务员在职期间（下称先退职）、作为特殊职务公务员的在职期间及作为公务员录用期间，包括该"先退职"之前作为公务员的在职期间（下称"响应号召的退职前的在职期间"），在该期间内，有前款各项规定情形的，按该款规定可以给予惩戒处分。

3. 依据第28条之4第1款或第28条之5第1款的规定而被录用的公务员，在退休日到来之前的在职期间中（包括"响应号召的退职前的在职期间"），或者在依据这些规定曾经录用为公务员的在职期间中，有第1款各项规定情形之一的，按该项规定可以给予惩戒处分。

4. 公务员的惩戒处分程序和效果，除法律有特别规定外，应由条例加以规定。

第29条之2 适用除外

1. 对下列公务员进行处分时，不适用第27条第2款、第28条第1款至第3款、第49条第1款、第2款以及行政不服审查法（1962年法律第160号）的规定。

（1）付条件录用的公务员。

（2）临时任用的公务员。

2. 有关条例可以对前款各项有关身份管理的必要事项作出规定。

第六节 义 务

第30条 工作的根本标准

所有公务员，应当以人民公仆的身份为实现公共利益而工作，且在工作履行中应当竭尽全力、专心致志。

第31条 服务宣誓

公务员应按条例的规定，进行服务宣誓。

第32条　服从法令和上司工作命令的义务

公务员在履行职务时,应该忠实遵循法令、条例、地方公共团体的规则、地方公共团体机构制定的章程及上司的工作命令。

第33条　禁止失信行为

公务员不得实施有损于其本身职务信用或有损于公务员全体职务名誉的行为。

第34条　保守秘密义务

1. 公务员不得泄露其职务上所知悉的秘密。在退职后,仍负有保密义务。

2. 依据法令成为证人、鉴定人等需要泄露其职务上所知悉的秘密时,应当获得任免权人(公务员退职的,退职时该职务或相当于该职务的相关任免权人)批准。

3. 除法律有特别规定外,公务员不得拒绝前款批准。

第35条　恪尽职守义务

除法律或条例有特别规定外,公务员必须为履行职责而倾注全部工作时间和注意力,并且只能从事该地方公共团体应该负责的职务。

第36条　政治行为的限制

1. 公务员不得参与组织政党及其他政治团体,不得成为这些政治团体的公务员,不得教唆他人加入这些政治团体或不加入这些政治团体。

2. 公务员不得以支持或反对特定的政党及其他政治团体、特定的内阁及地方公共团体执行机关为目的,也不得在选举或投票中以支持或反对特定的人或事为目的,进行下列政治行为;但在其所属地方公共团体管辖范围(在都道府县的支局或地方事务所,或地方自治法第252条之19第1款指定都市的区中工作的,支局或地方事务所或区所管辖的区域)之外的区域,公务员可以实施下列第1项至第3项及第5项规定的行为。

(1) 在公选或投票中,教唆他人投票或不投票的行为。

(2) 积极参与策划签名运动或带头组织签名运动等行为。

(3) 参与募捐捐项或募集其他货币财物的行为。

(4) 本人或唆使他人在地方公共团体的办公楼或设施上展示宣传文案或图案,本人或唆使他人利用其他地方公共团体的办公楼、设施、物资及资金的行为。

(5) 除各前项规定外,条例规定的其他政治行为。

3. 任何人都无权要求公务员、唆使公务员或煽动公务员实施前两款规定的政治行为。任何人均不得实施或企图实施、及与公务员约定给予任用、职务、工资以及其他涉及公务员地位的任何有利或不利的待遇,以作为实施前两项规定的政治行为的奖励或报复。

4. 公务员不得因不配合前款规定的违法行为而受到不利的待遇。

5. 在解释和运用本条的规定时,应当充分体现保障公务员的政治中立性,以及确保地方公共团体行政的公正运行及保护公务员利益的根本宗旨。

第37条 禁止罢工等行为

1. 对地方公共团体机构所代表的居民,公务员不得实施全体罢工、怠工及其他行为,或者有损地方公共团体机构工作效率的怠工行为。公务员不得策划、共谋、煽动此类违法行为。

2. 公务员在实施前项规定的违法行为时始,不得以法令、条例、地方公共团体规则或地方公共团体机构制定的章程所规定的任命上或雇佣上的权利来对抗地方公共团体。

第38条 营利企业的从业限制

1. 公务员未经任命权人的许可,不得兼任以营利为目的的公司及其他社会团体的公务员以及人事委员会规则(未设置人事委员会的地方公共团体,地方公共团体规则)规定的其他职务。本人不得经营以营利为目的的私人企业或从事任何其他有报酬的事业或事务。

2. 人事委员会可以在人事委员会规则中对前款任命权人的许可标准作出规定。

第七节 培训与工作成绩评定

第 39 条 培训

1. 为发挥工作积极性，增进工作效率，公务员有机会参加培训。

2. 前款的培训由任免权人组织实施。

3. 人事委员会有权就培训计划的立案及其他有关培训方法等事项向任免权人提出劝告。

第 40 条 工作成绩的评定

1. 任免权人定期对公务员的工作成绩进行评定，并根据评定结果采取相应措施。

2. 人事委员会有权就工作成绩评定计划的立案及其他有关工作评定等事项向任免权人提出劝告。

第八节 福利与利益保护

第 41 条 福利保护的根本基准

公务员的福利保护应当合理公正地进行。

一、福利保健制度

第 42 条 保健制度

地方公共团体应当拟订并组织实施有关公务员的保健、身体健康恢复及其他保健事项的计划。

第 43 条 互济制度

1. 为保障公务员在患病、负伤、生育、失业、灾害、退休、残疾或者死亡时，以及其被抚养者在患病、负伤、生育、死亡时能够有能力对待给付，应当建立和实施以相互救济为目的的互济制度。

2. 在前款的互济制度中，应当包括公务员在一定年限的忠实工作后退休、因公患病或负伤而退职或者死亡时，支付给该公务员或其遗属的退职年金制度。

3. 前款的退职年金制度，应当根据退职或死亡时的条件，以保障本人及其直接扶养人员的基本生活为目的而设定。

4. 第1款的互济制度应当适当考虑到与国家制度之间的平衡。

5. 第1款的互济制度应当以健全的保险计算方法为基础设立。

6. 第1款的互济制度应当依法设立。

第44条 删除

二、公务灾害补偿

第45条 公务灾害补偿

1. 公务员因公死亡、负伤、患病,因公负伤、患病而死亡或者残疾,或者公务船员因公务而失踪,应当给予该公务员或其遗属补偿金,以弥补他们因此遭受的损失。

2. 为保障前项规定的补偿能迅速公正地实施,应当建立必要的补偿制度。

3. 在前款的补偿制度中,应当规定下列事项。

(1) 有关公务员因公负伤、患病时必要的疗养和疗养费的负担事项

(2) 有关在公务员因公负伤、患病而疗养期间以及在公务船员因公而失踪期间,该公务员因此失去工资所得的补偿事项

(3) 有关公务员因公负伤、患病其所得能力遭到永久或长期地损害时,对该损害的补偿事项

(4) 有关公务员因公负伤、患病而死亡,其遗属或其死亡时靠其收入维持生计人员因此遭受损失的补偿事项。

4. 第2款的补偿制度应当依法设定,并应当适当考虑到与国家制度之间的平衡。

三、工作条件相关措施

第46条 工作条件相关的措施要求

公务员就工资、工作时间及其他工作条件事项,有权要求人事委员会或公平委员会责令地方公共团体采取适当的措施。

第 47 条　审查及根据审查结果采取的措施

在公务员提出要求时,人事委员会或公平委员会应当采取口头审理或其他方式对该案进行审查并作出判定。根据该结果,对于属于自己权限范围内的事项应当直接采取相应措施;对不属于其权限范围内的其他事项,则应当向地方公共团体的相关有权机关提出必要的劝告。

第 48 条　要求、审查及判定程序

有关前两条的要求、审查及判定程序及根据审查结果应采取的措施等必要事项,应当由人事委员会规则或公平委员会规则加以规定。

四、不服申诉

第 49 条　不利处分说明书的交付

1. 任免权人对公务员实施惩戒及其他违反其意愿的不利处分时,必须交付记载有处分理由的处分说明书。

2. 公务员认为可能会受到惩戒及其他违反其意愿的不利处分时,有权请求任免权人交付记载有处分理由的处分说明书。

3. 任免权人应该在接到前款规定的请求之日起 15 日内交付说明书。

4. 在第 1 款和第 2 款的说明书中,应当写明该处分可以向人事委员会或公平委员会提出申诉和申诉的期限。

第 49 条之 2　不服申诉

1. 公务员在收到前条第 1 款的处分时,根据行政不服审查法,有权向人事委员会或公平委员会提出申诉(包括审查请求和异议申诉)。

2. 公务员受到除前条第 1 款之外的处分的,不得根据行政不服审查法提请申诉;对已提出的申诉申请有权机关不予受理的,公务员也不得再提出申诉。

3. 行政不服审查法第二章第一节至第三节的规定不适用于按第 1 款提出的不服申诉。

第49条之3 不服申诉期限

对于按前条第1款提出的不服申诉,应当在明知受到处分的次日起60日内提出。但从受到处分次日起超过1年未申诉的,不得再提起申诉。

第50条 审查及根据审查结果应采取的措施

1. 人事委员会或公平委员会在收到公务员按第49条之2提出的不服申诉时,应当立即对该案进行调查。审理时,受到处分的公务员要求口头审理的,应当口头审理。口头审理时,公务员要求公开审理的,审理应当公开进行。

2. 人事委员会或公平委员会在必要的时候,可以将对申诉的部分审查事务委任给人事委员会委员、事务局长或公平委员会委员行使,但对申诉的裁决和决定等事务除外。

3. 人事委员会或公平委员会根据第1款规定的审查结果,可以作出确认、变更和撤销处分的决定。在必要的时候,可以责令任免权人采取支付公务员应该获得的工资及其他给付等其他必要和合理的措施,以恢复公务员因该处分而受到的不公正对待。

第51条 不服申诉的程序等

有关不服申诉的程序及根据审查结果应采取的措施等必要事项,应当由人事委员会规则或公平委员会规则加以规定。

第51条之2 不服申诉与诉讼的关系

对于第49条第1款规定的可以向人事委员会或公平委员会提出不服申诉的处分,必须经过人事委员会或公平委员会对审查请求和异议申请作出裁决或决定之后方能提起撤销处分之诉。

第九节 公务员团体

第52条 公务员团体

1. 本法的公务员团体是指公务员组织的旨在维持和改善其工作条件的团体或联合体。

2. 前款的公务员是指除第5款规定之外的公务员。

3. 公务员有权组织公务员团体或不组织公务员团体,有权加入或不加入公务员团体。但,具有重要行政决定权的公务员、参与重要行政决定的具有管理地位的公务员、有权直接任免公务员的具有监督地位的公务员、密切接触公务员的任免、身份管理、惩戒或服务、工资及其他工作条件等事项,或密切接触当局有关公务员团体的计划或方针,其职务上的义务与责任直接与公务员团体成员的诚意和责任相抵触的具有监督地位的公务员,以及其他在处理与公务员团体关系时应当站在当局立场履行职务的公务员(下称管理类公务员)与非管理类公务员不得组织同一个公务员团体,管理类公务员与非管理类公务员所组织的团体不是本法所指的公务员团体。

4. 关于前款"但是"句中管理公务员的范围由人事委员会规则或公平委员会规则加以规定。

5. 警察和消防人员不得组织或加入以维持和改善公务员工作条件为目的,旨在与地方公共团体当局交涉的团体。

第53条 公务员团体登记

1. 公务员团体按条例的规定,应当提交记载有理事及其他工作人员的姓名及条例规定的事项的申请书及团体章程向人事委员会或公平委员会申请登记。

2. 在前款公务员团体章程中,至少应规定如下事项。

(1) 名称。

(2) 目的和业务。

(3) 主要事务所所在地。

(4) 成员的范围及有关其资格的取得和丧失的规定。

(5) 有关理事及其他工作人员的规定。

(6) 包括第三号规定的事项在内的有关业务执行、开会及投票的规定。

(7) 有关经费及会计的规定。

(8) 有关与其他公务员团体联合的规定。

(9) 有关章程变更的规定。

（10）有关解散的规定。

3. 具有登记资格的以及继续申请登记的公务员团体,在决定章程的制定和修改、工作人员的选举及其他重要事项时,应当规定所有成员平等地参与机会,并按直接和秘密投票的方式以过半数多数通过的程序,并在现实中按此程序进行。但在公务员联合体的场合,在各联合公务员团体中应当规定所有成员平等地参与机会,并按直接和秘密投票的方式以全体成员过半数选举代议员的程序,在公务员联合体中应当规定所有代议员平等地参与机会,并按直接和秘密投票的方式以全体成员过半数(在工作人员选举中,投票者的过半数)通过的程序,并在现实中按此程序进行。

4. 除前款规定之外,具有登记资格的以及继续申请登记的公务员团体,必须由除前条第5款之外的隶属于同一地方公共团体的公务员组成。但是除第5款规定之外的公务员,在违反其意愿受到免职处罚的、或者作为惩戒受到免职处分,在该处分的次日起算1年之内的或在该处分期间按法律规定提出不服申诉的或提起诉讼的、对该问题的裁决、决定或判决尚未确定的,以及该公务员团体的工作人员,并不妨碍其成为公务员团体的成员。

5. 人事委员会或公平委员会在申请登记的公务员团体符合前3款规定时,应当按条例规定,对章程及第1款规定的申请书记载事项进行登记,并通知该公务员团体。在此,不得以公务员团体允许非公务员担任其工作人员为由,认为其不符合登记要件。

6. 登记的公务员团体在丧失团体资格、有不符合第2款至第4款规定的事实及未按第9款规定提交变更申请的,人事委员会或公平委员会按条例的规定,有权在不超过60日的期限内停止该公务员团体登记的效力,或者撤销该公务员团体的登记。

7. 前款规定的注销登记在听证日进行审理时,在该公务员团体提出请求时必须公开进行。

8. 第6款规定的注销登记,在提起取消处分的诉讼时效之内,以及在已提起取消处分诉讼之后法院管辖期间,该处分不发生

法律效力

9. 已经登记的公务员团体,在变更章程和第 1 款规定的记载事项时,应当按条例的规定向人事委员会或公平委员会申请变更登记。变更登记时准用第 5 款规定。

10. 已经登记的公务员团体在解散时,应当按条例的规定向人事委员会或公平委员会申请解散登记。

第 54 条　公务员团体法人

已经登记的公务员团体,如果向人事委员会或公平委员会提出法人设立申请的,可以成为法人。民法(1896 年法律第 89 号)及非讼事件程序法(1898 年法律第 14 号)中有关民法第 34 条法人的规定(除民法第 34 条之 2、第 38 条第 2 款、第 56 条、第 67 条、第 71 条、第 77 条第 3 款、第 83 条之 2、第 83 条之 3、第 84 条第 3 款之 2 及第 84 条之 2 及非讼事件程序法第 122 条之 2 外)适用本条。在这些规定中,除可以将主管当局替换为人事委员会或公平委员会,章程替换为规约外,民法第 46 条第 1 款第 4 项中的"设立许可"可以替换为"设立法人申请"、第 68 条第 1 款第 4 项中的"设立许可"可以替换为"登记",第 77 条第 1 款中的"破产及设立许可的取消"可以替换为"破产",非讼事件程序法第 120 条中的"许可书"可以替换为"设立法人申请受领书"。

第 55 条　交涉

1. 在公务员团体就有关公务员的工资、工作时间及其他工作条件,或者附带地就有关社交性或福利性活动的事项向地方公共团体当局提出合法交涉请求时,当局应当给以答复。

2. 公务员团体与地方公共团体当局的交涉内容,不包括二者缔结团体协议的权利。

3. 地方公共团体的事务管理及运行事项不是交涉对象。

4. 公务员团体可以进行交涉的地方公共团体是有权就交涉事项进行合法管理和决定的当局

5. 在公务员团体和地方公共团体事先约定的人数范围内,交

日本地方政府法选编

涉在由公务员团体工作人员中指定的人员及地方公共团体当局指定的人员之间进行。交涉前，由公务员团体和地方公共团体事先约定交涉的议题、时间、地点及其他事项。

6. 在交涉时，如有特殊情况，公务员团体可以指定工作人员以外的人员进行交涉。但该指定人员必须提出公务员团体执行机关委任其就该特定事项进行交涉的书面证明。

7. 交涉不符合前两款规定、或妨碍公务员职务的履行或地方公共团体事务的正常运行，可以中断交涉。

8. 本条规定的合法交涉可以在正常工作时间内进行。

9. 公务员团体在不违反法令、条例、地方公共团体的规则及地方公共团体机关的规程的前提下，可以与该地方公共团体当局缔结书面协定。

10. 该地方公共团体和公务员团体双方必须真诚和负责任地履行前款的协定。

11. 不得以公务员不属于公务员团体为由，否定其就第1款规定的事项表达自己的不满和提出意见的自由。

第55条之2　公务员为公务员团体的行为限制

1. 公务员不得专职从事公务员团体业务。但在得到任免权人的许可，作为公务员团体的专职工作人员时，不在此限。

2. 任免权人认为适当的场合，有权授予前款特别许可。在授予许可时即视为规定了许可的有效期间。

3. 公务员作为第1款已登记公务员团体的工作人员专门从事该团体的业务期间，不得超过5年（地方公营企业劳动关系法 [1952年法律第289号] 第6条第1款"但是"句 [包括准用同法附则第5款] 的规定，专门从事劳动工会事务的期间不计入该5年范围之内。）

4. 获得第1款的特别许可的公务员，不再作为公务员团体的工作人员专门从事该团体的业务时，该许可视为撤销。

5. 获得第1款特别许可的公务员，在许可的有效期间该公务员视为休职,不得对其支付任何工资。在计算退休补贴时,此期间也不得算入连续工龄。

6. 除条例有规定外,公务员在受领工资的同时,不得为公务员团体从事业务或进行活动。

第 56 条　禁止不利益对待

在公务员成为公务员团体成员、准备组织公务员团体、或者准备加入公务员团体及为公务员团体进行正当行为时,不该因此受到不利对待。

第四章　补　　则

第 57 条　特例

在公务员中,公立学校(学校教育法[1947 年法律第 26 号]所规定的公立学校)的教育公务员(是指该法规定的校长、教员及事务人员)、雇佣的单纯服务人员以及其他具有特殊职务或特殊责任的人员,需要作出特例规定的,可以由法律另行规定。但该特例规定不得违反本法第 1 条的精神。

第 58 条　其他法律的除外适用

1. 公务员不适用劳动工会法(1949 年法律第 174 号)、劳动关系调整法(1946 年法律第 25 号)、最低工资法(1959 年法律第 137 号)以及根据其颁布的相应命令。

2. 劳动安全卫生法(1972 年法律第 57 号)第二章的规定、船员灾害防止活动促进法(1972 年法律第 61 号)第二章以及第五章的规定和根据其颁布的命令,不适用于从事地方公共团体劳动基准法(1947 年法律第 49 号)附件第 1 款至第 10 款及第 13 款至第 15 款所规定的职业之外的公务员。

3. 劳动基准法的第 2 条、第 14 条第 2、3 款、第 18 条的第 2 款、第 24 条第 1 款、第 32 条的第 3 款至第 32 条第 5 款、第 38 条第 2 款第 2、3 项、第 38 条第 3 款、第 38 条第 4 款、第 39 条第 5 款、第 75 条至第 93 条及第 102 条的规定、劳动安全卫生法第 92 条的规定、船员法(1947 年法律第 100 号)第 6 条中劳动基准法第

2条相关部分、第30条、第37条中与工作条件相关部分、第53条第1款、第89条至第100条、第102条及第108条中与工作条件相关部分的规定和船员灾害防止活动促进法第62条的规定以及根据这些规定颁布的命令不适用于公务员。但劳动基准法第102条规定、劳动安全卫生法第92条规定、船员法第37条及第108条中与工作条件相关部分的规定、船员灾害防止活动促进法第62条的规定及根据这些规定颁布的命令,对于从事地方公共团体劳动基准法附件第1款至第10款及第13款至第15款所规定的职业的公务员,该法第75条至第88条及船员法第89条至第96条的规定不适用于地方公务员灾害补偿法(1967年法律第96号)第2条第1款规定之外的人员。

4. 对公务员而言,劳动基准法第32条之2第1款"用人单位与劳动者过半数所组成的工会或在没有工会的与代表半数以上劳动者的人员签订书面协议"中的"用人单位",以及该法第34条第2款"但是"句中"与劳动者过半数所组成的工会、与代表半数以上劳动者的人员签有书面协议的"规定视为"条例有特别规定的"情况。

5. 依据第3款规定适用劳动基准法、劳动安全卫生法、船员法船员灾害防止活动促进法以及根据这些规定颁布的命令时,劳动基准监督机构有关公务员工作条件相关的职权,除对于从事地方公共团体劳动基准法附件第1款至第10款及第13款至第15款所规定的职业的公务员外,由人事委员会或受人事委员会委托的委员(未设置人事委员会的地方公共团体,由地方公共团体行政首长)行使。

第59条 总务省的协助和技术性建议

对于地方公共团体的人事行政事务如何更好地按本法确立的地方公务员制度的原则运行,总务省可以就此提供协助或提出技术性建议。

第五章 罚 则

第 60 条 罚则

有下列情形之一的,处 1 年以下有期徒刑或 3 万日元以下罚金。

(1)违反第 13 条所规定的差别适用原则的。

(2)违反第 34 条第 1 款和第 2 款规定(包括第 9 条第 12 款准用规定),泄露秘密的。

(3)故意违反人事委员会或公平委员会根据第 50 条第 3 款规定下达的指示的。

第 61 条

有下列情形之一的,处 3 年以下有期徒刑或 10 万日元以下罚金。

(1)人事委员会或公平委员会根据第 50 条第 1 款规定行使权限,证人按第 8 条第 5 款规定被传唤时,无正当理由拒不出席或者提供虚假陈述的;在要求提供书面材料或复印件时,无正当理由拒不提供或提供虚假材料或复印件的。

(2)违反第 15 条规定任用公务员的。

(3)违反第 19 条第 1 款后半段的规定,阻碍考试进行或泄露考试信息的。

(4)有共谋、教唆或煽动第 37 条第 1 款前半段所规定的违法行为或企图进行上述行为的。

(5)故意妨碍公务员根据第 40 条规定申请采取与工作条件相关措施的。

第 62 条

有企图实施或命令他人实施第 60 条第 2 项或前条第 1、2、3、5 项所列的行为,或有故意许可、教唆或帮助他人实施前述行为的,根据各本条给予相应处罚。

附 则(省略)

地方财政法[*]

(1948年7月7日法律第109号颁布,
2003年6月18日法律第84号修正)

第1条 本法的目的

本法规定与地方公共团体财政(以下简称为地方财政)的运营、国家财政和地方财政的关系等相关的基本原则,以确保地方财政的健全、有助于地方自治的发展为目的。

第2条 地方财政运营的基本

1. 地方公共团体应当致力于地方财政的健全运营,不可以违反国家政策,或者实行给国家财政或其他地方公共团体财政带来损害的对策。

2. 国家应当致力于促进地方财政自主和健全的运营,不可以损害其自律性,或者实行转嫁地方公共团体负担的政策措施。

第3条 预算的编制

1. 地方公共团体必须根据法令的规定以及合理的标准计算出经费,并将其计入预算。

2. 地方公共团体必须根据所有的资料正确地掌握财源,并且根据经济的现实情况计算其收入,并将其计入预算。

第4条 预算的执行等

1. 地方公共团体的经费,不能超出为达到目的所必需的最小限度而进行支出。

2. 对地方公共团体的收入,必须适时并严格地加以确保。

---

* 本法由李佳翻译。

第 4 条之 2

对地方公共团体年度间财政运营的考虑 地方公共团体在编制、执行预算,或在实行致使支出增加或收入减少的行为时,除了当年度之外,还应当考虑下一年度之后的财政状况,不得损害其健全运营。

第 4 条之 3　对地方公共团体年度间财源的调整

1. 地方公共团体,在该地方公共团体的该年度地方交付税额和被用于计算的基准财政收入额的合计额显著地超过被用于计算该地方交付税的基准财政需求额的情况下,或者在该地方公共团体该年度的一般财源数额(一般税、消费转让税、特别转让税、国有资产等所在市町村补助金、国有资产等所在都道府县补助金、国有提供设施等所在市町村助成补助金、日本邮政公司资产所在市町村缴纳金、日本邮政公司资产所在都道府县缴纳金以及地方交付税或特别区财政调整补助金额的合计额。以下亦同)超过该地方公共团体前年度的一般财源的情况下,该超过额显著超出新增加的该地方公共团体的义务所需经费的一般财源额的时候,必须将显著超过部分的数额作为填补因灾害而产生的经费财源或因灾害而产生的收入减少的财源用于填补前年度末之前产生的年度收入总额差额的财源,或者具有紧急实施必要的大规模工程和其他建设事业的经费以及其他基于必要的理由而产生的经费财源。此外,还可以为了有助于下年度及以后财政的健全运营而进行积累,充当为了培育长期财源而进行财产取得的经费财源,或者充当提前偿还期限的地方债偿还的财源。

2. 根据前款规定,由积累的金额(下文称为"公积金")产生的收入,必须全部转入公积金。

3. 公积金,必须根据银行及其他金融机构的存项、国债证券、地方债证券、政府保证证券(指政府对本金的偿还以及利息的支付做出保证的债券)以及其他证券的买入等确实的方法来进行运用。

第 4 条之 4　公积金的处分

公积金,仅限在以下情况可以进行处分。

（1）在由于经济状况的显著变动而造成财源显著不足的情况下,充当填补该不足额的财源的时候。

（2）充当填补由灾害产生的经费财源或由灾害产生的收入减少的财源的时候。

（3）充当具有紧急实施必要的大规模工程和其他建设事业的经费,以及其他基于必要的理由而产生的经费财源的时候。

（4）充当为了培育长期财源而进行的财产取得的经费财源的时候。

（5）充当提前偿还期限的地方债偿还的财源的时候。

第 4 条之 5　分派捐项等的禁止

国家（包括国家的地方行政机关以及法院法［1947 年法律第 59 号］第 2 条规定的下级法院）对于地方公共团体或者其居民、地方公共团体对于其他地方公共团体或者居民,不论直接还是间接,都不能分派捐项（包括与其相当的物品等）和进行强制性征收。

第 5 条　地方债的限制

地方公共团体的年度支出总额,必须把地方债以外的年度收入总额作为财源。但是在以下情况下,可以把地方债作为其财源。

（1）交通事业、煤气事业、自来水事业及其他地方公共团体经营的企业（下文称为"公营企业"）需要的经费财源。

（2）投资以及放贷的财源（包括以投资或者放贷为目的、为了购置土地或物件所需要的经费财源）。

（3）为了地方债的借换而需要的经费财源。

（4）灾害应急事业费、灾害修复事业费以及灾害救助事业费的财源。

（5）学校及其他文教设施、幼儿园及其他健康福利设施、消防设施、道路、河流、港湾及其他土木设施等公共设施或者公用设施的建设事业费（包括公共团体或者国家以及地方公共团体出资的法人根据政令而设置的公共设施建设事业的负担,或者对其援助所需的经费)以及作为公共使用或提供公用的土地或其替代地而预先取得的土地采购费(包括为了取得该土地有关的所有权以外的权利所需的费用)的财源。

第5条之2

根据上1条第5项规定而产生的建设事业费的地方债的偿还年限,必须不能超过以该地方债作为财源而建设的公共设施或公用设施的使用年限。在借换地方债的情况下亦同。

第5条之3 地方债的协商等

1. 地方公共团体,在使地方债发生或者打算变更募集贷项的方法、利率或偿还方法的情况下,根据政令的规定,必须由总务大臣或者都道府县知事来进行协商。但是,在轻微的情况下以及在其他的总务省令有规定的情况下,则不受此限。

2. 前款规定的协商,只在明确地方债募集贷项的目的、限度额、募集贷项的方法、资金、利率、偿还的方法及其他政令规定的事项时进行。

3. 地方公共团体,只有对关于从第1款规定的协商中获得总务大臣或都道府县知事同意的地方债,才可以借入相关的以上同意的由政令所规定的公共资金。

4. 涉及总务大臣或都道府县知事在第1款规定的协商中同意的地方债本利偿还所需要的经费,根据地方交付税法(1950年法律第211号)第7条规定,被计算入同条第2款规定的地方团体年度支出总额的预计额。

5. 地方公共团体,在第1款规定的协商之后,在没有获得总务大臣或都道府县知事的同意,就发生地方债务,或打算变更募集贷项的方法、利率或偿还方法的情况下,该地方公共团体的行政首长必须预先向议会报告它的意图。但是,如果承认地方公共团体的行政首长没有时间召集议会,以及有其他政令加以规定的情况下,该地方公共团体可以不获得同意而使地方债发生,或变更募集

日本地方政府法选编

贷项的方法、利率或偿还方法之后于下次会议时向议会报告它的意图。

6. 总务大臣每年根据政令的规定,为了判断总务大臣或都道府县知事是否履行在第1款规定中已同意的协商和下一条第1款以及第3款到第5款中批准的规定,制定必要的标准,并且总务大臣或者都道府县知事要制作在第1款规定的协商中同意的地方债(包含根据下1条第1款以及第3款到第5款的规定许可的地方债)的预定额总额及其他政令中规定的事项有关的文件,并将其公布。

7. 总务大臣,有关第1款规定的协商下总务大臣的同意,以及前款规定的基准的制定,以及关于同款的文件的编写,必须听取地方财政审议会的意见。

第5条之4 对地方债干预的特例

1. 下文所说的地方公共团体,在发起地方债或者打算变更募集地方债的方法、利率或偿还方法的时候,根据政令的规定,必须得到总务大臣或都道府县知事的许可。在以下情况下,不需要根据缔结前条第1款规定所需的协议。

（1）由于该年度的前年度的年度收入总额(指根据政令规定计算出的年度收入总额。在以下此款规定中亦同)比年度支出总额(指根据政令规定计算出的年度支出总额。在以下此款规定中亦同)少,而提前把该年度的年度收入总额用作填补该年度的前年度收入总额和支出总额实际上的不足,延期到该年度支付的前年度应当偿还的债务额和延期到该年度的前年度应当执行的事业的年度支出预算额,超过根据政令规定计出的数额的地方公共团体。

（2）从政令规定的地方债的本利偿还金(不包括政令中规定的部分。在以下此款规定中称作"地方债的本利偿还金")数额和作为地方债的本利偿还金的基准、而由政令规定的(在以下此款规定中称作"准本利偿还金")数额的合计额中,扣除可以充当地方债的本利偿还金或准本利偿还金的财源的特定的年度收入总额相当的金额,和作为根据地方交付税法的规定地方债本利偿还所需的经费、用于计算普通交付税额的被算入基准财政需要额的数额,根据总务省令的规定计算的数额(在特别区,由总理大臣规定与此相当的数额。在以下此项规定中称作"列入公债费的数额")的合计额之后的数额,作为标准规模的收入额,用从根据政令规定计算的数额中扣除列入公债费的数额之后的数额,去除之后所得到的数值,该年度前3年内的各年度上述数值之和的1/3,高于政令规定的数值的地方公共团体。

(3) 延迟支付地方债的本利偿还金的地方公共团体。

(4) 过去曾经延迟支付地方债的本利偿还金的地方公共团体中,根据政令的规定、由总务大臣指定的、将来也有可能延迟支付地方债的本利偿还金的地方公共团体。

(5) 没有进行前条第1款规定的协商,或者没有得到此款以及第3款到第5款规定的许可,而变更了发起地方债的方法、利率或偿还方法的地方公共团体中,根据政令的规定由总务大臣指定的地方公共团体。

(6) 进行了前条第1款规定的协议,或者得到了此款以及第3款到第5款规定的许可,在对该协议或许可有关的文件进行虚伪记载,或进行其他不正当行为的地方公共团体中,根据政令的规定、由总务大臣指定的那些团体。

2. 总务大臣认定前款第4项到第6项规定的指定没有必要的时候,根据政令的规定,可以解除该款指定。

3. 经营下述经营状况恶化的公营企业的地方公共团体(排除第1款各项规定的情况),发起作为该公营企业所需经费来源的地方债,或者打算变更地方债的募集方法、利率或偿还方法时,根据政令规定,必须得到总务大臣或都道府县知事的许可。此时不需要根据前条第1款的规定进行协商。

(1) 地方公营企业法(1952年法律第292号)第2条第1款

规定的地方公营企业中有财政亏损的企业,以及根据该条第 2 款或第 3 款的规定、适用该法规定的全部或一部分的企业中有财政亏损的地方公营企业以外的企业,以及在该年度重新适用该法规定的全部或一部分、根据政令规定计算的该年度的前年度的资金不足额超过了根据政令规定计算的数额的企业。

(2) 除了前项规定之外,第 6 条规定的、根据政令规定计算的该年度的前年度的资金不足额超过了根据政令规定计算的数额的公营企业。

4. 一般税(不包括地方消费税、道府县香烟税、市町村香烟税、矿区税、狩猎者登记税、特别土地保有税以及法定外一般税)税率中的任何一个未达到标准税率的地方公共团体(除去在第 1 款各项规定的情况),如果发起作为第 5 条第 5 项规定的经费财源的地方债,或者打算变更募集贷项的方法、利率或偿还方法,根据政令的规定,必须得到总务大臣或都道府县知事的许可。在这种情况下,不需要按照前条第 1 款的规定进行协商。

5. 地方税法(1950 年法律第 226 号)第 5 条第 2 款规定的税种中,根据同法第 734 条第 1 款以及第 2 款第 3 项的规定,由都进行征收的税(除了特别土地保有税)的税率中的任何一个都未达到标准税率时,特别区(除去根据第 1 款各项的规定以及前款规定必须得到许可的情况)在发起作为第 5 条第 5 款规定的经费财源的地方债,或者打算变更募集贷项的方法、利率或偿还方法的时候,根据政令的规定,必须得到都知事的许可。在这种情况下,不需要按照前条第 1 款的规定进行协商。

6. 前条第 1 款"但是"句的规定,对于根据第 1 款以及第 3 款到第 5 款的规定、必须得到许可的情况,准用;同条第 3 款的规定,对于第 1 款以及第 3 款到第 5 款规定的得到许可的地方债,准用;同条第 4 款的规定,关于第 1 款以及第 3 款到第 5 款规定的得到许可的地方债的本利偿还所需要的经费,准用。

7. 总务大臣,关于第 1 款、第 3 款以及第 4 款的总务大臣许可,第1款第4项到第6项规定的指定,以及第2款规定的指定的解除,必须听取地方财政审议会的意见。

第5条之5　根据发行证券的方法发起的地方债

1．地方公共团体,在根据发行证券的方法发起地方债的时候,根据政令的规定,可以采取募集、借出或交付的方法。

2．前款的证券,可以根据折价的方法进行发行。

第5条之6　商法的准用

商法(1899年法律第四十八号)第370条、第309条、第310条、第311条以及第316条的规定,对于前条第1款的地方债准用。在这种情况下,上述规定中的"公司债管理公司"与"受委托进行地方债的募集或管理的公司"、"公司债"与"地方债"、"公司债权人"与"地方债权人"、"债券"与"证券"、同法第307条中"记名公司债"与"记名地方债"、"公司债原本"与"地方债证券原本"、"公司"和"地方公共团体"可以通用。

第5条之7　地方债证券的共同发行

在根据发行证券的方法发起地方债的情况下,可以由两个以上地方公共团体经过议会的表决来共同发行证券。在这种情况下,这些地方公共团体对该地方债的偿还以及利息的支付,负连带责任。

第5条之8　对政令的委任

除了从第5条到前条的规定之外,与地方债发行相关的必要事项,由政令进行规定。

第6条　公营企业的经营

公营企业,依据政令的规定,其会计事务要设特别会计来管理,其经费,除去在性质上不适合以该公营企业经营所伴随的收入填充的经费,以及该公营企业即使进行性质上有效率的经营、仅用此经营所伴随的收入填充存在客观上困难的经费,必须用该企业的经营所伴随的收入(包括第5条规定的根据地方债所得来的收入)来进行填充。但是,在灾害和有其他特别事由的情况下、经过议会表决,可以用从一般会计或其他的特别会计转入的收入来填充。

第7条 剩余金

1. 地方公共团体,在对每一个会计年度的年度收入总额、年度支出总额进行决算之后,如有剩余金产生,必须把不少于该剩余金的1/2的金额、在产生剩余金年度的下下年度之前进行提存,或者在偿还期限之前充当偿还地方债的财源。

2. 第4条之3第2款和第3款以及第4条之4的规定,准用于根据前项规定提存的金额。

3. 前条的公营企业,在对各会计年度的年度收入总额、年度支出总额进行决算之后产生剩余金的情况下,可以不受第1款规定的约束,经过议会的表决,将其全部或者一部分转入一般会计或其他特别会计中。

4. 第1款以及前款的剩余金的计算,由政令进行规定。

第8条 财产的管理及运用

地方公共团体的财产,必须总是在良好的状态下进行管理,并按照其所有的目的、最有效地加以运用。

第9条 地方公共团体全额负担的经费

为了进行地方公共团体的事务(根据地方自治法[1947年法律第67号]第252条之17之2第1款以及第291条之2第2款的规定,根据都道府县条例的规定,除了市町村处理的事务以及都道府县未加入的同法第284条第1款的广域联合[第28条第2款及第3款中广域联合]所处理的事务)所需要的经费,由该当地方公共团体进行全额负担。但是,为了进行从下条开始到第10条之4规定的事务所需要的经费,则不在此限。

第10条 按照国家负担全部或一部分的法令而必须实施的事务所需要的经费

地方公共团体按照法律必须实施的、国家和地方公共团体存在相互利害关系的事务中,为了期望其顺利进行,并且国家进行的、有负担其经费必要的下述事务,由国家来负担其经费的全部或一部分。

(1) 义务教育公务员的工资(除去退休金以及退职金和旅费。)所需要的经费。

(2) 删除。

(3) 各义务教育学校建筑物的建设所需要的经费。

(4) 生活困难扶助所需要的经费。

(5) 预防结核以及传染病所需要的经费。

(6) 支付临时的预防接种,以及由于接受了预防接种而导致的疾病、障碍和死亡所需要的经费。

(7) 精神保健以及精神障碍者的福利所需要的经费。

(8) 毒品取缔人员以及毒品、大麻和鸦片慢性中毒者的医疗所需要的经费。

(9) 残疾人的更生援助所需要的经费。

(10) 妇女咨询处所需要的经费。

(11) 援助精神障碍者所需要的经费。

(12) 老人保健事业、老人的委托看护,以及殡葬祭祀和护养养老院及特别护养养老院所需要的经费。

(13) 看护保险的看护给付、预防给付以及向财政稳定化基金的转入所需要的经费。

(14) 孕产妇及乳幼儿的健康诊断、儿童咨询处、儿童临时保护所、早产儿、残疾儿童以及患有骨关节结核和其他的结核的儿童的保护、儿童福利设施以及养父母所需要的经费。

(15) 儿童补助金所需要的经费。

(16) 在有关国民健康保险的事务中,与看护缴纳金的缴纳有关的事务的执行,国民健康保险疗养的供给,住院时的伙食疗养费、特定疗养费、疗养费、访问护理疗养费、特别疗养费、转移费及高额疗养费的支付,老人保健医疗费以及看护缴纳金的缴纳所需要的经费。

（17）对原子弹被炸者的看护补助金的支付，以及处理与看护补助金相关的事务所需要的经费。

（18）对重度残疾儿童的残疾儿童福利津贴，以及对特别残疾人的特别残疾人补助金的支付所需要的经费。

（19）儿童扶养补助金所需要的经费。

（20）职业能力开发学校，以及残疾人职业能力开发学校的设施和设备所需要的经费。

（21）家畜传染病预防所需要的经费。

（22）私有森林的森林计划、保护林的整备以及其他森林的保持养护所需要的经费。

（23）森林病虫害等的防治所需要的经费。

（24）国土交通大臣制定的特定计划，或者基于国土调查事业十年计划的地籍调查所需要的经费。

（25）盲人学校、聋哑学校以及看护学校的就学奖励所需要的经费。

（26）公营住宅的房租低廉化所需要的经费。

第10条之2　国家负担全部或一部分的建设事业所需要的经费

关于地方公共团体为了适应国民经济的发展、根据综合制定的计划而必须实施的法律，或者政令规定的土木和其他建设事业所需要的下述经费，由国家来负担这些经费的全部或者一部分。

（1）与道路、河川、防沙、海岸、港湾等相关的、重要的土木设施的新设以及改良所需要的经费。

（2）与林地、林中道路、渔港等相关的、重要的农林水产业设施的新设以及改良所需要的经费。

（2）之2　防滑坡工程以及防山崩工程所需要的经费。

（3）重要的城市规划事业所需要的经费。

（4）公营住宅的建设所需要的经费。

（5）儿童福利设施以及其他社会福利设施的建设所需要的

经费。

（6）土地改良以及开拓所需要的经费。

第10条之3　国家负担与灾害有关的事务的一部分所需要的经费

地方公共团体必须实施的法律或者政令规定的与灾害有关的事务，根据地方税法或地方交付税法，就难以获得满足财政需求的财源而进行的事业，其所需要的下述经费，由国家承担其经费的一部分。

（1）灾害救助事业所需要的经费。

（2）灾害祭奠以及灾害残疾慰问金所需要的经费。

（3）与道路、河川、防沙、海岸、港湾等相关的土木设施的灾害修复事业所需要的经费。

（4）与林地荒废防止设施、林中道路、渔港等有关的农林水产业设施的灾害修复事业所需要的经费。

（5）都市计划事业设施的灾害修复所需要的经费。

（6）公营住宅的灾害修复所需要的经费。

（7）学校的灾害修复所需要的经费。

（8）社会福利设施以及保健卫生设施的灾害修复所需要的经费。

（9）土地改良以及开拓设施，或者耕地的灾害修复所需要的经费。

第10条之4　地方公共团体不承担负担义务的经费

为了进行专门与国家的利害相关的事务所需要的下述经费，地方公共团体不承担负担义务。

（1）国会议员选举、最高法院法官的国民审查以及国民投票所需要的经费。

（2）因国家的专项需要，而进行的统计以及调查所需要的经费。

（3）外国人登记所需要的经费。

（4）检疫所需要的经费。

（5）医疗用品的鉴定所需要的经费。

（6）鸦片的取缔所需要的经费（除去与第10条第8项相关的情况）。

（7）国民养老金、雇佣保险以及特别儿童扶养补助金所需要的经费。

（8）自耕农的创立维持以及其他土地的农业利用相关的调整所需要的经费。

（9）对未撤离回国的日本人的调查所需要的经费。

第 11 条　对国家和地方公共团体应该负担经费的比例等的规定

第10条到第10条之3规定的经费项目、估算基准以及国家和地方公共团体应该负担的比例，必须用法律或者政令加以规定。

第 11 条之 2　地方公共团体应当负担经费的财政需求额的计算

第10条到第10条之3规定的经费中，地方公共团体应当负担的部分（在第10条第3项所记载的经费中，关于地方公共团体应当负担的部分，除去应当用看护保险的财政安定化基金捐项来填充的部分），根据地方交付税法的规定，将其计算入用于应当交付给地方公共团体的地方交付税额计算的财政需求额。但是，第10条第16项所记载的经费（除去和国民健康保险有关的、转入特别会计所需要的经费中对收入少的人征收的保险费，或者与国民健康保险税的减额相关的经费）、第10条之2第4项所记载的经费，以及第10条之3第5项所记载的经费，则不在此限。

第 12 条　地方公共团体无处理权限的事务所需要的经费

1. 地方公共团体为了进行不具有处理权限的事务而需要的经费，除去法律或政令规定的情况，国家不可以对地方公共团体进行让其负担上述经费的措施。

2. 前款的经费，是指下述内容。

（1）国家机关的设置、维持以及运营所需要的经费。

（2）警察厅所需要的经费。

（3）防卫厅所需要的经费。

（4）海上保安厅所需要的经费。

（5）司法以及行刑所需要的经费。

（6）国家教育设施以及研究设施所需要的经费。

第13条　新增的事务所伴随的财源措施

1. 地方公共团体或者由地方公共团体负担经费的国家机关，在根据法律或者政令负担实行新的事务的义务时，国家对为此所需要的财源，必须采取必要的措施。

2. 对前款的财源措施存在不服的地方公共团体，可以经由内阁向国会提出意见书。

3. 内阁在收到前款的意见书时，必须附上其意见，立即向国会提出。

第14条及第15条　删除

第16条　补助金的交付

国家只有在认可为了实施国家相关措施而有特别必要的时候，或者认可地方公共团体的财政上有特别必要的时候，才可以对该地方公共团体交付补助金。

第17条　国家负担金的支出

关于由地方公共团体或者地方公共团体负担经费的国家的机关进行的从第10条到第10条之4规定的事务，根据从第10条到第10条之4的规定，国家将由其负担的金额（以下称为"国家的负担金"），作为对该地方公共团体的支出。

第17条之2　地方公共团体的负担金

1. 国家在亲自进行第10条之2以及第10条之3规定的事务时，地方公共团体根据法律或者政令的规定、负担经费的一部分的时候，该地方公共团体将其负担的金额（以下称作"地方公共团体的负担金"），作为对国家的支出。

2. 由国家进行的河川、道路、防沙、港湾等土木事业中,对于有利于地方公共团体的事业的地方公共团体负担金的预定额,必须在该工程开始前预先通知该地方公共团体。根据事业计划的变更等对负担金的预定额进行显著变更时,亦同。

3. 地方公共团体在收到前款通知的时候,如果对负担金的预定额存在不服,可以经由总务大臣,对内阁提出意见。

第18条　国家支出金的计算基础

国家的负担金、补助金等对地方公共团体的支出金(以下称作国家支出金)的数额,必须以地方公共团体为了进行与该国家支出金有关的事务时所必要的且充分的金额为基础,来进行计算。

第19条　国家支出金的支出时期

1. 国家支出金,必须在不迟于将支出金作为财源的经费的支出时期进行支出。

2. 前款规定,对于地方公共团体的负担金等对国家的支出金准用。

第20条　委托工程下的准用规定

在地方公共团体受到进行国家工程的委托的情况下,或者在国家受到进行地方公共团体工程的委托的情况下,对于属于国家或者地方公共团体负担的支出金,准用前两条的规定。

第20条之2　支出金的计算或者有关支出时期等的意见书的提出

1. 对国家支出金或者前条的属于国家负担的支出金的计算、支出时期、支出金的交付所附的条件,以及其他支出金的交付的指示和其他存在不服的地方公共团体,可以经由总务大臣,对内阁提出意见,或经由内阁向国会提出意见书。

2. 第13条第3款的规定,对前款的情况准用。

第21条　与地方公共团体的负担相伴的法令案

1. 内阁总理大臣及各省大臣,对于管理事务中与地方公共团体的负担相伴的事务相关的法令案,必须在法律案及政令案寻求内阁会议之前、命令案公布之前,预先征求总务大臣的意见。

2．总务大臣在打算对于前项规定的法令案中重要的法令案叙述意见的时候,必须听取地方财政审议会的意见。

第 22 条　与地方公共团体的负担相伴的经费的估价单

1．内阁总理大臣及各省大臣,对于属于其掌管的年度财政收支总额以及国库债务负担行为的估价中与地方公共团体的负担相伴的事务的部分,将财政法(1947 年法律第 34 号)第 17 条第 2 款规定的文件,以及同法第 35 条第 2 款规定的笔录送交财务大臣的时候,必须征求总务大臣的意见。

2．总务大臣在打算对于前款规定的文件以及笔录中重要的文件叙述意见的时候,必须听取地方财政审议会的意见。

第 23 条　有关国家营造物的使用费

1．地方公共团体管理的国家营造物中,对于由该地方公共团体负担管理所需经费的,该地方公共团体根据条例的规定,可以对该营造物的使用征收使用费。

2．前款的使用费,作为该地方公共团体的收入。

第 24 条　有关国家使用的地方公共团体的财产等的使用费

国家在使用地方公共团体的财产或者公共设施的时候,根据该地方公共团体的规定,必须由国家负担使用费。但是,如果得到该地方公共团体的议会的同意,则不在此限。

第 25 条　负担金等的使用

1．国家负担金以及补助金、地方公共团体的负担金,必须依照法令的规定来进行使用。

2．地方公共团不遵守前款规定的时候,对于这部分金额,国家可以命令该地方公共团体交付或返还负担金或补助金的全部或一部分。

3．关于地方公共团体的负担金,国家不遵守第 1 款的规定的时候,对于这部分金额,该地方公共团体可以请求国家支出或返还该负担金的全部或一部分。

第26条　地方交付税的减额

1. 在地方公共团体违背法令的规定、显著地支出大额经费，或者无法履行其应当确保的收入的征收等情况下，总务大臣可以对该地方公共团体应当交付的地方交付税数额进行减额，或者对其已经交付的地方交付税额的一部分进行返还。

2. 根据前款规定进行的减额或返还的地方交付税额，不能违背该法令的规定支出或超过怠于征收等的数额。

3. 总务大臣在根据第1款的规定对地方交付税额进行减额，或打算对地方交付税额的一部分进行返还的时候，必须听取地方财政审议会的意见。

第27条　市町村对都道府县进行的建设事业的负担

1. 都道府县进行的土木工程及其他建设事业（除去高级中学设施的建设事业）中，有利于该区域内的市町村的，都道府县在从该建设事业受益的限度内，可以让该市町村负担该建设事业所需经费的一部分。

2. 前款经费应当由市町村负担的金额，必须听取该市町村的意见，由该都道府县议会的表决来决定。

3. 对于前款规定的市町村应该负担的金额存在不服的市町村，可以在该金额的决定产生起21日以内，向总务大臣提出异议。

4. 总务大臣在受到前款的异议后，认为有特别的必要的时候，可以变更该市町村应当负担的金额。

5. 地方自治法第257条的规定，对于前款情况准用。

6. 总务大臣在打算根据第4款的规定、变更市町村应当负担的金额时，必须听取地方财政审议会的意见。

第27条之2　都道府县不能让市町村负担的经费

对于国家或都道府县实施、国家及都道府县负担经费的道路、河川、防沙、港湾及海岸相关的土木设施的大规模且范围广的事业，政令规定的所需要的经费中、应当由都道府县负担全部或一部分，都道府县不能让市町村负担。

第 27 条之 3　都道府县不能将负担转嫁给居民的经费

关于该都道府县立的高级中学设施的建设事业费,不论直接还是间接,都道府县都不得将负担转嫁给其居民。

第 27 条之 4　市町村不能将负担转嫁给居民的经费

根据法令的规定,关于政令规定的、属于该市町村负担的经费,不论直接还是间接,市町村都不能将负担转嫁给其居民。

第 28 条　都道府县将其事务让市町村处理时的经费

1. 在都道府县决定让市町村执行事务的情况下,都道府县对该市町村执行该事务所需要的经费的财源,必须采取必要的措施。

2. 根据前款规定,在都道府县不参与而由没有都道府县加入的广域联合执行此类事务时,准用。

3. 对前 2 款财源措施存在不服的市町村或都道府县未加入的广域联合,可以经由相关都道府县知事,向总务大臣提出意见书。

4. 都道府县知事在收到前款意见书的时候,必须附上其意见,立即向总务大臣提出。

5. 前款意见,必须经过该都道府县议会的议决来制定。

第 28 条之 2　地方公共团体相互间的经费负担关系

在法律规定的有关制定经费的分担等事务方面,地方公共团体不得对其他地方公共团体做类似于转嫁处理该事务所需要的负担经费,以及扰乱其他地方公共团体相互间的经费分担的事情。

第 29 条　都道府县以及市町村负担金的支出

1. 都道府县根据法律或政令的规定,对于在其区域内的市町村进行事务所需要的经费,把由都道府县负担的金额(以下称作都道府县的负担金)作为对该市町村的支出。

2. 根据第 27 条第 1 项的规定,市町村将其对都道府县负担的金额(以下称作市町村的负担金),作为对该都道府县的支出。

第 30 条　都道府县以及市町村负担金的准用规定

第 18 条、第 19 条及第 25 条的规定,对于都道府县及市町村的负担金,以及都道府县对市町村交付的补助金等的支出金,准用。

第30条之2　关于地方财政状况的报告

1. 内阁必须明确每年度的地方财政状况,并且向国会报告。

2. 总务大臣在制作前款规定的关于地方财政状况的报告案的时候,必须听取地方财政审议会的意见。

第30条之3　事务的区分

都道府县根据第5条之3第1款的规定要处理的事务(只限于与都道府县接到协议要求的事务)、根据同条第3款的规定要处理的事务(只限于与同款规定的同意相关的事务)、根据第5条之4第1款、第3款以及第4款的规定要处理的事务(只限于与都道府县的许可业务相关的事务),以及根据同条第5款的规定要处理的事务,作为地方自治法第2条第9款第1项规定的第1项法定受托事务。

附则

第31条　实施日期(略)

第32条　彩票的发售

都道府县及地方自治法第252条之19第1款规定的指定城市,作为在以增进公共事业和其他公益为目的的事业中、对于地方行政的运营有紧急推进必要的事业,在有必要填充由总务省令指定的事业的财源的时候,根据彩票法(1948年法律第144号)的规定,可以发售彩票。

第32条之2　进行公营博彩类比赛的地方公共团体的缴纳金

1970年度至2005年度间,在地方公共团体根据法律规定进行公营比赛的时候,作为有助于有关公营企业的地方债(包含公营企业金融公库法[1957年法律第83号]附则第10款各项的、与事业有关的地方债)利息的减轻的资金,根据政令的规定,每年度从该公营博彩类比赛的受益中,将相当于在其收入或者销售额中的 12/1000 以内的金额乘以政令规定的比率所得到的这个金额,作为向公营企业金融公库交纳的金额。

第 33 条　与有关个人的道府县民税和市町村民税的特别减税等相伴的地方债的特例

1. 限于 1994 年度及 1995 年度,根据修改地方税法等的一部分的法律(1994 年法律第 111 号。下一条第 1 款以及第 33 条之 4 第 1 款中,称为"地方税法等修改法")第 1 条的规定、修改前的地方税法(次款第 1 项以及下一条第 2 款及第 3 款中,称为"旧地方税法")附则第 3 条之 4 规定的个人道府县民税或市町村民税的特别减税、或租税特别措施法(1957 年法律第 26 号)第 86 条之 4 第 1 款规定的普通机动车的转让等的消费税税率的特例适用期间的结束所导致的 1994 年度的消费税收入的减少,以及与之相伴随的都道府县或者市町村转让的消费转让税额的减少所导致的该年度的减收额,地方公共团体为了填补上述减收额,可以不受第 5 条规定的约束,而发起地方债。

2. 根据前款规定可以发起的相关各年度的地方债额,作为下述数额的合计额。

(1) 在旧地方税法附则第 3 条之 4 的规定不适用的情况下,从该地方公共团体的该各年度的个人道府县民税或者市町村民税的所得比例的预计收入额中扣除该地方公共团体的各年度的个人道府县民税或者市町村民税的所得比例的预计收入额之后的数额,根据自治省法令的规定而计算的数额。

(2) 租税特别措施法第 86 条之 4 第 1 款规定,由于与普通乘用汽车的转让等有关的消费税税率的特例,因应用期间的结束而导致的 1994 年度的消费税收入的减少所伴随的相关各年度都道府县及市町村应当让与的消费转让税额的减少,所导致的该地方公共团体的该各年度的消费转让税的减少额,根据自治省令的规定而计算的数额。

第 33 条之 2　个人的道府县民税或市町村民税的减税所伴随的地方债的特例

1. 只在从 1994 年度到 1996 年度之间，为了填补由于地方税法等修改法的实施所导致的个人道府县民税或市町村民税的该各年度的减收额，地方公共团体可以不受第 5 条规定的约束，而发起地方债。

2. 根据前款规定可以产生的该各年度的地方债数额，作为在适用旧地方税法规定的情况下、该地方公共团体的该各年度的个人道府县民税或市町村民税的所得比例的预计收入额中、扣除该地方公共团体的该各年度的个人道府县民税或市町村民税的所得比例的预计收入额（根据 1996 年度修改地方税法等的一部分的法律［1996 年法律第 12 号］第 1 条的规定、修改后的地方税法［下 1 条中称作"1996 年修改后的地方税法"］附则第 3 条之 4 的规定不适用的情况下，该地方公共团体同年度的个人道府县民税或市町村民税的所得比例的预计收入额）之后的数额，根据自治省令的规定而计算的数额。

3. 在 1996 年度计算前项的扣除后的数额的情况下，在与 1996 年度的个人道府县民税或市町村民税相关的旧地方税法规定的应用方面，旧地方税法第 23 条第 4 款及第 292 条第 4 款中的"前年"，解释为"前前年"。

第 33 条之 3　个人道府县民税或市町村民税的特别减税所伴随的地方债的特例

1. 只在 1996 年度，为了填补 1996 年修改后的地方税法附则第 3 条之 4 规定的、个人的道府县民税或市町村民税的特别减税的同年度减收额，地方公共团体可以不受第 5 条规定的约束，而发起地方债。

2. 根据前款规定可以发起的 1996 年度的地方债数额，在 1996 年修改后的地方税法附则第 3 条之 4 的规定不适用的情况下，作为从该地方公共团体的同年度的个人道府县民税或市町村民税的所得比例的预计收入额中、扣除该地方公共团体的同年度的个人道府县民税或市町村民税的所得比例的预计收入额之后的数额,根据自治省令的规定而计算的数额。

第33条之4　1997年度地方债的特例

1. 只限于1997年度,由于该地方公共团体同年度的地方消费税或地方消费税补助金(根据地方税法第72条之115的规定,称作对市町村交付的、与地方消费税有关的补助金。在以下本条中亦同)的预计收入额,以及消费转让税相当额(根据地方税法等修改法附则第14条第1款的规定,相当于同年度被出让的废止前的消费转让税的数额。在以下本条中亦同)的预计收入额的合算额过于少于该地方公共团体的1998年度以后各年度的地方消费税或地方消费税补助金的预计收入额,为了不损坏财政的稳定,以及填充适当的财政运营所必要的财源,地方公共团体可以不受第5条规定的约束,而发起地方债。

2. 根据前款规定可以发起的1997年度的地方债数额,在都道府县,被认为过于少于从该都道府县的同年度的地方消费税的预计收入额及消费转让税相当额的预计收入额的合计额中、扣除地方消费税补助金的预计交付额之后的数额,将其作为以相当于地方税法第72条之114第1款规定的数额为基础、根据自治省法令规定的方法计算的数额;在市町村,该市町村的平成九年度的地方消费税补助金的预计收入额及消费转让税相当额的预计收入额的合计额,被认为过于少于该市町村1997年度以后各年度的地方消费税补助金的预计收入额,将其作为以同法第72条之115第1款规定的人口以及工作者人数为基础、根据自治省法令规定的方法计算的数额。

第33条之5　个人的道府县民税或市町村民税的特别减税等所伴随的地方债的特例

1. 只在1998年度及1999年度,为了填补根据修改地方税法一部分的法律(1999年法律第15号。在下款中称为"地方税法修改法")的规定、修改前的地方税(在以下本条中称作"旧地方税法")附则第3条之4规定的个人道府县民税或市町村民税的特别减税导致的该各年度的减收额,及旧地方税法附则第11条之4第13款以及第14款规定的、与不动产取得税的减额相关的1998年度的减收额,地方公共团体可以不受第5条规定的约束,而发起地方债。

2. 根据前款规定可以发起的1998年度及1999年度的地方债数额,在都道府县,作为第1项规定的数额;在市町村,作为第2项规定的数额。

(1) ①和②中规定的数额的合算额(1999年度,则是①中规定的数额)。

① 在旧地方税法附则第3条之4的规定不适用的情况下,作为从该都道府县的该各年度的个人道府县民税的所得比例的预计收入额中、扣除该都道府县的该各年度的个人道府县民税的所得比例的预计收入额之后的数额,根据自治省令中规定而计算的数额。

② 在旧地方税法附则第11条之4第13款以及第14款的规定不适用的情况下,作为从该都道府县的1998年度的不动产取得税的预计收入额中、扣除该都道府县的同年度的不动产取得税的预计收入额之后的数额,根据自治省令的规定而计算的数额。

(2) 在1998年修改后的地方税法附则第3条之4的规定不适用的情况下,作为该市町村的该各年度的个人市町村民税的所得比例的预计收入额中、扣除该市町村的该各年度的个人市町村民税的所得比例的预计收入额之后的数额,根据自治省令的规定而计算的数额。

第33条之5之2 2004年度至2006年度之间的地方债的特例等

1. 限于2004年度至2006年度,除了第5条"但是"句规定发起的地方债之外,为了填充进行适当的财政运营而需要的财源,按照根据地方交付税法附则第6条之3第1款的规定、扣除的数额涉及的同项内所规定的估计方法,地方公共团体可以在根据总务省令规定的方法而计算的数额的范围内,发起地方债。

2. 对于相当于根据前款规定、地方公共团体可以发起的地方债的本利偿还金的数额,根据地方交付税法的规定,计算到应当向该地方公共团体交付的地方交付税额中的用于计算的基准财政需求额之中。

第33条之5之3　2002年度地方税的减收相伴随的地方债的特例

只限于2002年度,在都道府县,由于道府县民税的所得比例、法人税比例、利息比例以及对法人进行的事业税的减收,在市町村,由于市町村民税的所得比例、法人税比例以及根据地方税法第71条之26的规定、对市町村交付的利息比例所涉及的补助金的减收,即使根据第5条附则的规定发起地方债,以及认为进行适当的财政运营所需要的财源发生不足时,为了填充其不足额,地方公共团体也可以不受同条规定的约束,而发起地方债。

第33条之5之4　与地方税法等的修改相伴随的地方债的特例

为了填补由于修改地方税法等的一部分的法律(2003年法律第9号)以及修改所得税法等的一部分的法律(2003年法律第8号)的实施而产生的地方税的各年度减收额,地方公共团体暂时可以不受第5条规定的约束,考虑该各年度的减收额,在根据总务省令的规定计算的数额的范围内,发起地方债。

第33条之6　有关矿山灾害修复事业的地方债的特例

关于地方公共团体以外的人实施的矿山灾害修复事业,根据煤矿业构造调整的完成等所伴随的相关法律的整备等的法律(2000年法律第16号。在以下这条中称作"整备法")附则第2条第1款的规定,被认为仍具有效力的整备法第2条规定的、根据废止前的临时煤矿灾害修复法(1952年法律第295号。在以下这条中称作"旧修复法")第 53 条的规定,为了负担而需要的经费,或者根据整备法附则第 2 条第 3 款的规定,被认为依照从前例的关于应急工程的"旧修复法"里根据"整备法"附则第 2 条第 1 款或第 4 款的规定,使"同法第 94 条第 2 款"被认为仍有效的旧复兴法第 94 条第 2 款第 53 条第 1 款的规定,关于为了支付而需要的经费,或者都道府县根据同法第 94 条第 2 款的规定为了交付补助金所需要的经费,地方公共团体可以不受第 5 条规定的约束,暂时以地方债作为财源。

第 33 条之 6 之 2 有关国家无息借贷金的地方的债特例

根据另行法律的规定,由于国家对日本电信电话股份公司股票的买卖收入的有效利用而产生的关于社会资本整备促进的特别措施法(1987 年法律第 86 号)第 2 条第 1 款规定的公共建设事业需要的费用,只在受到为了填补此费用的无息资金的借贷时,在该费用中涉及与受到该借贷的资金数额相当的部分,地方公共团体可以不受第 5 条规定的约束,暂时以地方债作为财源。

第 33 条之 7 地方债的许可等

1. 关于 1995 年度之前的第 5 条第 5 项规定的适用情况,同项中的"学校及其他的文教设施",解释为"一般税(地方消费税、道府县香烟税、市町村香烟税、矿区税、狩猎者登记税、特别土地保有税及法定外一般税)的税率全部在标准税率以上的地方公共团体中,学校及其他的文教设施"。

2. 在前款规定的年度之前的时间,特别区可以以地方债来作为根据同项规定、可以改为第 5 条第 5 项规定的事业费及采购费的财源,此时,在地方税法第 5 条第 2 款规定的税里,根据同法第 734 条第 1 款及第 2 款第 3 项的规定,由东京都来课缴的税(除去特别土地保证税)的税率,必须全都在标准税率以上。

3. 第 5 条之 3、第 5 条之 4 以及第 30 条之 3 的规定,在到第 1 款规定的年度之前的时间内,不适用。

4. 到第 1 款规定的年度之前,地方公共团体在发起地方债,或者打算变更募集贷项的方法、利率或偿还方法的时候,根据政令的规定,必须得到总务大臣或都道府县知事的许可。但是,轻微的情况以及其他的总务省令规定的情况,则不受此限。

5. 总务大臣关于前款规定的总务大臣的许可,必须听取地方财政审议会的意见。

6. 总务大臣或都道府县知事根据第4款的规定做出许可的、地方债的本利偿还所需要的经费,以及自治大臣或都道府县知事根据中央省厅等改革关系法实施法(1999年法律第160号)第180条规定的修改前的地方财政法第33条之7第4款,以及为了推进地方分权的相关法律的整备等相关的法律(1999年法律第87号)第1条规定的修改前的地方自治法第250条的规定、做出许可的地方债的本利偿还所需要的经费,关于2006年度以后第5条之3第4款规定的适用,看作是同款规定的有关地方债的本利偿所需要的经费。

7. 根据第4款的规定,都道府县处理的事务(只限于与都道府县进行的与行政许可相关的事务),作为地方自治法第2条第9款第1项规定的第1项法定受托事务。

第34条 地方公共团体负担全额经费的特例

1. 关于地方公共团体进行的事务所需要的下述经费,可以不受第9条规定的约束,暂时由国家来负担此经费的全部或一部分。

(1)及(2) 删除。

(3) 残疾人学校的小学部及初中部建筑物的建筑所需要的经费。

(4) 在残疾人学校的小学部及初中部的从事教育的教公务员的工资(除去退休金、退职金以及旅费)所需要的经费。

(5) 对于归国者的援助所需要的经费。

2. 前款规定的经费的项目、计算基准及国家和地方公共团体应该承担比例,必须由法律或者政令进行规定。

第 35 条 关于北海道的特例

下述经费,暂时可以不受第 10 条到第 10 条之 4 规定的约束,而遵循前例。

(1) 政令规定的北海道的开发所需要的经费。

(2) 政令规定的北海道的河川、道路、防沙、港湾等土木事业、灾害应急事业以及灾害修复事业所需要的经费。

第 36 条 有关儿童扶养津贴所需要的经费的特例

关于修改儿童扶养津贴法的一部分的法律(1985 年法律第 48 号)附则第 5 条规定的费用,可以不受第 10 条规定的约束,由国家来承担全额。

第 37 条 有关国民健康保险的疗养供给等所需要的经费的特例

只在从 2003 年度到 2005 年度期间,关于第 11 条之 2"但是"句规定的适用,同条"但是"句中"相关的经费",解释为"相关的经费,以及考虑与收入少的人数相适应的国民健康保险的财政状况以及其他情况所进行的事务和为填充高额医疗费共同事业所需要费用的捐项的缴纳所需要的经费中,与都道府县的负担相关的经费"。